私募基金
主要监管规范汇编

王鑫　王强　编

Compilation of
Main Regulatory Rules
for Private Equity Funds

知识产权出版社
全国百佳图书出版单位

图书在版编目（CIP）数据

私募基金主要监管规范汇编 / 王鑫, 王强编. — 北京：知识产权出版社, 2017.5

ISBN 978-7-5130-4923-8

. ①私… Ⅱ. ①王… ②王… Ⅲ. ①投资基金 – 金融监管 – 管理规范 – 汇编 – 中国 Ⅳ. ①F832.51-65

中国版本图书馆CIP数据核字（2017）第114888号

内容提要

鉴于私募基金管理人登记备案以来，证监会和基金业协会发布的部门规章、自律规则（以下称“监管规范”）等比较零散，本书将这些监管规范按照一定的顺序分门别类整理出来，分为两部分。第一部分按照内容不同，分为综合规则、登记备案、募集运营、内控外包、信息披露、合同指引、从业人员、会员管理、其他九个部分。第二部分为附录，包括基金常识、私募基金管理人的制度模板、编者整理的涉私募基金管理人诉讼案件裁判规则等内容。本书是从事私募基金业务人员的参考工具书，适用于私募基金管理人高管人员、私募基金合规风控人员、从事私募基金业务的律师、研究学者、拟进入私募基金行业的从业人员等人员。

责任编辑：李　婧　　　　**责任出版**：孙婷婷

私募基金主要监管规范汇编

SIMU JIJIN ZHUYAO JIANGUAN GUIFAN HUIBIAN

王　鑫　王　强　编

出版发行：知识产权出版社有限责任公司　　**网　址**：http://www.ipph.cn

http://www.laichushu.com

电　话：010 – 82004826

社　址：北京市海淀区西外太平庄55号　　**邮　编**：100081

责编电话：010－82000860转8594　　**责编邮箱**：549299101@qq.com

发行电话：010－82000860转8101 / 8029　　**发行传真**：010 – 82000893 / 82003279

印　刷：北京中献拓方科技发展有限公司　　**经　销**：各大网上书店、新华书店及相关专业书店

开　本：720mm×960mm　1/16　　**印　张**：26

版　次：2017年5月第1版　　**印　次**：2017年5月第1次印刷

字　数：520千字　　**定　价**：68.00元

ISBN 978 – 7-5130 – 4923 – 8

私募投资基金监管历程——现状及历史(序)

非公开募集基金(以下简称私募基金)正式纳入国家法律,进行明确定义并规范始于2013年修订的《基金法》。新《基金法》于2009年到2012年进行大修订,2012年12月28日正式颁布后,新增一章(第十章)对"非公开募集基金"进行了规定。自此,私募基金取得法律的身份。

新《基金法》同时对私募基金管理人登记及私募基金备案进行了规定,要求私募基金管理人按照规定向基金行业协会履行登记手续,报送基本情况;并要求私募基金募集完毕,基金管理人应向基金行业协会备案。《基金法》对此也对基金行业协会进行了赋权:《基金法》第一百一十条规定了基金行业协会的职责,第(七)项为依法办理非公开募集基金的登记备案。

随同《基金法》的修订,中国证券投资基金业协会(以下简称基金业协会)于2012年6月正式成立。基金业协会依照《基金法》的规定,是证券投资基金行业的自律性组织。基金业协会成立以后,开始对私募证券投资基金进行登记备案。其时,私募股权投资基金和创业投资基金并没有纳入证监会及基金业协会的登记备案监管范围,私募股权投资基金和创业投资基金按照《创业投资企业管理暂行办法》(发改委第39号令)、《国家发展改革委员会办公厅关于进一步规范试点地区股权投资企业发展和备案管理工作的通知》(发改办财金〔2011〕253号,已失效)、国家发展改革委员会(以下简称国家发改委)《关于促进股权投资企业规范发展的通知》(发改办财金〔2011〕2864号)等规章和规范性文件的规定,由国家发改委监管并备案。

鉴于存在对私募基金的多头监管情况,2013年6月27日,中央编制办公室发文《关于私募股权基金管理职责分工的通知》(中央编办发〔2013〕22号),明确由中国证券监督管理委员会(以下简称证监会)来负责私募股权基金的监督管理。自此,证监会获得包括创业投资基金在内的私募股权基金的监管工作权限。

中央编办发文以后,2014年1月17日,基金业协会发布《私募投资基金管理人登记和基金备案办法(试行)》(以下简称《登记备案办法》),对私募基金管理人登记和私募基金备案、信息报送作出了相关规定。

证监会也于2014年8月21日正式发布《私募投资基金监督管理暂行办法》,对私募基金登记备案、合格投资者、资金募集、投资运作以部门规章的形式作出了规定。自此,关于私募基金监督管理的法律框架以法律《基金法》加规章《私募投资基金监督管理暂行办法》的形式正式形成。

基金业协会发布《登记备案办法》后,于2014年2月17日,协会开始受理私募基金的登记备案。

2014年3月5日,协会发布《私募基金登记备案相关问题解答(一)》,要求已登记的私募基金管理人,于4月30日前履行申请登记手续。

2014年3月17日，协会公布首批50家获得登记的私募基金管理人，并举行颁证仪式，向该批私募基金管理人颁发私募基金管理人登记证书，该机构成为可以从事私募证券投资、股权投资、创业投资等私募基金投资管理业务的金融机构。自此，私募基金管理人登记及备案进入常态化的运行。

私募基金的证券投资也迎来政策利好，中央登记结算有限公司（以下简称中证登）于2014年3月25日发布《关于私募投资基金开户和结算有关问题的通知》，明确经备案的私募投资基金可以开立证券账户，进行证券投资，支持私募基金参与证券市场投资活动。

到2014年年底，大约有5000家私募基金管理人获得了私募基金管理人登记证书。在这一年，协会发布了登记备案的3个解答。

2015年是私募基金管理人登记的"井喷"之年。因为不设行政审批以及申请的便利化，越来越多的机构申请私募基金管理人登记；到2015年年底，申请登记的私募基金管理机构数量达到25000多家。

随着数量的急剧增加，私募基金行业也出现了很多问题：一些机构利用私募基金管理人登记身份、纸质证书，非法自我增信，故意夸大歪曲宣传，误导投资者。一些机构登记成为私募基金管理人，但从未备案基金，开展业务，甚至就是个空壳公司，根本不具备从业人员、营业场所、资本金等企业运营的基本设施和条件。一些机构公开推介私募基金，承诺保本保收益，向非合格投资者募集资金，又因投资失败而"跑路"；更有甚者，借私募基金名义搞非法集资，从事利益输送、内幕交易、操纵市场等违法犯罪行为。总之，2015年，随着私募基金管理人登记数量的"井喷"，监管没有及时跟上，这些问题给整个私募基金行业的形象和声誉造成了恶劣的社会影响。

于是，基金业协会决定重拳出击，从严监管。

2016年2月1日，协会发布《私募投资基金管理人内部控制指引》。

2016年2月4日，协会发布《私募投资基金信息披露管理办法》及《私募投资基金信息披露内容与格式指引1号》（适用于私募证券投资基金）。

2016年2月5日，春节前的最后一个工作日，协会发布《关于进一步规范私募基金管理人登记若干事项的公告》。从4个方面对私募基金管理人进行了类牌照的监管，私募基金管理人登记门槛越来越高，具体表现如下。

1. 取消私募基金管理人登记证明。决定自本公告发布之日起，协会不再出具私募基金管理人登记电子证明。协会此前发放的纸质私募基金管理人登记证书、私募基金管理人登记电子证明不再作为办理相关业务的证明文件。

2. 加强信息报送。规定新登记的私募基金管理人在办结登记手续之日起6个月内仍未备案首只私募基金产品的，协会将注销该私募基金管理人登记。对于已登记的私募基金管理人，已登记满12个月且尚未备案首只私募基金产品的，须在2016年5月1日前备案首只私募基金产品，否则将注销登记；已登记不满12个月且尚未备案首只私募基金产品的私募基金管理人，应在2016年8月1日前备案首只私募基金产品，否则将注销登记。

已登记的私募基金管理人应通过私募基金登记备案系统及时履行私募基金管理人及其管理的私

募基金的季度、年度和重大事项信息报送更新等信息报送义务。未按时履行季度、年度和重大事项信息报送更新义务累计达两次的,协会将列入异常机构名单,暂不予备案基金产品。

私募基金管理人还应当于每个年度4月底之前,通过私募基金登记备案系统填报经会计师事务所审计的年度财务报告;未按要求提交经审计的年度财务报告的,将暂停受理备案。

3. 提交法律意见书。新申请私募基金管理人登记、已登记的私募基金管理人发生部分重大事项变更,需通过私募基金登记备案系统提交中国律师事务所出具的法律意见书。法律意见书应对申请机构的登记申请材料、工商登记情况、专业化经营情况、股权结构、实际控制人、关联方及分支机构情况、运营基本设施和条件、风险管理制度和内部控制制度、外包情况、合法合规情况、高管人员资质情况等逐项发表结论性意见。协会同时发布了《私募基金管理人登记法律意见书指引》。

4. 关于私募基金管理人高管人员基金从业资格相关要求。从事私募证券投资基金业务的各类私募基金管理人,其高管人员[包括法定代表人/执行事务合伙人(委派代表)、总经理、副总经理、合规/风控负责人等]均应当取得基金从业资格。从事非私募证券投资基金业务的各类私募基金管理人,至少两名高管人员应当取得基金从业资格,其法定代表人/执行事务合伙人(委派代表)、合规/风控负责人应当取得基金从业资格。各类私募基金管理人的合规/风控负责人不得从事投资业务。

2016年4月15日,发布《私募投资基金募集行为管理办法》。从私募基金募集环节的募集主体、募集程序、账户监督、信息披露、合格投资者确认、风险揭示、冷静期、回访确认、募集机构和人员法律责任等方面进行了规范。

2016年4月18日,发布《私募投资基金合同指引》(1-3号),针对契约型、合伙型、公司型基金制定了不同的合同指引,对不同组织形式的私募基金合同制作进行差异化规范和指导。

2016年5月31日,上线试运行私募基金信息披露备份系统。

2016年7月15日,证监会发布《证券期货经营机构私募资产管理业务运作管理暂行规定》。重点对违规宣传推介和销售行为、结构化资管产品、违法从事证券期货业务活动、委托第三方机构提供投资建议、开展或参与"资金池"业务、实施过度激励等进行了严格的规范。

2016年9月8日,上线运行资产管理业务综合报送平台,对私募基金登记备案系统,进行迭代升级。新的资管业务综合报送平台,要求申请登记的私募基金管理人报送基本信息(含办公楼、前台照片)、相关制度信息、机构持牌及关联方信息、诚信信息、财务信息、出资人信息、实际控制人信息、高管信息、法律意见书等文件和材料。新的系统要求私募基金管理人提交的信息更具体和严格。

2016年10月10日,正式运行私募基金信息披露备份系统。要求已在协会备案的私募证券投资基金,包括自主发行私募证券投资基金及管理规模金额达到5000万元以上(含5000万元)的顾问管理型私募证券投资基金,报送季度报告和年度报告。其中,单只私募证券投资基金管理规模金额达到5000万元以上(含5000万元)的,还应当持续在每月结束之日起5个工作日以内报送月度报告,即基金净值信息。

2016年10月24日,发布《证券期货经营机构私募资产管理计划备案管理规范第1号——备案核查与自律管理》《证券期货经营机构私募资产管理计划备案管理规范第2号——委托第三方机构提供投资建议服务》《证券期货经营机构私募资产管理计划备案管理规范第3号——结构化资产管理计划》，作为证监会《证券期货经营机构私募资产管理业务运作管理暂行规定》的具体规范。一是明确了协会的备案核查和产品监测职责，对证券期货经营机构的备案合规义务、备案程序、法律责任等作了总体性规定；二是对委托第三方机构提供投资建议服务的私募资管产品须提交的备案材料进行了细化，督促管理人谨慎遴选符合条件的第三方机构；三是详细说明了结构化资管计划的备案要求，细化了在宣传推介、收益分配、投资运作等方面的合规要求；四是针对部分突出风险，进一步强化自律规范要求，如禁止私募证券投资基金管理人为投资非标资产的资管产品提供投资建议；五是禁止一对多资管产品委托人以发出投资建议、投资指令等方式影响资产管理人投资运作；六是禁止管理人通过"安全垫"+超额业绩报酬等方式变相设立不符合规定的结构化产品。

2016年11月14日，发布《私募投资基金信息披露内容与格式指引2号——适用于私募股权(含创业)投资基金》。

2016年12月9日，修订《中国证券投资基金业协会会员管理办法》《中国证券投资基金业协会会费收缴办法》。

2016年12月12日，证监会发布《证券期货投资者适当性管理办法》，拟于2017年7月1日正式施行。《证券期货投资者适当性管理办法》要求私募证券投资基金管理人对投资者进行分类管理，对产品进行评级管理，对普通投资者进行推介和销售产品时，要进行适当性匹配。对管理人提出了更加严格和具体的适当性匹配义务要求。

整个2016年，几乎每个月都会有监管规则出台。根据协会网站发布的消息，协会要构建的是"7+2"(7个自律管理办法和2个行为指引)的自律管理规则体系，全面覆盖登记备案、募集行为、投资顾问业务、信息披露、内部控制、合同指引、法律意见书指引、托管业务、外包业务等环节。

2017年3月1日，协会正式发布了《私募投资基金服务业务管理办法(试行)》，对基金份额登记、估值核算、信息系统服务业务作出了规范。并要求私募基金服务机构申请登记时和私募基金管理人一样提交法律意见书作为登记必备文件。从目前来看，协会可能还会发布《投资顾问业务管理办法(试行)》《基金募集业务管理办法(试行)》。这样，全部的监管规范将正式形成。

私募基金行业属于资产管理行业的重要组成部分，随着我国经济和社会的发展、国民财富的增加，资产管理行业也迎来了巨大的发展机会。随着监管的规范和准入门槛的提高，更加能凸显这个行业的价值及含金量，私募基金行业大有可为。

目　录

第一篇　综合规则

第二篇　登记备案

第三篇　募集与运营

第四篇　内控与外包

第五篇　信息披露

第六篇 合同指引

第七篇 从业人员管理

第八篇 会员管理

第九篇 其他

附 录

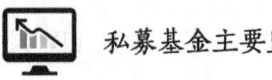

第一篇　综合规则

中华人民共和国信托法

（2001年4月28日第九届全国人民代表大会常务委员会第二十一次会议通过）

目　录

第一章　总　则

第一条　为了调整信托关系，规范信托行为，保护信托当事人的合法权益，促进信托事业的健康发展，制定本法。

第二条　本法所称信托，是指委托人基于对受托人的信任，将其财产权委托给受托人，由受托人按委托人的意愿以自己的名义，为受益人的利益或者特定目的，进行管理或者处分的行为。

第三条　委托人、受托人、受益人（以下统称信托当事人）在中华人民共和国境内进行民事、营业、公益信托活动，适用本法。

第四条　受托人采取信托机构形式从事信托活动，其组织和管理由国务院制定具体办法。

第五条　信托当事人进行信托活动，必须遵守法律、行政法规，遵循自愿、公平和诚实信用原则，不得损害国家利益和社会公共利益。

第二章　信托的设立

第六条　设立信托，必须有合法的信托目的。

第七条　设立信托，必须有确定的信托财产，并且该信托财产必须是委托人合法所有的财产。

本法所称财产包括合法的财产权利。

第八条　设立信托，应当采取书面形式。

书面形式包括信托合同、遗嘱或者法律、行政法规规定的其他书面文件等。

采取信托合同形式设立信托的，信托合同签订时，信托成立。采取其他书面形式设立信托的，受托人承诺信托时，信托成立。

第九条　设立信托，其书面文件应当载明下列事项：

（一）信托目的；

（二）委托人、受托人的姓名或者名称、住所；

（三）受益人或者受益人范围；

（四）信托财产的范围、种类及状况；

（五）受益人取得信托利益的形式、方法。

除前款所列事项外，可以载明信托期限、信托财产的管理方法、受托人的报酬、新受托人的选任方式、信托终止事由等事项。

第十条　设立信托，对于信托财产，有关法律、行政法规规定应当办理登记手续的，应当依法办理信托登记。

未依照前款规定办理信托登记的，应当补办登记手续；不补办的，该信托不产生效力。

第十一条　有下列情形之一的，信托无效：

（一）信托目的违反法律、行政法规或者损害社会公共利益；

（二）信托财产不能确定；

（三）委托人以非法财产或者本法规定不得设立信托的财产设立信托；

（四）专以诉讼或者讨债为目的设立信托；

（五）受益人或者受益人范围不能确定；

（六）法律、行政法规规定的其他情形。

第十二条　委托人设立信托损害其债权人利益的，债权人有权申请人民法院撤销该信托。

人民法院依照前款规定撤销信托的，不影响善意受益人已经取得的信托利益。

本条第一款规定的申请权，自债权人知道或者应当知道撤销原因之日起一年内不行使的，归于消灭。

第十三条　设立遗嘱信托，应当遵守继承法关于遗嘱的规定。

遗嘱指定的人拒绝或者无能力担任受托人的，由受益人另行选任受托人；受益人为无民事行为能力人或者限制民事行为能力人的，依法由其监护人代行选任。遗嘱对选任受托人另有规定的，从其规定。

第三章　信托财产

第十四条　受托人因承诺信托而取得的财产是信托财产。

受托人因信托财产的管理运用、处分或者其他情形而取得的财产，也归入信托财产。

法律、行政法规禁止流通的财产，不得作为信托财产。

法律、行政法规限制流通的财产，依法经有关主管部门批准后，可以作为信托财产。

第十五条 信托财产与委托人未设立信托的其他财产相区别。设立信托后，委托人死亡或者依法解散、被依法撤销、被宣告破产时，委托人是唯一受益人的，信托终止，信托财产作为其遗产或者清算财产；委托人不是唯一受益人的，信托存续，信托财产不作为其遗产或者清算财产；但作为共同受益人的委托人死亡或者依法解散、被依法撤销、被宣告破产时，其信托受益权作为其遗产或者清算财产。

第十六条 信托财产与属于受托人所有的财产（以下简称固有财产）相区别，不得归入受托人的固有财产或者成为固有财产的一部分。

受托人死亡或者依法解散、被依法撤销、被宣告破产而终止，信托财产不属于其遗产或者清算财产。

第十七条 除因下列情形之一外，对信托财产不得强制执行：

（一）设立信托前债权人已对该信托财产享有优先受偿的权利，并依法行使该权利的；

（二）受托人处理信托事务所产生债务，债权人要求清偿该债务的；

（三）信托财产本身应担负的税款；

（四）法律规定的其他情形。

对于违反前款规定而强制执行信托财产，委托人、受托人或者受益人有权向人民法院提出异议。

第十八条 受托人管理运用、处分信托财产所产生的债权，不得与其固有财产产生的债务相抵销。

受托人管理运用、处分不同委托人的信托财产所产生的债权债务，不得相互抵销。

第四章 信托当事人

第一节 委托人

第十九条 委托人应当是具有完全民事行为能力的自然人、法人或者依法成立的其他组织。

第二十条 委托人有权了解其信托财产的管理运用、处分及收支情况，并有权要求受托人作出说明。

委托人有权查阅、抄录或者复制与其信托财产有关的信托账目以及处理信托事务的其他文件。

第二十一条 因设立信托时未能预见的特别事由，致使信托财产的管理方法不利于实现信托目的或者不符合受益人的利益时，委托人有权要求受托人调整该信托财产的管理方法。

第二十二条 受托人违反信托目的处分信托财产或者因违背管理职责、处理信托事务不当致使信托财产受到损失的，委托人有权申请人民法院撤销该处分行为，并有权要求受托人恢复信托财产的原状或者予以赔偿；该信托财产的受让人明知是违反信托目的而接受该财产的，应当予以返还或者予以赔偿。

前款规定的申请权，自委托人知道或者应当知道撤销原因之日起一年内不行使的，归于消灭。

第二十三条　受托人违反信托目的处分信托财产或者管理运用、处分信托财产有重大过失的，委托人有权依照信托文件的规定解任受托人，或者申请人民法院解任受托人。

第二节　受托人

第二十四条　受托人应当是具有完全民事行为能力的自然人、法人。

法律、行政法规对受托人的条件另有规定的，从其规定。

第二十五条　受托人应当遵守信托文件的规定，为受益人的最大利益处理信托事务。

受托人管理信托财产，必须恪尽职守，履行诚实、信用、谨慎、有效管理的义务。

第二十六条　受托人除依照本法规定取得报酬外，不得利用信托财产为自己谋取利益。

受托人违反前款规定，利用信托财产为自己谋取利益的，所得利益归入信托财产。

第二十七条　受托人不得将信托财产转为其固有财产。受托人将信托财产转为其固有财产的，必须恢复该信托财产的原状；造成信托财产损失的，应当承担赔偿责任。

第二十八条　受托人不得将其固有财产与信托财产进行交易或者将不同委托人的信托财产进行相互交易，但信托文件另有规定或者经委托人或者受益人同意，并以公平的市场价格进行交易的除外。

受托人违反前款规定，造成信托财产损失的，应当承担赔偿责任。

第二十九条　受托人必须将信托财产与其固有财产分别管理、分别记帐，并将不同委托人的信托财产分别管理、分别记账。

第三十条　受托人应当自己处理信托事务，但信托文件另有规定或者有不得已事由的，可以委托他人代为处理。

受托人依法将信托事务委托他人代理的，应当对他人处理信托事务的行为承担责任。

第三十一条　同一信托的受托人有两个以上的，为共同受托人。

共同受托人应当共同处理信托事务，但信托文件规定对某些具体事务由受托人分别处理的，从其规定。

共同受托人共同处理信托事务，意见不一致时，按信托文件规定处理；信托文件未规定的，由委托人、受益人或者其利害关系人决定。

第三十二条　共同受托人处理信托事务对第三人所负债务，应当承担连带清偿责任。第三人对共同受托人之一所作的意思表示，对其他受托人同样有效。

共同受托人之一违反信托目的处分信托财产或者因违背管理职责、处理信托事务不当致使信托财产受到损失的，其他受托人应当承担连带赔偿责任。

第三十三条　受托人必须保存处理信托事务的完整记录。

受托人应当每年定期将信托财产的管理运用、处分及收支情况，报告委托人和受益人。

受托人对委托人、受益人以及处理信托事务的情况和资料负有依法保密的义务。

第三十四条 受托人以信托财产为限向受益人承担支付信托利益的义务。

第三十五条 受托人有权依照信托文件的约定取得报酬。信托文件未作事先约定的，经信托当事人协商同意，可以作出补充约定；未作事先约定和补充约定的，不得收取报酬。

约定的报酬经信托当事人协商同意，可以增减其数额。

第三十六条 受托人违反信托目的处分信托财产或者因违背管理职责、处理信托事务不当致使信托财产受到损失的，在未恢复信托财产的原状或者未予赔偿前，不得请求给付报酬。

第三十七条 受托人因处理信托事务所支出的费用、对第三人所负债务，以信托财产承担。受托人以其固有财产先行支付的，对信托财产享有优先受偿的权利。

受托人违背管理职责或者处理信托事务不当对第三人所负债务或者自己所受到的损失，以其固有财产承担。

第三十八条 设立信托后，经委托人和受益人同意，受托人可以辞任。本法对公益信托的受托人辞任另有规定的，从其规定。

受托人辞任的，在新受托人选出前仍应履行管理信托事务的职责。

第三十九条 受托人有下列情形之一的，其职责终止：

（一）死亡或者被依法宣告死亡；

（二）被依法宣告为无民事行为能力人或者限制民事行为能力人；

（三）被依法撤销或者被宣告破产；

（四）依法解散或者法定资格丧失；

（五）辞任或者被解任；

（六）法律、行政法规规定的其他情形。

受托人职责终止时，其继承人或者遗产管理人、监护人、清算人应当妥善保管信托财产，协助新受托人接管信托事务。

第四十条 受托人职责终止的，依照信托文件规定选任新受托人；信托文件未规定的，由委托人选任；委托人不指定或者无能力指定的，由受益人选任；受益人为无民事行为能力人或者限制民事行为能力人的，依法由其监护人代行选任。

原受托人处理信托事务的权利和义务，由新受托人承继。

第四十一条 受托人有本法第三十九条第一款第（三）项至第（六）项所列情形之一，职责终止的，应当作出处理信托事务的报告，并向新受托人办理信托财产和信托事务的移交手续。

前款报告经委托人或者受益人认可，原受托人就报告中所列事项解除责任。但原受托人有不正当行为的除外。

第四十二条 共同受托人之一职责终止的，信托财产由其他受托人管理和处分。

第三节 受益人

第四十三条 受益人是在信托中享有信托受益权的人。受益人可以是自然人、法人或者依法成立的其他组织。

委托人可以是受益人,也可以是同一信托的唯一受益人。

受托人可以是受益人,但不得是同一信托的唯一受益人。

第四十四条　受益人自信托生效之日起享有信托受益权。信托文件另有规定的,从其规定。

第四十五条　共同受益人按照信托文件的规定享受信托利益。信托文件对信托利益的分配比例或者分配方法未作规定的,各受益人按照均等的比例享受信托利益。

第四十六条　受益人可以放弃信托受益权。

全体受益人放弃信托受益权的,信托终止。

部分受益人放弃信托受益权的,被放弃的信托受益权按下列顺序确定归属:

(一)信托文件规定的人;

(二)其他受益人;

(三)委托人或者其继承人。

第四十七条　受益人不能清偿到期债务的,其信托受益权可以用于清偿债务,但法律、行政法规以及信托文件有限制性规定的除外。

第四十八条　受益人的信托受益权可以依法转让和继承,但信托文件有限制性规定的除外。

第四十九条　受益人可以行使本法第二十条至第二十三条规定的委托人享有的权利。受益人行使上述权利,与委托人意见不一致时,可以申请人民法院作出裁定。

受托人有本法第二十二条第一款所列行为,共同受益人之一申请人民法院撤销该处分行为的,人民法院所作出的撤销裁定,对全体共同受益人有效。

第五章　信托的变更与终止

第五十条　委托人是唯一受益人的,委托人或者其继承人可以解除信托。信托文件另有规定的,从其规定。

第五十一条　设立信托后,有下列情形之一的,委托人可以变更受益人或者处分受益人的信托受益权:

(一)受益人对委托人有重大侵权行为;

(二)受益人对其他共同受益人有重大侵权行为;

(三)经受益人同意;

(四)信托文件规定的其他情形。

有前款第(一)项、第(三)项、第(四)项所列情形之一的,委托人可以解除信托。

第五十二条　信托不因委托人或者受托人的死亡、丧失民事行为能力、依法解散、被依法撤销或者被宣告破产而终止,也不因受托人的辞任而终止。但本法或者信托文件另有规定的除外。

第五十三条　有下列情形之一的,信托终止:

(一)信托文件规定的终止事由发生;

(二)信托的存续违反信托目的;

(三)信托目的已经实现或者不能实现;

(四)信托当事人协商同意;

(五)信托被撤销;

(六)信托被解除。

第五十四条　信托终止的,信托财产归属于信托文件规定的人;信托文件未规定的,按下列顺序确定归属:

(一)受益人或者其继承人;

(二)委托人或者其继承人。

第五十五条　依照前条规定,信托财产的归属确定后,在该信托财产转移给权利归属人的过程中,信托视为存续,权利归属人视为受益人。

第五十六条　信托终止后,人民法院依据本法第十七条的规定对原信托财产进行强制执行的,以权利归属人为被执行人。

第五十七条　信托终止后,受托人依照本法规定行使请求给付报酬、从信托财产中获得补偿的权利时,可以留置信托财产或者对信托财产的权利归属人提出请求。

第五十八条　信托终止的,受托人应当作出处理信托事务的清算报告。受益人或者信托财产的权利归属人对清算报告无异议的,受托人就清算报告所列事项解除责任。但受托人有不正当行为的除外。

第六章　公益信托

第五十九条　公益信托适用本章规定。本章未规定的,适用本法及其他相关法律的规定。

第六十条　为了下列公共利益目的之一而设立的信托,属于公益信托:

(一)救济贫困;

(二)救助灾民;

(三)扶助残疾人;

(四)发展教育、科技、文化、艺术、体育事业;

(五)发展医疗卫生事业;

(六)发展环境保护事业,维护生态环境;

(七)发展其他社会公益事业。

第六十一条　国家鼓励发展公益信托。

第六十二条　公益信托的设立和确定其受托人,应当经有关公益事业的管理机构(以下简称公益事业管理机构)批准。

未经公益事业管理机构的批准,不得以公益信托的名义进行活动。

公益事业管理机构对于公益信托活动应当给予支持。

第六十三条　公益信托的信托财产及其收益,不得用于非公益目的。

第六十四条　公益信托应当设置信托监察人。

信托监察人由信托文件规定。信托文件未规定的，由公益事业管理机构指定。

第六十五条　信托监察人有权以自己的名义，为维护受益人的利益，提起诉讼或者实施其他法律行为。

第六十六条　公益信托的受托人未经公益事业管理机构批准，不得辞任。

第六十七条　公益事业管理机构应当检查受托人处理公益信托事务的情况及财产状况。

受托人应当至少每年一次作出信托事务处理情况及财产状况报告，经信托监察人认可后，报公益事业管理机构核准，并由受托人予以公告。

第六十八条　公益信托的受托人违反信托义务或者无能力履行其职责的，由公益事业管理机构变更受托人。

第六十九条　公益信托成立后，发生设立信托时不能预见的情形，公益事业管理机构可以根据信托目的，变更信托文件中的有关条款。

第七十条　公益信托终止的，受托人应当于终止事由发生之日起十五日内，将终止事由和终止日期报告公益事业管理机构。

第七十一条　公益信托终止的，受托人作出的处理信托事务的清算报告，应当经信托监察人认可后，报公益事业管理机构核准，并由受托人予以公告。

第七十二条　公益信托终止，没有信托财产权利归属人或者信托财产权利归属人是不特定的社会公众的，经公益事业管理机构批准，受托人应当将信托财产用于与原公益目的相近似的目的，或者将信托财产转移给具有近似目的的公益组织或者其他公益信托。

第七十三条　公益事业管理机构违反本法规定的，委托人、受托人或者受益人有权向人民法院起诉。

第七章　附　则

第七十四条　本法自2001年10月1日起施行。

中华人民共和国公司法

（1993年12月29日第八届全国人民代表大会常务委员会第五次会议通过　根据1999年12月25日第九届全国人民代表大会常务委员会第十三次会议《关于修改〈中华人民共和国公司法〉的决定》第一次修正　根据2004年8月28日第十届全国人民代表大会常务委员会第十一次会议《关于修改〈中华人民共和国公司法〉的决定》第二次修正　2005年10月27日第十届全国人民代表大会常务委员会第十八次会议修订　根据2013年12月28日第十二届全国人民代表大会常务委员会第六次会议《关于修改〈中华人民共和国海洋环境保护法〉等七部法律的决定》第三次修正）

目　录

第一章　总　则

第一条　为了规范公司的组织和行为，保护公司、股东和债权人的合法权益，维护社会经济秩序，促进社会主义市场经济的发展，制定本法。

第二条　本法所称公司是指依照本法在中国境内设立的有限责任公司和股份有限公司。

第三条　公司是企业法人，有独立的法人财产，享有法人财产权。公司以其全部财产对公司的债务承担责任。

有限责任公司的股东以其认缴的出资额为限对公司承担责任；股份有限公司的股东以其认购的股份为限对公司承担责任。

第四条　公司股东依法享有资产收益、参与重大决策和选择管理者等权利。

第五条　公司从事经营活动，必须遵守法律、行政法规，遵守社会公德、商业道德，诚实守信，接受政府和社会公众的监督，承担社会责任。

公司的合法权益受法律保护，不受侵犯。

第六条　设立公司，应当依法向公司登记机关申请设立登记。符合本法规定的设立条件的，由公司登记机关分别登记为有限责任公司或者股份有限公司；不符合本法规定的设立条件的，不得登记为有限责任公司或者股份有限公司。

法律、行政法规规定设立公司必须报经批准的，应当在公司登记前依法办理批准手续。

公众可以向公司登记机关申请查询公司登记事项，公司登记机关应当提供查询服务。

第七条　依法设立的公司，由公司登记机关发给公司营业执照。公司营业执照签发日期为公司成立日期。

公司营业执照应当载明公司的名称、住所、注册资本、经营范围、法定代表人姓名等事项。

公司营业执照记载的事项发生变更的，公司应当依法办理变更登记，由公司登记机关换发营业执照。

第八条　依照本法设立的有限责任公司，必须在公司名称中标明有限责任公司或者有限公司字样。

依照本法设立的股份有限公司，必须在公司名称中标明股份有限公司或者股份公司字样。

第九条　有限责任公司变更为股份有限公司，应当符合本法规定的股份有限公司的条件。股份有限公司变更为有限责任公司，应当符合本法规定的有限责任公司的条件。

有限责任公司变更为股份有限公司的，或者股份有限公司变更为有限责任公司的，公司变更前的债权、债务由变更后的公司承继。

第十条　公司以其主要办事机构所在地为住所。

第十一条　设立公司必须依法制定公司章程。公司章程对公司、股东、董事、监事、高级管理人员具有约束力。

第十二条　公司的经营范围由公司章程规定，并依法登记。公司可以修改公司章程，改变经营范围，但是应当办理变更登记。

公司的经营范围中属于法律、行政法规规定须经批准的项目，应当依法经过批准。

第十三条　公司法定代表人依照公司章程的规定，由董事长、执行董事或者经理担任，并依法登记。公司法定代表人变更，应当办理变更登记。

第十四条　公司可以设立分公司。设立分公司，应当向公司登记机关申请登记，领取营业执照。分公司不具有法人资格，其民事责任由公司承担。

公司可以设立子公司，子公司具有法人资格，依法独立承担民事责任。

第十五条　公司可以向其他企业投资；但是，除法律另有规定外，不得成为对所投资企业的债务承担连带责任的出资人。

第十六条　公司向其他企业投资或者为他人提供担保，依照公司章程的规定，由董事会或者股东会、股东大会决议；公司章程对投资或者担保的总额及单项投资或者担保的数额有限额规定的，不得超过规定的限额。

公司为公司股东或者实际控制人提供担保的，必须经股东会或者股东大会决议。

前款规定的股东或者受前款规定的实际控制人支配的股东，不得参加前款规定事项的表决。该项表决由出席会议的其他股东所持表决权的过半数通过。

第十七条　公司必须保护职工的合法权益，依法与职工签订劳动合同，参加社会保险，加强劳动保护，实现安全生产。

公司应当采用多种形式，加强公司职工的职业教育和岗位培训，提高职工素质。

第十八条　公司职工依照《中华人民共和国工会法》组织工会，开展工会活动，维护职工合法权益。公司应当为本公司工会提供必要的活动条件。公司工会代表职工就职工的劳动报酬、工作时间、福利、保险和劳动安全卫生等事项依法与公司签订集体合同。

公司依照宪法和有关法律的规定，通过职工代表大会或者其他形式，实行民主管理。

公司研究决定改制以及经营方面的重大问题、制定重要的规章制度时，应当听取公司工会的意见，并通过职工代表大会或者其他形式听取职工的意见和建议。

第十九条　在公司中，根据中国共产党章程的规定，设立中国共产党的组织，开展党的活动。公司应当为党组织的活动提供必要条件。

第二十条　公司股东应当遵守法律、行政法规和公司章程，依法行使股东权利，不得滥用股东权利损害公司或者其他股东的利益；不得滥用公司法人独立地位和股东有限责任损害公司债权人的利益。

公司股东滥用股东权利给公司或者其他股东造成损失的，应当依法承担赔偿责任。

公司股东滥用公司法人独立地位和股东有限责任，逃避债务，严重损害公司债权人利益的，应当对公司债务承担连带责任。

第二十一条　公司的控股股东、实际控制人、董事、监事、高级管理人员不得利用其关联关系损害公司利益。

违反前款规定，给公司造成损失的，应当承担赔偿责任。

第二十二条　公司股东会或者股东大会、董事会的决议内容违反法律、行政法规的无效。

股东会或者股东大会、董事会的会议召集程序、表决方式违反法律、行政法规或者公司章程，或者决议内容违反公司章程的，股东可以自决议作出之日起六十日内，请求人民法院撤销。

股东依照前款规定提起诉讼的，人民法院可以应公司的请求，要求股东提供相应担保。

公司根据股东会或者股东大会、董事会决议已办理变更登记的，人民法院宣告该决议无效或者撤销该决议后，公司应当向公司登记机关申请撤销变更登记。

第二章　有限责任公司的设立和组织机构

第一节　设立

第二十三条　设立有限责任公司，应当具备下列条件：

（一）股东符合法定人数；

（二）有符合公司章程规定的全体股东认缴的出资额；

（三）股东共同制定公司章程；

（四）有公司名称，建立符合有限责任公司要求的组织机构；

（五）有公司住所。

第二十四条　有限责任公司由五十个以下股东出资设立。

第二十五条　有限责任公司章程应当载明下列事项：

（一）公司名称和住所；

（二）公司经营范围；

（三）公司注册资本；

（四）股东的姓名或者名称；

（五）股东的出资方式、出资额和出资时间；

（六）公司的机构及其产生办法、职权、议事规则；

（七）公司法定代表人；

（八）股东会会议认为需要规定的其他事项。

股东应当在公司章程上签名、盖章。

第二十六条　有限责任公司的注册资本为在公司登记机关登记的全体股东认缴的出资额。

法律、行政法规以及国务院决定对有限责任公司注册资本实缴、注册资本最低限额另有规定的，从其规定。

第二十七条　股东可以用货币出资，也可以用实物、知识产权、土地使用权等可以用货币估价并可以依法转让的非货币财产作价出资；但是，法律、行政法规规定不得作为出资的财产除外。

对作为出资的非货币财产应当评估作价，核实财产，不得高估或者低估作价。法律、行政法规对评估作价有规定的，从其规定。

第二十八条　股东应当按期足额缴纳公司章程中规定的各自所认缴的出资额。股东以货币出资的，应当将货币出资足额存入有限责任公司在银行开设的账户；以非货币财产出资的，应当依法办理其财产权的转移手续。

股东不按照前款规定缴纳出资的，除应当向公司足额缴纳外，还应当向已按期足额缴纳出资的股东承担违约责任。

第二十九条　股东认足公司章程规定的出资后，由全体股东指定的代表或者共同委托的代理人向公司登记机关报送公司登记申请书、公司章程等文件，申请设立登记。

第三十条　有限责任公司成立后,发现作为设立公司出资的非货币财产的实际价额显著低于公司章程所定价额的,应当由交付该出资的股东补足其差额;公司设立时的其他股东承担连带责任。

第三十一条　有限责任公司成立后,应当向股东签发出资证明书。

出资证明书应当载明下列事项:

(一)公司名称;

(二)公司成立日期;

(三)公司注册资本;

(四)股东的姓名或者名称、缴纳的出资额和出资日期;

(五)出资证明书的编号和核发日期。

出资证明书由公司盖章。

第三十二条　有限责任公司应当置备股东名册,记载下列事项:

(一)股东的姓名或者名称及住所;

(二)股东的出资额;

(三)出资证明书编号。

记载于股东名册的股东,可以依股东名册主张行使股东权利。

公司应当将股东的姓名或者名称向公司登记机关登记;登记事项发生变更的,应当办理变更登记。未经登记或者变更登记的,不得对抗第三人。

第三十三条　股东有权查阅、复制公司章程、股东会会议记录、董事会会议决议、监事会会议决议和财务会计报告。

股东可以要求查阅公司会计账簿。股东要求查阅公司会计账簿的,应当向公司提出书面请求,说明目的。公司有合理根据认为股东查阅会计账簿有不正当目的,可能损害公司合法利益的,可以拒绝提供查阅,并应当自股东提出书面请求之日起十五日内书面答复股东并说明理由。公司拒绝提供查阅的,股东可以请求人民法院要求公司提供查阅。

第三十四条　股东按照实缴的出资比例分取红利;公司新增资本时,股东有权优先按照实缴的出资比例认缴出资。但是,全体股东约定不按照出资比例分取红利或者不按照出资比例优先认缴出资的除外。

第三十五条　公司成立后,股东不得抽逃出资。

第二节　组织机构

第三十六条　有限责任公司股东会由全体股东组成。股东会是公司的权力机构,依照本法行使职权。

第三十七条　股东会行使下列职权:

(一)决定公司的经营方针和投资计划;

(二)选举和更换非由职工代表担任的董事、监事,决定有关董事、监事的报酬事项;

(三)审议批准董事会的报告;

（四）审议批准监事会或者监事的报告；

（五）审议批准公司的年度财务预算方案、决算方案；

（六）审议批准公司的利润分配方案和弥补亏损方案；

（七）对公司增加或者减少注册资本作出决议；

（八）对发行公司债券作出决议；

（九）对公司合并、分立、解散、清算或者变更公司形式作出决议；

（十）修改公司章程；

（十一）公司章程规定的其他职权。

对前款所列事项股东以书面形式一致表示同意的，可以不召开股东会会议，直接作出决定，并由全体股东在决定文件上签名、盖章。

第三十八条　首次股东会会议由出资最多的股东召集和主持，依照本法规定行使职权。

第三十九条　股东会会议分为定期会议和临时会议。

定期会议应当依照公司章程的规定按时召开。代表十分之一以上表决权的股东，三分之一以上的董事，监事会或者不设监事会的公司的监事提议召开临时会议的，应当召开临时会议。

第四十条　有限责任公司设立董事会的，股东会会议由董事会召集，董事长主持；董事长不能履行职务或者不履行职务的，由副董事长主持；副董事长不能履行职务或者不履行职务的，由半数以上董事共同推举一名董事主持。

有限责任公司不设董事会的，股东会会议由执行董事召集和主持。

董事会或者执行董事不能履行或者不履行召集股东会会议职责的，由监事会或者不设监事会的公司的监事召集和主持；监事会或者监事不召集和主持的，代表十分之一以上表决权的股东可以自行召集和主持。

第四十一条　召开股东会会议，应当于会议召开十五日前通知全体股东；但是，公司章程另有规定或者全体股东另有约定的除外。

股东会应当对所议事项的决定作成会议记录，出席会议的股东应当在会议记录上签名。

第四十二条　股东会会议由股东按照出资比例行使表决权；但是，公司章程另有规定的除外。

第四十三条　股东会的议事方式和表决程序，除本法有规定的外，由公司章程规定。

股东会会议作出修改公司章程、增加或者减少注册资本的决议，以及公司合并、分立、解散或者变更公司形式的决议，必须经代表三分之二以上表决权的股东通过。

第四十四条　有限责任公司设董事会，其成员为三人至十三人；但是，本法第五十条另有规定的除外。

两个以上的国有企业或者两个以上的其他国有投资主体投资设立的有限责任公司，其董事会成员中应当有公司职工代表；其他有限责任公司董事会成员中可以有公司职工代表。董事会中的职工代表由公司职工通过职工代表大会、职工大会或者其他形式民主选举产生。

董事会设董事长一人，可以设副董事长。董事长、副董事长的产生办法由公司章程规定。

第四十五条　董事任期由公司章程规定，但每届任期不得超过三年。董事任期届满，连选可以连任。

董事任期届满未及时改选，或者董事在任期内辞职导致董事会成员低于法定人数的，在改选出的董事就任前，原董事仍应当依照法律、行政法规和公司章程的规定，履行董事职务。

第四十六条　董事会对股东会负责，行使下列职权：

（一）召集股东会会议，并向股东会报告工作；

（二）执行股东会的决议；

（三）决定公司的经营计划和投资方案；

（四）制定公司的年度财务预算方案、决算方案；

（五）制定公司的利润分配方案和弥补亏损方案；

（六）制定公司增加或者减少注册资本以及发行公司债券的方案；

（七）制定公司合并、分立、解散或者变更公司形式的方案；

（八）决定公司内部管理机构的设置；

（九）决定聘任或者解聘公司经理及其报酬事项，并根据经理的提名决定聘任或者解聘公司副经理、财务负责人及其报酬事项；

（十）制定公司的基本管理制度；

（十一）公司章程规定的其他职权。

第四十七条　董事会会议由董事长召集和主持；董事长不能履行职务或者不履行职务的，由副董事长召集和主持；副董事长不能履行职务或者不履行职务的，由半数以上董事共同推举一名董事召集和主持。

第四十八条　董事会的议事方式和表决程序，除本法有规定的外，由公司章程规定。

董事会应当对所议事项的决定作成会议记录，出席会议的董事应当在会议记录上签名。

董事会决议的表决，实行一人一票。

第四十九条　有限责任公司可以设经理，由董事会决定聘任或者解聘。经理对董事会负责，行使下列职权：

（一）主持公司的生产经营管理工作，组织实施董事会决议；

（二）组织实施公司年度经营计划和投资方案；

（三）拟订公司内部管理机构设置方案；

（四）拟订公司的基本管理制度；

（五）制定公司的具体规章；

（六）提请聘任或者解聘公司副经理、财务负责人；

（七）决定聘任或者解聘除应由董事会决定聘任或者解聘以外的负责管理人员；

（八）董事会授予的其他职权。

公司章程对经理职权另有规定的，从其规定。

经理列席董事会会议。

第五十条　股东人数较少或者规模较小的有限责任公司,可以设一名执行董事,不设董事会。执行董事可以兼任公司经理。

执行董事的职权由公司章程规定。

第五十一条　有限责任公司设监事会,其成员不得少于三人。股东人数较少或者规模较小的有限责任公司,可以设一至二名监事,不设监事会。

监事会应当包括股东代表和适当比例的公司职工代表,其中职工代表的比例不得低于三分之一,具体比例由公司章程规定。监事会中的职工代表由公司职工通过职工代表大会、职工大会或者其他形式民主选举产生。

监事会设主席一人,由全体监事过半数选举产生。监事会主席召集和主持监事会会议;监事会主席不能履行职务或者不履行职务的,由半数以上监事共同推举一名监事召集和主持监事会会议。

董事、高级管理人员不得兼任监事。

第五十二条　监事的任期每届为三年。监事任期届满,连选可以连任。

监事任期届满未及时改选,或者监事在任期内辞职导致监事会成员低于法定人数的,在改选出的监事就任前,原监事仍应当依照法律、行政法规和公司章程的规定,履行监事职务。

第五十三条　监事会、不设监事会的公司的监事行使下列职权:

(一)检查公司财务;

(二)对董事、高级管理人员执行公司职务的行为进行监督,对违反法律、行政法规、公司章程或者股东会决议的董事、高级管理人员提出罢免的建议;

(三)当董事、高级管理人员的行为损害公司的利益时,要求董事、高级管理人员予以纠正;

(四)提议召开临时股东会会议,在董事会不履行本法规定的召集和主持股东会会议职责时召集和主持股东会会议;

(五)向股东会会议提出提案;

(六)依照本法第一百五十一条的规定,对董事、高级管理人员提起诉讼;

(七)公司章程规定的其他职权。

第五十四条　监事可以列席董事会会议,并对董事会决议事项提出质询或者建议。

监事会、不设监事会的公司的监事发现公司经营情况异常,可以进行调查;必要时,可以聘请会计师事务所等协助其工作,费用由公司承担。

第五十五条　监事会每年度至少召开一次会议,监事可以提议召开临时监事会会议。

监事会的议事方式和表决程序,除本法有规定的外,由公司章程规定。

监事会决议应当经半数以上监事通过。

监事会应当对所议事项的决定作成会议记录,出席会议的监事应当在会议记录上签名。

第五十六条　监事会、不设监事会的公司的监事行使职权所必需的费用,由公司承担。

第三节　一人有限责任公司的特别规定

第五十七条　一人有限责任公司的设立和组织机构，适用本节规定；本节没有规定的，适用本章第一节、第二节的规定。

本法所称一人有限责任公司，是指只有一个自然人股东或者一个法人股东的有限责任公司。

第五十八条　一个自然人只能投资设立一个一人有限责任公司。该一人有限责任公司不能投资设立新的一人有限责任公司。

第五十九条　一人有限责任公司应当在公司登记中注明自然人独资或者法人独资，并在公司营业执照中载明。

第六十条　一人有限责任公司章程由股东制定。

第六十一条　一人有限责任公司不设股东会。股东作出本法第三十七条第一款所列决定时，应当采用书面形式，并由股东签名后置备于公司。

第六十二条　一人有限责任公司应当在每一会计年度终了时编制财务会计报告，并经会计师事务所审计。

第六十三条　一人有限责任公司的股东不能证明公司财产独立于股东自己的财产的，应当对公司债务承担连带责任。

第四节　国有独资公司的特别规定

第六十四条　国有独资公司的设立和组织机构，适用本节规定；本节没有规定的，适用本章第一节、第二节的规定。

本法所称国有独资公司，是指国家单独出资、由国务院或者地方人民政府授权本级人民政府国有资产监督管理机构履行出资人职责的有限责任公司。

第六十五条　国有独资公司章程由国有资产监督管理机构制定，或者由董事会制定报国有资产监督管理机构批准。

第六十六条　国有独资公司不设股东会，由国有资产监督管理机构行使股东会职权。国有资产监督管理机构可以授权公司董事会行使股东会的部分职权，决定公司的重大事项，但公司的合并、分立、解散、增加或者减少注册资本和发行公司债券，必须由国有资产监督管理机构决定；其中，重要的国有独资公司合并、分立、解散、申请破产的，应当由国有资产监督管理机构审核后，报本级人民政府批准。

前款所称重要的国有独资公司，按照国务院的规定确定。

第六十七条　国有独资公司设董事会，依照本法第四十六条、第六十六条的规定行使职权。董事每届任期不得超过三年。董事会成员中应当有公司职工代表。

董事会成员由国有资产监督管理机构委派；但是，董事会成员中的职工代表由公司职工代表大会选举产生。

董事会设董事长一人，可以设副董事长。董事长、副董事长由国有资产监督管理机构从董事会成员中指定。

第六十八条　国有独资公司设经理，由董事会聘任或者解聘。经理依照本法第四十九条规定行使职权。

经国有资产监督管理机构同意，董事会成员可以兼任经理。

第六十九条　国有独资公司的董事长、副董事长、董事、高级管理人员，未经国有资产监督管理机构同意，不得在其他有限责任公司、股份有限公司或者其他经济组织兼职。

第七十条　国有独资公司监事会成员不得少于五人，其中职工代表的比例不得低于三分之一，具体比例由公司章程规定。

监事会成员由国有资产监督管理机构委派；但是，监事会成员中的职工代表由公司职工代表大会选举产生。监事会主席由国有资产监督管理机构从监事会成员中指定。

监事会行使本法第五十三条第（一）项至第（三）项规定的职权和国务院规定的其他职权。

第三章　有限责任公司的股权转让

第七十一条　有限责任公司的股东之间可以相互转让其全部或者部分股权。

股东向股东以外的人转让股权，应当经其他股东过半数同意。股东应就其股权转让事项书面通知其他股东征求同意，其他股东自接到书面通知之日起满三十日未答复的，视为同意转让。其他股东半数以上不同意转让的，不同意的股东应当购买该转让的股权；不购买的，视为同意转让。

经股东同意转让的股权，在同等条件下，其他股东有优先购买权。两个以上股东主张行使优先购买权的，协商确定各自的购买比例；协商不成的，按照转让时各自的出资比例行使优先购买权。

公司章程对股权转让另有规定的，从其规定。

第七十二条　人民法院依照法律规定的强制执行程序转让股东的股权时，应当通知公司及全体股东，其他股东在同等条件下有优先购买权。其他股东自人民法院通知之日起满二十日不行使优先购买权的，视为放弃优先购买权。

第七十三条　依照本法第七十一条、第七十二条转让股权后，公司应当注销原股东的出资证明书，向新股东签发出资证明书，并相应修改公司章程和股东名册中有关股东及其出资额的记载。对公司章程的该项修改不需再由股东会表决。

第七十四条　有下列情形之一的，对股东会该项决议投反对票的股东可以请求公司按照合理的价格收购其股权：

（一）公司连续五年不向股东分配利润，而公司该五年连续盈利，并且符合本法规定的分配利润条件的；

（二）公司合并、分立、转让主要财产的；

（三）公司章程规定的营业期限届满或者章程规定的其他解散事由出现，股东会会议通过决议修改章程使公司存续的。

自股东会会议决议通过之日起六十日内，股东与公司不能达成股权收购协议的，股东可以自股东会会议决议通过之日起九十日内向人民法院提起诉讼。

第七十五条　自然人股东死亡后，其合法继承人可以继承股东资格；但是，公司章程另有规定的除外。

第四章　股份有限公司的设立和组织机构

第一节　设立

第七十六条　设立股份有限公司，应当具备下列条件：

（一）发起人符合法定人数；

（二）有符合公司章程规定的全体发起人认购的股本总额或者募集的实收股本总额；

（三）股份发行、筹办事项符合法律规定；

（四）发起人制定公司章程，采用募集方式设立的经创立大会通过；

（五）有公司名称，建立符合股份有限公司要求的组织机构；

（六）有公司住所。

第七十七条　股份有限公司的设立，可以采取发起设立或者募集设立的方式。

发起设立，是指由发起人认购公司应发行的全部股份而设立公司。

募集设立，是指由发起人认购公司应发行股份的一部分，其余股份向社会公开募集或者向特定对象募集而设立公司。

第七十八条　设立股份有限公司，应当有二人以上二百人以下为发起人，其中须有半数以上的发起人在中国境内有住所。

第七十九条　股份有限公司发起人承担公司筹办事务。

发起人应当签订发起人协议，明确各自在公司设立过程中的权利和义务。

第八十条　股份有限公司采取发起设立方式设立的，注册资本为在公司登记机关登记的全体发起人认购的股本总额。在发起人认购的股份缴足前，不得向他人募集股份。

股份有限公司采取募集方式设立的，注册资本为在公司登记机关登记的实收股本总额。

法律、行政法规以及国务院决定对股份有限公司注册资本实缴、注册资本最低限额另有规定的，从其规定。

第八十一条　股份有限公司章程应当载明下列事项：

（一）公司名称和住所；

（二）公司经营范围；

（三）公司设立方式；

（四）公司股份总数、每股金额和注册资本；

（五）发起人的姓名或者名称、认购的股份数、出资方式和出资时间；

（六）董事会的组成、职权和议事规则；

(七)公司法定代表人;

(八)监事会的组成、职权和议事规则;

(九)公司利润分配办法;

(十)公司的解散事由与清算办法;

(十一)公司的通知和公告办法;

(十二)股东大会会议认为需要规定的其他事项。

第八十二条　发起人的出资方式,适用本法第二十七条的规定。

第八十三条　以发起设立方式设立股份有限公司的,发起人应当书面认足公司章程规定其认购的股份,并按照公司章程规定缴纳出资。以非货币财产出资的,应当依法办理其财产权的转移手续。

发起人不依照前款规定缴纳出资的,应当按照发起人协议承担违约责任。

发起人认足公司章程规定的出资后,应当选举董事会和监事会,由董事会向公司登记机关报送公司章程以及法律、行政法规规定的其他文件,申请设立登记。

第八十四条　以募集设立方式设立股份有限公司的,发起人认购的股份不得少于公司股份总数的百分之三十五;但是,法律、行政法规另有规定的,从其规定。

第八十五条　发起人向社会公开募集股份,必须公告招股说明书,并制作认股书。认股书应当载明本法第八十六条所列事项,由认股人填写认购股数、金额、住所,并签名、盖章。认股人按照所认购股数缴纳股款。

第八十六条　招股说明书应当附有发起人制定的公司章程,并载明下列事项:

(一)发起人认购的股份数;

(二)每股的票面金额和发行价格;

(三)无记名股票的发行总数;

(四)募集资金的用途;

(五)认股人的权利、义务;

(六)本次募股的起止期限及逾期未募足时认股人可以撤回所认股份的说明。

第八十七条　发起人向社会公开募集股份,应当由依法设立的证券公司承销,签订承销协议。

第八十八条　发起人向社会公开募集股份,应当同银行签订代收股款协议。

代收股款的银行应当按照协议代收和保存股款,向缴纳股款的认股人出具收款单据,并负有向有关部门出具收款证明的义务。

第八十九条　发行股份的股款缴足后,必须经依法设立的验资机构验资并出具证明。发起人应当自股款缴足之日起三十日内主持召开公司创立大会。创立大会由发起人、认股人组成。

发行的股份超过招股说明书规定的截止期限尚未募足的,或者发行股份的股款缴足后,发起人在三十日内未召开创立大会的,认股人可以按照所缴股款并加算银行同期存款利息,要求发起人返还。

第九十条　发起人应当在创立大会召开十五日前将会议日期通知各认股人或者予以公告。创立大会应有代表股份总数过半数的发起人、认股人出席,方可举行。

创立大会行使下列职权：

（一）审议发起人关于公司筹办情况的报告；

（二）通过公司章程；

（三）选举董事会成员；

（四）选举监事会成员；

（五）对公司的设立费用进行审核；

（六）对发起人用于抵作股款的财产的作价进行审核；

（七）发生不可抗力或者经营条件发生重大变化直接影响公司设立的，可以作出不设立公司的决议。

创立大会对前款所列事项作出决议，必须经出席会议的认股人所持表决权过半数通过。

第九十一条　发起人、认股人缴纳股款或者交付抵作股款的出资后，除未按期募足股份、发起人未按期召开创立大会或者创立大会决议不设立公司的情形外，不得抽回其股本。

第九十二条　董事会应于创立大会结束后三十日内，向公司登记机关报送下列文件，申请设立登记：

（一）公司登记申请书；

（二）创立大会的会议记录；

（三）公司章程；

（四）验资证明；

（五）法定代表人、董事、监事的任职文件及其身份证明；

（六）发起人的法人资格证明或者自然人身份证明；

（七）公司住所证明。

以募集方式设立股份有限公司公开发行股票的，还应当向公司登记机关报送国务院证券监督管理机构的核准文件。

第九十三条　股份有限公司成立后，发起人未按照公司章程的规定缴足出资的，应当补缴；其他发起人承担连带责任。

股份有限公司成立后，发现作为设立公司出资的非货币财产的实际价额显著低于公司章程所定价额的，应当由交付该出资的发起人补足其差额；其他发起人承担连带责任。

第九十四条　股份有限公司的发起人应当承担下列责任：

（一）公司不能成立时，对设立行为所产生的债务和费用负连带责任；

（二）公司不能成立时，对认股人已缴纳的股款，负返还股款并加算银行同期存款利息的连带责任；

（三）在公司设立过程中，由于发起人的过失致使公司利益受到损害的，应当对公司承担赔偿责任。

第九十五条　有限责任公司变更为股份有限公司时，折合的实收股本总额不得高于公司净资产额。有限责任公司变更为股份有限公司，为增加资本公开发行股份时，应当依法办理。

第九十六条　股份有限公司应当将公司章程、股东名册、公司债券存根、股东大会会议记录、董事会会议记录、监事会会议记录、财务会计报告置备于本公司。

第九十七条　股东有权查阅公司章程、股东名册、公司债券存根、股东大会会议记录、董事会会议决议、监事会会议决议、财务会计报告，对公司的经营提出建议或者质询。

第二节　股东大会

第九十八条　股份有限公司股东大会由全体股东组成。股东大会是公司的权力机构，依照本法行使职权。

第九十九条　本法第三十七条第一款关于有限责任公司股东会职权的规定，适用于股份有限公司股东大会。

第一百条　股东大会应当每年召开一次年会。有下列情形之一的，应当在两个月内召开临时股东大会：

（一）董事人数不足本法规定人数或者公司章程所定人数的三分之二时；

（二）公司未弥补的亏损达实收股本总额三分之一时；

（三）单独或者合计持有公司百分之十以上股份的股东请求时；

（四）董事会认为必要时；

（五）监事会提议召开时；

（六）公司章程规定的其他情形。

第一百零一条　股东大会会议由董事会召集，董事长主持；董事长不能履行职务或者不履行职务的，由副董事长主持；副董事长不能履行职务或者不履行职务的，由半数以上董事共同推举一名董事主持。

董事会不能履行或者不履行召集股东大会会议职责的，监事会应当及时召集和主持；监事会不召集和主持的，连续九十日以上单独或者合计持有公司百分之十以上股份的股东可以自行召集和主持。

第一百零二条　召开股东大会会议，应当将会议召开的时间、地点和审议的事项于会议召开二十日前通知各股东；临时股东大会应当于会议召开十五日前通知各股东；发行无记名股票的，应当于会议召开三十日前公告会议召开的时间、地点和审议事项。

单独或者合计持有公司百分之三以上股份的股东，可以在股东大会召开十日前提出临时提案并书面提交董事会；董事会应当在收到提案后二日内通知其他股东，并将该临时提案提交股东大会审议。临时提案的内容应当属于股东大会职权范围，并有明确议题和具体决议事项。

股东大会不得对前两款通知中未列明的事项作出决议。

无记名股票持有人出席股东大会会议的，应当于会议召开五日前至股东大会闭会时将股票交存于公司。

第一百零三条　股东出席股东大会会议，所持每一股份有一表决权。但是，公司持有的本公司股份没有表决权。

股东大会作出决议，必须经出席会议的股东所持表决权过半数通过。但是，股东大会作出修改公司章程、增加或者减少注册资本的决议，以及公司合并、分立、解散或者变更公司形式的决议，必须经出席会议的股东所持表决权的三分之二以上通过。

第一百零四条 本法和公司章程规定公司转让、受让重大资产或者对外提供担保等事项必须经股东大会作出决议的，董事会应当及时召集股东大会会议，由股东大会就上述事项进行表决。

第一百零五条 股东大会选举董事、监事，可以依照公司章程的规定或者股东大会的决议，实行累积投票制。

本法所称累积投票制，是指股东大会选举董事或者监事时，每一股份拥有与应选董事或者监事人数相同的表决权，股东拥有的表决权可以集中使用。

第一百零六条 股东可以委托代理人出席股东大会会议，代理人应当向公司提交股东授权委托书，并在授权范围内行使表决权。

第一百零七条 股东大会应当对所议事项的决定作成会议记录，主持人、出席会议的董事应当在会议记录上签名。会议记录应当与出席股东的签名册及代理出席的委托书一并保存。

第三节 董事会、经理

第一百零八条 股份有限公司设董事会，其成员为五人至十九人。

董事会成员中可以有公司职工代表。董事会中的职工代表由公司职工通过职工代表大会、职工大会或者其他形式民主选举产生。

本法第四十五条 关于有限责任公司董事任期的规定，适用于股份有限公司董事。

本法第四十六条 关于有限责任公司董事会职权的规定，适用于股份有限公司董事会。

第一百零九条 董事会设董事长一人，可以设副董事长。董事长和副董事长由董事会以全体董事的过半数选举产生。

董事长召集和主持董事会会议，检查董事会决议的实施情况。副董事长协助董事长工作，董事长不能履行职务或者不履行职务的，由副董事长履行职务；副董事长不能履行职务或者不履行职务的，由半数以上董事共同推举一名董事履行职务。

第一百一十条 董事会每年度至少召开两次会议，每次会议应当于会议召开十日前通知全体董事和监事。

代表十分之一以上表决权的股东、三分之一以上董事或者监事会，可以提议召开董事会临时会议。董事长应当自接到提议后十日内，召集和主持董事会会议。

董事会召开临时会议，可以另定召集董事会的通知方式和通知时限。

第一百一十一条 董事会会议应有过半数的董事出席方可举行。董事会作出决议，必须经全体董事的过半数通过。

董事会决议的表决，实行一人一票。

第一百一十二条 董事会会议，应由董事本人出席；董事因故不能出席，可以书面委托其他董事代为出席,委托书中应载明授权范围。

董事会应当对会议所议事项的决定作成会议记录,出席会议的董事应当在会议记录上签名。

董事应当对董事会的决议承担责任。董事会的决议违反法律、行政法规或者公司章程、股东大会决议,致使公司遭受严重损失的,参与决议的董事对公司负赔偿责任。但经证明在表决时曾表明异议并记载于会议记录的,该董事可以免除责任。

第一百一十三条　股份有限公司设经理,由董事会决定聘任或者解聘。

本法第四十九条　关于有限责任公司经理职权的规定,适用于股份有限公司经理。

第一百一十四条　公司董事会可以决定由董事会成员兼任经理。

第一百一十五条　公司不得直接或者通过子公司向董事、监事、高级管理人员提供借款。

第一百一十六条　公司应当定期向股东披露董事、监事、高级管理人员从公司获得报酬的情况。

第四节　监事会

第一百一十七条　股份有限公司设监事会,其成员不得少于三人。

监事会应当包括股东代表和适当比例的公司职工代表,其中职工代表的比例不得低于三分之一,具体比例由公司章程规定。监事会中的职工代表由公司职工通过职工代表大会、职工大会或者其他形式民主选举产生。

监事会设主席一人,可以设副主席。监事会主席和副主席由全体监事过半数选举产生。监事会主席召集和主持监事会会议;监事会主席不能履行职务或者不履行职务的,由监事会副主席召集和主持监事会会议;监事会副主席不能履行职务或者不履行职务的,由半数以上监事共同推举一名监事召集和主持监事会会议。

董事、高级管理人员不得兼任监事。

本法第五十二条　关于有限责任公司监事任期的规定,适用于股份有限公司监事。

第一百一十八条　本法第五十三条、第五十四条关于有限责任公司监事会职权的规定,适用于股份有限公司监事会。

监事会行使职权所必需的费用,由公司承担。

第一百一十九条　监事会每六个月至少召开一次会议。监事可以提议召开临时监事会会议。

监事会的议事方式和表决程序,除本法有规定的外,由公司章程规定。

监事会决议应当经半数以上监事通过。

监事会应当对所议事项的决定作成会议记录,出席会议的监事应当在会议记录上签名。

第五节　上市公司组织机构的特别规定

第一百二十条　本法所称上市公司,是指其股票在证券交易所上市交易的股份有限公司。

第一百二十一条　上市公司在一年内购买、出售重大资产或者担保金额超过公司资产总额百分之三十的,应当由股东大会作出决议,并经出席会议的股东所持表决权的三分之二以上通过。

第一百二十二条　上市公司设独立董事,具体办法由国务院规定。

第一百二十三条　上市公司设董事会秘书，负责公司股东大会和董事会会议的筹备、文件保管以及公司股东资料的管理，办理信息披露事务等事宜。

第一百二十四条　上市公司董事与董事会会议决议事项所涉及的企业有关联关系的，不得对该项决议行使表决权，也不得代理其他董事行使表决权。该董事会会议由过半数的无关联关系董事出席即可举行，董事会会议所作决议须经无关联关系董事过半数通过。出席董事会的无关联关系董事人数不足三人的，应将该事项提交上市公司股东大会审议。

第五章　股份有限公司的股份发行和转让

第一节　股份发行

第一百二十五条　股份有限公司的资本划分为股份，每一股的金额相等。

公司的股份采取股票的形式。股票是公司签发的证明股东所持股份的凭证。

第一百二十六条　股份的发行，实行公平、公正的原则，同种类的每一股份应当具有同等权利。

同次发行的同种类股票，每股的发行条件和价格应当相同；任何单位或者个人所认购的股份，每股应当支付相同价额。

第一百二十七条　股票发行价格可以按票面金额，也可以超过票面金额，但不得低于票面金额。

第一百二十八条　股票采用纸面形式或者国务院证券监督管理机构规定的其他形式。

股票应当载明下列主要事项：

（一）公司名称；

（二）公司成立日期；

（三）股票种类、票面金额及代表的股份数；

（四）股票的编号。

股票由法定代表人签名，公司盖章。

发起人的股票，应当标明发起人股票字样。

第一百二十九条　公司发行的股票，可以为记名股票，也可以为无记名股票。

公司向发起人、法人发行的股票，应当为记名股票，并应当记载该发起人、法人的名称或者姓名，不得另立户名或者以代表人姓名记名。

第一百三十条　公司发行记名股票的，应当置备股东名册，记载下列事项：

（一）股东的姓名或者名称及住所；

（二）各股东所持股份数；

（三）各股东所持股票的编号；

（四）各股东取得股份的日期。

发行无记名股票的，公司应当记载其股票数量、编号及发行日期。

第一百三十一条　国务院可以对公司发行本法规定以外的其他种类的股份，另行作出规定。

第一百三十二条　股份有限公司成立后，即向股东正式交付股票。公司成立前不得向股东交付股票。

第一百三十三条　公司发行新股，股东大会应当对下列事项作出决议：

（一）新股种类及数额；

（二）新股发行价格；

（三）新股发行的起止日期；

（四）向原有股东发行新股的种类及数额。

第一百三十四条　公司经国务院证券监督管理机构核准公开发行新股时，必须公告新股招股说明书和财务会计报告，并制作认股书。

本法第八十七条、第八十八条的规定适用于公司公开发行新股。

第一百三十五条　公司发行新股，可以根据公司经营情况和财务状况，确定其作价方案。

第一百三十六条　公司发行新股募足股款后，必须向公司登记机关办理变更登记，并公告。

第二节　股份转让

第一百三十七条　股东持有的股份可以依法转让。

第一百三十八条　股东转让其股份，应当在依法设立的证券交易场所进行或者按照国务院规定的其他方式进行。

第一百三十九条　记名股票，由股东以背书方式或者法律、行政法规规定的其他方式转让；转让后由公司将受让人的姓名或者名称及住所记载于股东名册。

股东大会召开前二十日内或者公司决定分配股利的基准日前五日内，不得进行前款规定的股东名册的变更登记。但是，法律对上市公司股东名册变更登记另有规定的，从其规定。

第一百四十条　无记名股票的转让，由股东将该股票交付给受让人后即发生转让的效力。

第一百四十一条　发起人持有的本公司股份，自公司成立之日起一年内不得转让。公司公开发行股份前已发行的股份，自公司股票在证券交易所上市交易之日起一年内不得转让。

公司董事、监事、高级管理人员应当向公司申报所持有的本公司的股份及其变动情况，在任职期间每年转让的股份不得超过其所持有本公司股份总数的百分之二十五；所持本公司股份自公司股票上市交易之日起一年内不得转让。上述人员离职后半年内，不得转让其所持有的本公司股份。公司章程可以对公司董事、监事、高级管理人员转让其所持有的本公司股份作出其他限制性规定。

第一百四十二条　公司不得收购本公司股份。但是，有下列情形之一的除外：

（一）减少公司注册资本；

（二）与持有本公司股份的其他公司合并；

（三）将股份奖励给本公司职工；

（四）股东因对股东大会作出的公司合并、分立决议持异议，要求公司收购其股份的。

公司因前款第（一）项至第（三）项的原因收购本公司股份的，应当经股东大会决议。公司依照前款规定收购本公司股份后，属于第（一）项情形的，应当自收购之日起十日内注销；属于第（二）项、第

(四)项情形的,应当在六个月内转让或者注销。

公司依照第一款第(三)项规定收购的本公司股份,不得超过本公司已发行股份总额的百分之五;用于收购的资金应当从公司的税后利润中支出;所收购的股份应当在一年内转让给职工。

公司不得接受本公司的股票作为质押权的标的。

第一百四十三条　记名股票被盗、遗失或者灭失,股东可以依照《中华人民共和国民事诉讼法》规定的公示催告程序,请求人民法院宣告该股票失效。人民法院宣告该股票失效后,股东可以向公司申请补发股票。

第一百四十四条　上市公司的股票,依照有关法律、行政法规及证券交易所交易规则上市交易。

第一百四十五条　上市公司必须依照法律、行政法规的规定,公开其财务状况、经营情况及重大诉讼,在每会计年度内半年公布一次财务会计报告。

第六章　公司董事、监事、高级管理人员的资格和义务

第一百四十六条　有下列情形之一的,不得担任公司的董事、监事、高级管理人员:

(一)无民事行为能力或者限制民事行为能力;

(二)因贪污、贿赂、侵占财产、挪用财产或者破坏社会主义市场经济秩序,被判处刑罚,执行期满未逾五年,或者因犯罪被剥夺政治权利,执行期满未逾五年;

(三)担任破产清算的公司、企业的董事或者厂长、经理,对该公司、企业的破产负有个人责任的,自该公司、企业破产清算完结之日起未逾三年;

(四)担任因违法被吊销营业执照、责令关闭的公司、企业的法定代表人,并负有个人责任的,自该公司、企业被吊销营业执照之日起未逾三年;

(五)个人所负数额较大的债务到期未清偿。

公司违反前款规定选举、委派董事、监事或者聘任高级管理人员的,该选举、委派或者聘任无效。

董事、监事、高级管理人员在任职期间出现本条第一款所列情形的,公司应当解除其职务。

第一百四十七条　董事、监事、高级管理人员应当遵守法律、行政法规和公司章程,对公司负有忠实义务和勤勉义务。

董事、监事、高级管理人员不得利用职权收受贿赂或者其他非法收入,不得侵占公司的财产。

第一百四十八条　董事、高级管理人员不得有下列行为:

(一)挪用公司资金;

(二)将公司资金以其个人名义或者以其他个人名义开立账户存储;

(三)违反公司章程的规定,未经股东会、股东大会或者董事会同意,将公司资金借贷给他人或者以公司财产为他人提供担保;

(四)违反公司章程的规定或者未经股东会、股东大会同意,与本公司订立合同或者进行交易;

(五)未经股东会或者股东大会同意,利用职务便利为自己或者他人谋取属于公司的商业机会,自营或者为他人经营与所任职公司同类的业务;

(六)接受他人与公司交易的佣金归为己有;

(七)擅自披露公司秘密;

(八)违反对公司忠实义务的其他行为。

董事、高级管理人员违反前款规定所得的收入应当归公司所有。

第一百四十九条　董事、监事、高级管理人员执行公司职务时违反法律、行政法规或者公司章程的规定,给公司造成损失的,应当承担赔偿责任。

第一百五十条　股东会或者股东大会要求董事、监事、高级管理人员列席会议的,董事、监事、高级管理人员应当列席并接受股东的质询。

董事、高级管理人员应当如实向监事会或者不设监事会的有限责任公司的监事提供有关情况和资料,不得妨碍监事会或者监事行使职权。

第一百五十一条　董事、高级管理人员有本法第一百四十九条规定的情形的,有限责任公司的股东、股份有限公司连续一百八十日以上单独或者合计持有公司百分之一以上股份的股东,可以书面请求监事会或者不设监事会的有限责任公司的监事向人民法院提起诉讼;监事有本法第一百四十九条规定的情形的,前述股东可以书面请求董事会或者不设董事会的有限责任公司的执行董事向人民法院提起诉讼。

监事会、不设监事会的有限责任公司的监事,或者董事会、执行董事收到前款规定的股东书面请求后拒绝提起诉讼,或者自收到请求之日起三十日内未提起诉讼,或者情况紧急、不立即提起诉讼将会使公司利益受到难以弥补的损害的,前款规定的股东有权为了公司的利益以自己的名义直接向人民法院提起诉讼。

他人侵犯公司合法权益,给公司造成损失的,本条第一款规定的股东可以依照前两款的规定向人民法院提起诉讼。

第一百五十二条　董事、高级管理人员违反法律、行政法规或者公司章程的规定,损害股东利益的,股东可以向人民法院提起诉讼。

第七章　公司债券

第一百五十三条　本法所称公司债券,是指公司依照法定程序发行、约定在一定期限还本付息的有价证券。

公司发行公司债券应当符合《中华人民共和国证券法》规定的发行条件。

第一百五十四条　发行公司债券的申请经国务院授权的部门核准后,应当公告公司债券募集办法。

公司债券募集办法中应当载明下列主要事项:

(一)公司名称;

(二)债券募集资金的用途;

(三)债券总额和债券的票面金额;

（四）债券利率的确定方式；

（五）还本付息的期限和方式；

（六）债券担保情况；

（七）债券的发行价格、发行的起止日期；

（八）公司净资产额；

（九）已发行的尚未到期的公司债券总额；

（十）公司债券的承销机构。

第一百五十五条　公司以实物券方式发行公司债券的，必须在债券上载明公司名称、债券票面金额、利率、偿还期限等事项，并由法定代表人签名，公司盖章。

第一百五十六条　公司债券，可以为记名债券，也可以为无记名债券。

第一百五十七条　公司发行公司债券应当置备公司债券存根簿。

发行记名公司债券的，应当在公司债券存根簿上载明下列事项：

（一）债券持有人的姓名或者名称及住所；

（二）债券持有人取得债券的日期及债券的编号；

（三）债券总额，债券的票面金额、利率、还本付息的期限和方式；

（四）债券的发行日期。

发行无记名公司债券的，应当在公司债券存根簿上载明债券总额、利率、偿还期限和方式、发行日期及债券的编号。

第一百五十八条　记名公司债券的登记结算机构应当建立债券登记、存管、付息、兑付等相关制度。

第一百五十九条　公司债券可以转让，转让价格由转让人与受让人约定。

公司债券在证券交易所上市交易的，按照证券交易所的交易规则转让。

第一百六十条　记名公司债券，由债券持有人以背书方式或者法律、行政法规规定的其他方式转让；转让后由公司将受让人的姓名或者名称及住所记载于公司债券存根簿。

无记名公司债券的转让，由债券持有人将该债券交付给受让人后即发生转让的效力。

第一百六十一条　上市公司经股东大会决议可以发行可转换为股票的公司债券，并在公司债券募集办法中规定具体的转换办法。上市公司发行可转换为股票的公司债券，应当报国务院证券监督管理机构核准。

发行可转换为股票的公司债券，应当在债券上标明可转换公司债券字样，并在公司债券存根簿上载明可转换公司债券的数额。

第一百六十二条　发行可转换为股票的公司债券的，公司应当按照其转换办法向债券持有人换发股票，但债券持有人对转换股票或者不转换股票有选择权。

第八章　公司财务、会计

第一百六十三条　公司应当依照法律、行政法规和国务院财政部门的规定建立本公司的财务、会计制度。

第一百六十四条 公司应当在每一会计年度终了时编制财务会计报告，并依法经会计师事务所审计。

财务会计报告应当依照法律、行政法规和国务院财政部门的规定制作。

第一百六十五条 有限责任公司应当依照公司章程规定的期限将财务会计报告送交各股东。

股份有限公司的财务会计报告应当在召开股东大会年会的二十日前置备于本公司，供股东查阅；公开发行股票的股份有限公司必须公告其财务会计报告。

第一百六十六条 公司分配当年税后利润时，应当提取利润的百分之十列入公司法定公积金。公司法定公积金累计额为公司注册资本的百分之五十以上的，可以不再提取。

公司的法定公积金不足以弥补以前年度亏损的，在依照前款规定提取法定公积金之前，应当先用当年利润弥补亏损。

公司从税后利润中提取法定公积金后，经股东会或者股东大会决议，还可以从税后利润中提取任意公积金。

公司弥补亏损和提取公积金后所余税后利润，有限责任公司依照本法第三十四条的规定分配；股份有限公司按照股东持有的股份比例分配，但股份有限公司章程规定不按持股比例分配的除外。

股东会、股东大会或者董事会违反前款规定，在公司弥补亏损和提取法定公积金之前向股东分配利润的，股东必须将违反规定分配的利润退还公司。

公司持有的本公司股份不得分配利润。

第一百六十七条 股份有限公司以超过股票票面金额的发行价格发行股份所得的溢价款以及国务院财政部门规定列入资本公积金的其他收入，应当列为公司资本公积金。

第一百六十八条 公司的公积金用于弥补公司的亏损、扩大公司生产经营或者转为增加公司资本。但是，资本公积金不得用于弥补公司的亏损。

法定公积金转为资本时，所留存的该项公积金不得少于转增前公司注册资本的百分之二十五。

第一百六十九条 公司聘用、解聘承办公司审计业务的会计师事务所，依照公司章程的规定，由股东会、股东大会或者董事会决定。

公司股东会、股东大会或者董事会就解聘会计师事务所进行表决时，应当允许会计师事务所陈述意见。

第一百七十条 公司应当向聘用的会计师事务所提供真实、完整的会计凭证、会计账簿、财务会计报告及其他会计资料，不得拒绝、隐匿、谎报。

第一百七十一条 公司除法定的会计账簿外，不得另立会计账簿。

对公司资产，不得以任何个人名义开立账户存储。

第九章 公司合并、分立、增资、减资

第一百七十二条 公司合并可以采取吸收合并或者新设合并。

一个公司吸收其他公司为吸收合并，被吸收的公司解散。两个以上公司合并设立一个新的公司为新设合并，合并各方解散。

第一百七十三条　公司合并，应当由合并各方签订合并协议，并编制资产负债表及财产清单。公司应当自作出合并决议之日起十日内通知债权人，并于三十日内在报纸上公告。债权人自接到通知书之日起三十日内，未接到通知书的自公告之日起四十五日内，可以要求公司清偿债务或者提供相应的担保。

第一百七十四条　公司合并时，合并各方的债权、债务，应当由合并后存续的公司或者新设的公司承继。

第一百七十五条　公司分立，其财产作相应的分割。

公司分立，应当编制资产负债表及财产清单。公司应当自作出分立决议之日起十日内通知债权人，并于三十日内在报纸上公告。

第一百七十六条　公司分立前的债务由分立后的公司承担连带责任。但是，公司在分立前与债权人就债务清偿达成的书面协议另有约定的除外。

第一百七十七条　公司需要减少注册资本时，必须编制资产负债表及财产清单。

公司应当自作出减少注册资本决议之日起十日内通知债权人，并于三十日内在报纸上公告。债权人自接到通知书之日起三十日内，未接到通知书的自公告之日起四十五日内，有权要求公司清偿债务或者提供相应的担保。

第一百七十八条　有限责任公司增加注册资本时，股东认缴新增资本的出资，依照本法设立有限责任公司缴纳出资的有关规定执行。

股份有限公司为增加注册资本发行新股时，股东认购新股，依照本法设立股份有限公司缴纳股款的有关规定执行。

第一百七十九条　公司合并或者分立，登记事项发生变更的，应当依法向公司登记机关办理变更登记；公司解散的，应当依法办理公司注销登记；设立新公司的，应当依法办理公司设立登记。

公司增加或者减少注册资本，应当依法向公司登记机关办理变更登记。

第十章　公司解散和清算

第一百八十条　公司因下列原因解散：

（一）公司章程规定的营业期限届满或者公司章程规定的其他解散事由出现；

（二）股东会或者股东大会决议解散；

（三）因公司合并或者分立需要解散；

（四）依法被吊销营业执照、责令关闭或者被撤销；

（五）人民法院依照本法第一百八十二条的规定予以解散。

第一百八十一条　公司有本法第一百八十条第（一）项情形的，可以通过修改公司章程而存续。

依照前款规定修改公司章程，有限责任公司须经持有三分之二以上表决权的股东通过，股份有限公司须经出席股东大会会议的股东所持表决权的三分之二以上通过。

第一百八十二条　公司经营管理发生严重困难，继续存续会使股东利益受到重大损失，通过其他途径不能解决的，持有公司全部股东表决权百分之十以上的股东，可以请求人民法院解散公司。

第一百八十三条　公司因本法第一百八十条第（一）项、第（二）项、第（四）项、第（五）项规定而解散的，应当在解散事由出现之日起十五日内成立清算组，开始清算。有限责任公司的清算组由股东组成，股份有限公司的清算组由董事或者股东大会确定的人员组成。逾期不成立清算组进行清算的，债权人可以申请人民法院指定有关人员组成清算组进行清算。人民法院应当受理该申请，并及时组织清算组进行清算。

第一百八十四条　清算组在清算期间行使下列职权：

（一）清理公司财产，分别编制资产负债表和财产清单；

（二）通知、公告债权人；

（三）处理与清算有关的公司未了结的业务；

（四）清缴所欠税款以及清算过程中产生的税款；

（五）清理债权、债务；

（六）处理公司清偿债务后的剩余财产；

（七）代表公司参与民事诉讼活动。

第一百八十五条　清算组应当自成立之日起十日内通知债权人，并于六十日内在报纸上公告。债权人应当自接到通知书之日起三十日内，未接到通知书的自公告之日起四十五日内，向清算组申报其债权。

债权人申报债权，应当说明债权的有关事项，并提供证明材料。清算组应当对债权进行登记。

在申报债权期间，清算组不得对债权人进行清偿。

第一百八十六条　清算组在清理公司财产、编制资产负债表和财产清单后，应当制定清算方案，并报股东会、股东大会或者人民法院确认。

公司财产在分别支付清算费用、职工的工资、社会保险费用和法定补偿金，缴纳所欠税款，清偿公司债务后的剩余财产，有限责任公司按照股东的出资比例分配，股份有限公司按照股东持有的股份比例分配。

清算期间，公司存续，但不得开展与清算无关的经营活动。公司财产在未依照前款规定清偿前，不得分配给股东。

第一百八十七条　清算组在清理公司财产、编制资产负债表和财产清单后，发现公司财产不足清偿债务的，应当依法向人民法院申请宣告破产。

公司经人民法院裁定宣告破产后，清算组应当将清算事务移交给人民法院。

第一百八十八条　公司清算结束后，清算组应当制作清算报告，报股东会、股东大会或者人民法院确认，并报送公司登记机关，申请注销公司登记，公告公司终止。

第一百八十九条　清算组成员应当忠于职守，依法履行清算义务。

清算组成员不得利用职权收受贿赂或者其他非法收入，不得侵占公司财产。

清算组成员因故意或者重大过失给公司或者债权人造成损失的，应当承担赔偿责任。

第一百九十条　公司被依法宣告破产的，依照有关企业破产的法律实施破产清算。

第十一章　外国公司的分支机构

第一百九十一条　本法所称外国公司是指依照外国法律在中国境外设立的公司。

第一百九十二条　外国公司在中国境内设立分支机构，必须向中国主管机关提出申请，并提交其公司章程、所属国的公司登记证书等有关文件，经批准后，向公司登记机关依法办理登记，领取营业执照。

外国公司分支机构的审批办法由国务院另行规定。

第一百九十三条　外国公司在中国境内设立分支机构，必须在中国境内指定负责该分支机构的代表人或者代理人，并向该分支机构拨付与其所从事的经营活动相适应的资金。

对外国公司分支机构的经营资金需要规定最低限额的，由国务院另行规定。

第一百九十四条　外国公司的分支机构应当在其名称中标明该外国公司的国籍及责任形式。

外国公司的分支机构应当在本机构中置备该外国公司章程。

第一百九十五条　外国公司在中国境内设立的分支机构不具有中国法人资格。

外国公司对其分支机构在中国境内进行经营活动承担民事责任。

第一百九十六条　经批准设立的外国公司分支机构，在中国境内从事业务活动，必须遵守中国的法律，不得损害中国的社会公共利益，其合法权益受中国法律保护。

第一百九十七条　外国公司撤销其在中国境内的分支机构时，必须依法清偿债务，依照本法有关公司清算程序的规定进行清算。未清偿债务之前，不得将其分支机构的财产移至中国境外。

第十二章　法律责任

第一百九十八条　违反本法规定，虚报注册资本、提交虚假材料或者采取其他欺诈手段隐瞒重要事实取得公司登记的，由公司登记机关责令改正，对虚报注册资本的公司，处以虚报注册资本金额百分之五以上百分之十五以下的罚款；对提交虚假材料或者采取其他欺诈手段隐瞒重要事实的公司，处以五万元以上五十万元以下的罚款；情节严重的，撤销公司登记或者吊销营业执照。

第一百九十九条　公司的发起人、股东虚假出资，未交付或者未按期交付作为出资的货币或者非货币财产的，由公司登记机关责令改正，处以虚假出资金额百分之五以上百分之十五以下的罚款。

第二百条　公司的发起人、股东在公司成立后，抽逃其出资的，由公司登记机关责令改正，处以所抽逃出资金额百分之五以上百分之十五以下的罚款。

第二百零一条　公司违反本法规定，在法定的会计账簿以外另立会计账簿的，由县级以上人民政府财政部门责令改正，处以五万元以上五十万元以下的罚款。

第二百零二条　公司在依法向有关主管部门提供的财务会计报告等材料上作虚假记载或者隐瞒

重要事实的，由有关主管部门对直接负责的主管人员和其他直接责任人员处以三万元以上三十万元以下的罚款。

第二百零三条　公司不依照本法规定提取法定公积金的，由县级以上人民政府财政部门责令如数补足应当提取的金额，可以对公司处以二十万元以下的罚款。

第二百零四条　公司在合并、分立、减少注册资本或者进行清算时，不依照本法规定通知或者公告债权人的，由公司登记机关责令改正，对公司处以一万元以上十万元以下的罚款。

公司在进行清算时，隐匿财产，对资产负债表或者财产清单作虚假记载或者在未清偿债务前分配公司财产的，由公司登记机关责令改正，对公司处以隐匿财产或者未清偿债务前分配公司财产金额百分之五以上百分之十以下的罚款；对直接负责的主管人员和其他直接责任人员处以一万元以上十万元以下的罚款。

第二百零五条　公司在清算期间开展与清算无关的经营活动的，由公司登记机关予以警告，没收违法所得。

第二百零六条　清算组不依照本法规定向公司登记机关报送清算报告，或者报送清算报告隐瞒重要事实或者有重大遗漏的，由公司登记机关责令改正。

清算组成员利用职权徇私舞弊、谋取非法收入或者侵占公司财产的，由公司登记机关责令退还公司财产，没收违法所得，并可以处以违法所得一倍以上五倍以下的罚款。

第二百零七条　承担资产评估、验资或者验证的机构提供虚假材料的，由公司登记机关没收违法所得，处以违法所得一倍以上五倍以下的罚款，并可以由有关主管部门依法责令该机构停业、吊销直接责任人员的资格证书，吊销营业执照。

承担资产评估、验资或者验证的机构因过失提供有重大遗漏的报告的，由公司登记机关责令改正，情节较重的，处以所得收入一倍以上五倍以下的罚款，并可以由有关主管部门依法责令该机构停业、吊销直接责任人员的资格证书，吊销营业执照。

承担资产评估、验资或者验证的机构因其出具的评估结果、验资或者验证证明不实，给公司债权人造成损失的，除能够证明自己没有过错的外，在其评估或者证明不实的金额范围内承担赔偿责任。

第二百零八条　公司登记机关对不符合本法规定条件的登记申请予以登记，或者对符合本法规定条件的登记申请不予登记的，对直接负责的主管人员和其他直接责任人员，依法给予行政处分。

第二百零九条　公司登记机关的上级部门强令公司登记机关对不符合本法规定条件的登记申请予以登记，或者对符合本法规定条件的登记申请不予登记的，或者对违法登记进行包庇的，对直接负责的主管人员和其他直接责任人员依法给予行政处分。

第二百一十条　未依法登记为有限责任公司或者股份有限公司，而冒用有限责任公司或者股份有限公司名义的，或者未依法登记为有限责任公司或者股份有限公司的分公司，而冒用有限责任公司或者股份有限公司的分公司名义的，由公司登记机关责令改正或者予以取缔，可以并处十万元以下的罚款。

第二百一十一条　公司成立后无正当理由超过六个月未开业的，或者开业后自行停业连续六个月以上的,可以由公司登记机关吊销营业执照。

公司登记事项发生变更时,未依照本法规定办理有关变更登记的,由公司登记机关责令限期登记;逾期不登记的,处以一万元以上十万元以下的罚款。

第二百一十二条　外国公司违反本法规定,擅自在中国境内设立分支机构的,由公司登记机关责令改正或者关闭,可以并处五万元以上二十万元以下的罚款。

第二百一十三条　利用公司名义从事危害国家安全、社会公共利益的严重违法行为的,吊销营业执照。

第二百一十四条　公司违反本法规定,应当承担民事赔偿责任和缴纳罚款、罚金的,其财产不足以支付时,先承担民事赔偿责任。

第二百一十五条　违反本法规定,构成犯罪的,依法追究刑事责任。

第十三章　附　则

第二百一十六条　本法下列用语的含义:

(一)高级管理人员,是指公司的经理、副经理、财务负责人,上市公司董事会秘书和公司章程规定的其他人员;

(二)控股股东,是指其出资额占有限责任公司资本总额百分之五十以上或者其持有的股份占股份有限公司股本总额百分之五十以上的股东;出资额或者持有股份的比例虽然不足百分之五十,但依其出资额或者持有的股份所享有的表决权已足以对股东会、股东大会的决议产生重大影响的股东;

(三)实际控制人,是指虽不是公司的股东,但通过投资关系、协议或者其他安排,能够实际支配公司行为的人;

(四)关联关系,是指公司控股股东、实际控制人、董事、监事、高级管理人员与其直接或者间接控制的企业之间的关系,以及可能导致公司利益转移的其他关系。但是,国家控股的企业之间不仅因为同受国家控股而具有关联关系。

第二百一十七条　外商投资的有限责任公司和股份有限公司适用本法;有关外商投资的法律另有规定的,适用其规定。

第二百一十八条　本法自2006年1月1日起施行。

中华人民共和国合伙企业法

(1997年2月23日第八届全国人民代表大会常务委员会第二十四次会议通过　2006年8月27日第十届全国人民代表大会常务委员会第二十三次会议修订　2006年8月27日中华人民共和国主席令第五十五号公布　自2007年6月1日起施行)

目　录

第一章　总　则

第一条　为了规范合伙企业的行为，保护合伙企业及其合伙人、债权人的合法权益，维护社会经济秩序，促进社会主义市场经济的发展，制定本法。

第二条　本法所称合伙企业，是指自然人、法人和其他组织依照本法在中国境内设立的普通合伙企业和有限合伙企业。

普通合伙企业由普通合伙人组成，合伙人对合伙企业债务承担无限连带责任。本法对普通合伙人承担责任的形式有特别规定的，从其规定。

有限合伙企业由普通合伙人和有限合伙人组成，普通合伙人对合伙企业债务承担无限连带责任，有限合伙人以其认缴的出资额为限对合伙企业债务承担责任。

第三条　国有独资公司、国有企业、上市公司以及公益性的事业单位、社会团体不得成为普通合伙人。

第四条　合伙协议依法由全体合伙人协商一致、以书面形式订立。

第五条　订立合伙协议、设立合伙企业，应当遵循自愿、平等、公平、诚实信用原则。

第六条　合伙企业的生产经营所得和其他所得，按照国家有关税收规定，由合伙人分别缴纳所得税。

第七条　合伙企业及其合伙人必须遵守法律、行政法规，遵守社会公德、商业道德，承担社会责任。

第八条　合伙企业及其合伙人的合法财产及其权益受法律保护。

第九条　申请设立合伙企业，应当向企业登记机关提交登记申请书、合伙协议书、合伙人身份证明等文件。

合伙企业的经营范围中有属于法律、行政法规规定在登记前须经批准的项目的，该项经营业务应当依法经过批准，并在登记时提交批准文件。

第十条　申请人提交的登记申请材料齐全、符合法定形式，企业登记机关能够当场登记的，应予以当场登记，发给营业执照。

除前款规定情形外，企业登记机关应当自受理申请之日起二十日内，作出是否登记的决定。予以登记的，发给营业执照；不予登记的，应当给予书面答复，并说明理由。

第十一条　合伙企业的营业执照签发日期，为合伙企业成立日期。

合伙企业领取营业执照前，合伙人不得以合伙企业名义从事合伙业务。

第十二条　合伙企业设立分支机构，应当向分支机构所在地的企业登记机关申请登记，领取营业执照。

第十三条　合伙企业登记事项发生变更的，执行合伙事务的合伙人应当自作出变更决定或者发生变更事由之日起十五日内，向企业登记机关申请办理变更登记。

第二章　普通合伙企业

第一节　合伙企业设立

第十四条　设立合伙企业，应当具备下列条件：

（一）有二个以上合伙人。合伙人为自然人的，应当具有完全民事行为能力；

（二）有书面合伙协议；

（三）有合伙人认缴或者实际缴付的出资；

（四）有合伙企业的名称和生产经营场所；

（五）法律、行政法规规定的其他条件。

第十五条　合伙企业名称中应当标明“普通合伙”字样。

第十六条　合伙人可以用货币、实物、知识产权、土地使用权或者其他财产权利出资，也可以用劳务出资。

合伙人以实物、知识产权、土地使用权或者其他财产权利出资，需要评估作价的，可以由全体合伙人协商确定，也可以由全体合伙人委托法定评估机构评估。

合伙人以劳务出资的，其评估办法由全体合伙人协商确定，并在合伙协议中载明。

第十七条　合伙人应当按照合伙协议约定的出资方式、数额和缴付期限，履行出资义务。

以非货币财产出资的，依照法律、行政法规的规定，需要办理财产权转移手续的，应当依法办理。

第十八条　合伙协议应当载明下列事项：

（一）合伙企业的名称和主要经营场所的地点；

（二）合伙目的和合伙经营范围；

(三)合伙人的姓名或者名称、住所;

(四)合伙人的出资方式、数额和缴付期限;

(五)利润分配、亏损分担方式;

(六)合伙事务的执行;

(七)入伙与退伙;

(八)争议解决办法;

(九)合伙企业的解散与清算;

(十)违约责任。

第十九条　合伙协议经全体合伙人签名、盖章后生效。合伙人按照合伙协议享有权利,履行义务。

修改或者补充合伙协议,应当经全体合伙人一致同意;但是,合伙协议另有约定的除外。

合伙协议未约定或者约定不明确的事项,由合伙人协商决定;协商不成的,依照本法和其他有关法律、行政法规的规定处理。

第二节　合伙企业财产

第二十条　合伙人的出资、以合伙企业名义取得的收益和依法取得的其他财产,均为合伙企业的财产。

第二十一条　合伙人在合伙企业清算前,不得请求分割合伙企业的财产;但是,本法另有规定的除外。

合伙人在合伙企业清算前私自转移或者处分合伙企业财产的,合伙企业不得以此对抗善意第三人。

第二十二条　除合伙协议另有约定外,合伙人向合伙人以外的人转让其在合伙企业中的全部或者部分财产份额时,须经其他合伙人一致同意。

合伙人之间转让在合伙企业中的全部或者部分财产份额时,应当通知其他合伙人。

第二十三条　合伙人向合伙人以外的人转让其在合伙企业中的财产份额的,在同等条件下,其他合伙人有优先购买权;但是,合伙协议另有约定的除外。

第二十四条　合伙人以外的人依法受让合伙人在合伙企业中的财产份额的,经修改合伙协议即成为合伙企业的合伙人,依照本法和修改后的合伙协议享有权利,履行义务。

第二十五条　合伙人以其在合伙企业中的财产份额出资的,须经其他合伙人一致同意;未经其他合伙人一致同意,其行为无效,由此给善意第三人造成损失的,由行为人依法承担赔偿责任。

第三节　合伙事务执行

第二十六条　合伙人对执行合伙事务享有同等的权利。

按照合伙协议的约定或者经全体合伙人决定,可以委托一个或者数个合伙人对外代表合伙企业,执行合伙事务。

作为合伙人的法人、其他组织执行合伙事务的，由其委派的代表执行。

第二十七条　依照本法第二十六条第二款规定委托一个或者数个合伙人执行合伙事务的，其他合伙人不再执行合伙事务。

不执行合伙事务的合伙人有权监督执行事务合伙人执行合伙事务的情况。

第二十八条　由一个或者数个合伙人执行合伙事务的，执行事务合伙人应当定期向其他合伙人报告事务执行情况以及合伙企业的经营和财务状况，其执行合伙事务所产生的收益归合伙企业，所产生的费用和亏损由合伙企业承担。

合伙人为了解合伙企业的经营状况和财务状况，有权查阅合伙企业会计账簿等财务资料。

第二十九条　合伙人分别执行合伙事务的，执行事务合伙人可以对其他合伙人执行的事务提出异议。提出异议时，应当暂停该项事务的执行。如果发生争议，依照本法第三十条规定作出决定。

受委托执行合伙事务的合伙人不按照合伙协议或者全体合伙人的决定执行事务的，其他合伙人可以决定撤销该委托。

第三十条　合伙人对合伙企业有关事项作出决议，按照合伙协议约定的表决办法办理。合伙协议未约定或者约定不明确的，实行合伙人一人一票并经全体合伙人过半数通过的表决办法。

本法对合伙企业的表决办法另有规定的，从其规定。

第三十一条　除合伙协议另有约定外，合伙企业的下列事项应当经全体合伙人一致同意：

（一）改变合伙企业的名称；

（二）改变合伙企业的经营范围、主要经营场所的地点；

（三）处分合伙企业的不动产；

（四）转让或者处分合伙企业的知识产权和其他财产权利；

（五）以合伙企业名义为他人提供担保；

（六）聘任合伙人以外的人担任合伙企业的经营管理人员。

第三十二条　合伙人不得自营或者同他人合作经营与本合伙企业相竞争的业务。

除合伙协议另有约定或者经全体合伙人一致同意外，合伙人不得同本合伙企业进行交易。

合伙人不得从事损害本合伙企业利益的活动。

第三十三条　合伙企业的利润分配、亏损分担，按照合伙协议的约定办理；合伙协议未约定或者约定不明确的，由合伙人协商决定；协商不成的，由合伙人按照实缴出资比例分配、分担；无法确定出资比例的，由合伙人平均分配、分担。

合伙协议不得约定将全部利润分配给部分合伙人或者由部分合伙人承担全部亏损。

第三十四条　合伙人按照合伙协议的约定或者经全体合伙人决定，可以增加或者减少对合伙企业的出资。

第三十五条　被聘任的合伙企业的经营管理人员应当在合伙企业授权范围内履行职务。

被聘任的合伙企业的经营管理人员，超越合伙企业授权范围履行职务，或者在履行职务过程中因故意或者重大过失给合伙企业造成损失的，依法承担赔偿责任。

第三十六条　合伙企业应当依照法律、行政法规的规定建立企业财务、会计制度。

第四节　合伙企业与第三人关系

第三十七条　合伙企业对合伙人执行合伙事务以及对外代表合伙企业权利的限制，不得对抗善意第三人。

第三十八条　合伙企业对其债务，应先以其全部财产进行清偿。

第三十九条　合伙企业不能清偿到期债务的，合伙人承担无限连带责任。

第四十条　合伙人由于承担无限连带责任，清偿数额超过本法第三十三条第一款规定的其亏损分担比例的，有权向其他合伙人追偿。

第四十一条　合伙人发生与合伙企业无关的债务，相关债权人不得以其债权抵销其对合伙企业的债务；也不得代位行使合伙人在合伙企业中的权利。

第四十二条　合伙人的自有财产不足清偿其与合伙企业无关的债务的，该合伙人可以以其从合伙企业中分取的收益用于清偿；债权人也可以依法请求人民法院强制执行该合伙人在合伙企业中的财产份额用于清偿。

人民法院强制执行合伙人的财产份额时，应当通知全体合伙人，其他合伙人有优先购买权；其他合伙人未购买，又不同意将该财产份额转让给他人的，依照本法第五十一条的规定为该合伙人办理退伙结算，或者办理削减该合伙人相应财产份额的结算。

第五节　入伙、退伙

第四十三条　新合伙人入伙，除合伙协议另有约定外，应当经全体合伙人一致同意，并依法订立书面入伙协议。

订立入伙协议时，原合伙人应当向新合伙人如实告知原合伙企业的经营状况和财务状况。

第四十四条　入伙的新合伙人与原合伙人享有同等权利，承担同等责任。入伙协议另有约定的，从其约定。

新合伙人对入伙前合伙企业的债务承担无限连带责任。

第四十五条　合伙协议约定合伙期限的，在合伙企业存续期间，有下列情形之一的，合伙人可以退伙：

（一）合伙协议约定的退伙事由出现；

（二）经全体合伙人一致同意；

（三）发生合伙人难以继续参加合伙的事由；

（四）其他合伙人严重违反合伙协议约定的义务。

第四十六条　合伙协议未约定合伙期限的，合伙人在不给合伙企业事务执行造成不利影响的情况下，可以退伙，但应当提前三十日通知其他合伙人。

第四十七条　合伙人违反本法第四十五条、第四十六条的规定退伙的，应当赔偿由此给合伙企业造成的损失。

第四十八条 合伙人有下列情形之一的，当然退伙：

(一)作为合伙人的自然人死亡或者被依法宣告死亡；

(二)个人丧失偿债能力；

(三)作为合伙人的法人或者其他组织依法被吊销营业执照、责令关闭、撤销，或者被宣告破产；

(四)法律规定或者合伙协议约定合伙人必须具有相关资格而丧失该资格；

(五)合伙人在合伙企业中的全部财产份额被人民法院强制执行。

合伙人被依法认定为无民事行为能力人或者限制民事行为能力人的，经其他合伙人一致同意，可以依法转为有限合伙人，普通合伙企业依法转为有限合伙企业。其他合伙人未能一致同意的，该无民事行为能力或者限制民事行为能力的合伙人退伙。

退伙事由实际发生之日为退伙生效日。

第四十九条 合伙人有下列情形之一的，经其他合伙人一致同意，可以决议将其除名：

(一)未履行出资义务；

(二)因故意或者重大过失给合伙企业造成损失；

(三)执行合伙事务时有不正当行为；

(四)发生合伙协议约定的事由。

对合伙人的除名决议应当书面通知被除名人。被除名人接到除名通知之日，除名生效，被除名人退伙。

被除名人对除名决议有异议的，可以自接到除名通知之日起三十日内，向人民法院起诉。

第五十条 合伙人死亡或者被依法宣告死亡的，对该合伙人在合伙企业中的财产份额享有合法继承权的继承人，按照合伙协议的约定或者经全体合伙人一致同意，从继承开始之日起，取得该合伙企业的合伙人资格。

有下列情形之一的，合伙企业应当向合伙人的继承人退还被继承合伙人的财产份额：

(一)继承人不愿意成为合伙人；

(二)法律规定或者合伙协议约定合伙人必须具有相关资格，而该继承人未取得该资格；

(三)合伙协议约定不能成为合伙人的其他情形。

合伙人的继承人为无民事行为能力人或者限制民事行为能力人的，经全体合伙人一致同意，可以依法成为有限合伙人，普通合伙企业依法转为有限合伙企业。全体合伙人未能一致同意的，合伙企业应当将被继承合伙人的财产份额退还该继承人。

第五十一条 合伙人退伙，其他合伙人应当与该退伙人按照退伙时的合伙企业财产状况进行结算，退还退伙人的财产份额。退伙人对给合伙企业造成的损失负有赔偿责任的，相应扣减其应当赔偿的数额。

退伙时有未了结的合伙企业事务的，待该事务了结后进行结算。

第五十二条 退伙人在合伙企业中财产份额的退还办法，由合伙协议约定或者由全体合伙人决定，可以退还货币，也可以退还实物。

第五十三条　退伙人对基于其退伙前的原因发生的合伙企业债务，承担无限连带责任。

第五十四条　合伙人退伙时，合伙企业财产少于合伙企业债务的，退伙人应当依照本法第三十三条第一款的规定分担亏损。

第六节　特殊的普通合伙企业

第五十五条　以专业知识和专门技能为客户提供有偿服务的专业服务机构，可以设立为特殊的普通合伙企业。

特殊的普通合伙企业是指合伙人依照本法第五十七条的规定承担责任的普通合伙企业。

特殊的普通合伙企业适用本节规定；本节未作规定的，适用本章第一节至第五节的规定。

第五十六条　特殊的普通合伙企业名称中应当标明“特殊普通合伙”字样。

第五十七条　一个合伙人或者数个合伙人在执业活动中因故意或者重大过失造成合伙企业债务的，应当承担无限责任或者无限连带责任，其他合伙人以其在合伙企业中的财产份额为限承担责任。

合伙人在执业活动中非因故意或者重大过失造成的合伙企业债务以及合伙企业的其他债务，由全体合伙人承担无限连带责任。

第五十八条　合伙人执业活动中因故意或者重大过失造成的合伙企业债务，以合伙企业财产对外承担责任后，该合伙人应当按照合伙协议的约定对给合伙企业造成的损失承担赔偿责任。

第五十九条　特殊的普通合伙企业应当建立执业风险基金、办理职业保险。

执业风险基金用于偿付合伙人执业活动造成的债务。执业风险基金应当单独立户管理。具体管理办法由国务院规定。

第三章　有限合伙企业

第六十条　有限合伙企业及其合伙人适用本章规定；本章未作规定的，适用本法第二章第一节至第五节关于普通合伙企业及其合伙人的规定。

第六十一条　有限合伙企业由二个以上五十个以下合伙人设立；但是，法律另有规定的除外。

有限合伙企业至少应当有一个普通合伙人。

第六十二条　有限合伙企业名称中应当标明“有限合伙”字样。

第六十三条　合伙协议除符合本法第十八条的规定外，还应当载明下列事项：

（一）普通合伙人和有限合伙人的姓名或者名称、住所；

（二）执行事务合伙人应具备的条件和选择程序；

（三）执行事务合伙人权限与违约处理办法；

（四）执行事务合伙人的除名条件和更换程序；

（五）有限合伙人入伙、退伙的条件、程序以及相关责任；

（六）有限合伙人和普通合伙人相互转变程序。

第六十四条　有限合伙人可以用货币、实物、知识产权、土地使用权或者其他财产权利作价出资。

有限合伙人不得以劳务出资。

第六十五条　有限合伙人应当按照合伙协议的约定按期足额缴纳出资;未按期足额缴纳的,应当承担补缴义务,并对其他合伙人承担违约责任。

第六十六条　有限合伙企业登记事项中应当载明有限合伙人的姓名或者名称及认缴的出资数额。

第六十七条　有限合伙企业由普通合伙人执行合伙事务。执行事务合伙人可以要求在合伙协议中确定执行事务的报酬及报酬提取方式。

第六十八条　有限合伙人不执行合伙事务,不得对外代表有限合伙企业。

有限合伙人的下列行为,不视为执行合伙事务:

(一)参与决定普通合伙人入伙、退伙;

(二)对企业的经营管理提出建议;

(三)参与选择承办有限合伙企业审计业务的会计师事务所;

(四)获取经审计的有限合伙企业财务会计报告;

(五)对涉及自身利益的情况,查阅有限合伙企业财务会计账簿等财务资料;

(六)在有限合伙企业中的利益受到侵害时,向有责任的合伙人主张权利或者提起诉讼;

(七)执行事务合伙人怠于行使权利时,督促其行使权利或者为了本企业的利益以自己的名义提起诉讼;

(八)依法为本企业提供担保。

第六十九条　有限合伙企业不得将全部利润分配给部分合伙人;但是,合伙协议另有约定的除外。

第七十条　有限合伙人可以同本有限合伙企业进行交易;但是,合伙协议另有约定的除外。

第七十一条　有限合伙人可以自营或者同他人合作经营与本有限合伙企业相竞争的业务;但是,合伙协议另有约定的除外。

第七十二条　有限合伙人可以将其在有限合伙企业中的财产份额出质;但是,合伙协议另有约定的除外。

第七十三条　有限合伙人可以按照合伙协议的约定向合伙人以外的人转让其在有限合伙企业中的财产份额,但应当提前三十日通知其他合伙人。

第七十四条　有限合伙人的自有财产不足清偿其与合伙企业无关的债务的,该合伙人可以以其从有限合伙企业中分取的收益用于清偿;债权人也可以依法请求人民法院强制执行该合伙人在有限合伙企业中的财产份额用于清偿。

人民法院强制执行有限合伙人的财产份额时,应当通知全体合伙人。在同等条件下,其他合伙人有优先购买权。

第七十五条　有限合伙企业仅剩有限合伙人的,应当解散;有限合伙企业仅剩普通合伙人的,转为普通合伙企业。

第七十六条　第三人有理由相信有限合伙人为普通合伙人并与其交易的，该有限合伙人对该笔交易承担与普通合伙人同样的责任。

有限合伙人未经授权以有限合伙企业名义与他人进行交易，给有限合伙企业或者其他合伙人造成损失的，该有限合伙人应当承担赔偿责任。

第七十七条　新入伙的有限合伙人对入伙前有限合伙企业的债务，以其认缴的出资额为限承担责任。

第七十八条　有限合伙人有本法第四十八条第一款第一项、第三项至第五项所列情形之一的，当然退伙。

第七十九条　作为有限合伙人的自然人在有限合伙企业存续期间丧失民事行为能力的，其他合伙人不得因此要求其退伙。

第八十条　作为有限合伙人的自然人死亡、被依法宣告死亡或者作为有限合伙人的法人及其他组织终止时，其继承人或者权利承受人可以依法取得该有限合伙人在有限合伙企业中的资格。

第八十一条　有限合伙人退伙后，对基于其退伙前的原因发生的有限合伙企业债务，以其退伙时从有限合伙企业中取回的财产承担责任。

第八十二条　除合伙协议另有约定外，普通合伙人转变为有限合伙人，或者有限合伙人转变为普通合伙人，应当经全体合伙人一致同意。

第八十三条　有限合伙人转变为普通合伙人的，对其作为有限合伙人期间有限合伙企业发生的债务承担无限连带责任。

第八十四条　普通合伙人转变为有限合伙人的，对其作为普通合伙人期间合伙企业发生的债务承担无限连带责任。

第四章　合伙企业解散、清算

第八十五条　合伙企业有下列情形之一的，应当解散：

（一）合伙期限届满，合伙人决定不再经营；

（二）合伙协议约定的解散事由出现；

（三）全体合伙人决定解散；

（四）合伙人已不具备法定人数满三十天；

（五）合伙协议约定的合伙目的已经实现或者无法实现；

（六）依法被吊销营业执照、责令关闭或者被撤销；

（七）法律、行政法规规定的其他原因。

第八十六条　合伙企业解散，应当由清算人进行清算。

清算人由全体合伙人担任；经全体合伙人过半数同意，可以自合伙企业解散事由出现后十五日内指定一个或者数个合伙人，或者委托第三人，担任清算人。

自合伙企业解散事由出现之日起十五日内未确定清算人的，合伙人或者其他利害关系人可以申请人民法院指定清算人。

第八十七条　清算人在清算期间执行下列事务：

（一）清理合伙企业财产，分别编制资产负债表和财产清单；

（二）处理与清算有关的合伙企业未了结事务；

（三）清缴所欠税款；

（四）清理债权、债务；

（五）处理合伙企业清偿债务后的剩余财产；

（六）代表合伙企业参加诉讼或者仲裁活动。

第八十八条　清算人自被确定之日起十日内将合伙企业解散事项通知债权人，并于六十日内在报纸上公告。债权人应当自接到通知书之日起三十日内，未接到通知书的自公告之日起四十五日内，向清算人申报债权。

债权人申报债权，应当说明债权的有关事项，并提供证明材料。清算人应当对债权进行登记。

清算期间，合伙企业存续，但不得开展与清算无关的经营活动。

第八十九条　合伙企业财产在支付清算费用和职工工资、社会保险费用、法定补偿金以及缴纳所欠税款、清偿债务后的剩余财产，依照本法第三十三条第一款的规定进行分配。

第九十条　清算结束，清算人应当编制清算报告，经全体合伙人签名、盖章后，在十五日内向企业登记机关报送清算报告，申请办理合伙企业注销登记。

第九十一条　合伙企业注销后，原普通合伙人对合伙企业存续期间的债务仍应承担无限连带责任。

第九十二条　合伙企业不能清偿到期债务的，债权人可以依法向人民法院提出破产清算申请，也可以要求普通合伙人清偿。

合伙企业依法被宣告破产的，普通合伙人对合伙企业债务仍应承担无限连带责任。

第五章　法律责任

第九十三条　违反本法规定，提交虚假文件或者采取其他欺骗手段，取得合伙企业登记的，由企业登记机关责令改正，处以五千元以上五万元以下的罚款；情节严重的，撤销企业登记，并处以五万元以上二十万元以下的罚款。

第九十四条　违反本法规定，合伙企业未在其名称中标明“普通合伙”“特殊普通合伙”或者“有限合伙”字样的，由企业登记机关责令限期改正，处以二千元以上一万元以下的罚款。

第九十五条　违反本法规定，未领取营业执照，而以合伙企业或者合伙企业分支机构名义从事合伙业务的，由企业登记机关责令停止，处以五千元以上五万元以下的罚款。

合伙企业登记事项发生变更时，未依照本法规定办理变更登记的，由企业登记机关责令限期登记；逾期不登记的，处以二千元以上二万元以下的罚款。

合伙企业登记事项发生变更，执行合伙事务的合伙人未按期申请办理变更登记的，应当赔偿由此给合伙企业、其他合伙人或者善意第三人造成的损失。

第九十六条　合伙人执行合伙事务，或者合伙企业从业人员利用职务上的便利，将应当归合伙企业的利益据为己有的，或者采取其他手段侵占合伙企业财产的，应当将该利益和财产退还合伙企业；给合伙企业或者其他合伙人造成损失的，依法承担赔偿责任。

第九十七条　合伙人对本法规定或者合伙协议约定必须经全体合伙人一致同意始得执行的事务擅自处理，给合伙企业或者其他合伙人造成损失的，依法承担赔偿责任。

第九十八条　不具有事务执行权的合伙人擅自执行合伙事务，给合伙企业或者其他合伙人造成损失的，依法承担赔偿责任。

第九十九条　合伙人违反本法规定或者合伙协议的约定，从事与本合伙企业相竞争的业务或者与本合伙企业进行交易的，该收益归合伙企业所有；给合伙企业或者其他合伙人造成损失的，依法承担赔偿责任。

第一百条　清算人未依照本法规定向企业登记机关报送清算报告，或者报送清算报告隐瞒重要事实，或者有重大遗漏的，由企业登记机关责令改正。由此产生的费用和损失，由清算人承担和赔偿。

第一百零一条　清算人执行清算事务，牟取非法收入或者侵占合伙企业财产的，应当将该收入和侵占的财产退还合伙企业；给合伙企业或者其他合伙人造成损失的，依法承担赔偿责任。

第一百零二条　清算人违反本法规定，隐匿、转移合伙企业财产，对资产负债表或者财产清单作虚假记载，或者在未清偿债务前分配财产，损害债权人利益的，依法承担赔偿责任。

第一百零三条　合伙人违反合伙协议的，应当依法承担违约责任。

合伙人履行合伙协议发生争议的，合伙人可以通过协商或者调解解决。不愿通过协商、调解解决或者协商、调解不成的，可以按照合伙协议约定的仲裁条款或者事后达成的书面仲裁协议，向仲裁机构申请仲裁。合伙协议中未订立仲裁条款，事后又没有达成书面仲裁协议的，可以向人民法院起诉。

第一百零四条　有关行政管理机关的工作人员违反本法规定，滥用职权、徇私舞弊、收受贿赂、侵害合伙企业合法权益的，依法给予行政处分。

第一百零五条　违反本法规定，构成犯罪的，依法追究刑事责任。

第一百零六条　违反本法规定，应当承担民事赔偿责任和缴纳罚款、罚金，其财产不足以同时支付的，先承担民事赔偿责任。

第六章　附　则

第一百零七条　非企业专业服务机构依据有关法律采取合伙制的，其合伙人承担责任的形式可以适用本法关于特殊的普通合伙企业合伙人承担责任的规定。

第一百零八条　外国企业或者个人在中国境内设立合伙企业的管理办法由国务院规定。

第一百零九条　本法自2007年6月1日起施行。

中华人民共和国证券投资基金法

（2003年10月28日第十届全国人民代表大会常务委员会第五次会议通过　2012年12月28日第十一届全国人民代表大会常务委员会第三十次会议修订　根据2015年4月24日第十二届全国人民代表大会常务委员会第十四次会议《关于修改〈中华人民共和国港口法〉等七部法律的决定》修正）

目　录

第一章　总　则

第一条　为了规范证券投资基金活动，保护投资人及相关当事人的合法权益，促进证券投资基金和资本市场的健康发展，制定本法。

第二条　在中华人民共和国境内，公开或者非公开募集资金设立证券投资基金（以下简称基金），由基金管理人管理，基金托管人托管，为基金份额持有人的利益，进行证券投资活动，适用本法；本法未规定的，适用《中华人民共和国信托法》《中华人民共和国证券法》和其他有关法律、行政法规的规定。

第三条　基金管理人、基金托管人和基金份额持有人的权利、义务，依照本法在基金合同中约定。

基金管理人、基金托管人依照本法和基金合同的约定，履行受托职责。

通过公开募集方式设立的基金（以下简称公开募集基金）的基金份额持有人按其所持基金份额享

受收益和承担风险，通过非公开募集方式设立的基金（以下简称非公开募集基金）的收益分配和风险承担由基金合同约定。

第四条　从事证券投资基金活动，应当遵循自愿、公平、诚实信用的原则，不得损害国家利益和社会公共利益。

第五条　基金财产的债务由基金财产本身承担，基金份额持有人以其出资为限对基金财产的债务承担责任。但基金合同依照本法另有约定的，从其约定。

基金财产独立于基金管理人、基金托管人的固有财产。基金管理人、基金托管人不得将基金财产归入其固有财产。

基金管理人、基金托管人因基金财产的管理、运用或者其他情形而取得的财产和收益，归入基金财产。

基金管理人、基金托管人因依法解散、被依法撤销或者被依法宣告破产等原因进行清算的，基金财产不属于其清算财产。

第六条　基金财产的债权，不得与基金管理人、基金托管人固有财产的债务相抵销；不同基金财产的债权债务，不得相互抵销。

第七条　非因基金财产本身承担的债务，不得对基金财产强制执行。

第八条　基金财产投资的相关税收，由基金份额持有人承担，基金管理人或者其他扣缴义务人按照国家有关税收征收的规定代扣代缴。

第九条　基金管理人、基金托管人管理、运用基金财产，基金服务机构从事基金服务活动，应当恪尽职守，履行诚实信用、谨慎勤勉的义务。

基金管理人运用基金财产进行证券投资，应当遵守审慎经营规则，制定科学合理的投资策略和风险管理制度，有效防范和控制风险。

基金从业人员应当具备基金从业资格，遵守法律、行政法规，恪守职业道德和行为规范。

第十条　基金管理人、基金托管人和基金服务机构，应当依照本法成立证券投资基金行业协会（以下简称基金行业协会），进行行业自律，协调行业关系，提供行业服务，促进行业发展。

第十一条　国务院证券监督管理机构依法对证券投资基金活动实施监督管理；其派出机构依照授权履行职责。

第二章　基金管理人

第十二条　基金管理人由依法设立的公司或者合伙企业担任。

公开募集基金的基金管理人，由基金管理公司或者经国务院证券监督管理机构按照规定核准的其他机构担任。

第十三条　设立管理公开募集基金的基金管理公司，应当具备下列条件，并经国务院证券监督管理机构批准：

（一）有符合本法和《中华人民共和国公司法》规定的章程；

（二）注册资本不低于一亿元人民币，且必须为实缴货币资本；

（三）主要股东应当具有经营金融业务或者管理金融机构的良好业绩、良好的财务状况和社会信誉，资产规模达到国务院规定的标准，最近三年没有违法记录；

（四）取得基金从业资格的人员达到法定人数；

（五）董事、监事、高级管理人员具备相应的任职条件；

（六）有符合要求的营业场所、安全防范设施和与基金管理业务有关的其他设施；

（七）有良好的内部治理结构、完善的内部稽核监控制度、风险控制制度；

（八）法律、行政法规规定的和经国务院批准的国务院证券监督管理机构规定的其他条件。

第十四条　国务院证券监督管理机构应当自受理基金管理公司设立申请之日起六个月内依照本法第十三条规定的条件和审慎监管原则进行审查，作出批准或者不予批准的决定，并通知申请人；不予批准的，应当说明理由。

基金管理公司变更持有百分之五以上股权的股东，变更公司的实际控制人，或者变更其他重大事项，应当报经国务院证券监督管理机构批准。国务院证券监督管理机构应当自受理申请之日起六十日内作出批准或者不予批准的决定，并通知申请人；不予批准的，应当说明理由。

第十五条　有下列情形之一的，不得担任公开募集基金的基金管理人的董事、监事、高级管理人员和其他从业人员：

（一）因犯有贪污贿赂、渎职、侵犯财产罪或者破坏社会主义市场经济秩序罪，被判处刑罚的；

（二）对所任职的公司、企业因经营不善破产清算或者因违法被吊销营业执照负有个人责任的董事、监事、厂长、高级管理人员，自该公司、企业破产清算终结或者被吊销营业执照之日起未逾五年的；

（三）个人所负债务数额较大，到期未清偿的；

（四）因违法行为被开除的基金管理人、基金托管人、证券交易所、证券公司、证券登记结算机构、期货交易所、期货公司及其他机构的从业人员和国家机关工作人员；

（五）因违法行为被吊销执业证书或者被取消资格的律师、注册会计师和资产评估机构、验证机构的从业人员、投资咨询从业人员；

（六）法律、行政法规规定不得从事基金业务的其他人员。

第十六条　公开募集基金的基金管理人的董事、监事和高级管理人员，应当熟悉证券投资方面的法律、行政法规，具有三年以上与其所任职务相关的工作经历；高级管理人员还应当具备基金从业资格。

第十七条　公开募集基金的基金管理人的董事、监事、高级管理人员和其他从业人员，其本人、配偶、利害关系人进行证券投资，应当事先向基金管理人申报，并不得与基金份额持有人发生利益冲突。

公开募集基金的基金管理人应当建立前款规定人员进行证券投资的申报、登记、审查、处置等管理制度，并报国务院证券监督管理机构备案。

第十八条　公开募集基金的基金管理人的董事、监事、高级管理人员和其他从业人员，不得担任基金托管人或者其他基金管理人的任何职务，不得从事损害基金财产和基金份额持有人利益的证券交易及其他活动。

第十九条　公开募集基金的基金管理人应当履行下列职责：

（一）依法募集资金，办理基金份额的发售和登记事宜；

（二）办理基金备案手续；

（三）对所管理的不同基金财产分别管理、分别记账，进行证券投资；

（四）按照基金合同的约定确定基金收益分配方案，及时向基金份额持有人分配收益；

（五）进行基金会计核算并编制基金财务会计报告；

（六）编制中期和年度基金报告；

（七）计算并公告基金资产净值，确定基金份额申购、赎回价格；

（八）办理与基金财产管理业务活动有关的信息披露事项；

（九）按照规定召集基金份额持有人大会；

（十）保存基金财产管理业务活动的记录、账册、报表和其他相关资料；

（十一）以基金管理人名义，代表基金份额持有人利益行使诉讼权利或者实施其他法律行为；

（十二）国务院证券监督管理机构规定的其他职责。

第二十条　公开募集基金的基金管理人及其董事、监事、高级管理人员和其他从业人员不得有下列行为：

（一）将其固有财产或者他人财产混同于基金财产从事证券投资；

（二）不公平地对待其管理的不同基金财产；

（三）利用基金财产或者职务之便为基金份额持有人以外的人牟取利益；

（四）向基金份额持有人违规承诺收益或者承担损失；

（五）侵占、挪用基金财产；

（六）泄露因职务便利获取的未公开信息、利用该信息从事或者明示、暗示他人从事相关的交易活动；

（七）玩忽职守，不按照规定履行职责；

（八）法律、行政法规和国务院证券监督管理机构规定禁止的其他行为。

第二十一条　公开募集基金的基金管理人应当建立良好的内部治理结构，明确股东会、董事会、监事会和高级管理人员的职责权限，确保基金管理人独立运作。

公开募集基金的基金管理人可以实行专业人士持股计划，建立长效激励约束机制。

公开募集基金的基金管理人的股东、董事、监事和高级管理人员在行使权利或者履行职责时，应当遵循基金份额持有人利益优先的原则。

第二十二条　公开募集基金的基金管理人应当从管理基金的报酬中计提风险准备金。

公开募集基金的基金管理人因违法违规、违反基金合同等原因给基金财产或者基金份额持有人合法权益造成损失，应当承担赔偿责任的，可以优先使用风险准备金予以赔偿。

第二十三条　公开募集基金的基金管理人的股东、实际控制人应当按照国务院证券监督管理机构的规定及时履行重大事项报告义务，并不得有下列行为：

（一）虚假出资或者抽逃出资；

（二）未依法经股东会或者董事会决议擅自干预基金管理人的基金经营活动；

（三）要求基金管理人利用基金财产为自己或者他人牟取利益，损害基金份额持有人利益；

（四）国务院证券监督管理机构规定禁止的其他行为。

公开募集基金的基金管理人的股东、实际控制人有前款行为或者股东不再符合法定条件的，国务院证券监督管理机构应当责令其限期改正，并可视情节责令其转让所持有或者控制的基金管理人的股权。

在前款规定的股东、实际控制人按照要求改正违法行为、转让所持有或者控制的基金管理人的股权前，国务院证券监督管理机构可以限制有关股东行使股东权利。

第二十四条　公开募集基金的基金管理人违法违规，或者其内部治理结构、稽核监控和风险控制管理不符合规定的，国务院证券监督管理机构应当责令其限期改正；逾期未改正，或者其行为严重危及该基金管理人的稳健运行、损害基金份额持有人合法权益的，国务院证券监督管理机构可以区别情形，对其采取下列措施：

（一）限制业务活动，责令暂停部分或者全部业务；

（二）限制分配红利，限制向董事、监事、高级管理人员支付报酬、提供福利；

（三）限制转让固有财产或者在固有财产上设定其他权利；

（四）责令更换董事、监事、高级管理人员或者限制其权利；

（五）责令有关股东转让股权或者限制有关股东行使股东权利。

公开募集基金的基金管理人整改后，应当向国务院证券监督管理机构提交报告。国务院证券监督管理机构经验收，符合有关要求的，应当自验收完毕之日起三日内解除对其采取的有关措施。

第二十五条　公开募集基金的基金管理人的董事、监事、高级管理人员未能勤勉尽责，致使基金管理人存在重大违法违规行为或者重大风险的，国务院证券监督管理机构可以责令更换。

第二十六条　公开募集基金的基金管理人违法经营或者出现重大风险，严重危害证券市场秩序、损害基金份额持有人利益的，国务院证券监督管理机构可以对该基金管理人采取责令停业整顿、指定其他机构托管、接管、取消基金管理资格或者撤销等监管措施。

第二十七条　在公开募集基金的基金管理人被责令停业整顿、被依法指定托管、接管或者清算期间，或者出现重大风险时，经国务院证券监督管理机构批准，可以对该基金管理人直接负责的董事、监事、高级管理人员和其他直接责任人员采取下列措施：

（一）通知出境管理机关依法阻止其出境；

（二）申请司法机关禁止其转移、转让或者以其他方式处分财产，或者在财产上设定其他权利。

第二十八条　有下列情形之一的，公开募集基金的基金管理人职责终止：

（一）被依法取消基金管理资格；

（二）被基金份额持有人大会解任；

（三）依法解散、被依法撤销或者被依法宣告破产；

（四）基金合同约定的其他情形。

第二十九条　公开募集基金的基金管理人职责终止的，基金份额持有人大会应当在六个月内选任新基金管理人；新基金管理人产生前，由国务院证券监督管理机构指定临时基金管理人。

公开募集基金的基金管理人职责终止的，应当妥善保管基金管理业务资料，及时办理基金管理业务的移交手续，新基金管理人或者临时基金管理人应当及时接收。

第三十条　公开募集基金的基金管理人职责终止的，应当按照规定聘请会计师事务所对基金财产进行审计，并将审计结果予以公告，同时报国务院证券监督管理机构备案。

第三十一条　对非公开募集基金的基金管理人进行规范的具体办法，由国务院金融监督管理机构依照本章的原则制定。

第三章　基金托管人

第三十二条　基金托管人由依法设立的商业银行或者其他金融机构担任。

商业银行担任基金托管人的，由国务院证券监督管理机构会同国务院银行业监督管理机构核准；其他金融机构担任基金托管人的，由国务院证券监督管理机构核准。

第三十三条　担任基金托管人，应当具备下列条件：

（一）净资产和风险控制指标符合有关规定；

（二）设有专门的基金托管部门；

（三）取得基金从业资格的专职人员达到法定人数；

（四）有安全保管基金财产的条件；

（五）有安全高效的清算、交割系统；

（六）有符合要求的营业场所、安全防范设施和与基金托管业务有关的其他设施；

（七）有完善的内部稽核监控制度和风险控制制度；

（八）法律、行政法规规定的和经国务院批准的国务院证券监督管理机构、国务院银行业监督管理机构规定的其他条件。

第三十四条　本法第十五条、第十七条、第十八条的规定，适用于基金托管人的专门基金托管部门的高级管理人员和其他从业人员。

本法第十六条的规定，适用于基金托管人的专门基金托管部门的高级管理人员。

第三十五条　基金托管人与基金管理人不得为同一机构，不得相互出资或者持有股份。

第三十六条　基金托管人应当履行下列职责：

（一）安全保管基金财产；

（二）按照规定开设基金财产的资金账户和证券账户；

(三)对所托管的不同基金财产分别设置账户,确保基金财产的完整与独立;

(四)保存基金托管业务活动的记录、账册、报表和其他相关资料;

(五)按照基金合同的约定,根据基金管理人的投资指令,及时办理清算、交割事宜;

(六)办理与基金托管业务活动有关的信息披露事项;

(七)对基金财务会计报告、中期和年度基金报告出具意见;

(八)复核、审查基金管理人计算的基金资产净值和基金份额申购、赎回价格;

(九)按照规定召集基金份额持有人大会;

(十)按照规定监督基金管理人的投资运作;

(十一)国务院证券监督管理机构规定的其他职责。

第三十七条　基金托管人发现基金管理人的投资指令违反法律、行政法规和其他有关规定,或者违反基金合同约定的,应当拒绝执行,立即通知基金管理人,并及时向国务院证券监督管理机构报告。

基金托管人发现基金管理人依据交易程序已经生效的投资指令违反法律、行政法规和其他有关规定,或者违反基金合同约定的,应当立即通知基金管理人,并及时向国务院证券监督管理机构报告。

第三十八条　本法第二十条、第二十二条的规定,适用于基金托管人。

第三十九条　基金托管人不再具备本法规定的条件,或者未能勤勉尽责,在履行本法规定的职责时存在重大失误的,国务院证券监督管理机构、国务院银行业监督管理机构应当责令其改正;逾期未改正,或者其行为严重影响所托管基金的稳健运行、损害基金份额持有人利益的,国务院证券监督管理机构、国务院银行业监督管理机构可以区别情形,对其采取下列措施:

(一)限制业务活动,责令暂停办理新的基金托管业务;

(二)责令更换负有责任的专门基金托管部门的高级管理人员。

基金托管人整改后,应当向国务院证券监督管理机构、国务院银行业监督管理机构提交报告;经验收,符合有关要求的,应当自验收完毕之日起三日内解除对其采取的有关措施。

第四十条　国务院证券监督管理机构、国务院银行业监督管理机构对有下列情形之一的基金托管人,可以取消其基金托管资格:

(一)连续三年没有开展基金托管业务的;

(二)违反本法规定,情节严重的;

(三)法律、行政法规规定的其他情形。

第四十一条　有下列情形之一的,基金托管人职责终止:

(一)被依法取消基金托管资格;

(二)被基金份额持有人大会解任;

(三)依法解散、被依法撤销或者被依法宣告破产;

(四)基金合同约定的其他情形。

第四十二条　基金托管人职责终止的，基金份额持有人大会应当在六个月内选任新基金托管人；新基金托管人产生前，由国务院证券监督管理机构指定临时基金托管人。

基金托管人职责终止的，应当妥善保管基金财产和基金托管业务资料，及时办理基金财产和基金托管业务的移交手续，新基金托管人或者临时基金托管人应当及时接收。

第四十三条　基金托管人职责终止的，应当按照规定聘请会计师事务所对基金财产进行审计，并将审计结果予以公告，同时报国务院证券监督管理机构备案。

第四章　基金的运作方式和组织

第四十四条　基金合同应当约定基金的运作方式。

第四十五条　基金的运作方式可以采用封闭式、开放式或者其他方式。

采用封闭式运作方式的基金（以下简称封闭式基金），是指基金份额总额在基金合同期限内固定不变，基金份额持有人不得申请赎回的基金；采用开放式运作方式的基金（以下简称开放式基金），是指基金份额总额不固定，基金份额可以在基金合同约定的时间和场所申购或者赎回的基金。

采用其他运作方式的基金的基金份额发售、交易、申购、赎回的办法，由国务院证券监督管理机构另行规定。

第四十六条　基金份额持有人享有下列权利：

（一）分享基金财产收益；

（二）参与分配清算后的剩余基金财产；

（三）依法转让或者申请赎回其持有的基金份额；

（四）按照规定要求召开基金份额持有人大会或者召集基金份额持有人大会；

（五）对基金份额持有人大会审议事项行使表决权；

（六）对基金管理人、基金托管人、基金服务机构损害其合法权益的行为依法提起诉讼；

（七）基金合同约定的其他权利。

公开募集基金的基金份额持有人有权查阅或者复制公开披露的基金信息资料；非公开募集基金的基金份额持有人对涉及自身利益的情况，有权查阅基金的财务会计账簿等财务资料。

第四十七条　基金份额持有人大会由全体基金份额持有人组成，行使下列职权：

（一）决定基金扩募或者延长基金合同期限；

（二）决定修改基金合同的重要内容或者提前终止基金合同；

（三）决定更换基金管理人、基金托管人；

（四）决定调整基金管理人、基金托管人的报酬标准；

（五）基金合同约定的其他职权。

第四十八条　按照基金合同约定，基金份额持有人大会可以设立日常机构，行使下列职权：

（一）召集基金份额持有人大会；

（二）提请更换基金管理人、基金托管人；

(三)监督基金管理人的投资运作、基金托管人的托管活动；

(四)提请调整基金管理人、基金托管人的报酬标准；

(五)基金合同约定的其他职权。

前款规定的日常机构，由基金份额持有人大会选举产生的人员组成；其议事规则，由基金合同约定。

第四十九条　基金份额持有人大会及其日常机构不得直接参与或者干涉基金的投资管理活动。

第五章　基金的公开募集

第五十条　公开募集基金，应当经国务院证券监督管理机构注册。未经注册，不得公开或者变相公开募集基金。

前款所称公开募集基金，包括向不特定对象募集资金、向特定对象募集资金累计超过二百人，以及法律、行政法规规定的其他情形。

公开募集基金应当由基金管理人管理，基金托管人托管。

第五十一条　注册公开募集基金，由拟任基金管理人向国务院证券监督管理机构提交下列文件：

(一)申请报告；

(二)基金合同草案；

(三)基金托管协议草案；

(四)招募说明书草案；

(五)律师事务所出具的法律意见书；

(六)国务院证券监督管理机构规定提交的其他文件。

第五十二条　公开募集基金的基金合同应当包括下列内容：

(一)募集基金的目的和基金名称；

(二)基金管理人、基金托管人的名称和住所；

(三)基金的运作方式；

(四)封闭式基金的基金份额总额和基金合同期限，或者开放式基金的最低募集份额总额；

(五)确定基金份额发售日期、价格和费用的原则；

(六)基金份额持有人、基金管理人和基金托管人的权利、义务；

(七)基金份额持有人大会召集、议事及表决的程序和规则；

(八)基金份额发售、交易、申购、赎回的程序、时间、地点、费用计算方式，以及给付赎回款项的时间和方式；

(九)基金收益分配原则、执行方式；

(十)基金管理人、基金托管人报酬的提取、支付方式与比例；

(十一)与基金财产管理、运用有关的其他费用的提取、支付方式；

(十二)基金财产的投资方向和投资限制；

（十三）基金资产净值的计算方法和公告方式；

（十四）基金募集未达到法定要求的处理方式；

（十五）基金合同解除和终止的事由、程序以及基金财产清算方式；

（十六）争议解决方式；

（十七）当事人约定的其他事项。

第五十三条　公开募集基金的基金招募说明书应当包括下列内容：

（一）基金募集申请的准予注册文件名称和注册日期；

（二）基金管理人、基金托管人的基本情况；

（三）基金合同和基金托管协议的内容摘要；

（四）基金份额的发售日期、价格、费用和期限；

（五）基金份额的发售方式、发售机构及登记机构名称；

（六）出具法律意见书的律师事务所和审计基金财产的会计师事务所的名称和住所；

（七）基金管理人、基金托管人报酬及其他有关费用的提取、支付方式与比例；

（八）风险警示内容；

（九）国务院证券监督管理机构规定的其他内容。

第五十四条　国务院证券监督管理机构应当自受理公开募集基金的募集注册申请之日起六个月内依照法律、行政法规及国务院证券监督管理机构的规定进行审查，作出注册或者不予注册的决定，并通知申请人；不予注册的，应当说明理由。

第五十五条　基金募集申请经注册后，方可发售基金份额。

基金份额的发售，由基金管理人或者其委托的基金销售机构办理。

第五十六条　基金管理人应当在基金份额发售的三日前公布招募说明书、基金合同及其他有关文件。

前款规定的文件应当真实、准确、完整。

对基金募集所进行的宣传推介活动，应当符合有关法律、行政法规的规定，不得有本法第七十七条所列行为。

第五十七条　基金管理人应当自收到准予注册文件之日起六个月内进行基金募集。超过六个月开始募集，原注册的事项未发生实质性变化的，应当报国务院证券监督管理机构备案；发生实质性变化的，应当向国务院证券监督管理机构重新提交注册申请。

基金募集不得超过国务院证券监督管理机构准予注册的基金募集期限。基金募集期限自基金份额发售之日起计算。

第五十八条　基金募集期限届满，封闭式基金募集的基金份额总额达到准予注册规模的百分之八十以上，开放式基金募集的基金份额总额超过准予注册的最低募集份额总额，并且基金份额持有人人数符合国务院证券监督管理机构规定的，基金管理人应当自募集期限届满之日起十日内聘请法定验资机构验资，自收到验资报告之日起十日内，向国务院证券监督管理机构提交验资报告，办理基金备案手续，并予以公告。

第五十九条　基金募集期间募集的资金应当存入专门账户，在基金募集行为结束前，任何人不得动用。

第六十条　投资人交纳认购的基金份额的款项时，基金合同成立；基金管理人依照本法第五十八条的规定向国务院证券监督管理机构办理基金备案手续，基金合同生效。

基金募集期限届满，不能满足本法第五十八条规定的条件的，基金管理人应当承担下列责任：

（一）以其固有财产承担因募集行为而产生的债务和费用；

（二）在基金募集期限届满后三十日内返还投资人已交纳的款项，并加计银行同期存款利息。

第六章　公开募集基金的基金份额的交易、申购与赎回

第六十一条　申请基金份额上市交易，基金管理人应当向证券交易所提出申请，证券交易所依法审核同意的，双方应当签订上市协议。

第六十二条　基金份额上市交易，应当符合下列条件：

（一）基金的募集符合本法规定；

（二）基金合同期限为五年以上；

（三）基金募集金额不低于二亿元人民币；

（四）基金份额持有人不少于一千人；

（五）基金份额上市交易规则规定的其他条件。

第六十三条　基金份额上市交易规则由证券交易所制定，报国务院证券监督管理机构批准。

第六十四条　基金份额上市交易后，有下列情形之一的，由证券交易所终止其上市交易，并报国务院证券监督管理机构备案：

（一）不再具备本法第六十二条规定的上市交易条件；

（二）基金合同期限届满；

（三）基金份额持有人大会决定提前终止上市交易；

（四）基金合同约定的或者基金份额上市交易规则规定的终止上市交易的其他情形。

第六十五条　开放式基金的基金份额的申购、赎回、登记，由基金管理人或者其委托的基金服务机构办理。

第六十六条　基金管理人应当在每个工作日办理基金份额的申购、赎回业务；基金合同另有约定的，从其约定。

投资人交付申购款项，申购成立；基金份额登记机构确认基金份额时，申购生效。

基金份额持有人递交赎回申请，赎回成立；基金份额登记机构确认赎回时，赎回生效。

第六十七条　基金管理人应当按时支付赎回款项，但是下列情形除外：

（一）因不可抗力导致基金管理人不能支付赎回款项；

（二）证券交易场所依法决定临时停市，导致基金管理人无法计算当日基金资产净值；

(三)基金合同约定的其他特殊情形。

发生上述情形之一的,基金管理人应当在当日报国务院证券监督管理机构备案。

本条第一款规定的情形消失后,基金管理人应当及时支付赎回款项。

第六十八条　开放式基金应当保持足够的现金或者政府债券,以备支付基金份额持有人的赎回款项。基金财产中应当保持的现金或者政府债券的具体比例,由国务院证券监督管理机构规定。

第六十九条　基金份额的申购、赎回价格,依据申购、赎回日基金份额净值加、减有关费用计算。

第七十条　基金份额净值计价出现错误时,基金管理人应当立即纠正,并采取合理的措施防止损失进一步扩大。计价错误达到基金份额净值百分之零点五时,基金管理人应当公告,并报国务院证券监督管理机构备案。

因基金份额净值计价错误造成基金份额持有人损失的,基金份额持有人有权要求基金管理人、基金托管人予以赔偿。

第七章　公开募集基金的投资与信息披露

第七十一条　基金管理人运用基金财产进行证券投资,除国务院证券监督管理机构另有规定外,应当采用资产组合的方式。

资产组合的具体方式和投资比例,依照本法和国务院证券监督管理机构的规定在基金合同中约定。

第七十二条　基金财产应当用于下列投资:

(一)上市交易的股票、债券;

(二)国务院证券监督管理机构规定的其他证券及其衍生品种。

第七十三条　基金财产不得用于下列投资或者活动:

(一)承销证券;

(二)违反规定向他人贷款或者提供担保;

(三)从事承担无限责任的投资;

(四)买卖其他基金份额,但是国务院证券监督管理机构另有规定的除外;

(五)向基金管理人、基金托管人出资;

(六)从事内幕交易、操纵证券交易价格及其他不正当的证券交易活动;

(七)法律、行政法规和国务院证券监督管理机构规定禁止的其他活动。

运用基金财产买卖基金管理人、基金托管人及其控股股东、实际控制人或者与其有其他重大利害关系的公司发行的证券或承销期内承销的证券,或者从事其他重大关联交易的,应当遵循基金份额持有人利益优先的原则,防范利益冲突,符合国务院证券监督管理机构的规定,并履行信息披露义务。

第七十四条　基金管理人、基金托管人和其他基金信息披露义务人应当依法披露基金信息,并保证所披露信息的真实性、准确性和完整性。

第七十五条　基金信息披露义务人应当确保应予披露的基金信息在国务院证券监督管理机构规定时间内披露，并保证投资人能够按照基金合同约定的时间和方式查阅或者复制公开披露的信息资料。

第七十六条　公开披露的基金信息包括：

（一）基金招募说明书、基金合同、基金托管协议；

（二）基金募集情况；

（三）基金份额上市交易公告书；

（四）基金资产净值、基金份额净值；

（五）基金份额申购、赎回价格；

（六）基金财产的资产组合季度报告、财务会计报告及中期和年度基金报告；

（七）临时报告；

（八）基金份额持有人大会决议；

（九）基金管理人、基金托管人的专门基金托管部门的重大人事变动；

（十）涉及基金财产、基金管理业务、基金托管业务的诉讼或者仲裁；

（十一）国务院证券监督管理机构规定应予披露的其他信息。

第七十七条　公开披露基金信息，不得有下列行为：

（一）虚假记载、误导性陈述或者重大遗漏；

（二）对证券投资业绩进行预测；

（三）违规承诺收益或者承担损失；

（四）诋毁其他基金管理人、基金托管人或者基金销售机构；

（五）法律、行政法规和国务院证券监督管理机构规定禁止的其他行为。

第八章　公开募集基金的基金合同的变更、终止与基金财产清算

第七十八条　按照基金合同的约定或者基金份额持有人大会的决议，基金可以转换运作方式或者与其他基金合并。

第七十九条　封闭式基金扩募或者延长基金合同期限，应当符合下列条件，并报国务院证券监督管理机构备案：

（一）基金运营业绩良好；

（二）基金管理人最近二年内没有因违法违规行为受到行政处罚或者刑事处罚；

（三）基金份额持有人大会决议通过；

（四）本法规定的其他条件。

第八十条　有下列情形之一的，基金合同终止：

（一）基金合同期限届满而未延期；

（二）基金份额持有人大会决定终止；

（三）基金管理人、基金托管人职责终止，在六个月内没有新基金管理人、新基金托管人承接；

（四）基金合同约定的其他情形。

第八十一条　基金合同终止时，基金管理人应当组织清算组对基金财产进行清算。

清算组由基金管理人、基金托管人以及相关的中介服务机构组成。

清算组作出的清算报告经会计师事务所审计，律师事务所出具法律意见书后，报国务院证券监督管理机构备案并公告。

第八十二条　清算后的剩余基金财产，应当按照基金份额持有人所持份额比例进行分配。

第九章　公开募集基金的基金份额持有人权利行使

第八十三条　基金份额持有人大会由基金管理人召集。基金份额持有人大会设立日常机构的，由该日常机构召集；该日常机构未召集的，由基金管理人召集。基金管理人未按规定召集或者不能召集的，由基金托管人召集。

代表基金份额百分之十以上的基金份额持有人就同一事项要求召开基金份额持有人大会，而基金份额持有人大会的日常机构、基金管理人、基金托管人都不召集的，代表基金份额百分之十以上的基金份额持有人有权自行召集，并报国务院证券监督管理机构备案。

第八十四条　召开基金份额持有人大会，召集人应当至少提前三十日公告基金份额持有人大会的召开时间、会议形式、审议事项、议事程序和表决方式等事项。

基金份额持有人大会不得就未经公告的事项进行表决。

第八十五条　基金份额持有人大会可以采取现场方式召开，也可以采取通信等方式召开。

每一基金份额具有一票表决权，基金份额持有人可以委托代理人出席基金份额持有人大会并行使表决权。

第八十六条　基金份额持有人大会应当有代表二分之一以上基金份额的持有人参加，方可召开。

参加基金份额持有人大会的持有人的基金份额低于前款规定比例的，召集人可以在原公告的基金份额持有人大会召开时间的三个月以后、六个月以内，就原定审议事项重新召集基金份额持有人大会。重新召集的基金份额持有人大会应当有代表三分之一以上基金份额的持有人参加，方可召开。

基金份额持有人大会就审议事项作出决定，应当经参加大会的基金份额持有人所持表决权的二分之一以上通过；但是，转换基金的运作方式、更换基金管理人或者基金托管人、提前终止基金合同、与其他基金合并，应当经参加大会的基金份额持有人所持表决权的三分之二以上通过。

基金份额持有人大会决定的事项，应当依法报国务院证券监督管理机构备案，并予以公告。

第十章　非公开募集基金

第八十七条　非公开募集基金应当向合格投资者募集，合格投资者累计不得超过二百人。

前款所称合格投资者，是指达到规定资产规模或者收入水平，并且具备相应的风险识别能力和风险承担能力、其基金份额认购金额不低于规定限额的单位和个人。

合格投资者的具体标准由国务院证券监督管理机构规定。

第八十八条　除基金合同另有约定外，非公开募集基金应当由基金托管人托管。

第八十九条　担任非公开募集基金的基金管理人，应当按照规定向基金行业协会履行登记手续，报送基本情况。

第九十条　未经登记，任何单位或者个人不得使用“基金”或者“基金管理”字样或者近似名称进行证券投资活动；但是，法律、行政法规另有规定的除外。

第九十一条　非公开募集基金，不得向合格投资者之外的单位和个人募集资金，不得通过报刊、电台、电视台、互联网等公众传播媒体或者讲座、报告会、分析会等方式向不特定对象宣传推介。

第九十二条　非公开募集基金，应当制定并签订基金合同。基金合同应当包括下列内容：

（一）基金份额持有人、基金管理人、基金托管人的权利、义务；

（二）基金的运作方式；

（三）基金的出资方式、数额和认缴期限；

（四）基金的投资范围、投资策略和投资限制；

（五）基金收益分配原则、执行方式；

（六）基金承担的有关费用；

（七）基金信息提供的内容、方式；

（八）基金份额的认购、赎回或者转让的程序和方式；

（九）基金合同变更、解除和终止的事由、程序；

（十）基金财产清算方式；

（十一）当事人约定的其他事项。

基金份额持有人转让基金份额的，应当符合本法第八十七条、第九十一条的规定。

第九十三条　按照基金合同约定，非公开募集基金可以由部分基金份额持有人作为基金管理人负责基金的投资管理活动，并在基金财产不足以清偿其债务时对基金财产的债务承担无限连带责任。

前款规定的非公开募集基金，其基金合同还应载明：

（一）承担无限连带责任的基金份额持有人和其他基金份额持有人的姓名或者名称、住所；

（二）承担无限连带责任的基金份额持有人的除名条件和更换程序；

（三）基金份额持有人增加、退出的条件、程序以及相关责任；

（四）承担无限连带责任的基金份额持有人和其他基金份额持有人的转换程序。

第九十四条　非公开募集基金募集完毕，基金管理人应当向基金行业协会备案。对募集的资金总额或者基金份额持有人的人数达到规定标准的基金，基金行业协会应当向国务院证券监督管理机构报告。

非公开募集基金财产的证券投资，包括买卖公开发行的股份有限公司股票、债券、基金份额，以及国务院证券监督管理机构规定的其他证券及其衍生品种。

第九十五条　基金管理人、基金托管人应当按照基金合同的约定，向基金份额持有人提供基金信息。

第九十六条　专门从事非公开募集基金管理业务的基金管理人，其股东、高级管理人员、经营期限、管理的基金资产规模等符合规定条件的，经国务院证券监督管理机构核准，可以从事公开募集基金管理业务。

第十一章　基金服务机构

第九十七条　从事公开募集基金的销售、销售支付、份额登记、估值、投资顾问、评价、信息技术系统服务等基金服务业务的机构，应当按照国务院证券监督管理机构的规定进行注册或者备案。

第九十八条　基金销售机构应当向投资人充分揭示投资风险，并根据投资人的风险承担能力销售不同风险等级的基金产品。

第九十九条　基金销售支付机构应当按照规定办理基金销售结算资金的划付，确保基金销售结算资金安全、及时划付。

第一百条　基金销售结算资金、基金份额独立于基金销售机构、基金销售支付机构或者基金份额登记机构的自有财产。基金销售机构、基金销售支付机构或者基金份额登记机构破产或者清算时，基金销售结算资金、基金份额不属于其破产财产或者清算财产。非因投资人本身的债务或者法律规定的其他情形，不得查封、冻结、扣划或者强制执行基金销售结算资金、基金份额。

基金销售机构、基金销售支付机构、基金份额登记机构应当确保基金销售结算资金、基金份额的安全、独立，禁止任何单位或者个人以任何形式挪用基金销售结算资金、基金份额。

第一百零一条　基金管理人可以委托基金服务机构代为办理基金的份额登记、核算、估值、投资顾问等事项，基金托管人可以委托基金服务机构代为办理基金的核算、估值、复核等事项，但基金管理人、基金托管人依法应当承担的责任不因委托而免除。

第一百零二条　基金份额登记机构以电子介质登记的数据，是基金份额持有人权利归属的根据。基金份额持有人以基金份额出质的，质权自基金份额登记机构办理出质登记时设立。

基金份额登记机构应当妥善保存登记数据，并将基金份额持有人名称、身份信息及基金份额明细等数据备份至国务院证券监督管理机构认定的机构。其保存期限自基金账户销户之日起不得少于二十年。

基金份额登记机构应当保证登记数据的真实、准确、完整，不得隐匿、伪造、篡改或者毁损。

第一百零三条　基金投资顾问机构及其从业人员提供基金投资顾问服务，应当具有合理的依据，对其服务能力和经营业绩进行如实陈述，不得以任何方式承诺或者保证投资收益，不得损害服务对象的合法权益。

第一百零四条　基金评价机构及其从业人员应当客观公正，按照依法制定的业务规则开展基金评价业务，禁止误导投资人，防范可能发生的利益冲突。

第一百零五条　基金管理人、基金托管人、基金服务机构的信息技术系统，应当符合规定的要求。国务院证券监督管理机构可以要求信息技术系统服务机构提供该信息技术系统的相关资料。

第一百零六条　律师事务所、会计师事务所接受基金管理人、基金托管人的委托，为有关基金业务活动出具法律意见书、审计报告、内部控制评价报告等文件，应当勤勉尽责，对所依据的文件资料内容的真实性、准确性、完整性进行核查和验证。其制作、出具的文件有虚假记载、误导性陈述或者重大遗漏，给他人财产造成损失的，应当与委托人承担连带赔偿责任。

第一百零七条　基金服务机构应当勤勉尽责、恪尽职守，建立应急等风险管理制度和灾难备份系统，不得泄露与基金份额持有人、基金投资运作相关的非公开信息。

第十二章　基金行业协会

第一百零八条　基金行业协会是证券投资基金行业的自律性组织，是社会团体法人。

基金管理人、基金托管人应当加入基金行业协会，基金服务机构可以加入基金行业协会。

第一百零九条　基金行业协会的权力机构为全体会员组成的会员大会。

基金行业协会设理事会。理事会成员依章程的规定由选举产生。

第一百一十条　基金行业协会章程由会员大会制定，并报国务院证券监督管理机构备案。

第一百一十一条　基金行业协会履行下列职责：

（一）教育和组织会员遵守有关证券投资的法律、行政法规，维护投资人合法权益；

（二）依法维护会员的合法权益，反映会员的建议和要求；

（三）制定和实施行业自律规则，监督、检查会员及其从业人员的执业行为，对违反自律规则和协会章程的，按照规定给予纪律处分；

（四）制定行业执业标准和业务规范，组织基金从业人员的从业考试、资质管理和业务培训；

（五）提供会员服务，组织行业交流，推动行业创新，开展行业宣传和投资人教育活动；

（六）对会员之间、会员与客户之间发生的基金业务纠纷进行调解；

（七）依法办理非公开募集基金的登记、备案；

（八）协会章程规定的其他职责。

第十三章　监督管理

第一百一十二条　国务院证券监督管理机构依法履行下列职责：

（一）制定有关证券投资基金活动监督管理的规章、规则，并行使审批、核准或者注册权；

（二）办理基金备案；

（三）对基金管理人、基金托管人及其他机构从事证券投资基金活动进行监督管理，对违法行为进行查处，并予以公告；

（四）制定基金从业人员的资格标准和行为准则，并监督实施；

（五）监督检查基金信息的披露情况；

（六）指导和监督基金行业协会的活动；

(七)法律、行政法规规定的其他职责。

第一百一十三条　国务院证券监督管理机构依法履行职责,有权采取下列措施:

(一)对基金管理人、基金托管人、基金服务机构进行现场检查,并要求其报送有关的业务资料;

(二)进入涉嫌违法行为发生场所调查取证;

(三)询问当事人和与被调查事件有关的单位和个人,要求其对与被调查事件有关的事项作出说明;

(四)查阅、复制与被调查事件有关的财产权登记、通讯记录等资料;

(五)查阅、复制当事人和与被调查事件有关的单位和个人的证券交易记录、登记过户记录、财务会计资料及其他相关文件和资料;对可能被转移、隐匿或者毁损的文件和资料,可以予以封存;

(六)查询当事人和与被调查事件有关的单位和个人的资金账户、证券账户和银行账户;对有证据证明已经或者可能转移或者隐匿违法资金、证券等涉案财产或者隐匿、伪造、毁损重要证据的,经国务院证券监督管理机构主要负责人批准,可以冻结或者查封;

(七)在调查操纵证券市场、内幕交易等重大证券违法行为时,经国务院证券监督管理机构主要负责人批准,可以限制被调查事件当事人的证券买卖,但限制的期限不得超过十五个交易日;案情复杂的,可以延长十五个交易日。

第一百一十四条　国务院证券监督管理机构工作人员依法履行职责,进行调查或者检查时,不得少于二人,并应当出示合法证件;对调查或者检查中知悉的商业秘密负有保密的义务。

第一百一十五条　国务院证券监督管理机构工作人员应当忠于职守,依法办事,公正廉洁,接受监督,不得利用职务牟取私利。

第一百一十六条　国务院证券监督管理机构依法履行职责时,被调查、检查的单位和个人应当配合,如实提供有关文件和资料,不得拒绝、阻碍和隐瞒。

第一百一十七条　国务院证券监督管理机构依法履行职责,发现违法行为涉嫌犯罪的,应当将案件移送司法机关处理。

第一百一十八条　国务院证券监督管理机构工作人员在任职期间,或者离职后在《中华人民共和国公务员法》规定的期限内,不得在被监管的机构中担任职务。

第十四章　法律责任

第一百一十九条　违反本法规定,未经批准擅自设立基金管理公司或者未经核准从事公开募集基金管理业务的,由证券监督管理机构予以取缔或者责令改正,没收违法所得,并处违法所得一倍以上五倍以下罚款;没有违法所得或者违法所得不足一百万元的,并处十万元以上一百万元以下罚款。对直接负责的主管人员和其他直接责任人员给予警告,并处三万元以上三十万元以下罚款。

基金管理公司违反本法规定,擅自变更持有百分之五以上股权的股东、实际控制人或者其他重大事项的,责令改正,没收违法所得,并处违法所得一倍以上五倍以下罚款;没有违法所得或者违法所得不足五十万元的,并处五万元以上五十万元以下罚款。对直接负责的主管人员给予警告,并处三万元以上十万元以下罚款。

第一百二十条　基金管理人的董事、监事、高级管理人员和其他从业人员，基金托管人的专门基金托管部门的高级管理人员和其他从业人员，未按照本法第十七条第一款规定申报的，责令改正，处三万元以上十万元以下罚款。

基金管理人、基金托管人违反本法第十七条第二款规定的，责令改正，处十万元以上一百万元以下罚款；对直接负责的主管人员和其他直接责任人员给予警告，暂停或者撤销基金从业资格，并处三万元以上三十万元以下罚款。

第一百二十一条　基金管理人的董事、监事、高级管理人员和其他从业人员，基金托管人的专门基金托管部门的高级管理人员和其他从业人员违反本法第十八条规定的，责令改正，没收违法所得，并处违法所得一倍以上五倍以下罚款；没有违法所得或者违法所得不足一百万元的，并处十万元以上一百万元以下罚款；情节严重的，撤销基金从业资格。

第一百二十二条　基金管理人、基金托管人违反本法规定，未对基金财产实行分别管理或者分账保管，责令改正，处五万元以上五十万元以下罚款；对直接负责的主管人员和其他直接责任人员给予警告，暂停或者撤销基金从业资格，并处三万元以上三十万元以下罚款。

第一百二十三条　基金管理人、基金托管人及其董事、监事、高级管理人员和其他从业人员有本法第二十条所列行为之一的，责令改正，没收违法所得，并处违法所得一倍以上五倍以下罚款；没有违法所得或者违法所得不足一百万元的，并处十万元以上一百万元以下罚款；基金管理人、基金托管人有上述行为的，还应当对其直接负责的主管人员和其他直接责任人员给予警告，暂停或者撤销基金从业资格，并处三万元以上三十万元以下罚款。

基金管理人、基金托管人及其董事、监事、高级管理人员和其他从业人员侵占、挪用基金财产而取得的财产和收益，归入基金财产。但是，法律、行政法规另有规定的，依照其规定。

第一百二十四条　基金管理人的股东、实际控制人违反本法第二十三条规定的，责令改正，没收违法所得，并处违法所得一倍以上五倍以下罚款；没有违法所得或者违法所得不足一百万元的，并处十万元以上一百万元以下罚款；对直接负责的主管人员和其他直接责任人员给予警告，暂停或者撤销基金或证券从业资格，并处三万元以上三十万元以下罚款。

第一百二十五条　未经核准，擅自从事基金托管业务的，责令停止，没收违法所得，并处违法所得一倍以上五倍以下罚款；没有违法所得或者违法所得不足一百万元的，并处十万元以上一百万元以下罚款；对直接负责的主管人员和其他直接责任人员给予警告，并处三万元以上三十万元以下罚款。

第一百二十六条　基金管理人、基金托管人违反本法规定，相互出资或者持有股份的，责令改正，可以处十万元以下罚款。

第一百二十七条　违反本法规定，擅自公开或者变相公开募集基金的，责令停止，返还所募资金和加计的银行同期存款利息，没收违法所得，并处所募资金金额百分之一以上百分之五以下罚款。对直接负责的主管人员和其他直接责任人员给予警告，并处五万元以上五十万元以下罚款。

第一百二十八条　违反本法第五十九条规定，动用募集的资金的，责令返还，没收违法所得，并处违法所得一倍以上五倍以下罚款;没有违法所得或者违法所得不足五十万元的,并处五万元以上五十万元以下罚款;对直接负责的主管人员和其他直接责任人员给予警告,并处三万元以上三十万元以下罚款。

第一百二十九条　基金管理人、基金托管人有本法第七十三条第一款第一项至第五项和第七项所列行为之一,或者违反本法第七十三条第二款规定的,责令改正,处十万元以上一百万元以下罚款;对直接负责的主管人员和其他直接责任人员给予警告,暂停或者撤销基金从业资格,并处三万元以上三十万元以下罚款。

基金管理人、基金托管人有前款行为,运用基金财产而取得的财产和收益,归入基金财产。但是,法律、行政法规另有规定的,依照其规定。

第一百三十条　基金管理人、基金托管人有本法第七十三条第一款第六项规定行为的,除依照《中华人民共和国证券法》的有关规定处罚外,对直接负责的主管人员和其他直接责任人员暂停或者撤销基金从业资格。

第一百三十一条　基金信息披露义务人不依法披露基金信息或者披露的信息有虚假记载、误导性陈述或者重大遗漏的,责令改正,没收违法所得,并处十万元以上一百万元以下罚款;对直接负责的主管人员和其他直接责任人员给予警告,暂停或者撤销基金从业资格,并处三万元以上三十万元以下罚款。

第一百三十二条　基金管理人或者基金托管人不按照规定召集基金份额持有人大会的,责令改正,可以处五万元以下罚款;对直接负责的主管人员和其他直接责任人员给予警告,暂停或者撤销基金从业资格。

第一百三十三条　违反本法规定,未经登记,使用“基金”或者“基金管理”字样或者近似名称进行证券投资活动的,没收违法所得,并处违法所得一倍以上五倍以下罚款;没有违法所得或者违法所得不足一百万元的,并处十万元以上一百万元以下罚款。对直接负责的主管人员和其他直接责任人员给予警告,并处三万元以上三十万元以下罚款。

第一百三十四条　违反本法规定,非公开募集基金募集完毕,基金管理人未备案的,处十万元以上三十万元以下罚款。对直接负责的主管人员和其他直接责任人员给予警告,并处三万元以上十万元以下罚款。

第一百三十五条　违反本法规定,向合格投资者之外的单位或者个人非公开募集资金或者转让基金份额的,没收违法所得,并处违法所得一倍以上五倍以下罚款;没有违法所得或者违法所得不足一百万元的,并处十万元以上一百万元以下罚款。对直接负责的主管人员和其他直接责任人员给予警告,并处三万元以上三十万元以下罚款。

第一百三十六条　违反本法规定,擅自从事公开募集基金的基金服务业务的,责令改正,没收违法所得,并处违法所得一倍以上五倍以下罚款;没有违法所得或者违法所得不足三十万元的,并处十万元以上三十万元以下罚款。对直接负责的主管人员和其他直接责任人员给予警告,并处三万元以上十万元以下罚款。

第一百三十七条　基金销售机构未向投资人充分揭示投资风险并误导其购买与其风险承担能力不相当的基金产品的，处十万元以上三十万元以下罚款；情节严重的，责令其停止基金服务业务。对直接负责的主管人员和其他直接责任人员给予警告，撤销基金从业资格，并处三万元以上十万元以下罚款。

第一百三十八条　基金销售支付机构未按照规定划付基金销售结算资金的，处十万元以上三十万元以下罚款；情节严重的，责令其停止基金服务业务。对直接负责的主管人员和其他直接责任人员给予警告，撤销基金从业资格，并处三万元以上十万元以下罚款。

第一百三十九条　挪用基金销售结算资金或者基金份额的，责令改正，没收违法所得，并处违法所得一倍以上五倍以下罚款；没有违法所得或者违法所得不足一百万元的，并处十万元以上一百万元以下罚款。对直接负责的主管人员和其他直接责任人员给予警告，并处三万元以上三十万元以下罚款。

第一百四十条　基金份额登记机构未妥善保存或者备份基金份额登记数据的，责令改正，给予警告，并处十万元以上三十万元以下罚款；情节严重的，责令其停止基金服务业务。对直接负责的主管人员和其他直接责任人员给予警告，撤销基金从业资格，并处三万元以上十万元以下罚款。

基金份额登记机构隐匿、伪造、篡改、毁损基金份额登记数据的，责令改正，处十万元以上一百万元以下罚款，并责令其停止基金服务业务。对直接负责的主管人员和其他直接责任人员给予警告，撤销基金从业资格，并处三万元以上三十万元以下罚款。

第一百四十一条　基金投资顾问机构、基金评价机构及其从业人员违反本法规定开展投资顾问、基金评价服务的，处十万元以上三十万元以下罚款；情节严重的，责令其停止基金服务业务。对直接负责的主管人员和其他直接责任人员给予警告，撤销基金从业资格，并处三万元以上十万元以下罚款。

第一百四十二条　信息技术系统服务机构未按照规定向国务院证券监督管理机构提供相关信息技术系统资料，或者提供的信息技术系统资料虚假、有重大遗漏的，责令改正，处三万元以上十万元以下罚款。对直接负责的主管人员和其他直接责任人员给予警告，并处一万元以上三万元以下罚款。

第一百四十三条　会计师事务所、律师事务所未勤勉尽责，所出具的文件有虚假记载、误导性陈述或者重大遗漏的，责令改正，没收业务收入，暂停或者撤销相关业务许可，并处业务收入一倍以上五倍以下罚款。对直接负责的主管人员和其他直接责任人员给予警告，并处三万元以上十万元以下罚款。

第一百四十四条　基金服务机构未建立应急等风险管理制度和灾难备份系统，或者泄露与基金份额持有人、基金投资运作相关的非公开信息的，处十万元以上三十万元以下罚款；情节严重的，责令其停止基金服务业务。对直接负责的主管人员和其他直接责任人员给予警告，撤销基金从业资格，并处三万元以上十万元以下罚款。

第一百四十五条　违反本法规定，给基金财产、基金份额持有人或者投资人造成损害的，依法承担赔偿责任。

基金管理人、基金托管人在履行各自职责的过程中，违反本法规定或者基金合同约定，给基金财产或者基金份额持有人造成损害的，应当分别对各自的行为依法承担赔偿责任；因共同行为给基金财产或者基金份额持有人造成损害的，应当承担连带赔偿责任。

第一百四十六条　证券监督管理机构工作人员玩忽职守、滥用职权、徇私舞弊或者利用职务上的便利索取或者收受他人财物的，依法给予行政处分。

第一百四十七条　拒绝、阻碍证券监督管理机构及其工作人员依法行使监督检查、调查职权未使用暴力、威胁方法的，依法给予治安管理处罚。

第一百四十八条　违反法律、行政法规或者国务院证券监督管理机构的有关规定，情节严重的，国务院证券监督管理机构可以对有关责任人员采取证券市场禁入的措施。

第一百四十九条　违反本法规定，构成犯罪的，依法追究刑事责任。

第一百五十条　违反本法规定，应当承担民事赔偿责任和缴纳罚款、罚金，其财产不足以同时支付时，先承担民事赔偿责任。

第一百五十一条　依照本法规定，基金管理人、基金托管人、基金服务机构应当承担的民事赔偿责任和缴纳的罚款、罚金，由基金管理人、基金托管人、基金服务机构以其固有财产承担。

依法收缴的罚款、罚金和没收的违法所得，应当全部上缴国库。

第十五章　附　则

第一百五十二条　在中华人民共和国境内募集投资境外证券的基金，以及合格境外投资者在境内进行证券投资，应当经国务院证券监督管理机构批准，具体办法由国务院证券监督管理机构会同国务院有关部门规定，报国务院批准。

第一百五十三条　公开或者非公开募集资金，以进行证券投资活动为目的设立的公司或者合伙企业，资产由基金管理人或者普通合伙人管理的，其证券投资活动适用本法。

第一百五十四条　本法自2013年6月1日起施行。

私募投资基金监督管理暂行办法

中国证券监督管理委员会令

（第105号）

《私募投资基金监督管理暂行办法》已经于2014年6月30日中国证券监督管理委员会2014年第五十一次主席办公会议审议通过，现予公布，自公布之日起施行。

中国证券监督管理委员会主席：肖钢

2014年8月21日

第一章　总　则

第一条　为了规范私募投资基金活动，保护投资者及相关当事人的合法权益，促进私募投资基金行业健康发展，根据《证券投资基金法》《国务院关于进一步促进资本市场健康发展的若干意见》，制定本办法。

第二条　本办法所称私募投资基金（以下简称私募基金），是指在中华人民共和国境内，以非公开方式向投资者募集资金设立的投资基金。

私募基金财产的投资包括买卖股票、股权、债券、期货、期权、基金份额及投资合同约定的其他投资标的。

非公开募集资金，以进行投资活动为目的设立的公司或者合伙企业，资产由基金管理人或者普通合伙人管理的，其登记备案、资金募集和投资运作适用本办法。

证券公司、基金管理公司、期货公司及其子公司从事私募基金业务适用本办法，其他法律法规和中国证券监督管理委员会（以下简称中国证监会）有关规定对上述机构从事私募基金业务另有规定的，适用其规定。

第三条　从事私募基金业务，应当遵循自愿、公平、诚实信用原则，维护投资者合法权益，不得损害国家利益和社会公共利益。

第四条　私募基金管理人和从事私募基金托管业务的机构（以下简称私募基金托管人）管理、运用私募基金财产，从事私募基金销售业务的机构（以下简称私募基金销售机构）及其他私募服务机构从事私募基金服务活动，应当恪尽职守，履行诚实信用、谨慎勤勉的义务。

私募基金从业人员应当遵守法律、行政法规，恪守职业道德和行为规范。

第五条　中国证监会及其派出机构依照《证券投资基金法》、本办法和中国证监会的其他有关规定，对私募基金业务活动实施监督管理。

设立私募基金管理机构和发行私募基金不设行政审批，允许各类发行主体在依法合规的基础上，向累计不超过法律规定数量的投资者发行私募基金。建立、健全私募基金发行监管制度，切实强化事中事后监管，依法严厉打击以私募基金为名的各类非法集资活动。

建立促进经营机构规范开展私募基金业务的风险控制和自律管理制度，以及各类私募基金的统一监测系统。

第六条　中国证券投资基金业协会（以下简称基金业协会）依照《证券投资基金法》、本办法、中国证监会其他有关规定和基金业协会自律规则，对私募基金业开展行业自律，协调行业关系，提供行业服务，促进行业发展。

第二章　登记备案

第七条　各类私募基金管理人应当根据基金业协会的规定，向基金业协会申请登记，报送以下基本信息：

（一）工商登记和营业执照正副本复印件；

（二）公司章程或者合伙协议；

（三）主要股东或者合伙人名单；

（四）高级管理人员的基本信息；

（五）基金业协会规定的其他信息。

基金业协会应当在私募基金管理人登记材料齐备后的二十个工作日内，通过网站公告私募基金管理人名单及其基本情况的方式，为私募基金管理人办结登记手续。

第八条　各类私募基金募集完毕，私募基金管理人应当根据基金业协会的规定，办理基金备案手续，报送以下基本信息：

（一）主要投资方向及根据主要投资方向注明的基金类别；

（二）基金合同、公司章程或者合伙协议。资金募集过程中向投资者提供基金招募说明书的，应当报送基金招募说明书。以公司、合伙等企业形式设立的私募基金，还应当报送工商登记和营业执照正副本复印件；

（三）采取委托管理方式的，应当报送委托管理协议。委托托管机构托管基金财产的，还应当报送托管协议；

（四）基金业协会规定的其他信息。

基金业协会应当在私募基金备案材料齐备后的二十个工作日内，通过网站公告私募基金名单及其基本情况的方式，为私募基金办结备案手续。

第九条　基金业协会为私募基金管理人和私募基金办理登记备案不构成对私募基金管理人投资能力、持续合规情况的认可；不作为对基金财产安全的保证。

第十条　私募基金管理人依法解散、被依法撤销或者被依法宣告破产的，其法定代表人或者普通合伙人应当在二十个工作日内向基金业协会报告，基金业协会应当及时注销基金管理人登记并通过网站公告。

第三章　合格投资者

第十一条　私募基金应当向合格投资者募集，单只私募基金的投资者人数累计不得超过《证券投资基金法》《公司法》《合伙企业法》等法律规定的特定数量。

投资者转让基金份额的，受让人应当为合格投资者且基金份额受让后投资者人数应当符合前款规定。

第十二条　私募基金的合格投资者是指具备相应风险识别能力和风险承担能力，投资于单只私募基金的金额不低于一百万元且符合下列相关标准的单位和个人：

（一）净资产不低于一千万元的单位；

（二）金融资产不低于三百万元或者最近三年个人年均收入不低于五十万元的个人。

前款所称金融资产包括银行存款、股票、债券、基金份额、资产管理计划、银行理财产品、信托计划、保险产品、期货权益等。

第十三条　下列投资者视为合格投资者：

（一）社会保障基金、企业年金等养老基金，慈善基金等社会公益基金；

（二）依法设立并在基金业协会备案的投资计划；

（三）投资于所管理私募基金的私募基金管理人及其从业人员；

（四）中国证监会规定的其他投资者。

以合伙企业、契约等非法人形式，通过汇集多数投资者的资金直接或者间接投资于私募基金的，私募基金管理人或者私募基金销售机构应当穿透核查最终投资者是否为合格投资者，并合并计算投资者人数。但是，符合本条第（一）、（二）、（四）项规定的投资者投资私募基金的，不再穿透核查最终投资者是否为合格投资者和合并计算投资者人数。

第四章　资金募集

第十四条　私募基金管理人、私募基金销售机构不得向合格投资者之外的单位和个人募集资金，不得通过报刊、电台、电视、互联网等公众传播媒体或者讲座、报告会、分析会和布告、传单、手机短信、微信、博客和电子邮件等方式，向不特定对象宣传推介。

第十五条　私募基金管理人、私募基金销售机构不得向投资者承诺投资本金不受损失或者承诺最低收益。

第十六条　私募基金管理人自行销售私募基金的，应当采取问卷调查等方式，对投资者的风险识别能力和风险承担能力进行评估，由投资者书面承诺符合合格投资者条件；应当制作风险揭示书，由投资者签字确认。

私募基金管理人委托销售机构销售私募基金的，私募基金销售机构应当采取前款规定的评估、确认等措施。

投资者风险识别能力和承担能力问卷及风险揭示书的内容与格式指引，由基金业协会按照不同类别私募基金的特点制定。

第十七条　私募基金管理人自行销售或者委托销售机构销售私募基金，应当自行或者委托第三方机构对私募基金进行风险评级，向风险识别能力和风险承担能力相匹配的投资者推介私募基金。

第十八条　投资者应当如实填写风险识别能力和承担能力问卷，如实承诺资产或者收入情况，并对其真实性、准确性和完整性负责。填写虚假信息或者提供虚假承诺文件的，应当承担相应责任。

第十九条　投资者应当确保投资资金来源合法，不得非法汇集他人资金投资私募基金。

第五章　投资运作

第二十条　募集私募证券基金，应当制定并签订基金合同、公司章程或者合伙协议（以下统称基金合同）。基金合同应当符合《证券投资基金法》第九十三条、第九十四条规定。

募集其他种类私募基金，基金合同应当参照《证券投资基金法》第九十三条、第九十四条规定，明确约定各方当事人的权利、义务和相关事宜。

第二十一条　除基金合同另有约定外,私募基金应当由基金托管人托管。

基金合同约定私募基金不进行托管的,应当在基金合同中明确保障私募基金财产安全的制度措施和纠纷解决机制。

第二十二条　同一私募基金管理人管理不同类别私募基金的,应当坚持专业化管理原则;管理可能导致利益输送或者利益冲突的不同私募基金的,应当建立防范利益输送和利益冲突的机制。

第二十三条　私募基金管理人、私募基金托管人、私募基金销售机构及其他私募服务机构及其从业人员从事私募基金业务,不得有以下行为:

(一)将其固有财产或者他人财产混同于基金财产从事投资活动;

(二)不公平地对待其管理的不同基金财产;

(三)利用基金财产或者职务之便,为本人或者投资者以外的人牟取利益,进行利益输送;

(四)侵占、挪用基金财产;

(五)泄露因职务便利获取的未公开信息,利用该信息从事或者明示、暗示他人从事相关的交易活动;

(六)从事损害基金财产和投资者利益的投资活动;

(七)玩忽职守,不按照规定履行职责;

(八)从事内幕交易、操纵交易价格及其他不正当交易活动;

(九)法律、行政法规和中国证监会规定禁止的其他行为。

第二十四条　私募基金管理人、私募基金托管人应当按照合同约定,如实向投资者披露基金投资、资产负债、投资收益分配、基金承担的费用和业绩报酬、可能存在的利益冲突情况以及可能影响投资者合法权益的其他重大信息,不得隐瞒或者提供虚假信息。信息披露规则由基金业协会另行制定。

第二十五条　私募基金管理人应当根据基金业协会的规定,及时填报并定期更新管理人及其从业人员的有关信息、所管理私募基金的投资运作情况和杠杆运用情况,保证所填报内容真实、准确、完整。发生重大事项的,应当在十个工作日内向基金业协会报告。

私募基金管理人应当于每个会计年度结束后的四个月内,向基金业协会报送经会计师事务所审计的年度财务报告和所管理私募基金年度投资运作基本情况。

第二十六条　私募基金管理人、私募基金托管人及私募基金销售机构应当妥善保存私募基金投资决策、交易和投资者适当性管理等方面的记录及其他相关资料,保存期限自基金清算终止之日起不得少于十年。

第六章　行业自律

第二十七条　基金业协会应当建立私募基金管理人登记、私募基金备案管理信息系统。

基金业协会应当对私募基金管理人和私募基金信息严格保密。除法律法规另有规定外,不得对外披露。

第二十八条　基金业协会应当建立与中国证监会及其派出机构和其他相关机构的信息共享机制，定期汇总分析私募基金情况，及时提供私募基金相关信息。

第二十九条　基金业协会应当制定和实施私募基金行业自律规则，监督、检查会员及其从业人员的执业行为。

会员及其从业人员违反法律、行政法规、本办法规定和基金业协会自律规则的，基金业协会可以视情节轻重，采取自律管理措施，并通过网站公开相关违法违规信息。会员及其从业人员涉嫌违法违规的，基金业协会应当及时报告中国证监会。

第三十条　基金业协会应当建立投诉处理机制，受理投资者投诉，进行纠纷调解。

第七章　监督管理

第三十一条　中国证监会及其派出机构依法对私募基金管理人、私募基金托管人、私募基金销售机构及其他私募服务机构开展私募基金业务情况进行统计监测和检查，依照《证券投资基金法》第一百一十四条规定采取有关措施。

第三十二条　中国证监会将私募基金管理人、私募基金托管人、私募基金销售机构及其他私募服务机构及其从业人员诚信信息记入证券期货市场诚信档案数据库；根据私募基金管理人的信用状况，实施差异化监管。

第三十三条　私募基金管理人、私募基金托管人、私募基金销售机构及其他私募服务机构及其从业人员违反法律、行政法规及本办法规定，中国证监会及其派出机构可以对其采取责令改正、监管谈话、出具警示函、公开谴责等行政监管措施。

第八章　关于创业投资基金的特别规定

第三十四条　本办法所称创业投资基金，是指主要投资于未上市创业企业普通股或者依法可转换为普通股的优先股、可转换债券等权益的股权投资基金。

第三十五条　鼓励和引导创业投资基金投资创业早期的小微企业。

享受国家财政税收扶持政策的创业投资基金，其投资范围应当符合国家相关规定。

第三十六条　基金业协会在基金管理人登记、基金备案、投资情况报告要求和会员管理等环节，对创业投资基金采取区别于其他私募基金的差异化行业自律，并提供差异化会员服务。

第三十七条　中国证监会及其派出机构对创业投资基金在投资方向检查等环节，采取区别于其他私募基金的差异化监督管理；在账户开立、发行交易和投资退出等方面，为创业投资基金提供便利服务。

第九章　法律责任

第三十八条　私募基金管理人、私募基金托管人、私募基金销售机构及其他私募服务机构及其从业人员违反本办法第七条、第八条、第十一条、第十四条至第十七条、第二十四条至第二十六条规定的，以及有本办法第二十三条第(一)项至第(七)项和第(九)项所列行为之一的，责令改正，给予警告并处三万元以下罚款；对直接负责的主管人员和其他直接责任人员，给予警告并处三万元以下罚款；有本办法第二十三条第八项行为的，按照《证券法》和《期货交易管理条例》的有关规定处罚；构成犯罪的，依法移交司法机关追究刑事责任。

第三十九条　私募基金管理人、私募基金托管人、私募基金销售机构及其他私募服务机构及其从业人员违反法律法规和本办法规定，情节严重的，中国证监会可以依法对有关责任人员采取市场禁入措施。

第四十条　私募基金管理人及其从业人员违反《证券投资基金法》有关规定的，按照《证券投资基金法》有关规定处罚。

第十章　附则

第四十一条　本办法自公布之日起施行。

证监会关于《私募投资基金监督管理暂行办法》相关规定的解释

2014年9月12日，证监会召开新闻发布会，新闻发言人张晓军通报了上市公司2013年年报审核情况，发布了2013年上市公司年报会计监管报告(以上内容见官网要闻栏目)，并对《私募投资基金监督管理暂行办法》(以下简称《办法》)的相关规定进行了解释。

一、关于私募基金宣传推介方式

《办法》第十四条规定，“私募基金管理人、私募基金销售机构不得向合格投资者之外的单位和个人募集资金，不得通过报刊、电台、电视、互联网等公众传播媒体或者讲座、报告会、分析会和布告、传单、手机短信、微信、博客和电子邮件等方式，向不特定对象宣传推介”。有市场人士认为，此规定过于严格地限制了私募基金的宣传推介。

不得通过讲座、报告会等方式向不特定对象宣传推介是《证券投资基金法》第九十二条的规定。该规定是为了限制采取上述方式向“不特定对象”宣传推介，以切实防范变相公募。该规定不禁止通过讲座、报告会、分析会、手机短信、微信、电子邮件等能够有效控制宣传推介对象和数量的方式，向事先已了解其风险识别能力和承担能力的“特定对象”宣传推介。

二、关于禁止固有财产或他人财产和基金财产混同

《办法》第二十三条第(一)项规定，私募基金管理人、私募基金托管人、私募基金销售机构及其他私募服务机构及其从业人员从事私募基金业务，不得“将其固有财产或者他人财产混同于基金财产从事投资活动”。有市场人士认为，何种情形属于财产混同不太明确，如私募基金管理人跟投的，是

否会被认定为财产混同?

该项规定系对《证券投资基金法》第二十一条第(一)项的沿用。基金财产属于信托财产,具有独立性,应当独立于私募基金管理人、托管人等的固有财产,基金管理人、托管人等因基金财产的管理、运用或者其他情形而取得的财产和收益,归入基金财产。将基金管理人的固有财产混同于基金财产从事投资活动的行为,违背了基金财产独立性的原则,可能损害投资者的利益。

对于私募基金管理人及其从业人员跟投私募基金的,有两种情形:一是跟投项目,其所形成的权益仍为基金管理人及其从业人员固有财产,不属于基金财产;二是跟投基金,跟投资金已经为基金财产的一部分,不同于基金管理人及其从业人员的其他固有财产。上述两种情形均不属于将固有财产或者他人财产混同于基金财产。

三、关于私募基金风险评级的规定

《办法》第十七条规定,"私募基金管理人自行销售或者委托销售机构销售私募基金,应当自行或者委托第三方机构对私募基金进行风险评级,向风险识别能力和风险承担能力相匹配的投资者推介私募基金"。有市场人士咨询,私募基金风险评级是否必须由独立第三方机构来做?是否有统一的风险评级标准?

我们认为,此规定目的是为引导私募基金管理人和销售机构在对产品的风险进行充分评估的基础上,做到合适的产品卖给合适的投资者。《办法》对私募基金的评级机构未设置资质要求,由基金管理人自主选择,也未要求由独立第三方机构进行评级,主要基于以下考虑:一是私募基金运作更多体现投资者和基金管理人之间的意思自治;二是基金管理人为维护好与投资者的良好关系,具有对基金产品进行风险评级并将其销售给风险承受能力相匹配的投资者的动力;三是基金管理人对自身管理的产品更为了解。对于风险评级的具体标准,主要由私募基金管理人自行或委托独立第三方机构制定,今后根据需要可由基金业协会出台相关指引。

四、关于禁止不公平对待所管理的不同基金财产

《办法》第二十三条规定,有关当事人从事私募基金业务,不得"不公平对待其管理的不同基金财产"。有市场人士认为,此规定操作性不强,且不同基金如策略不同,基金管理人实践中就会区别对待。

该项规定系对《证券投资基金法》第二十一条第(二)项的沿用。禁止"不公平对待其管理的不同基金财产",是指当基金管理人同时管理若干只基金时,基金管理人作为受托人,应当公平地对待其管理的每一只基金,对所管理的每一只基金的基金份额持有人,都应履行诚实信用、谨慎勤勉、有效管理的义务,为所管理的各只基金的全体基金份额持有人的最大利益,管理基金财产。为一只基金的利益而损害另一只基金利益的行为,违背了受益人利益最大化原则,也违背了受托人义务,应当禁止这种行为。

五、关于禁止利用基金财产或职务之便牟取利益

《办法》第二十三条规定,有关当事人从事私募基金业务,不得"利用基金财产或者职务之便,为

本人或者投资者以外的人牟取利益，进行利益输送”。

该项规定系对《证券投资基金法》第二十一条第(三)项的沿用。禁止“利用基金财产或者职务之便，为本人或者投资者以外的人牟取利益，进行利益输送”规定包含两层含义：一是基金管理人作为受托人，除依法取得管理费等报酬外，不得利用基金财产或者职务之便为自己牟取利益。二是基金管理人对投资者负有忠实义务，应当为基金份额持有人的利益最大化服务，不得利用基金财产或者职务之便为投资者以外的其他人牟取利益；否则，就违背了受托人义务，侵害了投资者权利。为切实保障私募基金投资者权益，私募基金管理人、托管人、销售机构及其他私募服务机构及其从业人员有必要参照适用。

六、关于禁止泄露因职务便利获取的未公开信息从事交易活动

《办法》第二十三条规定，有关当事人从事私募基金业务，不得“泄露因职务便利获取的未公开信息，利用该信息从事或者明示、暗示他人从事相关的交易活动”。

该项规定系对《证券投资基金法》第二十一条第(六)项的沿用。未公开信息包括基金经营管理过程中不应当披露的信息和依照规定应当披露但尚未披露的信息。基金管理人及其从业人员由于职务上的便利，掌握了大量的未公开信息，利用未公开信息从事相关的交易活动，破坏了基金市场的公平竞争，必将损害基金份额持有人和其他相关当事人的利益。为了维护公平竞争，维护基金市场秩序，必须坚决禁止私募基金管理人等相关机构及其从业人员泄露因职务便利获取的未公开信息，利用该信息从事或者明示、暗示他人从事相关的交易活动。

证券期货投资者适当性管理办法

中国证券监督管理委员会令

(第130号)

《证券期货投资者适当性管理办法》已经于2016年5月26日中国证券监督管理委员会2016年第七次主席办公会议审议通过，现予公布，自2017年7月1日起施行。

中国证券监督管理委员会主席：刘士余

2016年12月12日

第一条　为了规范证券期货投资者适当性管理，维护投资者合法权益，根据《证券法》《证券投资基金法》《证券公司监督管理条例》《期货交易管理条例》及其他相关法律、行政法规，制定本办法。

第二条　向投资者销售公开或者非公开发行的证券、公开或者非公开募集的证券投资基金和股权投资基金(包括创业投资基金，以下简称基金)、公开或者非公开转让的期货及其他衍生产品，或者为投资者提供相关业务服务的，适用本办法。

第三条　向投资者销售证券期货产品或者提供证券期货服务的机构(以下简称经营机构)应当遵

守法律、行政法规、本办法及其他有关规定，在销售产品或者提供服务的过程中，勤勉尽责，审慎履职，全面了解投资者情况，深入调查分析产品或者服务信息，科学有效评估，充分揭示风险，基于投资者的不同风险承受能力以及产品或者服务的不同风险等级等因素，提出明确的适当性匹配意见，将适当的产品或者服务销售或者提供给适合的投资者，并对违法违规行为承担法律责任。

第四条　投资者应当在了解产品或者服务情况，听取经营机构适当性意见的基础上，根据自身能力审慎决策，独立承担投资风险。

经营机构的适当性匹配意见不表明其对产品或者服务的风险和收益作出实质性判断或者保证。

第五条　中国证券监督管理委员会（以下简称中国证监会）及其派出机构依照法律、行政法规、本办法及其他相关规定，对经营机构履行适当性义务进行监督管理。

证券期货交易场所、登记结算机构及中国证券业协会、中国期货业协会、中国证券投资基金业协会（以下统称行业协会）等自律组织对经营机构履行适当性义务进行自律管理。

第六条　经营机构向投资者销售产品或者提供服务时，应当了解投资者的下列信息：

（一）自然人的姓名、住址、职业、年龄、联系方式，法人或者其他组织的名称、注册地址、办公地址、性质、资质及经营范围等基本信息；

（二）收入来源和数额、资产、债务等财务状况；

（三）投资相关的学习、工作经历及投资经验；

（四）投资期限、品种、期望收益等投资目标；

（五）风险偏好及可承受的损失；

（六）诚信记录；

（七）实际控制投资者的自然人和交易的实际受益人；

（八）法律法规、自律规则规定的投资者准入要求相关信息；

（九）其他必要信息。

第七条　投资者分为普通投资者与专业投资者。

普通投资者在信息告知、风险警示、适当性匹配等方面享有特别保护。

第八条　符合下列条件之一的是专业投资者：

（一）经有关金融监管部门批准设立的金融机构，包括证券公司、期货公司、基金管理公司及其子公司、商业银行、保险公司、信托公司、财务公司等；经行业协会备案或者登记的证券公司子公司、期货公司子公司、私募基金管理人。

（二）上述机构面向投资者发行的理财产品，包括但不限于证券公司资产管理产品、基金管理公司及其子公司产品、期货公司资产管理产品、银行理财产品、保险产品、信托产品、经行业协会备案的私募基金。

（三）社会保障基金、企业年金等养老基金，慈善基金等社会公益基金，合格境外机构投资者（QFII）、人民币合格境外机构投资者（RQFII）。

（四）同时符合下列条件的法人或者其他组织：

1. 最近一年末净资产不低于两千万元；

2. 最近一年末金融资产不低于一千万元；

3. 具有两年以上证券、基金、期货、黄金、外汇等投资经历。

（五）同时符合下列条件的自然人：

1. 金融资产不低于五百万元，或者最近三年个人年均收入不低于五十万元；

2. 具有两年以上证券、基金、期货、黄金、外汇等投资经历，或者具有两年以上金融产品设计、投资、风险管理及相关工作经历，或者属于本条第（一）项规定的专业投资者的高级管理人员、获得职业资格认证的从事金融相关业务的注册会计师和律师。

前款所称金融资产，是指银行存款、股票、债券、基金份额、资产管理计划、银行理财产品、信托计划、保险产品、期货及其他衍生产品等。

第九条　经营机构可以根据专业投资者的业务资格、投资实力、投资经历等因素，对专业投资者进行细化分类和管理。

第十条　专业投资者之外的投资者为普通投资者。

经营机构应当按照有效维护投资者合法权益的要求，综合考虑收入来源、资产状况、债务、投资知识和经验、风险偏好、诚信状况等因素，确定普通投资者的风险承受能力，对其进行细化分类和管理。

第十一条　普通投资者和专业投资者在一定条件下可以互相转化。

符合本办法第八条第（四）项、第（五）项规定的专业投资者，可以书面告知经营机构选择成为普通投资者，经营机构应当对其履行相应的适当性义务。

符合下列条件之一的普通投资者可以申请转化成为专业投资者，但经营机构有权自主决定是否同意其转化：

（一）最近一年末净资产不低于一千万元，最近一年末金融资产不低于五百万元，且具有一年以上证券、基金、期货、黄金、外汇等投资经历的除专业投资者外的法人或者其他组织；

（二）金融资产不低于三百万元或者最近三年个人年均收入不低于三十万元，且具有一年以上证券、基金、期货、黄金、外汇等投资经历或者一年以上金融产品设计、投资、风险管理及相关工作经历的自然人投资者。

第十二条　普通投资者申请成为专业投资者应当以书面形式向经营机构提出申请并确认自主承担可能产生的风险和后果，提供相关证明材料。

经营机构应当通过追加了解信息、投资知识测试或者模拟交易等方式对投资者进行谨慎评估，确认其符合前条要求，说明对不同类别投资者履行适当性义务的差别，警示可能承担的投资风险，告知申请的审查结果及其理由。

第十三条　经营机构应当告知投资者，其根据本办法第六条规定所提供的信息发生重要变化、可能影响分类的，应及时告知经营机构。经营机构应当建立投资者评估数据库并及时更新，充分使用已了解信息和已有评估结果，避免重复采集，提高评估效率。

第十四条　中国证监会、自律组织在针对特定市场、产品或者服务制定规则时，可以考虑风险性、复杂性以及投资者的认知难度等因素，从资产规模、收入水平、风险识别能力和风险承担能力、投资认购最低金额等方面，规定投资者准入要求。投资者准入要求包含资产指标的，应当规定投资者在购买产品或者接受服务前一定时期内符合该指标。

现有市场、产品或者服务规定投资者准入要求的，应当符合前款规定。

第十五条　经营机构应当了解所销售产品或者所提供服务的信息，根据风险特征和程度，对销售的产品或者提供的服务划分风险等级。

第十六条　划分产品或者服务风险等级时应当综合考虑以下因素：

（一）流动性；

（二）到期时限；

（三）杠杆情况；

（四）结构复杂性；

（五）投资单位产品或者相关服务的最低金额；

（六）投资方向和投资范围；

（七）募集方式；

（八）发行人等相关主体的信用状况；

（九）同类产品或者服务过往业绩；

（十）其他因素。

涉及投资组合的产品或者服务，应当按照产品或者服务整体风险等级进行评估。

第十七条　产品或者服务存在下列因素的，应当审慎评估其风险等级：

（一）存在本金损失的可能性，因杠杆交易等因素容易导致本金大部分或者全部损失的产品或者服务；

（二）产品或者服务的流动变现能力，因无公开交易市场、参与投资者少等因素导致难以在短期内以合理价格顺利变现的产品或者服务；

（三）产品或者服务的可理解性，因结构复杂、不易估值等因素导致普通人难以理解其条款和特征的产品或者服务；

（四）产品或者服务的募集方式，涉及面广、影响力大的公募产品或者相关服务；

（五）产品或者服务的跨境因素，存在市场差异、适用境外法律等情形的跨境发行或者交易的产品或者服务；

（六）自律组织认定的高风险产品或者服务；

（七）其他有可能构成投资风险的因素。

第十八条　经营机构应当根据产品或者服务的不同风险等级，对其适合销售产品或者提供服务的投资者类型作出判断，根据投资者的不同分类，对其适合购买的产品或者接受的服务作出判断。

第十九条　经营机构告知投资者不适合购买相关产品或者接受相关服务后，投资者主动要求购买风险等级高于其风险承受能力的产品或者接受相关服务的，经营机构在确认其不属于风险承受能力最低类别的投资者后，应当就产品或者服务风险高于其承受能力进行特别的书面风险警示，投资者仍坚持购买的，可以向其销售相关产品或者提供相关服务。

第二十条　经营机构向普通投资者销售高风险产品或者提供相关服务，应当履行特别的注意义务，包括制定专门的工作程序，追加了解相关信息，告知特别的风险点，给予普通投资者更多的考虑时间，或者增加回访频次等。

第二十一条　经营机构应当根据投资者和产品或者服务的信息变化情况，主动调整投资者分类、产品或者服务分级以及适当性匹配意见，并告知投资者上述情况。

第二十二条　禁止经营机构进行下列销售产品或者提供服务的活动：

（一）向不符合准入要求的投资者销售产品或者提供服务；

（二）向投资者就不确定事项提供确定性的判断，或者告知投资者有可能使其误认为具有确定性的意见；

（三）向普通投资者主动推介风险等级高于其风险承受能力的产品或者服务；

（四）向普通投资者主动推介不符合其投资目标的产品或者服务；

（五）向风险承受能力最低类别的投资者销售或者提供风险等级高于其风险承受能力的产品或者服务；

（六）其他违背适当性要求，损害投资者合法权益的行为。

第二十三条　经营机构向普通投资者销售产品或者提供服务前，应当告知下列信息：

（一）可能直接导致本金亏损的事项；

（二）可能直接导致超过原始本金损失的事项；

（三）因经营机构的业务或者财产状况变化，可能导致本金或者原始本金亏损的事项；

（四）因经营机构的业务或者财产状况变化，影响客户判断的重要事由；

（五）限制销售对象权利行使期限或者可解除合同期限等全部限制内容；

（六）本办法第二十九条规定的适当性匹配意见。

第二十四条　经营机构对投资者进行告知、警示，内容应当真实、准确、完整，不存在虚假记载、误导性陈述或者重大遗漏，语言应当通俗易懂；告知、警示应当采用书面形式送达投资者，并由其确认已充分理解和接受。

第二十五条　经营机构通过营业网点向普通投资者进行本办法第十二条、第二十条、第二十一条和第二十三条规定的告知、警示，应当全过程录音或者录像；通过互联网等非现场方式进行的，经营机构应当完善配套留痕安排，由普通投资者通过符合法律、行政法规要求的电子方式进行确认。

第二十六条　经营机构委托其他机构销售本机构发行的产品或者提供服务，应当审慎选择受托方，确认受托方具备代销相关产品或者提供服务的资格和落实相应适当性义务要求的能力，应当制定并告知代销方所委托产品或者提供服务的适当性管理标准和要求，代销方应当严格执行，但法律、行政法规、中国证监会其他规章另有规定的除外。

第二十七条　经营机构代销其他机构发行的产品或者提供相关服务，应当在合同中约定要求委托方提供的信息，包括本办法第十六条、第十七条规定的产品或者服务分级考虑因素等，自行对该信息进行调查核实，并履行投资者评估、适当性匹配等适当性义务。委托方不提供规定的信息、提供信息不完整的，经营机构应当拒绝代销产品或者提供服务。

第二十八条　对在委托销售中违反适当性义务的行为，委托销售机构和受托销售机构应当依法承担相应法律责任，并在委托销售合同中予以明确。

第二十九条　经营机构应当制定适当性内部管理制度，明确投资者分类、产品或者服务分级、适当性匹配的具体依据、方法、流程等，严格按照内部管理制度进行分类、分级，定期汇总分类、分级结果，并对每名投资者提出匹配意见。

经营机构应当制定并严格落实与适当性内部管理有关的限制不匹配销售行为、客户回访检查、评估与销售隔离等风控制度，以及培训考核、执业规范、监督问责等制度机制，不得采取鼓励不适当销售的考核激励措施，确保从业人员切实履行适当性义务。

第三十条　经营机构应当每半年开展一次适当性自查，形成自查报告。发现违反本办法规定的问题，应当及时处理并主动报告住所地中国证监会派出机构。

第三十一条　鼓励经营机构将投资者分类政策、产品或者服务分级政策、自查报告在公司网站或者指定网站进行披露。

第三十二条　经营机构应当按照相关规定妥善保存其履行适当性义务的相关信息资料，防止泄露或者被不当利用，接受中国证监会及其派出机构和自律组织的检查。对匹配方案、告知警示资料、录音录像资料、自查报告等的保存期限不得少于二十年。

第三十三条　投资者购买产品或者接受服务，按规定需要提供信息的，所提供的信息应当真实、准确、完整。投资者根据本办法第六条规定所提供的信息发生重要变化、可能影响其分类的，应当及时告知经营机构。

投资者不按照规定提供相关信息，提供信息不真实、不准确、不完整的，应当依法承担相应法律责任，经营机构应当告知其后果，并拒绝向其销售产品或者提供服务。

第三十四条　经营机构应当妥善处理适当性相关的纠纷，与投资者协商解决争议，采取必要措施支持和配合投资者提出的调解。经营机构履行适当性义务存在过错并造成投资者损失的，应当依法承担相应法律责任。

经营机构与普通投资者发生纠纷的，经营机构应当提供相关资料，证明其已向投资者履行相应义务。

第三十五条　中国证监会及其派出机构在监管中应当审核或者关注产品或者服务的适当性安排，对适当性制度落实情况进行检查，督促经营机构严格落实适当性义务，强化适当性管理。

第三十六条　证券期货交易场所应当制定完善本市场相关产品或者服务的适当性管理自律规则。

行业协会应当制定完善会员落实适当性管理要求的自律规则，制定并定期更新本行业的产品或者服务风险等级名录以及本办法第十九条、第二十二条规定的风险承受能力最低的投资者类别，供经营机构参考。经营机构评估相关产品或者服务的风险等级不得低于名录规定的风险等级。

证券期货交易场所、行业协会应当督促、引导会员履行适当性义务,对备案产品或者相关服务应当重点关注高风险产品或者服务的适当性安排。

第三十七条　经营机构违反本办法规定的,中国证监会及其派出机构可以对经营机构及其直接负责的主管人员和其他直接责任人员,采取责令改正、监管谈话、出具警示函、责令参加培训等监督管理措施。

第三十八条　证券公司、期货公司违反本办法规定,存在较大风险或者风险隐患的,中国证监会及其派出机构可以按照《证券公司监督管理条例》第七十条、《期货交易管理条例》第五十五条的规定,采取监督管理措施。

第三十九条　违反本办法第六条、第十八条、第十九条、第二十条、第二十一条、第二十二条第(三)项至第(六)项、第二十三条、第二十四条、第三十三条规定的,按照《证券投资基金法》第一百三十七条【基金销售机构违反风险告知义务】、《证券公司监督管理条例》第八十四条、《期货交易管理条例》第六十七条予以处理。

第四十条　违反本办法第二十二条第(一)项至第(二)项、第二十六条、第二十七条规定的,按照《证券投资基金法》第一百三十五条、《证券公司监督管理条例》第八十三条、《期货交易管理条例》第六十六条予以处理。

第四十一条　经营机构有下列情形之一的,给予警告,并处以三万元以下罚款;对直接负责的主管人员和其他直接责任人员,给予警告,并处以三万元以下罚款:

(一)违反本办法第十条,未按规定对普通投资者进行细化分类和管理的;

(二)违反本办法第十一条、第十二条,未按规定进行投资者类别转化的;

(三)违反本办法第十三条,未建立或者更新投资者评估数据库的;

(四)违反本办法第十五条,未按规定了解所销售产品或者所提供服务信息或者履行分级义务的;

(五)违反本办法第十六条、第十七条,未按规定划分产品或者服务风险等级的;

(六)违反本办法第二十五条,未按规定录音录像或者采取配套留痕安排的;

(七)违反本办法第二十九条,未按规定制定或者落实适当性内部管理制度和相关制度机制的;

(八)违反本办法第三十条,未按规定开展适当性自查的;

(九)违反本办法第三十二条,未按规定妥善保存相关信息资料的;

(十)违反本办法第六条、第十八条至第二十四条、第二十六条、第二十七条、第三十三条规定,未构成《证券投资基金法》第一百三十五条、第一百三十七条,《证券公司监督管理条例》第八十三条、第八十四条,《期货交易管理条例》第六十六条、第六十七条规定情形的。

第四十二条　经营机构从业人员违反相关法律法规和本办法规定,情节严重的,中国证监会可以依法采取市场禁入的措施。

第四十三条　本办法自2017年7月1日起施行。

第二篇　登记备案

私募投资基金管理人登记和基金备案办法(试行)

关于发布《私募投资基金管理人登记和基金备案办法(试行)》的通知

中基协发〔2014〕1号

各私募基金管理人:

为规范私募投资基金业务,保护投资者合法权益,促进私募投资基金行业健康发展,根据《证券投资基金法》和中国证券监督管理委员会的授权,中国证券投资基金业协会制定了《私募投资基金管理人登记和基金备案办法(试行)》,现予发布。

中国证券投资基金业协会

2014年1月17日

第一章　总　则

第一条　为规范私募投资基金业务,保护投资者合法权益,促进私募投资基金行业健康发展,根据《证券投资基金法》《中央编办关于私募股权基金管理职责分工的通知》和中国证券监督管理委员会(以下简称中国证监会)有关规定,制定本办法。

第二条　本办法所称私募投资基金(以下简称私募基金),系指以非公开方式向合格投资者募集资金设立的投资基金,包括资产由基金管理人或者普通合伙人管理的以投资活动为目的设立的公司或者合伙企业。

第三条　中国证券投资基金业协会(以下简称基金业协会)按照本办法规定办理私募基金管理人登记及私募基金备案,对私募基金业务活动进行自律管理。

第四条　私募基金管理人应当提供私募基金登记和备案所需的文件和信息,保证所提供文件和信息的真实性、准确性、完整性。

第二章　基金管理人登记

第五条　私募基金管理人应当向基金业协会履行基金管理人登记手续并申请成为基金业协会会员。

第六条　私募基金管理人申请登记,应当通过私募基金登记备案系统,如实填报基金管理人基本信息、高级管理人员及其他从业人员基本信息、股东或合伙人基本信息、管理基金基本信息。

第七条　登记申请材料不完备或不符合规定的,私募基金管理人应当根据基金业协会的要求及时补正。

申请登记期间,登记事项发生重大变化的,私募基金管理人应当及时告知基金业协会并变更申请登记内容。

第八条　基金业协会可以采取约谈高级管理人员、现场检查、向中国证监会及其派出机构、相关专业协会征询意见等方式对私募基金管理人提供的登记申请材料进行核查。

第九条　私募基金管理人提供的登记申请材料完备的,基金业协会应当自收齐登记材料之日起二十个工作日内,以通过网站公示私募基金管理人基本情况的方式,为私募基金管理人办结登记手续。网站公示的私募基金管理人基本情况包括私募基金管理人的名称、成立时间、登记时间、住所、联系方式、主要负责人等基本信息以及基本诚信信息。

公示信息不构成对私募基金管理人投资管理能力、持续合规情况的认可,不作为基金资产安全的保证。

第十条　经登记后的私募基金管理人依法解散、被依法撤销或者被依法宣告破产的,基金业协会应当及时注销基金管理人登记。

第三章　基金备案

第十一条　私募基金管理人应当在私募基金募集完毕后二十个工作日内,通过私募基金登记备案系统进行备案,并根据私募基金的主要投资方向注明基金类别,如实填报基金名称、资本规模、投资者、基金合同(基金公司章程或者合伙协议,以下统称基金合同)等基本信息。

公司型基金自聘管理团队管理基金资产的,该公司型基金在作为基金履行备案手续同时,还需作为基金管理人履行登记手续。

第十二条　私募基金备案材料不完备或者不符合规定的,私募基金管理人应当根据基金业协会的要求及时补正。

第十三条　私募基金备案材料完备且符合要求的,基金业协会应当自收齐备案材料之日起二十个工作日内,以通过网站公示私募基金基本情况的方式,为私募基金办结备案手续。网站公示的私募基金基本情况包括私募基金的名称、成立时间、备案时间、主要投资领域、基金管理人及基金托管人等基本信息。

第十四条　经备案的私募基金可以申请开立证券相关账户。

第四章　人员管理

第十五条　私募基金管理人应当按照规定向基金业协会报送高级管理人员及其他基金从业人员基本信息及变更信息。

第十六条　从事私募基金业务的专业人员应当具备私募基金从业资格。

具备以下条件之一的,可以认定为具有私募基金从业资格:

(一)通过基金业协会组织的私募基金从业资格考试;

(二)最近三年从事投资管理相关业务;

(三)基金业协会认定的其他情形。

第十七条　私募基金管理人的高级管理人员应当诚实守信，最近三年没有重大失信记录，未被中国证监会采取市场禁入措施。

前款所称高级管理人员指私募基金管理人的董事长、总经理、副总经理、执行事务合伙人（委派代表）、合规风控负责人以及实际履行上述职务的其他人员。

第十八条　私募基金从业人员应当定期参加基金业协会或其认可机构组织的执业培训。

第五章　信息报送

第十九条　私募基金管理人应当在每月结束之日起五个工作日内，更新所管理的私募证券投资基金相关信息，包括基金规模、单位净值、投资者数量等。

第二十条　私募基金管理人应当在每季度结束之日起十个工作日内，更新所管理的私募股权投资基金等非证券类私募基金的相关信息，包括认缴规模、实缴规模、投资者数量、主要投资方向等。

第二十一条　私募基金管理人应当于每年度结束之日起二十个工作日内，更新私募基金管理人、股东或合伙人、高级管理人员及其他从业人员、所管理的私募基金等基本信息。

私募基金管理人应当于每年度四月底之前，通过私募基金登记备案系统填报经会计师事务所审计的年度财务报告。

受托管理享受国家财税政策扶持的创业投资基金的基金管理人，还应当报送所受托管理创业投资基金投资中小微企业情况及社会经济贡献情况等报告。

第二十二条　私募基金管理人发生以下重大事项的，应当在十个工作日内向基金业协会报告：

（一）私募基金管理人的名称、高级管理人员发生变更；

（二）私募基金管理人的控股股东、实际控制人或者执行事务合伙人发生变更；

（三）私募基金管理人分立或者合并；

（四）私募基金管理人或高级管理人员存在重大违法违规行为；

（五）依法解散、被依法撤销或者被依法宣告破产；

（六）可能损害投资者利益的其他重大事项。

第二十三条　私募基金运行期间，发生以下重大事项的，私募基金管理人应当在五个工作日内向基金业协会报告：

（一）基金合同发生重大变化；

（二）投资者数量超过法律法规规定；

（三）基金发生清盘或清算；

（四）私募基金管理人、基金托管人发生变更；

（五）对基金持续运行、投资者利益、资产净值产生重大影响的其他事件。

第二十四条　基金业协会每季度对私募基金管理人、从业人员及私募基金情况进行统计分析，向中国证监会报告。

第六章　自律管理

第二十五条　基金业协会根据私募基金管理人所管理的基金类型设立相关专业委员会，实施差别化的自律管理。

第二十六条　基金业协会可以对私募基金管理人及其从业人员实施非现场检查和现场检查，要求私募基金管理人及其从业人员提供有关的资料和信息。私募基金管理人及其从业人员应当配合检查。

第二十七条　基金业协会建立私募基金管理人及其从业人员诚信档案，跟踪记录其诚信信息。

第二十八条　基金业协会接受对私募基金管理人或基金从业人员的投诉，可以对投诉事项进行调查、核实，并依法进行处理。

第二十九条　基金业协会可以根据当事人平等、自愿的原则对私募基金业务纠纷进行调解，维护投资者合法权益。

第三十条　私募基金管理人、高级管理人员及其他从业人员存在以下情形的，基金业协会视情节轻重可以对私募基金管理人采取警告、行业内通报批评、公开谴责、暂停受理基金备案、取消会员资格等措施，对高级管理人员及其他从业人员采取警告、行业内通报批评、公开谴责、取消从业资格等措施，并记入诚信档案。情节严重的，移交中国证监会处理：

(一)违反《证券投资基金法》及本办法规定；

(二)在私募基金管理人登记、基金备案及其他信息报送中提供虚假材料和信息，或者隐瞒重要事实；

(三)法律法规、中国证监会及基金业协会规定的其他情形。

第三十一条　私募基金管理人未按规定及时填报业务数据或者进行信息更新的，基金业协会责令改正；一年累计两次以上未按时填报业务数据、进行信息更新的，基金业协会可以对主要责任人员采取警告措施，情节严重的向中国证监会报告。

第七章　附　则

第三十二条　本办法自2014年2月7日起施行，由基金业协会负责解释。

附新闻稿：基金业协会发布《私募投资基金管理人登记和基金备案办法(试行)》

1月17日，中国证券投资基金业协会(以下简称基金业协会)发布了《私募投资基金管理人登记和基金备案办法(试行)》(以下简称《办法》)，《办法》将于2月7日起施行。

一、《办法》制定的背景和主要内容

《证券投资基金法》将非公开募集证券投资基金纳入调整范围，要求私募证券基金管理人按规定向基金行业协会履行登记手续，办理私募基金备案。2013年6月，中央编办发文明确由中国证监会负责私募股权投资基金的监督管理。经中央编办同意，中国证监会授权基金业协会具体负责私募投资基金管理人登记和私募基金备案并履行自律监管职能。据此，基金业协会制定了《私募投资基金管理人登记和基金备案办法（试行）》，明确了私募投资基金管理人登记和私募基金备案的程序和要求，对私募投资基金业务活动进行自律管理。

《办法》规定了私募投资基金管理人登记、基金备案、从业人员管理、信息报送、行业自律管理等方面的要求。

私募投资基金管理人登记方面，《办法》要求私募投资基金管理人应当向基金业协会履行登记手续并申请成为基金业协会会员。私募投资基金管理人在进行电子填报的同时，需提交书面登记备案承诺函。除存在暂缓登记的情形外，登记申请材料完备的，基金业协会自收齐登记材料之日起二十个工作日内，以通过网站公示私募投资基金管理人基本情况的方式，为私募基金管理人办结登记手续。

私募基金备案方面，《办法》要求私募投资基金管理人在私募基金募集完毕之日后二十个工作日内，通过私募基金登记备案系统进行基金备案，并根据私募基金的主要投资方向注明基金类别，如实填报基本信息。基金业协会对备案的私募基金信息予以公示。经备案的私募基金可以申请开立证券相关账户。

私募基金从业人员管理方面，私募投资基金管理人应当按照规定向基金业协会报送高管人员及其他从业人员基本信息。从事私募基金业务的专业人员，除了可以通过基金业协会组织的基金从业资格考试取得从业资格外，如其最近三年从事投资管理相关业务，也可以认定为具有私募基金从业资格。对于高级管理人员，《办法》要求诚实守信，最近三年没有重大失信记录，未被中国证监会采取市场禁入措施。结合从业资格认定制度，《办法》规定了从业人员执业培训要求。

私募基金信息报送方面，《办法》要求私募投资基金管理人定期和不定期报送私募基金运作情况。根据不同类别私募基金的特点，提出了差别化的定期信息报送要求：对于私募证券投资基金，要求每月报送；对于私募股权投资基金，要求每季度报送。考虑到持续跟踪国家财税政策扶持效果的需要，要求相关创业投资基金管理人报送基金投资中小微企业情况及社会经济贡献情况等报告。为了加强行业统计分析，规定了私募投资基金管理人每年度报送的信息内容。私募投资基金管理人和私募基金发生《办法》所规定的重大事项时，应当及时报告基金业协会。

私募基金行业自律管理方面，《办法》建立了私募基金行业自律机制，明确了基金业协会可以对私募投资基金管理人及其从业人员实施非现场检查和现场检查，建立诚信档案，接受投诉，开展行业纠纷调解，维护私募基金投资者合法权益。

二、私募基金登记备案的主要特点

（一）实行事后登记备案，开展行业自律管理。私募基金自律管理以信息披露为核心，以诚实守信为基础。一是私募基金登记备案不是行政许可，基金业协会对于私募投资基金管理人所提供的登记备案信息不进行实质性事前审查。私募基金管理人承诺对所提供信息的真实性、准确性和完整性承担法律责任；二是基金业协会将对外公示管理人、基金及从业人员的基本信息，接受社会监督。社会公众若发现基金管理人提供虚假信息或者存在违法违规行为，可以通过电话、传真、邮件或信函等方式向基金业协会举报投诉。协会对于提供虚假信息及其他违反自律规则的行为，将采取自律处分措施，对于情节严重或涉嫌违法违规的，移交证监会处理；三是建立私募投资基金管理人及其从业人员诚信档案，跟踪记录其诚信信息，建立私募基金行业诚信体系。

（二）全口径登记备案，实行电子化报送。《办法》要求私募投资基金管理人应当向基金业协会履行登记手续，私募基金应当履行备案手续。为简化流程、提高登记备案效率，协会开发了私募基金登记备案系统，基金管理人通过互联网报送并更新私募投资基金管理人登记、基金备案及从业人员信息。

（三）鼓励私募基金进行托管。《证券投资基金法》规定，除基金合同另有约定外，非公开募集基金应当由基金托管人托管。协会在私募基金备案系统中将要求提供基金托管信息，并将在私募基金公示中列明私募基金是否托管，以便投资者识别风险。

《办法》公布后，私募投资基金管理人可登录基金业协会“私募基金登记备案系统”，履行私募投资基金管理人登记及基金备案手续。为方便私募投资基金管理人网上填报，协会制作了《私募基金登记备案系统操作手册》和《私募基金登记备案系统填表说明》，同时开通咨询热线和电子邮箱。

《办法》贯彻落实了《证券投资基金法》及中编办要求，初步构建了我国私募基金市场化的自律管理体制。协会今后将进一步发挥行业的力量，不断完善私募基金自律管理机制、行业规范，提高从业人员行为准则和道德水平，积极营造规范、诚信、创新的行业发展生态，推动我国各类私募基金的健康规范发展，更好地发挥私募基金对经济结构调整和转型升级的支持作用。

中国证券投资基金业协会

2014年1月17日

私募基金登记备案相关问题解答（一）

（2014-03-05）

一、外资私募基金管理机构是否纳入登记备案范围？

答复：境内注册设立的私募基金管理机构，应当向基金业协会履行私募基金管理人登记手续。境外注册设立的私募基金管理机构暂不纳入登记备案范围。

二、自然人是否能登记为私募基金管理人？

答复：根据《证券投资基金法》规定，基金管理人由依法设立的公司或者合伙企业担任。自然人不能登记为私募基金管理人。

三、实缴资本未到位的机构能否登记为私募基金管理人？

答复：私募基金管理机构应当具备适当资本，以能够支持其基本运营。

四、私募基金是否可以承诺保底保收益?

答复:私募基金不得违规承诺保底保收益。基金业协会正在制定私募基金相关业务规范。

五、私募基金管理机构是否必须履行登记手续?如不登记有何后果?

答复:根据《证券投资基金法》和《私募投资基金管理人登记和基金备案办法(试行)》的规定,私募基金管理机构应当履行登记手续。否则,不得从事私募投资基金管理业务活动。基金业协会与中国证监会已建立私募基金登记备案信息共享和定期报告机制。已设立的私募基金管理机构应当在4月30日以前履行申请登记手续。对于已登记的私募基金管理人,基金业协会将提供各项服务。

关于私募基金登记备案有关问题的说明

——2014年3月7日证监会新闻发布会

一、关于私募基金管理人是否必须履行登记手续的问题

根据新修订的《证券投资基金法》有关规定,所有私募证券基金管理人均应当履行登记手续,报送基本情况;私募基金募集完毕,均应当履行备案手续。法律对私募基金管理人未登记、私募基金未备案等情形,作出了处罚性规定。私募股权基金纳入中国证监会监管后,我会正在制定包括私募股权基金在内的统一监管法规。按照“统一、公平”的原则,各类私募基金管理人和私募基金均应当到基金业协会登记备案。否则,不得从事私募投资基金管理业务活动。

目前,基金业协会与中国证监会已经建立私募基金管理人登记和私募基金备案信息共享与定期报告机制。已设立私募基金管理人应当在四月底以前按照《私募投资基金管理人登记和基金备案办法(试行)》,到基金业协会完成登记手续。对已登记的私募基金管理人,基金业协会应提供各项服务;对于未登记的私募基金管理人,中国证监会将采取相应监管措施。

二、关于创业投资基金管理人是否也须履行登记手续的问题

根据《中央编办关于私募股权基金管理职责分工的通知》(中央编办发〔2013〕22号)和近期《中央编办关于创业投资基金管理职责问题意见的函》,我会负责包括创业投资基金在内的私募股权基金的监管工作。因此,创业投资基金管理人和创业投资基金(包括以公司、合伙企业等形式设立的创业投资基金)也应当向基金业协会履行登记备案手续。

私募基金登记备案相关问题解答(二)

(2014-03-16)

一、合格投资者的认定标准是什么?

答:目前证监会正在制定合格投资者的认定标准。在证监会有关规定出台之前,协会建议私募基金管理人向符合以下条件的投资者募集资金:

(1)个人投资者的金融资产不低于500万元人民币,机构投资者的净资产不低于1000万元人民币;

(2)具备相应的风险识别能力和风险承担能力;

(3)投资于单只私募基金的金额不低于100万元人民币。

二、没有管理过基金的机构可否在协会登记?

答:协会优先登记有管理基金经验的私募投资基金管理机构的申请。对于没有管理过基金的申请机构,协会除核对其是否如实填报申请材料、申请机构及其实际控制人、高管人员的诚信信息外,还将通过约谈高管人员、实地核查等方式进行核查。对于符合以下条件的此类机构,协会予以办理登记:一是高管人员具有相应的投资管理从业经历;二是基金管理人具备适当资本,以能够支持其基本运营;三是机构具备满足业务运营需要的场所、设施和基本管理制度。

私募基金登记备案相关问题解答(三)

(2014-05-28)

问:经登记的私募基金管理人募集设立新的私募基金,在适用合格投资者标准时,针对合伙企业、契约等非法人形式的投资者类型,是否需要穿透核查最终投资者为合格投资者,并合并计算投资者数量?

答:目前,证监会正在制定私募投资基金合格投资者标准。现阶段,基金业协会建议,私募基金合格投资者数量累计不超过200人,以有限责任公司或者合伙企业形式设立的,投资者人数累计不超过50人。投资者应当符合协会关于合格投资者建议标准:

(1)个人投资者的金融资产不低于500万元人民币,机构投资者的净资产不低于1000万元人民币;

(2)具备相应的风险识别能力和风险承担能力;

(3)投资于单只私募基金的金额不低于100万元人民币。

对于合伙企业、契约等非法人形式的投资者,应当穿透核查最终投资者是否为合格投资者,并合并计算投资者数量。但是,依法设立并经基金业协会备案的集合投资计划,视为单一合格投资者。

私募基金登记备案相关问题解答(四)

(2015-01-06)

问:《基金管理公司投资管理人员管理指导意见》(证监会公告〔2009〕3号)关于基金经理“静默期”的要求是否适用私募基金行业?

答:是。根据《基金管理公司投资管理人员管理指导意见》(证监会公告〔2009〕3号)中第三十四条的规定:“公司不得聘用从其他公司离任未满3个月的基金经理从事投资、研究、交易等相关业务。”根据该规定,基金经理变更就职的公募基金公司,需要有3个月的“静默期”,在这3个月内该基金经理不得在其他公募基金管理公司从事投资、研究、交易等相关业务。为维护基金行业的公平、公正,统一监管标准,对从公募基金管理公司离职,转而在私募基金管理公司任职的基金经理实行同样3个月的“静默期”要求,即私募基金管理人不得聘用从其他公募基金公司离职未满3个月的基金经理从事投资、研究、交易等相关业务。基金业协会将在私募基金管理人申请登记及高管人员持续定期信息更新中予以落实。

私募基金登记备案相关问题解答(五)

(2015-01-16)

问:私募基金管理人登记后变更控股股东、实际控制人或者法定代表人(执行事务合伙人)的,应当在基金业协会履行什么手续?

答:根据《私募投资基金监督管理暂行办法》以及《私募投资基金管理人登记和基金备案办法(试行)》相关规定,私募基金管理人变更控股股东、实际控制人或者法定代表人(执行事务合伙人)的,属于重大事项变更。管理人应当依据合同约定,向投资者如实、及时、准确、完整地披露相关变更情况或获得投资者认可。对上述事项管理人应当在完成工商变更登记后的10个工作日内,通过私募基金登记备案系统向基金业协会进行重大事项变更。具体报送方式为:将控股股东、实际控制人或者法定代表人(执行事务合伙人)变更报告及相关证明文件发送至协会邮箱pf@amac.org.cn,并通过私募基金登记备案系统进行重大事项变更。基金业协会将依据《私募投资基金管理人登记和基金备案办法(试行)》进行核对办理。

基金业协会强调,私募基金管理人登记证明只是对私募基金管理人履行完登记手续给予事实确认,不意味着对私募基金管理人实行牌照管理。私募基金登记备案不构成对其投资能力、持续合规情况的认可，不作为对基金财产安全的保证。对于利用私募基金登记备案证明不当增信或从事其他违法违规活动的，基金业协会将依法依规进行处理。

私募基金登记备案相关问题解答（六）

（2015-04-02）

问：私募证券基金从业资格的取得方式是什么？

答：根据《证券投资基金法》第九条“基金从业人员应当具备基金从业资格”的规定，私募证券基金从业人员应当具备私募证券基金从业资格。

根据《私募投资基金管理人登记和基金备案办法（试行）》的相关规定，现进一步明确取得私募证券基金从业资格的相关安排。

具备以下条件之一的，可以认定为具有私募证券基金从业资格：

（1）通过基金从业资格考试；

（2）最近三年从事投资管理相关业务；

此类情形主要指最近3年从事相关资产管理业务，且管理资产年均规模1000万元以上；或者最近3年在金融监管机构及其监管的金融机构工作。

（3）基金业协会认定的其他情形。

此类情形主要指已通过证券从业资格考试或者期货从业资格考试，取得相关资格；或者已取得境内、外基金或资产管理、基金销售等相关从业资格等。

属于（2）、（3）情形取得基金从业资格的，应提交相应证明资料。

关于发布私募基金登记备案相关常见问题解答的通知

中基协字〔2015〕103号

各私募基金管理人：

为使私募基金登记备案工作更加便捷、透明和高效，方便私募基金管理人办理登记备案事项，中国证券投资基金业协会（以下简称基金业协会）现发布私募基金登记备案相关常见问题解答。同时，基金业协会将不断梳理行业关注的私募基金登记备案相关常见问题，以对外问答形式及时发布。

请私募基金管理人持续关注基金业协会官方网站和微信公众号信息。欢迎社会各界对协会的私募基金登记备案工作进行监督。基金业协会将不断完善行业自律管理机制，营造规范、诚信、创新的行业发展环境，推动私募基金行业的持续健康发展。

特此通知。

附件：私募基金登记备案相关规则要点汇总

中国证券投资基金业协会

2015年6月3日

私募基金登记备案相关规则要点汇总

1. 私募基金的概念。

私募基金是指在中国境内以非公开方式向投资者募集资金设立的投资基金，包括契约型基金、资产由基金管理人或者普通合伙人管理的以投资活动为目的设立的公司或者合伙企业。

2. 私募基金的募集方式。

私募基金应当以非公开方式向投资者募集资金，不得公开或者变相公开募集。

（1）严格限制投资者人数：单只私募基金投资者人数累计不得超过《证券投资基金法》《公司法》《合伙企业法》等法律规定的特定数量。合伙型、有限公司型基金投资者累计不得超过50人，契约型、股份公司型基金投资者累计不得超过200人。

（2）严格限制募集方式：不得通过报刊、电台、电视、互联网等公众传播媒体或者讲座、报告会、分析会和布告、传单、手机短信、微信、博客和电子邮件等方式，向不特定对象宣传推介。

3. 私募基金合格投资者的界定。

私募基金不得向合格投资者之外的主体进行募集。

（1）合格投资者的标准。私募基金的合格投资者是指具备相应风险识别能力和风险承担能力，投资于单只私募基金的金额不低于100万元且符合下列相关标准的单位和个人：净资产不低于1000万元的单位；金融资产不低于300万元或者最近三年个人年均收入不低于50万元的个人。

金融资产包括银行存款、股票、债券、基金份额、资产管理计划、银行理财产品、信托计划、保险产品、期货权益等。

（2）视为合格投资者的情形。社会保障基金、企业年金等养老基金，慈善基金等社会公益基金；依法设立并在基金业协会备案的投资计划；投资于所管理私募基金的私募基金管理人及其从业人员；中国证监会规定的其他投资者，视为合格投资者。

（3）穿透计算的情形。以合伙企业、契约等非法人形式，通过汇集多数投资者的资金直接或者间接投资于私募基金的，私募基金管理人或者私募基金销售机构应当穿透核查最终投资者是否为合格投资者，并合并计算投资者人数。但是，符合以下情形的投资者，不再穿透核查最终投资者是否为合格投资者和合并计算投资者人数：社会保障基金、企业年金等养老基金，慈善基金等社会公益基金；依法设立并在基金业协会备案的投资计划；中国证监会规定的其他投资者的。

4. 私募基金是否能够保底保收益?

私募基金管理人、私募基金募集机构,不得向投资者承诺投资本金不受损失或者承诺最低收益。

5. 私募基金是否必须托管?

除基金合同另有约定外,私募基金应当由基金托管人托管。基金合同约定私募基金不进行托管的,应当在基金合同中明确保障私募基金财产安全的制度措施和纠纷解决机制。

6. 私募基金登记备案的性质。

私募基金登记备案不是行政审批。坚持适度监管、事中事后监管的原则,私募基金管理人及私募基金的设立,不设行政审批。私募基金管理人应当依法申请登记,私募基金募集完毕后20个工作日内,应当依法申请备案。

7. 私募基金登记备案的方式。

私募基金管理人通过中国证券投资基金业协会私募基金登记备案系统,在网上提交登记备案申请信息,网上办理登记备案相关手续。系统网址为:https://pf.amac.org.cn(建议使用IE浏览器)。

8. 私募基金管理人登记的相关流程。

私募基金管理人登记流程如图1所示。

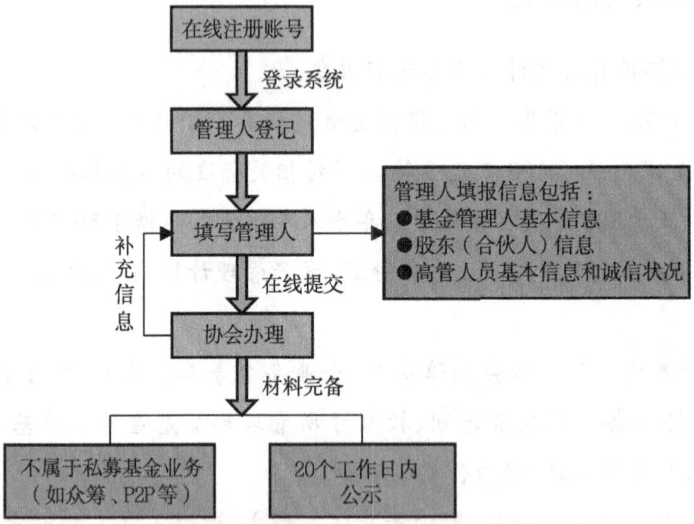

图1 私募基金管理人登记流程

9. 私募基金管理人申请注销登记的情形。

经登记后的私募基金管理人依法解散、被依法撤销或者被依法宣告破产的,管理人应及时向基金业协会申请注销基金管理人登记。

10. 私募基金产品备案的相关流程。

私募基金产品备案流程如图2所示。

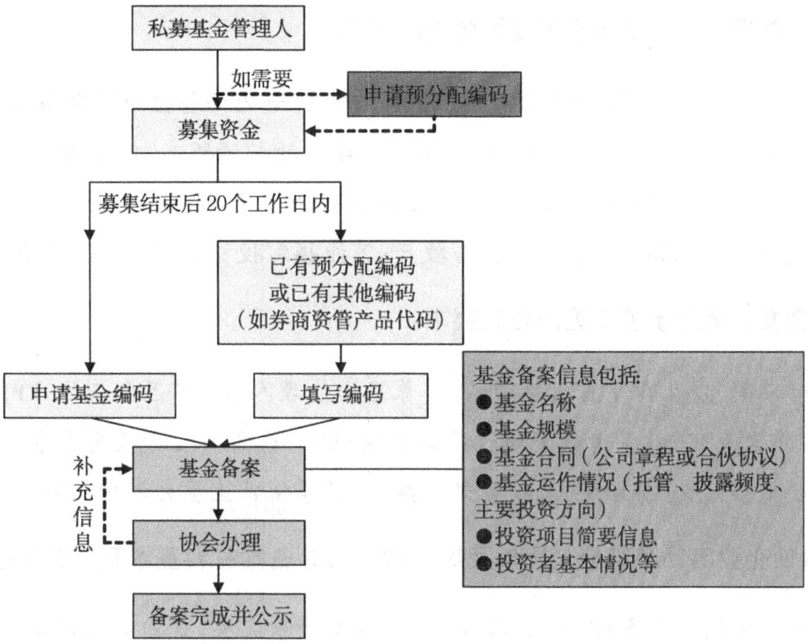

图2 私募基金产品备案流程

11. 自我管理型基金的界定。

公司型基金自聘管理团队管理基金资产的,该公司型基金应作为基金管理人履行登记手续的同时,也作为基金履行备案手续。

12. 私募基金登记备案的时限。

管理人登记材料完备的,基金业协会自收齐登记材料之日起20个工作日内,以通过网站公示私募基金管理人基本情况的方式,为私募基金管理人办结登记手续。基金备案材料完备且符合要求的,基金业协会应当自收齐备案材料之日起20个工作日内,以通过网站公示私募基金基本情况的方式,为私募基金办结备案手续。基金业协会通过完善机制、优化流程、明确责任等措施,着力提高登记备案工作效率,缩短登记备案所需时间。

13. 私募基金管理人定期更新要求。

(1)季度更新:已登记私募基金管理人应当在每季度结束之日起10个工作日内进行季度更新,包括管理人重大事项和违规失信情况、基金从业人员情况等信息。

(2)年度更新:私募基金管理人应当在每年度结束之日起20个工作日内进行年度更新,包括上一年度相关财务信息、管理人基本材料年度变更、管理人重大事项和违规失信情况、基金从业人员情况等信息。经审计的财务信息及审计报告提交时间开放至4月底。

14. **备案私募基金定期更新要求。**

私募基金管理人应当在每季度结束之日起10个工作日内对所备案基金的基本信息进行季度更新，并在每年度结束之日起20个工作日对所备案基金的基本信息进行年度更新。

15. **私募基金管理人发生重大事项变更的更新要求？**

私募基金管理人发生以下重大事项的，应当在10个工作日内向基金业协会报告：

私募基金管理人名称、高管发生变更；私募基金管理人的控股股东、实际控制人或者执行事务的合伙人发生变更；私募基金管理人分立或者合并；私募基金管理人或高级管理人员存在重大违法违规行为；依法解散、被依法撤销或者被依法宣告破产；可能损害投资者利益的其他重大事项。

16. **备案基金发生重大事项变更的更新要求？**

私募基金运行期间，发生以下重大事项的，私募基金管理人应当在5个工作日内向基金业协会报告：基金合同发生重大变化；投资者数量超过法律法规规定；基金发生清盘或清算；私募基金管理人、基金托管人发生变更；对基金持续运行、投资者利益、资产净值产生重大影响的其他事件。

17. **契约、合伙企业等私募基金合同以及风险揭示书等备案材料基本要求有哪些？**

私募基金管理人填报的备案材料应该要素齐全，签章清晰完整，日期准确无误。备案材料内容应该真实、合规、准确和完整。

18. **私募基金募集规模证明或实缴出资证明备案材料基本要求有哪些？**

募集规模证明或实缴出资证明应为第三方出具的证明，包括基金托管人开具的资金到账证明、验资证明、银行对账单等出资证明文件、工商登记调档材料等。

19. **私募基金主要投资方向填写要求有哪些？**

私募基金管理人填报的私募基金主要投资方向应该与其基金合同或合伙协议约定的投资范围一致，与其基金类型、投资类型相对应，且说明具体投资方式，明确投资标的。

20. **私募基金托管协议备案要求有哪些？**

除基金合同或合伙协议另有约定外，私募基金应当由基金托管人托管。基金合同约定私募基金不进行托管的，应当在基金合同中明确保障私募基金财产安全的制度措施和纠纷解决机制。在填报私募基金备案材料的同时，私募基金管理人应在“管理人认为需要说明的其他问题”中进一步补充说明其不进行托管的原因及相关制度安排。

21. **私募基金的投资者明细填报要求有哪些？**

投资者明细情况应该真实、准确、完整。以合伙企业、契约等非法人形式，通过汇集多数投资者的资金直接或者间接投资于私募基金的，私募基金管理人或者私募基金销售机构应当穿透核查最终投资者是否为合格投资者，并合并计算投资者人数，同时在填报的“投资者明细”中进一步补充说明，已在基金业协会备案的投资计划请标注备案基金编码。

22. 私募基金如未经登记备案是否影响相关投资运作？

根据《证券投资基金法》、中国证监会《私募投资基金监督管理暂行办法》，私募基金管理人应当向基金业协会进行登记，私募基金应当向基金业协会进行备案。

私募基金未经登记备案将影响参与证监会体系内的投资业务。

根据中国证监会《发行监管问答——关于与发行监管工作相关的私募投资基金备案问题的解答》《关于与并购重组行政许可审核相关的私募投资基金备案的问题与解答》，以及全国中小企业股份转让系统《关于加强参与全国股转系统业务的私募投资基金备案管理的监管问答函》，中介机构应对相关投资者是否属于《证券投资基金法》《私募投资基金监督管理暂行办法》《私募投资基金管理人登记和基金备案办法(试行)》规范的私募投资基金以及是否按规定履行备案程序进行核查并发表明确意见。

23. 私募证券基金从业资格的取得方式。

具备以下条件之一的，可以认定为具有私募证券基金从业资格：

(1)通过基金从业资格考试；

(2)最近三年从事投资管理相关业务；

此类情形主要指最近三年从事相关资产管理业务，且管理资产年均规模1000万元以上；或者最近三年在金融监管机构及其监管的金融机构工作。

(3)基金业协会认定的其他情形。

此类情形主要指已通过证券从业资格考试或者期货从业资格考试,取得相关资格；或者已取得境内、外基金或资产管理、基金销售等相关从业资格等。

属于(2)、(3)情形取得基金从业资格的，应提交相应证明资料。

24. 私募基金开户相关要求。

根据中国证券登记结算有限责任公司《关于私募投资基金开户和结算有关问题的通知》和《私募投资基金开户和结算常见问题解答》，私募基金管理人设立私募基金开立证券账户应符合相关要求。其中，申请开立私募基金证券账户须提供基金业协会同意私募基金管理人登记相关证明文件的原件及复印件、以及基金业协会出具的私募基金备案相关证明文件的原件及复印件。同时，私募基金名称发生变更的，应提供重新申领的基金业协会私募基金备案证明等相关材料。

25. 证券投资咨询机构开展私募基金管理业务相关要求？

根据《证券投资基金法》、中国证监会《私募投资基金监督管理暂行办法》以及中国证券业协会《关于拓宽证券投资咨询公司业务范围的通知》，证券投资咨询公司开展私募基金管理业务，应当按照规定向基金业协会办理登记备案手续，在办理完登记手续并取得私募基金管理人登记证明文件后方可从事私募基金管理业务。

26. 已取得基金销售业务资格的机构开展私募基金管理业务相关要求。

已取得基金销售业务资格的机构开展私募基金管理业务，应当按照规定向基金业协会办理登记备案手续，在办理完登记手续并取得私募基金管理人登记证明文件后方可从事私募基金管理业务。

27. 私募基金管理机构与现有公募基金公司及证券公司等金融机构存在近似名称的处理。

在办理登记过程中，对于机构名称与公募基金公司及证券公司等金融机构存在近似名称的，基金业协会正常办理相关机构的管理人登记。如公募基金公司及证券公司等金融机构对相关机构名称有异议，请向基金业协会书面提交异议函，协会将在官网公示信息以及电子登记证书中向投资者特别提示："××机构声明：该机构与××机构无关联关系。"

28. 私募基金的基金经理是否适用"静默期"要求？

私募基金的基金经理适用"静默期"要求。为维护行业的公平、公正，统一监管标准，对从公募基金管理公司离职，转而在私募基金管理公司就职的基金经理实行同样3个月的"静默期"要求，并在私募管理人登记环节予以落实。

29. 私募基金管理人分类公示的主要内容。

私募基金管理人分类公示包括规模类、提示类和诚信类3大类信息。

(1)规模类公示。根据私募基金管理人所管理基金的不同类型，规模类分类公示选取不同的划分标准。同一规模区间的管理人列表依照私募基金管理人登记编码排列，不代表规模排名；管理人管理不同类型私募基金的，根据所管理的不同类型基金规模分别进行统计。管理规模在区间下限以下的管理人不列入规模类公示范围。

(2)提示类公示。此类公示主要包括管理基金规模为零、实缴资本低于注册资本25%、实缴资本低于100万元3种情形。

(3)诚信类公示。此类公示主要包括虚假填报、重大遗漏、违反"三条底线"和相关主体存在不良诚信记录四种情形。协会将根据事中监测监控、事后自律检查的情况，将存在上述相关情形的管理人及时公示。

30. 对分类公示存在异议，如何处理？

私募基金管理人规模类、提示类公示信息均来源于已登记私募基金管理人提供的信息，基金业协会对私募基金登记备案信息不做实质性事前审查。对分类公示异议的处理有以下情形：

(1)当事人不愿意进行公示或对公示信息有异议。对于属于规模类公示的，进行情况核实，如无其他违法违规行为，则做好说明解释工作，充分尊重当事人的意愿，不予公示；对于属于提示类和诚信类公示的，强制公示，并进行自律检查，如存在其他违法违规情况，视情形采取自律措施或报告中国证监会。

(2)社会公众对公示信息有异议。对于此类异议，协会将进行自律检查，如存在其他违法违规情况，视情形采取自律措施或报告中国证监会。

31．私募基金管理人加入特别会员的会费标准。

目前，根据协会关于特别会员的相关规定，私募会员加入特别会员的，当年缴纳入会费2万元，入会当年免当年年会费。次年起，年会费最低2万元，上不封顶(大于2万元的部分可自愿缴纳)。

关于进一步优化私募基金登记备案工作若干举措的通知

（2015-07-03）

各私募基金管理人：

自2014年2月7日私募基金登记备案工作启动以来，截至今年6月30日，私募基金管理人登记13895家，备案产品16402只，管理基金3.89万亿元。为进一步提高登记备案工作效率，改善私募基金管理人办理登记备案体验，中国证券投资基金业协会(以下简称基金业协会)现推出进一步优化私募基金登记备案工作的若干举措，具体通知如下。

一、基金业协会官方微信平台推出“私募咨询”栏目。各私募基金管理机构可通过基金业协会官方微信平台“中国证券投资基金业协会”(微信号：CHINAAMAC)咨询私募基金登记备案及入会相关问题，并可通过“在线咨询”进行留言，协会将及时处理，以最大限度地满足私募基金登记备案的咨询需求。

各私募基金管理机构在申请登记备案前，请务必认真阅读相关《填表说明》及登记备案相关常见问题解答。填报中如有问题请优先选择微信平台获取咨询服务。若仍有问题，可以拨打人工咨询热线：010-66578200。

二、基金业协会官方网站登记备案操作流程页面(http://www.amac.org.cn/smjjdjbaxt/385466.shtml)及登记备案系统登录页面(http://pf.amac.org.cn)推出私募基金登记备案操作说明视频，以便私募基金管理机构可以更直观、方便地了解系统填报要求。此外，将来该视频也可在百度视频中搜索查看。建议私募基金管理机构在系统填报前或过程中，观看操作说明视频，进一步提升登记备案填报的质量与效率。

三、为维护私募基金管理人的合法权益，防范管理人网站被冒用的风险，基金业协会与百度签订战略合作框架协议，百度将根据基金业协会提供的私募基金管理人名单，为私募基金管理人网站提供加V和“官网”字样的服务。如有相关需求，请发送申请至邮箱pf@amac.org.cn进行登记，协会汇总后与百度接洽后续事宜。

四、基金业协会指定中国银河证券股份有限公司“私募汇”App为协会私募基金登记备案移动客户端数据平台，可在安卓、苹果移动客户端搜索安装。目前，“私募汇”正在测试运行，7月中旬投入运行。私募基金管理机构和广大投资者可通过“私募汇”查询登记备案相关数据。

五、基金业协会不断优化流程,提高效率。私募基金登记备案已基本实现“三·三”目标。对于管理人登记,首次提交申请的,在3个工作日内一次性反馈意见;对于基金产品备案,填报信息齐备的,原则上3个工作日内办结。

建议私募基金管理机构不要听信市场上所谓的中介机构声称能帮助加快办理登记备案的不实宣传。基金业协会再次重申,私募基金登记备案不是行政审批,私募基金登记备案不设门槛,只要私募基金管理机构登记申请材料、私募基金产品备案申请材料齐备的,即可按程序尽快办理。

基金业协会将不断加强自身建设,持续完善登记备案工作,提升登记备案办理效率。请密切关注协会官网和官方微信公众号,留意与私募基金登记备案工作相关的信息动态。

欢迎社会公众对登记备案工作进行监督。若发现私募基金管理人、私募基金及从业人员公示信息中存在任何虚假信息,或市场机构从业人员、基金业协会工作人员存在索贿、收费等违法违规行为,请致电协会投诉电话:010-66578529,或将相关实名举报或投诉材料发送至邮箱:jubao@amac.org.cn,或发送至传真:010-66578256,或邮寄至基金业协会(地址:北京市西城区金融大街20号交通银行大厦B座9层,邮编100033)。

特此通知。

中国证券投资基金业协会

2015年7月3日

私募基金登记备案相关问题解答(七)

(2015-11-23)

问:开展民间借贷、小额理财、众筹等业务的机构,同时开展私募基金管理业务的,如何进行私募基金管理人登记?

答:根据《私募投资基金监督管理暂行办法》(以下简称《暂行办法》)关于私募基金管理人防范利益冲突的要求,对于兼营民间借贷、民间融资、配资业务、小额理财、小额借贷、P2P/P2B、众筹、保理、担保、房地产开发、交易平台等业务的申请机构,这些业务与私募基金的属性相冲突,容易误导投资者。为防范风险,中国基金业协会对从事与私募基金业务相冲突的上述机构将不予登记。上述机构可以设立专门从事私募基金管理业务的机构后申请私募基金管理人登记。经金融监管部门批准设立的机构在从事私募基金管理业务的同时也从事上述非私募基金业务的,应当相应建立业务隔离制度,防止利益冲突。

同时,为落实《暂行办法》关于私募基金管理人的专业化管理要求,私募基金管理人的名称和经营范围中应当包含“基金管理”“投资管理”“资产管理”“股权投资”“创业投资”等相关字样,对于名称和经营范围中不含“基金管理”“投资管理”“资产管理”“股权投资”“创业投资”等相关字样的机构，中国基金业协会将不予登记。

已登记私募基金管理人应按照上述要求进行整改，下一步协会将对不符合要求的私募基金管理人进行自律管理。

问：从事私募证券投资基金业务的高管人员以及基金经理有何资质要求？

答：根据《证券投资基金法》第九条的规定，从事私募证券投资基金业务的从业人员应当具有基金从业资格。基金从业资格的取得方式已在《私募基金登记备案相关问题解答（六）》中进行了解答。对于私募基金管理人首次申请私募证券投资基金管理人资格、私募股权基金管理人和创业投资基金管理人变更为私募证券基金管理人或者私募股权基金管理人和创业投资基金管理人同时从事私募证券投资基金业务类型等申请从事私募证券投资基金业务的，其从事私募证券投资基金业务的高管人员和基金经理应当具备基金从业资格。

已登记机构应当按照规定自查从事私募证券投资基金业务的从业人员是否具备基金从业资格，下一步中国基金业协会将按照《基金法》的规定，对基金从业人员进行资质管理和业务培训，要求不符合要求的机构整改。

关于进一步规范私募基金管理人登记若干事项的公告

中基协发〔2016〕4号

根据《证券投资基金法》《私募投资基金监督管理暂行办法》和中央编办相关通知要求，中国证券投资基金业协会（以下简称中国基金业协会）自2014年2月7日起正式开展私募基金管理人登记、私募基金备案和自律管理工作。两年来，私募基金登记备案制度得到行业和社会的广泛认同，私募基金行业发展迅速，初步形成了以信息披露为核心，诚实信用为基础的自律监管体制。

一段时间以来，私募基金行业存在的问题备受社会各界和监管机构关注。私募基金管理人数量众多、鱼龙混杂、良莠不齐，一些机构滥用登记备案信息非法自我增信，一些机构合规运作和信息报告意识淡薄，一些机构甚至从事公开募集、内幕交易、以私募基金为名的非法集资等违法违规活动。从上述问题和两年来私募基金管理人登记的工作实践出发，为切实保护投资者合法权益，督促私募基金管理人履行诚实信用、谨慎勤勉的受托人义务，促进私募基金行业规范健康发展，现就进一步规范私募基金管理人登记若干事项公告如下。

一、关于取消私募基金管理人登记证明

鉴于私募基金登记备案信息共享机制已基本建成，为加强对私募基金行业的社会监督，实现对私募基金管理人登记的有效、动态管理，自本公告发布之日起，中国基金业协会不再出具私募基金管理人登记电子证明。中国基金业协会此前发放的纸质私募基金管理人登记证书、私募基金管理人登记

电子证明不再作为办理相关业务的证明文件。根据《私募投资基金监督管理暂行办法》和《私募投资基金管理人登记和基金备案办法(试行)》的规定,中国基金业协会以通过协会官方网站公示私募基金管理人基本情况的方式,为私募基金管理人办结登记手续。

私募基金管理人登记备案最新情况,以中国基金业协会网站“私募基金管理人公示平台(http://gs.amac.org.cn)”和“私募汇”手机App客户端公示的私募基金管理人登记的实时基本情况为准。社会公众和投资者可通过上述两个官方渠道查询相关信息。

二、关于加强信息报送的相关要求

(一)私募基金管理人应当依法及时备案私募基金

为实现对私募基金管理人的有效监管,督促已登记的私募基金管理人依法展业,及时备案私募基金产品,中国基金业协会对私募基金管理人依法及时备案私募基金提出以下要求:

1. 自本公告发布之日起,新登记的私募基金管理人在办结登记手续之日起六个月内仍未备案首只私募基金产品的,中国基金业协会将注销该私募基金管理人登记。

2. 自本公告发布之日起,已登记满十二个月且尚未备案首只私募基金产品的私募基金管理人,在2016年5月1日前仍未备案私募基金产品的,中国基金业协会将注销该私募基金管理人登记。

3. 自本公告发布之日起,已登记不满十二个月且尚未备案首只私募基金产品的私募基金管理人,在2016年8月1日前仍未备案私募基金产品的,中国基金业协会将注销该私募基金管理人登记。

被注销登记的私募基金管理人若因真实业务需要,可按要求重新申请私募基金管理人登记。对符合要求的申请机构,中国基金业协会将以在官方网站公示私募基金管理人基本情况的方式,为该申请机构再次办结登记手续。

(二)私募基金管理人应当及时履行信息报送义务

按照《私募投资基金监督管理暂行办法》和《私募投资基金管理人登记和基金备案办法(试行)》的规定,私募基金管理人应当通过私募基金登记备案系统及时履行私募基金管理人及其管理的私募基金的季度、年度和重大事项信息报送更新等信息报送义务。

1. 自本公告发布之日起,按照《私募投资基金管理人登记和基金备案办法(试行)》和中国基金业协会的相关规定,已登记的私募基金管理人未按时履行季度、年度和重大事项信息报送更新义务的,在私募基金管理人完成相应整改要求之前,中国基金业协会将暂停受理该机构的私募基金产品备案申请。

2. 私募基金管理人未按时履行季度、年度和重大事项信息报送更新义务累计达两次的,中国基金业协会将其列入异常机构名单,并通过私募基金管理人公示平台(http://gs.amac.org.cn)对外公示。一旦私募基金管理人作为异常机构公示,即使整改完毕,至少六个月后才能恢复正常机构公示状态。

3. 自本公告发布之日起,已登记的私募基金管理人因违反《企业信息公示暂行条例》相关规定,被列入企业信用信息公示系统严重违法企业公示名单的,在私募基金管理人完成相应整改要求之前,中国基金业协会将暂停受理该机构的私募基金产品备案申请。同时,中国基金业协会将其列入异常机构名单，并通过私募基金管理人公示平台（http://gs.amac.org.cn）对外公示。一旦私募基金管理人作为异常机构公示，即使整改完毕，至少六个月后才能恢复正常机构公示状态。

新申请私募基金管理人登记的机构被列入企业信用信息公示系统严重违法企业公示名单的，中国基金业协会将不予登记。

（三）私募基金管理人应当按时提交经审计的年度财务报告

根据《私募投资基金管理人登记和基金备案办法（试行）》第二十一条规定，私募基金管理人应当于每年度四月底之前，通过私募基金登记备案系统填报经会计师事务所审计的年度财务报告。

1. 自本公告发布之日起，已登记的私募基金管理人未按要求提交经审计的年度财务报告的，在私募基金管理人完成相应整改要求之前，中国基金业协会将暂停受理该机构的私募基金产品备案申请。同时，中国基金业协会将其列入异常机构名单，并通过私募基金管理人公示平台（http://gs.amac.org.cn）对外公示。一旦私募基金管理人作为异常机构公示，即使整改完毕，至少六个月后才能恢复正常机构公示状态。

2. 新申请私募基金管理人登记的机构成立满一年但未提交经审计的年度财务报告的，中国基金业协会将不予登记。

三、关于提交《法律意见书》的相关要求

自本公告发布之日起，新申请私募基金管理人登记、已登记的私募基金管理人发生部分重大事项变更，需通过私募基金登记备案系统提交中国律师事务所出具的《法律意见书》。《法律意见书》对申请机构的登记申请材料、工商登记情况、专业化经营情况、股权结构、实际控制人、关联方及分支机构情况、运营基本设施和条件、风险管理制度和内部控制制度、外包情况、合法合规情况、高管人员资质情况等逐项发表结论性意见。

私募基金管理人登记《法律意见书》具体适用情形如下：

1. 自本公告发布之日起，新申请私募基金管理人登记机构，需通过私募基金登记备案系统提交《私募基金管理人登记法律意见书》作为必备申请材料。对于本公告发布之日前已提交申请但尚未办结登记的私募基金管理人申请机构，应按照上述要求提交《私募基金管理人登记法律意见书》。

2. 已登记且尚未备案私募基金产品的私募基金管理人，应当在首次申请备案私募基金产品之前按照上述要求补提《私募基金管理人登记法律意见书》。

3. 已登记且备案私募基金产品的私募基金管理人，中国基金业协会将视具体情形要求其补提《私募基金管理人登记法律意见书》。

4. 已登记的私募基金管理人申请变更控股股东、变更实际控制人、变更法定代表人/执行事务合伙人等重大事项或中国基金业协会审慎认定的其他重大事项的，应提交《私募基金管理人重大事项变更专项法律意见书》。

《私募基金管理人登记法律意见书指引》，详见附件。

四、关于私募基金管理人高管人员基金从业资格相关要求

从事私募证券投资基金业务的各类私募基金管理人，其高管人员(包括法定代表人/执行事务合伙人(委派代表)、总经理、副总经理、合规/风控负责人等)均应当取得基金从业资格。从事非私募证券投资基金业务的各类私募基金管理人，至少两名高管人员应当取得基金从业资格，其法定代表人/执行事务合伙人(委派代表)、合规/风控负责人应当取得基金从业资格。各类私募基金管理人的合规/风控负责人不得从事投资业务。

私募基金管理人的高管人员符合以下条件之一的，可取得基金从业资格：

1. 通过基金从业资格考试。基金从业资格考试的考试科目含科目一《基金法律法规、职业道德与业务规范》及科目二《证券投资基金基础知识》。根据中国基金业协会《关于基金从业资格考试有关事项的通知》(中基协字〔2015〕112号)，符合相关考试成绩认可规定情形的，可视为通过基金从业资格考试。

2. 最近三年从事投资管理相关业务并符合相关资格认定条件。此类情形主要指最近三年从事资产管理相关业务，且管理资产年均规模一千万元以上。

3. 已通过证券从业资格考试、期货从业资格考试、银行从业资格考试并符合相关资格认定条件；或者通过注册会计师资格考试、法律职业资格考试、资产评估师职业资格考试等金融相关资格考试并符合相关资格认定条件。

4. 中国基金业协会资格认定委员会认定的其他情形。

拟通过上述第2、第3情形的认定方式取得基金从业资格的私募基金管理人的高管人员，还应通过基金从业资格考试科目一《基金法律法规、职业道德与业务规范》考试，方可认定取得基金从业资格。

已取得基金从业资格的私募基金管理人的高管人员，应当按照《私募投资基金管理人登记和基金备案办法(试行)》及《关于基金从业资格考试有关事项的通知》的要求，每年度完成十五学时的后续培训方可维持其基金从业资格。

已登记的私募基金管理人应当按照上述规定，自查相关高管人员取得基金从业资格情况，并于2016年12月31日前通过私募基金登记备案系统提交高管人员资格重大事项变更申请，以完成整改。逾期仍未整改的，中国基金业协会将暂停受理该机构的私募基金产品备案申请及其他重大事项变更申请。中国基金业协会将持续在私募基金管理人公示平台(http://gs.amac.org.cn)对外公示该机构相关高管人员的基金从业资格相关情况。

中国基金业协会已发布的有关规定和解释与本公告不一致的，以本公告为准。

特此公告。

附件：私募基金管理人登记法律意见书指引

中国基金业协会
2016年2月5日

私募基金管理人登记法律意见书指引

申请机构向中国证券投资基金业协会（以下简称中国基金业协会）申请私募基金管理人登记，应当根据《中华人民共和国律师法》等相关法律法规，聘请中国律师事务所依照本指引出具《私募基金管理人登记法律意见书》（以下简称《法律意见书》）。中国基金业协会将在私募基金管理人登记公示信息中列明出具《法律意见书》的经办执业律师信息及律师事务所名称。

一、按照本指引，经办执业律师及律师事务所应当勤勉尽责，根据相关法律法规、《律师事务所从事证券法律业务管理办法》《律师事务所证券法律业务执业规则（试行）》及中国基金业协会的相关规定，在尽职调查的基础上对本指引规定的内容发表明确的法律意见，制作工作底稿并留存，独立、客观、公正地出具《法律意见书》，保证《法律意见书》不存在虚假记载、误导性陈述及重大遗漏。

二、《法律意见书》应当由两名执业律师签名，加盖律师事务所印章，并签署日期。用于私募基金管理人登记的《法律意见书》签署日期应在私募基金管理人提交私募基金管理人登记申请之日前的一个月内。《法律意见书》报送后，私募基金管理人不得修改其提交的私募登记申请材料；若确需补充或更正，经中国基金业协会同意，应由原经办执业律师及律师事务所另行出具《补充法律意见书》。

三、《法律意见书》的结论应当明晰，不得使用“基本符合条件”等含糊措辞。对不符合相关法律法规和中国证监会、中国基金业协会规定的事项，或已勤勉尽责仍不能对其法律性质或其合法性作出准确判断的事项，律师事务所及经办执业律师应发表保留意见，并说明相应的理由。

四、经办执业律师及律师事务所应在充分尽职调查的基础上，就下述内容逐项发表法律意见，并就对私募基金管理人登记申请是否符合中国基金业协会的相关要求发表整体结论性意见。不存在下列事项的，也应明确说明。若引用或使用其他中介机构结论性意见的应当独立对其真实性进行核查。

（一）申请机构是否依法在中国境内设立并有效存续。

（二）申请机构的工商登记文件所记载的经营范围是否符合国家相关法律法规的规定。申请机构的名称和经营范围中是否含有“基金管理”“投资管理”“资产管理”“股权投资”“创业投资”等与私募基金管理人业务属性密切相关字样；以及私募基金管理人名称中是否含有“私募”相关字样。

（三）申请机构是否符合《私募投资基金监督管理暂行办法》第二十二条专业化经营原则，说明申请机构主营业务是否为私募基金管理业务；申请机构的工商经营范围或实际经营业务中，是否兼营可能与私募投资基金业务存在冲突的业务、是否兼营与“投资管理”的买方业务存在冲突的业务、是否兼营其他非金融业务。

（四）申请机构股东的股权结构情况。申请机构是否有直接或间接控股或参股的境外股东，若有，请说明穿透后其境外股东是否符合现行法律法规的要求和中国基金业协会的规定。

（五）申请机构是否具有实际控制人。若有，请说明实际控制人的身份或工商注册信息，以及实际控制人与申请机构的控制关系，并说明实际控制人能够对机构起到的实际支配作用。

（六）申请机构是否存在子公司（持股百分之五十以上的金融企业、上市公司及持股百分之二十以上的其他企业）、分支机构和其他关联方（受同一控股股东/实际控制人控制的金融企业、资产管理机构或相关服务机构）。若有，请说明情况及其子公司、关联方是否已登记为私募基金管理人。

（七）申请机构是否按规定具有开展私募基金管理业务所需的从业人员、营业场所、资本金等企业运营基本设施和条件。

（八）申请机构是否已制定风险管理和内部控制制度；是否已经根据其拟申请的私募基金管理业务类型建立了与之相适应的制度，包括（视具体业务类型而定）运营风险控制制度、信息披露制度、机构内部交易记录制度、防范内幕交易、利益冲突的投资交易制度、合格投资者风险揭示制度、合格投资者内部审核流程及相关制度、私募基金宣传推介、募集相关规范制度以及（适用于私募证券投资基金业务）的公平交易制度、从业人员买卖证券申报制度等配套管理制度。

（九）申请机构是否与其他机构签署基金外包服务协议，并说明其外包服务协议情况，是否存在潜在风险。

（十）申请机构的高管人员是否具备基金从业资格，高管岗位设置是否符合中国基金业协会的要求。高管人员包括法定代表人/执行事务合伙人（委派代表）、总经理、副总经理（如有）和合规/风控负责人等。

（十一）申请机构是否受到刑事处罚、金融监管部门行政处罚或者被采取行政监管措施；申请机构及其高管人员是否受到行业协会的纪律处分；是否在资本市场诚信数据库中存在负面信息；是否被列入失信被执行人名单；是否被列入全国企业信用信息公示系统的经营异常名录或严重违法企业名录；是否在“信用中国”网站上存在不良信用记录等。

（十二）申请机构最近三年涉诉或仲裁的情况。

（十三）申请机构向中国基金业协会提交的登记申请材料是否真实、准确、完整。

（十四）经办执业律师及律师事务所认为需要说明的其他事项。

五、已登记的私募基金管理人若申请变更控股股东、变更实际控制人、变更法定代表人/执行事务合伙人（委派代表）等重大事项或中国基金业协会审慎认定的其他重大事项，需向中国基金业协会提交《私募基金管理人重大事项变更专项法律意见书》，对私募基金管理人重大事项变更的相关事项逐项明确发表结论性意见。《私募基金管理人重大事项变更专项法律意见书》的要求参见上述《法律意见书》的相关要求。

中国基金业协会负责人就发布《关于进一步规范私募基金管理人登记若干事项的公告》答记者问

问：2016年2月7日是中国证券投资基金业协会（以下简称中国基金业协会）正式开展私募基金登记备案工作两周年，两年来我国私募基金行业的整体情况如何？

答：根据《证券投资基金法》《私募投资基金监督管理暂行办法》和中央编办相关通知要求，中国基金业协会按照“受托登记、自律管理”职责，自2014年2月7日起正式开展私募基金管理人登记、私募基金备案和自律管理工作。两年来，私募基金登记备案和自律管理制度得到行业和社会各界的广泛认同，私募基金行业发展迅速。截至2016年1月底，已登记私募基金管理人25841家，已备案私募基金25461只，认缴规模5.34万亿元，实缴规模4.29万亿元，私募基金行业的从业人员38.99万人。

私募基金行业是我国财富管理行业的新生力量，满足居民多元化投融资需要，管理着大量社会财富，投资未来、投资创新，为资本市场健康发展、长期资本形成、服务实体经济和国家创新创业战略提供了重要支持。私募基金是面向特定对象提供资产管理服务的行业。信托关系是私募基金赖以存在发展的基础法律关系，私募基金管理人须履行诚实信用、专业勤勉的受托人义务，即所谓“受人之托，代人理财”。与此互为表里，合格投资者制度和非公开募集要求是私募基金行业的另一重要基石。私募基金应当采取非公开方式向特定的合格投资者募集资金；合格投资者应当具备相应风险识别能力和风险承担能力，且其投资于单只私募基金的金额不低于100万元，单只私募基金投资者不得超过法定人数；私募基金募集机构和投资者应当严格履行合格投资者确认程序，私募基金管理人不得向投资者承诺投资本金不受损失或者承诺最低收益。投资者则按其出资份额及合同约定分享投资收益、承担投资风险，即所谓“买者自负，卖者有责”。

在依法开展私募基金登记备案工作的基础上，中国基金业协会秉承“自律、服务、创新”宗旨，奉行积极主义，致力于推动行业规范健康发展，优化私募行业发展环境，提升行业形象和公众影响力。一是建立健全私募行业自律管理规则和标准，通过登记备案、分类公示、自律检查、纪律处分、黑名单、信息共享等制度措施，不断完善事中事后自律监管机制，强化行业信息收集、统计分析和风险监测；二是提升针对私募基金行业的服务水平，营造行业可持续发展的生态环境。主动与相关部委和地方政府沟通，推动私募基金监管、税收、工商、市场参与和退出等重点环节的顶层制度设计，支持行业托管和外包服务机构发展，组织形式多样的业务培训，借助现代媒体和行业力量扎实开展形式丰富的投资者教育；三是充分发挥行业自律的基础性作用，面对行业法律法规缺位的现实，把自律自治挺在法律和监管前面，树立高于法律和监管要求的行业信用体系、风险约束体系和从业道德规范，积极配合相关部门依法严厉打击以私募基金为名的各类非法集资活动和违法违规行为。

问：一段时间以来，涉及私募基金的各种问题和风险事件时有发生，中国基金业协会如何看待这种情况？

答：两年以来，在私募基金行业快速发展的过程中，私募基金行业的各种问题和风险也不断凸显，不容忽视。这些问题对私募基金行业形象和声誉造成了恶劣的社会影响，危及私募行业的长远发展和全局利益。

一是滥用中国基金业协会的登记备案信息，非法自我增信，甚至从事违法违规行为。中国基金业协会在官方网站及公开场合多次强调，私募基金登记备案不是行政许可，协会对私募基金登记备案信息不做实质性事前审查。但有些机构利用私募基金管理人登记身份、纸质证书或电子证明，故意夸大歪曲宣传，误导投资者以达到非法自我增信目的。有的“挂羊头卖狗肉”，借此从事P2P、民间借贷、担保等非私募基金管理业务。有的借私募基金之名从事非法集资等违法犯罪活动。还有的倒卖私募基金管理人登记身份，非法代办私募基金管理人登记。这些行为严重损害投资者利益和行业整体利益，严重悖离了私募基金登记备案统计监测、行业自律管理的制度设计初衷。

二是私募基金行业鱼龙混杂、良莠不齐。目前，已登记但尚未备案基金的机构数量占已登记私募基金管理人的69%，其中部分机构长期未实质性开展私募基金管理业务，甚至根本没有展业意愿；有些机构不具备从业人员、营业场所、资本金等企业运营的基本设施和条件；有些机构内部管理混乱，缺乏有效健全的内控制度；有些从业人员自律意识不强，不具备从事资产管理业务的基本素质和能力。

三是有些机构法律意识淡薄、合规意识缺乏，没有按规定持续履行私募基金信息报告义务。尽管机构在申请时已书面承诺其登记备案信息真实、准确、完整，并将按要求持续向中国基金业协会报送季度、年度和重大事项信息，但为数不少的机构存在不如实填报信息，不如实登记多地注册的多个关联机构或分支机构，未按要求更新报送信息的情况，甚至长期“失联”。

四是违法违规经营运作。有些机构公开推介私募基金，承诺保本保收益，向非合格投资者募集资金；有些机构不能勤勉尽责，因投资失败而“跑路”；更有甚者，借私募基金名义搞非法集资，从事利益输送、内幕交易、操纵市场等违法犯罪行为。

问：中国基金业协会出台《关于进一步规范私募基金管理人登记若干事项的公告》，有哪些主要考虑？

答：为保护投资者合法权益，促进私募基金行业规范健康发展，发挥行业自律的基础性作用，中国基金业协会于2016年2月5日对外发布《关于进一步规范私募基金管理人登记若干事项的公告》（以下简称《公告》），从取消私募基金管理人登记证明、加强信息报送、《法律意见书》、高管人员资质要求4个方面加强规范私募基金管理人登记相关事项，督促私募基金管理人恪尽职守，切实履行诚实信用、专业勤勉的受托人义务，促进私募基金行业规范、健康发展。

下一步，中国基金业协会将秉承“自律、服务、创新”的宗旨，凝聚行业力量，抓紧修订《私募投资基金管理人登记和基金备案办法（试行）》，尽快颁布私募基金募集、基金合同内容与必备条款、私募基金管理人从事投资顾问服务、托管、外包等系列行业行为管理办法和指引，不断完善私募基金行业自律管理的规则体制，营造规范、诚信、创新的私募行业发展环境，推动我国各类私募基金持续、健康发展，为国民经济发展作出积极贡献。

问：《公告》取消了私募基金管理人登记证明，是否会影响私募基金管理人依法开展业务？

答：中国基金业协会取消私募基金管理人登记相关证明文件不会对私募基金管理人依法开展业务造成不利影响。

第一，中国基金业协会网站公示是法定的私募基金管理人登记信息载体。根据《私募投资基金监督管理暂行办法》和《私募投资基金管理人登记和基金备案办法（试行）》，中国基金业协会以通过协会官方网站公示私募基金管理人基本情况的方式，为私募基金管理人办结登记手续。取消线下的私募基金管理人登记证明，有利于引导私募基金行业、广大投资者、私募基金服务机构和社会各界更充分、有效地利用协会官方网站私募基金管理人公示平台(http://gs.amac.org.cn)和“私募汇”手机APP终端进行相关实时信息查询,缩短私募基金管理人的信息传播路径,减少私募基金管理人与投资者之间的合规信息不对称,进一步增强信息公示效应。

第二,中国基金业协会持续动态更新私募基金管理人登记基本公示信息,并就私募基金管理人相关诚信合规信息进行特别提示和分类公示。协会此前发放的私募基金管理人纸质登记证书和电子证明无法实现私募基金管理人登记信息的动态管理与更新。

第三,协会此前发放的私募基金管理人纸质登记证书和电子证明是主要用于私募基金管理人开立相关证券、期货交易账户及开展相关业务的证明材料,并无法律效力。日前,中国基金业协会已与中国证监会相关部门、中国证券登记结算有限公司、中国期货市场监控中心、全国中小企业股份转让系统、中证机构间报价系统股份有限公司等机构建立直接的私募基金登记备案信息共享机制,更加便利了私募基金管理人相关业务申请。下一步,中国基金业协会将根据相关主管部门业务需要,在全国范围内逐步完善私募基金登记备案基础数据联网查询体系。

第四,取消私募基金管理人电子证明和纸质登记证书有利于正本清源,打击部分机构非法自我增信的做法。一段时间以来,一些利用私募基金管理人登记身份、纸质登记证书或电子证明,故意夸大歪曲宣传,严重误导投资者,造成了恶劣的社会影响。取消私募基金管理人登记证明有利于私募基金登记备案回归行业统计监测、自律管理的制度设计初衷。

中国基金业协会重申:此前已出具的私募基金登记备案电子证明、纸质登记证书和相关公示信息仅表明,根据《证券投资基金法》和《私募投资基金监督管理暂行办法》,该私募基金管理人已履行相关私募基金登记备案手续,不构成对私募基金管理人投资能力、持续合规情况的认可,不作为基金财产安全的保证。私募基金管理人对其提交的登记备案信息的真实性、准确性、完整性承担全部的法律责任。

问:《公告》提出加强私募基金管理人依法及时备案私募基金要求,有哪些主要考虑?

答:近年来,私募基金发展迅速,出现了一些鱼龙混杂、良莠不齐的突出问题。一是大量机构盲目登记为私募基金管理人。截至目前,已登记但未展业私募基金管理人数量超过1.7万家,占已登记私募基金管理人总量的69%。这些未展业的私募机构中,部分在准备业务中,但另外一些机构实际并无开展私募基金业务意愿。二是一些机构缺乏从事私募基金管理的专业能力,许多机构正在开展非私募基金管理业务,甚至从事投行、P2P、众筹等与私募基金业务存在利益冲突的业务,允许这些机构长期登记为管理人,既有悖于私募基金登记备案统计监测的制度设计初衷,也占用了有限的自律监管资源。三是大量未展业机构的存在严重影响了私募行业统计监测工作的真实性和有效性。未展业机构大多数不能严格遵守持续报告义务,占用了协会大量的统计、监测资源,造成了行业统计数据的严重失真。

《公告》提出的相关展业宽限期方案合法、合情、合理。根据《公司登记管理条例》第68条,公司成立后无正当理由超过6个月未开业的,或者开业后自行停业连续6个月以上的,可以由公司登记机关吊销营业执照。参照上述法规要求,中国基金业协会从实际角度出发,务实地对《公告》后新登记、已登记满12个月且尚未备案首只私募基金产品、已登记不满12个月且尚未备案首只私募基金产品的私募基金管理人等3类情况，差异化地设置了展业宽限期。针对宽限期之后仍未展业的私募基金管理人，中国基金业协会将注销其管理人登记。

中国基金业协会特别提醒：申请机构应当在确有私募投资基金管理业务发展需要时，按规定履行私募基金管理人登记申请，切勿盲目跟风。

问：《公告》重申私募基金管理人应当及时履行信息报送义务，有哪些主要考虑？

答：私募基金管理人通过私募基金登记备案系统持续报送信息是实现行业自律监管的重要基础性措施之一。私募基金登记备案制度实施两年来，私募基金管理人对信息持续报告制度存在不适应，履行信息报告义务自觉性和合规意识普遍不强，导致私募行业整体统计数据不完整、不持续，甚至失真。

《公司法》第一百六十五条明确规定，公司应当在每一会计年度终了时编制财务会计报告，并依法经会计师事务所审计。根据《企业信息公示暂行条例》的相关规定，企业应该按照工商行政管理部门的要求按时通过企业信用信息公示系统报送企业信息。企业公示信息隐瞒真实情况、弄虚作假、未公示年度报告或相关责令信息的，列入经营异常名录；满3年未依照条例规定履行公示义务的，列入严重违法企业公示名单，并通过企业信用信息公示系统向社会公示。被列入严重违法企业公示名单的企业的法定代表人、负责人，三年内不得担任其他企业的法定代表人、负责人。

为贯彻落实《公司法》及相关法律法规，为加强私募基金管理人严格履行信息报告义务，在私募基金管理人完成季度、年度及财务报告、重大事项报告等相应信息报送整改要求之前，中国基金业协会将暂停受理该机构的私募基金产品备案申请。对于累计两次未更新履行信息报送义务者，将其列入异常机构名单。

为响应近期国家各部委建立的联合惩戒机制，对违法失信当事人实施联动约束和惩戒，运用信息公示、信息共享、联合约束等手段，实现让失信者“一处失信，处处受限”的诚信约束，针对被列入企业信用信息公示系统严重违法企业公示名单的机构，中国基金业协会采取了不予登记、暂停受理该机构的私募基金产品备案申请、列入异常机构名单等配套措施，以儆效尤。

问：《公告》要求私募基金管理人提交《法律意见书》，有哪些主要考虑？

答：中国基金业协会要求私募基金管理人提交《法律意见书》，引入法律中介机构的尽职调查，是对私募基金登记备案制度的进一步完善和发展，有利于保护投资者利益，规范私募基金行业守法合规经营，防止登记申请机构的道德风险外溢。

一方面，目前大量申请私募基金管理人登记的机构欠缺诚信约束，提交申请材料不真实、不准确、不完整，中国基金业协会办理登记面临较高道德风险。前期，协会的私募基金登记备案不做事前的实质性审查，对申请材料的真实性、准确性、完整性高度依赖于申请机构的自身承诺。实际中，私募申请机构材料中大量存在瞒报、漏报甚至虚假陈述的情况。在我国全社会诚信体系尚未健全的现状下，这种做法很难真正实现对申请机构的诚信约束，甚至滋长了一些不法机构铤而走险，不断测试协会登记工作的底线，造成后续自律管理、行政监管和司法办案上的被动和无奈。

另一方面，引入法律中介机构的监督和约束，本身就是私募基金行业自律和社会监督的重要力量。律师事务所是持牌的专业法律服务提供者，独立性高，法律合规意识强。请专业律师事务所对私募基金管理人登记申请进行第三方尽职调查，提供《法律意见书》，可提高申请机构的违规登记成本和社会诚信约束，有助于提升申请材料信息质量和合规性，提高协会登记办理工作效能。

问：《公告》对私募基金管理人高管人员基金从业资格做出了要求，有哪些主要考虑？

答：私募基金行业的高管人员是私募基金行业的精英，也是主要的自律监管对象和服务对象。私募基金行业高管人员的专业能力、职业操守和诚信记录决定了私募行业是否可以健康、规范发展。完善私募基金管理人高管人员基金从业资格要求和持续诚信记录，加强高管人员的自我利益约束、诚信约束和自律约束，有利于制衡私募基金管理人的利益输送和道德风险。

实践中，私募证券投资基金管理人高管人员已纳入从业人员资格管理体系，而私募股权、创业投资和其他私募基金管理机构的高管人员长期未能纳入有效资质管理。在欠缺法律规制的现状下，一些机构的高管人员缺乏必要的职业道德、合规意识和专业能力，私募股权、创业投资和其他私募基金成为被从事非法集资的犯罪分子利用的高发领域。在目前形势下，针对私募基金管理人高管人员作出适度的、符合监管实际的基金从业资格安排，具有现实的紧迫性和必要性。

《公告》对私募基金管理人高管人员基金从业资格的要求有以下特点：一是《公告》针对从事非私募证券投资基金业务的私募基金管理人的高管人员资质要求作出了差异化安排。二是各类私募基金管理人的合规/风控负责人不得从事投资业务。三是修改完善了以认定方式取得基金从业资格的方式，扩大了受认可的其他专业资格考试范围，但增列了通过基金从业资格考试科目一《基金法律法规、职业道德与业务规范》考试的附加要求。四是要求私募基金管理人的高管人员每年度完成15学时的后续执业培训。

下一步，中国基金业协会将抓紧建立和完善私募基金行业从业人员诚信管理体系，优化基金从业资格考试安排，增加适应私募股权投资基金、创业投资基金的考试科目，提供形式多样的从业人员持续培训和服务，加强和完善我国资产管理行业的人才储备。

中国基金业协会负责人就落实《关于进一步规范私募基金管理人登记若干事项的公告》相关问题答记者问

自2016年2月5日中国基金业协会发布《关于进一步规范私募基金管理人登记若干事项的公告》（以下简称《公告》）以来，私募基金行业高度关注，反响热烈，普遍支持和认同协会进一步规范私募基金管理人登记的相关措施。与此同时，各财经媒体和微信、微博等自媒体纷纷对《公告》相关内容进行了各类分析与解读，证券公司、律师事务所也推出了配套的中介服务。我协会注意到，有些观点和中介机构的做法与《公告》的内容和精神存在偏差，协会热线咨询电话(400-017-8200)、官方微信咨询平台和电邮咨询系统里也收集到一些确需向行业机构进一步解释说明的问题。为此，我协会负责人就落实《公告》相关问题回答了记者的提问。

问：《公告》发布后，中国基金业协会是否暂停了私募基金登记备案工作？

答：《公告》发布后，中国基金业协会仍继续依法对符合要求的申请机构正常办理私募基金管理人登记和私募基金备案手续，登记流程、登记时限均保持不变。《公告》的出台旨在督促私募基金管理人恪尽职守，切实履行诚实信用、专业勤勉的受托人义务，促进私募基金行业规范、健康发展。

私募基金管理人登记和私募基金备案是私募基金自律管理的第一步，但绝不是“一备了之”。完成登记手续的私募基金管理人应持续履行基金产品备案、按要求向投资者进行信息披露以及向中国基金业协会报告更新季度、年度和重大事项信息等义务，主动接受中国基金业协会对私募基金管理人、私募基金产品和从业人员的自律管理。针对未按要求及时申请产品备案、报送更新季度、年度和重大事项信息的私募基金管理人，中国基金业协会将暂停受理该机构的私募基金产品备案申请，或者视具体情形将其列入异常机构名单并在协会网站进行公示。

私募基金管理人和申请机构应当按照相关法律法规的要求，理性、全面、持续地理解和落实《公告》中关于进一步加强私募基金管理人登记的系列配套措施，切实履行诚实信用、谨慎勤勉的受托人义务，避免断章取义、草率行事。希望私募基金管理人和申请机构珍惜自身商誉与行业诚信记录，正确认识和理解《公告》的系列配套措施和我国私募基金自律管理体系，避免“临时抱佛脚”似的草率登记备案，不顾及登记备案的程序性和实体性要求，给自身经营带来后续不利影响，甚至引发与基金服务机构、投资者的争拗和纠纷。

问：《公告》发布后，一些券商、律师事务所等中介服务机构纷纷推出所谓“保壳”“卖壳”等一条龙服务，中国基金业协会如何评价？

答：基金管理人、基金托管人和基金服务机构是私募基金行业生态系统和产业链的重要组成部分。私募基金服务机构为私募基金管理人提供法律、会计、行政服务和外包业务等专业化服务有利于提升私募基金行业的专业服务能力和合规运作水平，各方相互依存、互为制衡、协同发展，形成市场化的道德约束和优胜劣汰机制。基金业协会重视基金行业各类服务主体的发展，支持私募基金管理人特色化、差异化发展，形成良好的行业生态。

但是，相关中介机构在开展私募基金服务业务时，应当对私募行业法律法规和《公告》的内涵有充分理解和正确认识。

第一，私募基金中介服务机构应当遵守相关业务的法律法规和自律规则，秉承职业操守和专业行为规范，恪尽勤勉尽责的社会责任，为私募基金管理人提供合规、独立、客观、专业、公正的私募基金中介服务。

第二，私募基金服务机构与私募基金管理人之间的业务合作，应注意各类主体的法律关系、职责范围和法律风险。根据《证券投资基金法》，基金管理人和基金托管人履行共同受托职责，基金服务机构可受基金管理人或托管人委托，代为办理基金的份额登记、核算、估值等事项，基金管理人、基金托管人依法应当承担的责任不因委托而免除。律师事务所、会计师事务所接受基金管理人、基金托管人的委托，为有关基金业务活动出具《法律意见书》、审计报告、内部控制评价报告等文件，有虚假记载、误导性陈述或者重大遗漏，给他人财产造成损失的，还应当与委托人承担连带赔偿责任。无论是私募基金管理人还是证券公司、律师事务所和会计师事务所，各方都应当高度珍视自身商誉和信用记录，审慎选择业务合作对象，审慎评估合作对象的资质以及业务开展中的合规风险、法律风险、代理人道德风险以及其他可能给投资者带来的潜在风险，做好后续风险处置预案和责任安排，避免相关风险外溢或损害自身机构、对方机构、或者投资者的合法权益。私募基金管理人、基金托管人和各类私募基金服务机构应避免一哄而上，盲目发展业务，切不可对面临的法律风险、道德风险、合规风险视而不见。基金业协会将持续关注私募基金相关参与主体业务发展情况，并适时开展自律检查和核查工作。

第三，私募基金行业是我国财富管理行业的新生力量，健康发展离不开专业服务机构的支持。中国基金业协会呼吁律师事务所、会计师事务所、证券公司等中介机构，秉承公平竞争、合理收费原则，制定各自合理公允的服务收费标准，统筹规划本机构私募服务业务发展模式，按照法律、法规和中国基金业协会关于私募基金登记备案的各项要求，审慎专业、勤勉尽责地提供各项私募基金中介服务。

问：可否对私募基金管理人提交《法律意见书》事宜提供进一步说明？

答：（一）关于《私募基金管理人登记法律意见书》（以下简称《法律意见书》）的模板问题。目前，中国基金业协会无统一官方《法律意见书》模板，请私募基金管理人聘请的执业律师和律师事务所按照《私募基金管理人登记法律意见书指引》以及私募基金登记备案系统的填报要求，结合私募基金管理人的实际情况，出具相关《法律意见书》。

（二）关于对《法律意见书》的核查问题。中国基金业协会要求私募基金管理人提交《法律意见书》，引入专业法律中介机构开展尽职调查，是对私募基金登记备案制度的进一步完善和发展，同时也是中国基金业协会开展私募基金行业事中自律检查、事后自律处分的重要基础和依据。对于《公告》发布前已登记且有私募基金产品备案的私募基金管理人，中国基金业协会将视具体情形个案要求其补提《法律意见书》。除此种情形以外，《法律意见书》将是私募基金管理人申请登记、部分重大事项变更以及《公告》发布前已登记但无管理规模的机构首次申请私募基金备案的必备重要内容。包括《法律意见书》在内的申请材料经核查通过后，申请机构才可完成私募基金管理人登记或重大事项变更，或申请私募基金产品备案等相关业务。

中国基金业协会将核查私募基金管理人提供的《法律意见书》，并视情况在私募基金管理人登记或重大事项变更的反馈意见中提出进一步的询问，要求提供进一步的信息或出具相关法律意见。根据《私募投资基金管理人登记和基金备案办法（试行）》的相关规定，在核查包括《法律意见书》所列事项在内的私募基金管理人登记或重大事项变更等内容的过程中，中国基金业协会可以采取约谈高管人员、现场检查、向中国证监会及其派出机构、相关专业协会征询意见等方式对私募基金管理人提供的登记申请材料进行核查。

（三）关于可出具《法律意见书》的执业律师及律师事务所资质问题。按照《中华人民共和国律师法》相关规定，在中国境内依法设立、可就中国法律事项发表专业意见的律师事务所及中国执业律师，均可受聘按照《私募基金管理人登记法律意见书指引》的要求出具《法律意见书》。各私募基金管理人可自愿选择符合上述条件的律师事务所出具《法律意见书》。

根据中国证监会、司法部联合发布的《律师事务所从事证券法律业务管理办法》（中国证券监督管理委员会令第41号）第八条的规定，中国基金业协会鼓励私募基金管理人选择具备下列条件的中国律师事务所出具法律意见书：

1. 内部管理规范，风险控制制度健全，执业水准高，社会信誉良好；

2. 有20名以上执业律师，其中5名以上曾从事过证券法律业务；

3. 已经办理有效的执业责任保险；

4. 最近两年未因违法执业行为受到行政处罚。

根据中国证监会、司法部联合发布的《律师事务所从事证券法律业务管理办法》（中国证券监督管理委员会令第41号）第九条的规定，中国基金业协会鼓励具备下列条件之一，并且最近两年未因违法执业行为受到行政处罚的执业律师参与出具《法律意见书》：

1. 最近3年从事过证券法律业务；

2. 最近3年连续执业，且拟与其共同承办业务的律师最近3年从事过证券法律业务；

3. 最近3年连续从事证券法律领域的教学、研究工作，或者接受过证券法律业务的行业培训。

问：《公告》发布后，较多私募机构咨询顾问产品备案事项，中国基金业协会对此有何回应？

答：私募基金管理人以产品投资顾问方式开展业务的"阳光私募"模式，是私募基金行业发展初期出现的一种做法。目前，中国基金业协会正在抓紧研究制定私募基金管理人从事投资顾问服务的相关业务管理办法。

考虑到在法律和实际运作中，在相关管理机构已完成资管产品备案或审批程序后，各类形式的顾问管理型的私募基金产品是否在私募基金登记备案系统备案，不会影响该产品的正常投资运作，为保证《公告》相关要求的有效实施，自《公告》发布之日（即2016年2月5日）起，中国基金业协会暂不办理新登记的私募基金管理人将顾问管理型基金作为其管理的首只私募基金产品的备案申请，以及已登记且尚未备案私募基金管理人将顾问管理型基金作为其管理的首只私募基金产品的备案申请。待中国基金业协会正式发布私募基金管理人从事投资顾问服务的相关业务管理办法后，私募基金管理人可将其管理的相关顾问管理型私募基金产品，再按相关规定进行补充备案。在《公告》发布之前已登记并已备案私募基金产品的私募基金管理人，可继续申请备案其管理的顾问管理型私募基金产品。

问：如何报考基金从业资格考试？

答：（一）关于基金从业资格考试安排。基金从业资格考试包含预约式考试和全国统一考试，2016年度基金从业资格考试计划安排如表1所示。

表1　2016年度基金从业资格考试计划安排

项目	考试名称	考试时间	报名时间	考试地点
基金从业人员资格考试预约式考试	预约式考试第1次	2016年3月19日	2016年2月1日至2016年3月8日	北京、上海、广州、深圳
	预约式考试第2次	2016年5月21日	2016年4月18日至2016年5月10日	北京、上海、广州、深圳
	预约式考试第3次	2016年7月16日	2016年6月13日至2016年7月5日	北京、上海、广州、深圳
	预约式考试第4次	2016年12月17日	2016年11月7日至2016年12月6日	北京、上海、广州、深圳
基金从业人员资格考试全国统一考试	全国统一考试第1次	2016年4月23日	2016年2月1日至2016年4月1日	北京、天津、石家庄、太原、呼和浩特、沈阳、长春、哈尔滨、上海、南京、杭州、合肥、蚌埠、福州、南昌、济南、郑州、武汉、长沙、广州、南宁、海口、重庆、成都、贵阳、昆明、西安、兰州、西宁、银川、乌鲁木齐、大连、青岛、宁波、厦门、深圳、佛山、苏州、汕头、宜昌、衡阳、徐州、淮安、赣州、金华、温州、泉州、拉萨48个城市
	全国统一考试第2次	2016年9月24日	2016年7月25日至2016年8月30日	
	全国统一考试第3次	2016年11月26日	2016年9月19日至2016年11月4日	

上述基金从业资格考试计划可能根据实际情况进行调整，具体报名时间、考试时间和考试地点以当期考试公告为准，考生可通过中国基金业协会网站“从业人员管理”栏目考试平台查阅考试信息。

（二）基金从业资格考试报名方式。采取网上报名方式，考生可通过中国基金业协会官网提供的报名链接进行报名，也可直接登录报名网站（http://baoming.amac.org.cn:10080）按照要求报名。我会从未委托其他机构代为办理基金从业人员资格考试，为防止假冒网站截留和窃取考生个人信息，请务必不要通过其他网站的链接进入报名网页的方式进行报名。

（三）基金从业资格考试大纲及教材。中国基金业协会已于2015年7月对外发布了《基金从业资格考试大纲》，详情请参阅协会官网（http:/www.amac.org.cn）的“从业人员管理”栏目。基金从业资格考试唯一指定教材为中国证券投资基金业协会组编、2015年6月出版的《证券投资基金》（上、下册），由高等教育出版社出版。教材购买网址链接http://baoming.amac.org.cn:10080/yuyue/ReadMe/book.html。中国基金业协会从未委托其他机构或个人编写出版考试辅导教材，也不举办考前培训。

中国基金业协会网站列举了考试常见问题及解答，请考生登录中国基金业协会网站查询；考生也可通过考试报名在线客服咨询相关问题；或者拨打人工服务电话021-61651128咨询。

中国基金业协会特别提示：中国基金业协会从不发布基金从业资格考试的考题和答案。基金从业资格考试为国家法律规定的资格考试，泄露考题和答案涉嫌违法犯罪。

问：《公告》发布之前已登记私募基金管理人的高管人员若已取得基金从业资格的，是否还需要参加基金从业资格考试科目一《基金法律法规、职业道德与业务规范》考试？

答：《公告》发布之前已登记私募基金管理人的高管人员若已取得基金从业资格的，应当按照《私募投资基金管理人登记和基金备案办法（试行）》及《关于基金从业资格考试有关事项的通知》（中基协字〔2015〕112号）的要求，每年度完成15学时的面授或者远程学习形式的后续培训，并按要求接受中国基金业协会的从业资格管理。请相关高管人员持续关注中国基金业协会网站发布的基金从业人员培训的计划和相关安排。

私募基金登记备案相关问题解答（八）

（2016-03-18）

问：《私募基金管理人登记法律意见书》和《私募基金管理人重大事项变更专项法律意见书》的基本要求有哪些？

答：从已提交的《私募基金管理人登记法律意见书》和《私募基金管理人重大事项变更专项法律意见书》（以下简称《法律意见书》）情况来看，总体上发挥了专业法律服务机构的尽职调查和中介制衡作用。但也存在《法律意见书》缺乏尽职调查过程描述和判断依据、多份《法律意见书》内容雷同、简单发表结论性意见、未核实申请机构系统填报信息等问题。现就律师事务所及其经办律师出具《法律意见书》的内容与格式的一般性要求说明如下。

一、参照《律师事务所从事证券法律业务管理办法》和《律师事务所证券法律业务执业规则（试行）》的相关要求，律师事务所及其经办律师出具的《法律意见书》内容应当包含完整的尽职调查过程描述，对有关事实、法律问题作出认定和判断的适当证据与理由。

二、律师事务所及其经办律师应当按照《私募基金管理人登记法律意见书指引》，就各具体事项逐项发表明确意见，并就私募基金管理人登记申请是否符合中国基金业协会的相关要求发表整体结论性意见。

三、《法律意见书》的陈述文字应当逻辑严密，论证充分，所涉指代主体名称、出具的专业法律意见内容具体明确。《法律意见书》所涉内容应当与申请机构在私募基金登记备案系统填报的信息保持一致，若系统填报信息与尽职调查情况不一致的，应当做出特别说明。律师事务所及其经办律师在《法律意见书》中不得瞒报信息，应当确保《法律意见书》不存在虚假记载、误导性陈述及重大遗漏。

四、律师事务所及其经办律师应当参照《律师事务所证券法律业务执业规则（试行）》，根据实际需要采取合理的方式和手段，获取适当的证据材料。律师事务所及其经办律师可采取的尽职调查查验方式包括但不限于审阅书面材料、实地核查、人员访谈、互联网及数据库搜索、外部访谈及向行政司法机关、具有公共事务职能的组织、会计师事务所询证等。律师事务所及其经办律师应当制作并保存相关尽职调查的工作记录及工作底稿。

五、《法律意见书》应当包含律师事务所及其经办律师的承诺信息。示例：本所及经办律师依据《证券投资基金法》《律师事务所从事证券法律业务管理办法》和《律师事务所证券法律业务执业规则（试行）》等规定及本《法律意见书》出具日以前已经发生或者存在的事实，严格履行了法定职责，遵循了勤勉尽责和诚实信用原则，进行了充分的核查验证，保证本《法律意见书》所认定的事实真实、准确、完整，所发表的结论性意见合法、准确，不存在虚假记载、误导性陈述或者重大遗漏。本所及其经办律师同意将本《法律意见书》作为相关机构申请私募基金管理人登记或重大事项变更必备的法定文件，随其他在私募基金登记备案系统填报的信息一同上报，并愿意承担相应的法律责任。

六、律师事务所及其经办律师在《法律意见书》上的签字签章齐全，出具日期清晰明确。《法律意见书》及私募基金登记备案系统中律师事务所就“私募基金管理人重要情况说明”出具的确认函，均需加盖律师事务所公章及骑缝章，列明经办律师的姓名及其执业证件号码并由经办律师签署。

七、律师事务所及其经办律师应当恪尽职守，勤勉尽责地对私募基金管理人或申请机构相关情况进行尽职调查，根据《私募基金管理人登记法律意见书指引》，独立、客观、公正地出具《法律意见书》。私募基金管理人应当按照《关于进一步规范私募基金管理人登记若干事项的公告》相关要求，充分配合律师事务所及其经办律师工作，如实提供律师事务所开展尽职调查所需的全部信息和材料。

问：出具《法律意见书》的律师事务所及其经办律师应当符合哪些资质要求？

答：《中国基金业协会负责人就落实〈公告〉相关问题答记者问》已明确，凡在中国境内依法设立、可就中国法律事项发表专业意见的律师事务所及其中国执业律师，均可受聘按照《私募基金管理人登记法律意见书指引》的要求出具《法律意见书》。

中国基金业协会鼓励私募基金管理人选择符合《律师事务所从事证券法律业务管理办法》相关资质要求的律师事务所及其执业律师出具《法律意见书》。

根据《中国证券投资基金业协会章程》，作为基金服务机构的律师事务所可以申请成为中国基金业协会会员，但中国基金业协会未就律师事务所入会作出强制性要求。

问：律师事务所及其经办律师如何对私募基金管理人风险管理和内部控制制度进行尽职调查？

答：律师事务所及其经办律师在对申请机构的风险管理和内部控制制度开展尽职调查时，应当核查和验证包括但不限于以下内容：

一、申请机构是否已制定《私募基金管理人登记法律意见书指引》第四条第（八）项所提及的完整的涉及机构运营关键环节的风险管理和内部控制制度；

二、判断相关风险管理和内部控制制度是否符合中国基金业协会《私募投资基金管理人内部控制指引》的规定；

三、评估上述制度是否具备有效执行的现实基础和条件。例如，相关制度的建立是否与机构现有组织架构和人员配置相匹配，是否满足机构运营的实际需求等。

考虑到我国私募基金行业的发展现状，为支持私募基金管理人特色化、差异化发展，保障私募基金管理人风险管理和内部控制制度的有效执行，中国基金业协会鼓励私募基金管理人结合自身经营实际情况，通过选择在中国基金业协会备案的私募基金外包服务机构的专业外包服务，实现本机构风险管理和内部控制制度目标，降低运营成本，提升核心竞争力。

关于直投基金备案相关事项的通知

（2016-05-13）

各证券公司直接投资业务子公司及其下属机构：

鉴于部分证券公司直接投资业务子公司及其下属机构（以下简称直投子公司）同时向基金业协会私募产品备案管理系统（以下简称券商系统）和私募基金登记备案系统（以下简称私募系统）报备的情况，为提高备案工作效率，进一步规范直投子公司备案行为，现就有关事项通知如下。

一、直投子公司应当通过券商系统（http://ba.amac.org.cn），真实、准确、完整、及时地报送备案材料，并对备案材料内容的合规性负责。

自通知发布之日起，私募系统不再受理直投基金相关备案。

二、直投子公司应当在直投基金的首轮募集完成或者签订受托管理第三方募集设立的直投基金的协议后五个工作日内，报中国证券投资基金业协会（以下简称基金业协会）备案。基金业协会对备案材料进行齐备性复核，并在备案材料齐备后五个工作日内予以备案确认。备案材料不齐备的，基金业协会在收到备案材料后五个工作日内，一次性告知直投子公司需要补正的全部内容。直投子公司按照要求补正的，基金业协会在备案材料齐备后五个工作日内予以备案确认。

基金业协会予以备案确认，不能免除直投子公司真实、准确、完整、及时地披露直投基金信息的法律责任；不代表基金业协会对直投基金的投资价值及投资风险作出保证和判断。投资者应当自行识别直投基金投资风险并承担投资行为可能出现的损失。

三、备案通过后，基金业协会可以通过书面审阅、问询、约谈等方式对备案材料内容的合规性进行复核。

四、基金业协会通过网站对直投子公司及设立的直投基金备案情况进行公示。投资者可以登录基金业协会网站，对直投子公司及设立的直投基金备案情况进行查询。

本通知自发布之日起施行。直投子公司开展备案工作过程中如遇重大问题，应及时向基金业协会报告。

联系人：张××；联系电话：010-66578338；电子邮箱：zhangmk@amac.org.cn。

中国证券投资基金业协会

2016年5月13日

私募基金登记备案相关问题解答(九)

(2016-05-13)

问:根据中国证券投资基金业协会2016年2月5日发布的《关于进一步规范私募基金管理人登记若干事项的公告》,符合哪些条件的私募基金管理人的高级管理人员可以通过资格认定委员会认定基金从业资格?需要提交哪些材料?

答:符合下列条件之一的私募股权投资基金管理人(含创业投资基金管理人)的高级管理人员,可以向中国证券投资基金业协会资格认定委员会申请认定基金从业资格:

一、从事私募股权投资(含创业投资)6年及以上,且参与并成功退出至少两个项目;

二、担任过上市公司或实收资本不低于10亿元人民币的大中型企业高级管理人员,且从业12年及以上;

三、从事经济社会管理工作12年及以上的高级管理人员;

四、在大专院校、研究机构从事经济、金融等相关专业教学研究12年及以上,并获得教授或研究员职称的。

符合上述条件之一的,由所在机构或个人向中国证券投资基金业协会提交以下材料:

(一)个人资格认定申请书;

(二)个人基本情况登记表;

(三)相关证明材料:

1. 符合上述条件一的,需提交参与项目成功退出证明和两份行业知名人士署名的推荐信,推荐信中应附有推荐人职务及联系方式;

2. 符合上述条件二的,需提交企业与个人的相关证明和两份行业知名人士署名的推荐信,推荐信中应附有推荐人职务及联系方式;

3. 符合上述条件三的,需提交有关组织部门出具的任职证明;

4. 符合上述条件四的,需要提交相关资格证书和两份行业知名人士署名的推荐信,推荐信中应附有推荐人职务及联系方式。

资格认定委员会构成及工作机制:资格认定委员会由中国证券投资基金业协会理事(不含非会员理事)、监事及私募基金相关专业委员会委员构成。每次从上述委员中随机抽取7人组成认定小组,小组成员对申请资格认定的人员以简单多数原则表决。参与资格认定的表决人、推荐人及资格认定结果将通过中国证券投资基金业协会网站的从业人员信息公示平台向社会公示。

上述申请资格认定的相关材料以电子版的形式报送协会私募高级管理人员资格管理专用邮箱,邮箱地址:smrygl@amac.org.cn。

问:符合哪些条件的私募基金管理人的高级管理人员只需通过科目一《基金法律法规、职业道德与业务规范》考试可以申请认定基金从业资格?需要提交哪些材料?

答:符合下列条件之一的私募基金管理人的高级管理人员,并通过科目一考试的,可以申请认定基金从业资格:

一、最近3年从事资产管理相关业务,且管理资产年均规模1000万元以上;

二、已通过证券从业资格(不含《证券投资基金》和《证券发行与承销》科目)、期货从业资格、银行从业资格、特许金融分析师(CFA)等金融相关资格考试,或取得注册会计师资格、法律职业资格、资产评估师资格,或担任上市公司董事、监事及高级管理人员等。

符合上述条件之一的,由所在机构或个人向中国证券投资基金业协会提交基金托管人(托管部门)或基金服务机构出具的最近3年的资产管理规模证明,或相关资格证书或证明。

上述申请资格认定的相关材料以电子版的形式通过私募基金登记备案系统资格认定文件上传端口报送。

问:私募股权投资基金管理人(含创业投资基金管理人)的高级管理人员,通过证券从业资格考试的哪些科目可以认定基金从业资格?

答:一、根据《关于基金从业资格考试有关事项的通知》(中基协字〔2015〕112号)的规定,已于2015年12月之前通过中国证券业协会组织的《证券投资基金》科目考试的,需再通过中国证券投资基金业协会的科目一《基金法律法规、职业道德与业务规范》考试,方可向中国证券投资基金业协会申请注册基金从业资格。

二、已于2015年12月之前通过中国证券业协会组织的《证券市场基础》和《证券投资基金》考试,或通过《证券市场基础》和《证券发行与承销》考试的,均可直接向中国证券投资基金业协会申请注册基金从业资格。

问:不符合上述3项资格认定条件的私募基金管理人的高级管理人员如何取得基金从业资格?

答:参加中国证券投资基金业协会统一组织的科目一《基金法律法规、职业道德与业务规范》、科目二《证券投资基金基础知识》和科目三《股权投资基金基础知识》(2016年9月推出)。参加考试的人员通过科目一和科目二考试,或通过科目一和科目三考试成绩合格的,均可申请注册基金从业资格。

私募基金登记备案相关问题解答(十)

（2016-05-27）

一、私募基金管理人登记

（一）私募基金管理人登记对企业名称、经营范围有何要求？名称是否必须含有“私募”相关字样？

答：根据《私募基金管理人登记法律意见书指引》《私募基金登记备案相关问题解答（七）》，私募基金管理人的名称和经营范围中应当包含“基金管理”“投资管理”“资产管理”“股权投资”“创业投资”等相关字样。此外，从专业化经营和防范利益冲突角度出发，私募基金管理人不得兼营与私募基金可能存在冲突的业务、与买方“投资管理”业务无关的卖方业务以及其他非金融业务。

根据《关于进一步规范私募基金管理人登记若干事项的公告》，协会鼓励私募基金管理人在名称中增加“私募”相关字样，但目前暂不做强制性要求。

（二）目前，一些地区对投资类企业的工商注册及经营范围、名称等变更采取了相关的限制性措施。在这种情况下，如果已登记私募基金管理人的经营范围和名称不符合协会相关自律要求，但客观上又无法完成工商信息变更的，如何处理？

答：私募基金管理人的经营范围和名称的整改工作需要事先完成相关工商信息变更。考虑到近期各地相关工商注册政策处于调整期，为不影响已登记的私募基金管理人开展业务，需提交相关法律意见书的私募基金管理人，若其经营范围和名称不符合协会相关自律要求，同时确出于客观原因无法进行相关工商变更的，申请机构应书面承诺不开展与本机构所从事的具体私募基金业务类型无关的其他业务，并承诺待相关工商变更手续可正常办理后，将及时完成经营范围和名称变更，并在私募基金登记备案系统中按要求及时更新变更后的工商信息。上述承诺情况应如实告知相关律师事务所及经办律师，有私募基金产品的，应如实告知其投资者。

若申请机构具有《私募基金登记备案相关问题解答（七）》明确禁止的经营范围，应进行整改并完成相关工商信息变更后才能再次提交申请，此类情形包括私募机构工商登记经营范围及实际经营业务包含可能与私募投资基金业务存在冲突的业务（如民间借贷、民间融资、配资业务、小额理财、小额借贷、P2P/P2B、众筹、保理、担保、房地产开发、交易平台等）。

（三）私募基金管理人登记对注册资本/认缴资本、实收资本/实缴资本、实收比例/实缴比例等有何要求？

答：《关于进一步规范私募基金管理人登记若干事项的公告》并未要求申请机构应当具备特定金额以上的资本金才可登记。但作为必要合理的机构运营条件，申请机构应根据自身运营情况和业务发展方向，确保有足够的资本金保证机构有效运转。相关资本金应覆盖一段时间内机构的合理人工薪酬、房屋租金等日常运营开支。律师事务所应当对私募基金管理人是否具备从事私募基金管理人所需的资本金、资本条件等进行尽职调查并出具专业法律意见。

针对私募基金管理人的实收资本/实缴资本不足100万元或实收比例/实缴比例未达到注册资本/认缴资本的25%的情况，协会将在私募基金管理人公示信息中予以特别提示，并在私募基金管理人分类公示中予以公示。

（四）私募基金管理人登记时机构需要制定哪些基本制度？

答：私募基金管理人应参照协会发布的《私募投资基金管理人内部控制指引》《私募基金管理人登记法律意见书指引》等规定制定并上传相关制度，制度文件包括但不限于（视具体业务类型而定）运营风险控制制度、信息披露制度、机构内部交易记录制度、防范内部交易、利益冲突的投资交易制度、合格投资者风险揭示制度、合格投资者内部审核流程及相关制度、私募基金宣传推介、募集相关规范制度，以及适用于私募证券投资基金业务的公平交易制度、从业人员买卖证券申报制度等。

此外，《法律意见书》中律师事务所应根据公司实际情况对制度是否具备有效执行的现实基础和条件出具意见。例如，相关制度的建立是否与机构现有组织架构和人员配置相匹配，是否满足机构运营的实际需求等。若私募基金管理人现有组织架构和人员配置难以完全自主有效执行相关制度，该机构可考虑采购外包服务机构的服务，包括律师事务所、会计师事务所等的专业服务。协会鼓励私募基金管理人结合自身经营实际情况，通过选择在协会备案的私募基金外包服务机构的专业外包服务，实现本机构风险管理和内部控制制度目标，降低运营成本，提升核心竞争力。若存在上述情况，请在申请私募基金管理人登记时，同时提交外包服务协议或外包服务协议意向书。

（五）申请机构注册地和实际经营场所不在同一个行政区域是否影响登记备案？

答：申请机构注册地和实际经营场所不在同一个行政区域的，不影响私募基金管理人登记。但申请机构应对有关事项如实填报，律师事务所则需做好相关事实性陈述，说明管理人的经营地、注册地分别所在地点，是否确实在实际经营地经营等事项。

二、私募基金备案

（一）已登记且尚未备案私募基金产品的私募基金管理人，首次申请备案私募基金的备案流程有哪些？

答：根据《关于进一步规范私募基金管理人登记若干事项的公告》（以下简称《公告》）要求，《公告》发布之前已登记且尚未备案私募基金产品的私募基金管理人，应当在首次申请备案私募基金产品之前补提《私募基金管理人登记法律意见书》，待提交的《法律意见书》办理通过后，按照正常流程提交私募基金备案。

（二）怎么判定私募基金的合格投资者标准？

答：根据《私募投资基金监督管理暂行办法》，私募基金的合格投资者是指具备相应风险识别能力和风险承担能力，投资于单只私募基金的金额不低于100万元且符合下列相关标准的单位和个人：

1. 净资产不低于1000万元的单位；

2. 金融资产不低于300万元或者最近3年个人年均收入不低于50万元的个人。

前款所称金融资产包括银行存款、股票、债券、基金份额、资产管理计划、银行理财产品、信托计划、保险产品、期货权益等。

根据《私募投资基金监督管理暂行办法》第十三条有关规定，下列投资者视为合格投资者：

1. 社会保障基金、企业年金等养老基金，慈善基金等社会公益基金；

2. 依法设立并在中国证券投资基金业协会备案的投资计划；

3. 投资于所管理私募基金的私募基金管理人及其从业人员；

4. 中国证监会规定的其他投资者。

以合伙企业、契约等非法人形式，通过汇集多数投资者的资金直接或者间接投资于私募基金的，私募基金管理人或者私募基金销售机构应当穿透核查最终投资者是否为合格投资者，并合并计算投资者人数。但是，符合本条第1、第2、第4项规定的投资者投资私募基金的，不再穿透核查最终投资者是否为合格投资者和合并计算投资者人数。

（三）私募基金募集规模证明、实缴出资证明的备案要求有哪些？

答：私募基金募集规模证明、实缴出资证明应为第三方机构出具的证明，包括基金托管人开具的资金到账证明、验资证明、银行回单、包含实缴信息的工商登记调档材料等出资证明文件。私募基金的募集资金不允许代付代缴。

（四）无托管的私募基金的备案要求有哪些？

答：除基金合同或合伙协议另有约定外，私募基金应当由基金托管人托管。若私募基金没有托管，请补充提交所有投资者签署的无托管确认书（“无托管确认书”中说明“本基金无托管”），或在“管理人认为需要说明的其他问题”里说明，合同中明确约定本产品无托管且保障私募基金财产安全的制度措施和纠纷解决机制的相关章节。

（五）私募基金投资者中涉及有限合伙企业的，需要穿透吗？

答：以合伙企业、契约等非法人形式，通过汇集多数投资者的资金直接或者间接投资于私募基金的，请核实其是否在协会备案。如果已备案，请在“投资者明细”中填写产品编码；如果没有备案，根据《私募投资基金监督管理暂行办法》和《私募投资基金募集行为管理办法》相关规定，私募基金管理人或者私募基金销售机构应当穿透核查最终投资者是否为合格投资者，并合并计算投资者人数，并在“投资者明细”中单独列表填报该合伙企业、契约型基金的投资者出资情况。

（六）私募基金投资者中包含员工跟投且跟投金额不满足合格投资者标准的备案要求有哪些？

答：符合《私募投资基金监督管理暂行办法》第十三条第（三）项所列的私募基金投资者中包含私募基金管理人及其员工跟投且跟投金额不满足合格投资者标准的，应在私募基金登记备案系统“其他问题文件描述上传”中上传加盖私募基金管理人签章的员工在职证明和私募基金管理人与员工签署的劳务合同，或私募基金管理人为员工缴纳社保等相关证明劳务关系的文件。

（七）2016年12月31日之前，已登记的私募基金管理人高管从业资格没有满足《关于进一步规范私募基金管理人登记若干事项的公告》要求，私募基金管理人还可以申请备案私募基金产品吗？

答：根据《证券投资基金法》《私募投资基金监督管理暂行办法》和《关于进一步规范私募基金管理人登记若干事项的公告》相关规定，已登记的私募基金管理人应当于2016年12月31日之前取得基金从业资格。逾期未取得资格的，协会将暂停受理该机构的私募基金产品备案及其他重大事项变更申请。

在2016年12月31日之前，如已登记的私募基金管理人相关高管人员（含法定代表人）不具备基金从业资格，不影响私募基金管理人申请备案私募基金产品。

三、法律意见书

（一）同时进行法定代表人、实际控制人、控股股东变更的，能否出具一份专项法律意见书？

答：若同时变更法定代表人、实际控制人、控股股东或变更事项相互关联的，可以出具一份专项法律意见书，但法律意见书中应说明相互关联的情况，并分别就提请变更的各类事项逐项发表意见。

（二）已登记的私募基金管理人需要补充提交法律意见书的，是否要根据整改后的实际情况发表意见？若依据机构整改后的情况发表意见，出现与协会公示信息不一致的情形，如何处理？

答：根据《关于进一步规范私募基金管理人登记若干事项的公告》的要求，已登记的私募基金管理人应在相应时间内进行整改，并将需要变更的事项通过提交重大事项变更申请或年度变更申请完成。法律意见书应对公司整改并完成变更后的实际情况发表意见，应与协会公示信息保持一致。若律师事务所的尽职调查结果出现与协会公示信息不一致的，应在法律意见书中披露不一致的原因并详尽说明情况。

（三）私募基金管理人普遍反映法律意见书通过率较低，且对退回理由不太理解，能否给予详细解释？

答：《关于进一步规范私募基金管理人登记若干事项的公告》发布后，新增私募基金管理人登记申请、首只基金备案补提法律意见书申请通过机构数量较少，主要原因在于：一是申请机构未遵循专业化管理和防范利益冲突原则，兼营非金融业务、信贷业务，未设置相应制度安排的前提下拟同时从事证券投资和股权投资业务，或者同时开展其他存在利益冲突的业务。二是法律意见书未认真核实申请机构从业人员、资本金、住所、设施等情况，未有效确认机构实缴资金信息，不能确认有足够资本金保证机构有效运转。三是风险管理和内部控制制度与申请机构真实业务不符，甚至简单抄袭模板，相关制度不具备有效执行的现实基础和条件。近期随着私募基金管理机构和律师事务所对《公告》相关要求的逐步理解，申请通过情况已逐步改善，并趋于正常化。

私募基金登记备案相关问题解答（十一）

（2016-06-30）

问：第八轮中美战略与经济对话政策成果中包括欢迎符合条件的外商独资和合资企业申请登记成为私募证券基金管理机构，按规定开展包括二级市场证券交易在内的私募证券基金管理业务。请问，外商独资和合资私募证券基金管理机构申请登记成为私募证券基金管理人有何要求?

答：根据第七轮、第八轮中美战略与经济对话以及第七次中英经济财金对话达成的政策成果，经中国证监会同意，外商独资和合资私募证券基金管理机构在中国境内开展私募证券基金管理业务，应当在中国证券投资基金业协会登记为私募证券基金管理人，并应当符合以下条件：

1. 该私募证券基金管理机构为在中国境内设立的公司；

2. 该私募证券基金管理机构的境外股东为所在国家或者地区金融监管当局批准或者许可的金融机构，且境外股东所在国家或者地区的证券监管机构已与中国证监会或者中国证监会认可的其他机构签订《证券监管合作谅解备忘录》；

3. 该私募证券基金管理机构及其境外股东最近3年没有受到监管机构和司法机构的重大处罚。

有境外实际控制人的私募证券基金管理机构，该境外实际控制人也应当符合上述第2、第3项条件。

外商独资和合资私募证券基金管理机构开展私募证券投资基金业务，除应当符合《证券投资基金法》《私募投资基金监督管理暂行办法》《私募投资基金管理人登记和基金备案办法（试行）》及其他法律法规规定外，还应当遵守以下规定。

1. 资本金及其结汇所得人民币资金的使用，应当符合国家外汇管理部门的相关规定；

2. 在境内从事证券及期货交易，应当独立进行投资决策，不得通过境外机构或者境外系统下达交易指令。中国证监会另有规定的除外。

问：外商独资和合资私募证券基金管理机构如何进行私募证券基金管理人登记?

答：外商独资和合资私募证券基金管理机构申请私募证券基金管理人登记，应当通过私募基金登记备案系统（http://pf.amac.org.cn），如实填报以下信息。

1.《私募投资基金管理人登记和基金备案办法（试行）》及中国证券投资基金业协会已出台的相关规定所要求的私募证券基金管理人相关登记信息，包括前述问答中所列条件证明材料；

2. 私募基金登记备案承诺函，承诺所提交的信息和材料真实、准确、完整，不存在任何虚假记载、误导性陈述或重大遗漏，承诺遵守中国法律法规及私募基金相关自律规则；

3. 中国律师事务所及其经办执业律师出具的《私募基金管理人登记法律意见书》。除《私募基金管理人登记法律意见书指引》的要求以外，相关律师事务所及其经办执业律师在《法律意见书》中，还应对该申请机构是否符合前述问答中所列登记条件和要求发表结论性意见。

外商独资和合资私募证券基金管理机构提供的登记申请材料完备的，中国证券投资基金业协会将自收齐材料之日起20个工作日内，以通过协会官方网站（http://www.amac.org.cn）公示私募基金管理人基本情况的方式，为其办结登记手续。

外商独资和合资私募证券基金管理机构登记后，应当依法及时展业。其设立的私募证券投资基金募集完毕后，应当根据有关规定在中国证券投资基金业协会通过私募基金登记备案系统及时履行备案手续，按时履行私募基金管理人及其管理的私募基金的季度、年度和重大事项信息报送更新等信息报送义务。

外商独资和合资私募证券基金管理机构可通过中国证券投资基金业协会官网站（http://www.amac.org.cn）“私募基金登记备案系统”栏目了解私募基金管理人登记和私募基金备案系统操作指南及相关政策信息。如需进一步了解相关信息，可以通过中国证券投资基金业协会官方微信公众号、私募基金登记备案咨询邮箱pf@amac.org.cn以及私募基金全国统一咨询热线400-017-8200进一步咨询。

私募基金登记备案相关问题解答（十二）

（2016-09-06）

问：中国证券投资基金业协会2016年5月13日发布的《私募基金登记备案相关问题解答（九）》中，对申请通过资格认定委员会认定基金从业资格的私募股权投资基金管理人（含创业投资基金管理人）高级管理人员，其申请人和推荐人还应符合哪些条件？其推荐人有哪些需要回避的情况？

答：根据前两批资格认定委员会表决情况，为使资格认定工作起到正面引导的作用，申请资格认定的人员及其推荐人，应具备一定行业地位或社会影响，且申请人应为行业资深人士。同时对其推荐人，有以下情况需要回避：

1. 同批表决中作为申请人的；
2. 申请人与其推荐人互相推荐的；
3. 与申请人任职同家机构，或关联方及分支机构的；
4. 因从事私募基金外包业务、审计或法律服务业务、评级业务等，与申请人存在商业利益关系的；
5. 现从事私募投资基金监管、自律管理工作的；
6. 一年内累计推荐人数3人次以上的；
7. 被推荐的申请人近三年内发生违法违规、被行政处罚、被采取监管措施等情形的。

表决结束后，资格认定结果和相关推荐人的姓名、职务将一并通过中国证券投资基金业协会网站“从业人员管理——资格平台”向社会公示。

问：《私募基金登记备案相关问题解答（九）》中对于“从事经济社会管理工作”，具体指的是什么？

答：“从事经济社会管理工作”主要指在政府机关、事业单位等部门从事经济、金融相关工作的。为使资格认定委员会委员能够公平、公正判断申请人专业能力，建议符合上述条件的申请人提交两份行业知名人士署名的推荐信，推荐信中应附有推荐人职务及联系方式。

关于资产管理业务综合报送平台上线运行相关安排的说明

（2016-09-08）

各私募基金管理人申请机构：

自即日起，中国证券投资基金业协会“资产管理业务综合报送平台”（http://ambers.amac.org.cn）正式上线运行。本平台上线后，新申请私募基金管理人登记的机构及该机构所管理的私募基金产品备案申请，应登录本平台操作。

为平稳推进系统迭代升级工作，“私募基金登记备案系统”（http://pf.amac.org.cn）与“资产管理业务综合报送平台”将并行一段时间，整体系统升级安排将另行通知。“资产管理业务综合报送平台”与“私募基金登记备案系统”并行使用期间相关安排如下：

1. 在本通知发布之日前，已经登记通过的私募基金管理人，请登录“私募基金登记备案系统”（http://pf.amac.org.cn）进行基金备案、信息更新等操作；

2. 在本通知发布之日前，尚未通过登记但已经提交私募基金管理人登记申请且正在办理程序中的机构，请登录“私募基金登记备案系统”（http://pf.amac.org.cn）进行后续的私募基金管理人登记、基金备案及信息更新等操作；

3. 在本通知发布之日前，已经在“私募基金登记备案系统”（http://pf.amac.org.cn）中注册账号但尚未提交私募基金管理人登记申请的机构，请在“资产管理业务综合报送平台”（http://ambers.amac.org.cn）重新注册账号并提交私募基金管理人登记申请，并在本平台进行随后的基金备案及信息更新等操作；

4. 在本通知发布之日前，尚未在“私募基金登记备案系统”（http://pf.amac.org.cn）中注册账号的机构，请直接登录“资产管理业务综合报送平台”（http://ambers.amac.org.cn）进行私募基金管理人登记、基金备案及信息更新等操作。本平台上线后，“私募基金登记备案系统”（http://pf.amac.org.cn）将停止新用户注册。

“资产管理业务综合报送平台”技术支持邮箱：support_ambers@amac.org.cn。

特此说明。

中国证券投资基金业协会
2016年9月8日

私募基金登记备案相关问题解答(十三)

(2016-11-23)

问:私募基金管理人的高级管理人员以及一般从业人员如何取得基金从业资格?怎样进行基金从业资格注册?

答:私募基金管理人的高级管理人员基金从业资格取得方式有通过基金从业资格考试、或者符合一定条件的资格认定等方式,具体请参照《私募基金登记备案相关问题解答(九)》及《私募基金登记备案相关问题解答(十二)》。私募基金管理人的一般从业人员需通过基金从业资格考试取得基金从业资格。

基金从业资格注册以机构统一注册为主,已在基金行业机构任职的,应由所在任职机构向中国证券投资基金业协会(以下简称协会)申请基金从业资格注册。对于已通过考试但未在基金行业机构任职的,不必找机构"挂靠",可以先由个人直接向协会申请基金从业资格注册,在相关机构任职后,由所在任职机构向协会申请变更。协会从业人员管理系统正在完善相关功能,预计于2017年一季度完成系统升级,届时将全面开放办理私募基金管理机构的人员从业资格注册,具体注册流程另行通知。

根据《关于基金从业资格考试有关事项的通知》(中基协字〔2015〕112号)的有关规定,对已通过基金从业资格相关科目考试的,可以在考试通过后的4年内向协会申请基金从业资格注册。对已通过基金从业资格相关科目考试超过4年的,在2017年7月1日前认可其考试成绩,并可在此时间前按规定向协会申请基金从业资格注册;对已通过基金从业资格相关科目考试,但满4年未注册基金从业资格的,在2017年7月1日之后,向协会申请基金从业资格注册需重新参加基金从业资格考试或补齐近两年的后续培训30个学时。

问:私募基金从业人员如何按规定完成后续培训学时?

答:私募基金从业人员应当遵守《证券投资基金法》及其他各类法律法规、自律规则和基本业务规范,遵循职业道德,掌握基金专业知识,了解创新业务、理论与技术前沿,并根据新业务、新形势及时更新技术知识和专业技能,提升其执业胜任能力。

按照协会2016年2月5日发布的《关于进一步规范私募基金管理人登记若干事项的公告》,已经取得基金从业资格的私募基金管理人的高级管理人员,每年度需完成15学时的后续培训方可维持基金从业资格。对在2015年12月31日之前取得基金从业资格的,需在2016年12月31日之前完成15学时的后续培训;对在2015年12月31日之后取得基金从业资格的,需自资格取得之日起一年内完成

15学时的后续培训。对已取得基金从业资格的私募基金一般从业人员，也应按照上述规定每年度完成15学时的后续培训。

后续培训有面授培训和远程培训两种形式。面授培训可关注协会官网或微信公众号发布的每年度培训计划和每期培训通知；远程培训可登录远程培训系统（http://peixun.amac.org.cn）参加学习，机构用户或个人用户均可通过远程培训系统进行注册、选课、在线支付和课程学习。个人凭有效身份证件注册并完成相应的培训学时后，学时信息将被有效记录，可登录协会官网"从业人员管理—培训平台—培训学时查询"进行查询。

问：在私募基金管理人登记及相关高管人员提出变更申请时，对私募基金管理人的法定代表人、合规/风控负责人及其他高级管理人员有哪些要求？

答：为维护投资者利益，严格履行"受人之托、代人理财"义务，防范利益输送及道德风险，私募基金管理人的高级管理人员应当勤勉尽责、恪尽职守，合理分配工作精力，在私募基金管理人登记及相关高管人员提出变更申请时，应当遵守以下要求：

1. 不得在非关联的私募机构兼职；

2. 在关联私募机构兼职的，协会可以要求其说明在关联机构兼职的合理性、胜任能力、如何公平对待服务对象等，协会将重点关注在多家关联机构兼职的高级管理人员履职情况；

3. 对于在1年内变更两次以上任职机构的私募高级管理人员，协会将重点关注其变更原因及诚信情况；

4. 私募基金管理人的高级管理人员应当与任职机构签署劳动合同。在私募基金管理人登记及相关高管人员提出变更申请时，应上传法定代表人、合规/风控负责人及其他高级管理人员高管任职相关决议及劳动合同；

已登记机构应当按照上述规定自查私募基金管理人相关高级管理人员的兼职情况。下一步协会将按照有关规定对私募基金管理人高级管理人员的兼职情况进行核查，要求不符合规范的机构整改。

问：根据近期媒体报道，个别私募机构为完成其登记备案寻找具备基金从业资格的外部人员进行"挂靠"，协会如何评价？

答：私募基金行业的高级管理人员是私募基金行业的精英，也是重要的自律管理和行业服务对象。私募基金行业高级管理人员应充分珍视个人诚信记录，诚实守信，自觉加强自身诚信约束和自律约束，防范道德风险。

个别私募机构为完成其登记备案寻找具备基金从业资格的外部人员进行"挂靠"，这种行为违反了《私募投资基金管理人登记和基金备案办法（试行）》，属于"在私募基金管理人登记、基金备案及其他信息报送中提供虚假材料和信息"行为。

根据《中国证券投资基金业协会纪律处分实施办法（试行）》，针对存在上述情况的个人，一经查实，协会将记入个人诚信档案，视情节严重程度，采取行业内谴责、加入黑名单、取消其基金从业资格等纪律处分；针对存在上述情况的私募基金管理人，一经查实，协会将公开谴责，并将虚假填报情况进行公示，情节严重的，将暂停受理其基金备案，撤销其管理人登记。此外，为私募基金管理人提供法律、会计、外包业务等的中介服务机构，不得误导、诱导私募基金管理人采取“挂靠”等方式，规避协会对私募高级管理人员从业资格管理的有关规定。若出现上述违规情形，一经查实，协会将对此类中介服务机构公开谴责，情节严重的，将暂停受理其相关业务并加入黑名单。

2016年私募基金登记备案情况综述

（2017-01-13）

为促进我国私募基金行业规范健康发展，切实保护投资者合法权益，督促私募基金管理人履行诚实信用、谨慎勤勉的受托人义务，中国证券投资基金业协会（以下简称协会）于2016年2月5日发布了《关于进一步规范私募基金管理人登记若干事项的公告》（以下简称《公告》）。《公告》取消了私募基金管理人登记证明，对私募基金管理人持续信息报送、法律意见书、高管人员基金从业资格等方面提出了规范要求。自《公告》发布以来，登记备案、持续信息报送、合规从业已成为私募基金行业的共识和遵循，绝大部分机构积极支持和配合《公告》落实工作，《公告》达到了规范行业发展的预期目标。现将2016年私募基金登记备案情况综述如下。

一、私募基金登记备案整体情况

截至2016年12月底，协会已登记私募基金管理人17433家，同比减少7572家；备案私募基金46505只，同比增加22451只；基金实缴规模7.89万亿元，同比增长95%；私募基金从业人员27.20万人，同比减少10.74万人。

私募基金管理人登记方面，《公告》发布以来，新完成登记的私募基金管理人3308家，协会共办理通过管理人登记法律意见书9468份，办理通过法定代表人/执行事务合伙人（委派代表）、控股股东及实际控制人三项重大事项变更专项法律意见书10717份。截至目前，协会共注销12834家私募基金管理人。其中，因未按期完成《公告》整改要求而被注销的机构10957家；因在办结登记手续之日起6个月内未完成备案首只私募基金产品而被注销的机构86家；1791家机构主动注销登记。一大批无展业能力的空壳机构被注销，改善了行业构成，重塑了行业形象。

高管人员从业资格方面，从业人员的专业能力和职业操守是行业的生命线，基金从业人员资格考试和注册是建立行业人员诚信记录的起点。《公告》发布后，各私募基金管理人的高管人员积极参加基金从业资格考试，落实从业资格整改工作。2016年，协会组织了3次基金从业资格全国统一考试，完成预约式考试5次并将预约式考试地点扩大到18个城市，此外，组织针对高级管理人员的周考8次，2016年全年累计通过考试达35.3万人。

截至目前，已登记的私募基金管理人共有高管51122人，其中已有44262人取得了基金从业资格，包括以“通过考试”方式取得资格的36218人，以“通过科目一＋资格认定”及“双认定”方式取得资格的8044人。2016年9月，协会增设针对私募股权和创业投资基金从业人员的《私募股权投资基金基础知识》考试科目三，并组织编写出版《股权投资基金基础知识要点及法律法规汇编》。尽管如此，仍有2955家私募基金管理人的3972名高管人员尚未按规定取得基金从业资格，未按期完成整改。

异常机构公示方面，2016年，因未按要求提交2015年度经审计的年度财务报告或者累计两次未履行完毕季度更新义务等原因，共计1219家私募基金管理人按照《公告》达到异常机构公示标准，协会通过私募基金管理人公示平台（http://gs.amac.org.cn）进行了对外公示。截至2016年年底，404家异常机构已完成整改，整改率达33%。异常公示制度的设立，是对私募基金管理人建立诚信积累机制的有益尝试，对机构切实履行持续信息报送义务发挥了很好的外部约束作用。

二、关于近期被注销机构的情况及后续安排

（一）在《公告》落实宽限期后仍未按要求完成首只私募基金产品备案机构的情况及后续安排

2016年12月31日，最新一批553家私募基金管理人被注销登记。此类机构均在2016年2月5日前已登记为私募基金管理人，按照《公告》及协会2016年8月1日发布的《关于私募基金管理人注销相关事宜的公告》的要求已宽延办理满5个月，但截至2016年12月31日仍未完成首只私募基金产品备案。

协会重申，注销登记不是自律处分，被注销登记的机构若存在真实业务需求或者已经募集设立私募基金产品的，可按照《私募投资基金管理人登记和基金备案办法（试行）》和《公告》的要求，尽快通过中国证券投资基金业协会资产管理业务综合报送平台（https://ambers.amac.org.cn）重新申请私募基金管理人登记。协会将依法依规办理相关私募基金管理人登记和私募基金产品备案申请，对符合要求的申请机构，协会将以在私募基金管理人公示平台（http://gs.amac.org.cn）公示其基本情况的方式，为其再次办结登记备案手续。

（二）已备案私募基金产品但仍未办结《私募基金管理人登记法律意见书》补提事项机构的情况及后续安排

为维护已备案私募基金产品的现有投资者利益，针对2016年2月5日前已登记、截至2016年12月31日已完成备案首只私募基金产品、但未按照《公告》要求办结《私募基金管理人登记法律意见书》补提事项的机构，将被列为异常机构并对外公示，协会将暂停受理该类机构新的私募基金产品备案申请，直至相关机构整改完毕。同时，请相关私募基金管理人及时向投资者做好相关风险的信息披露，做好相关私募基金产品的妥善处置预案，切实维护投资者利益。

（三）优化《公告》后新登记但仍未完成首只私募基金产品备案机构的提示功能

按照《私募投资基金管理人登记和基金备案办法（试行）》要求，协会自备案材料齐备之后起20个工作日内，以在私募基金管理人公示平台（http://gs.amac.org.cn）公示私募基金基本情况的方式，为私募基金办结备案手续。根据《公告》要求，《公告》后新登记的私募基金管理人在办结登记手续之日起6个月内仍未完成首只私募基金产品备案的，该机构的私募基金管理人登记将被注销。

协会郑重提醒，相关私募基金管理人应当合理统筹规划私募基金管理人登记、私募基金产品设立

及申请备案的时间安排，避免临近最后时限才仓促提交备案申请，进而因备案材料不齐备等原因未能及时完成基金备案，导致被注销管理人登记。为更好提醒新登记的私募基金管理人尽快完成首只私募基金产品备案，协会已在“资产管理业务综合报送平台”(http://ambers.amac.org.cn)对临近首只基金备案最后时限的新登记机构用户端增加“注销倒计时”提示功能。

三、高管人员基金从业资格整改情况及后续安排

按照《公告》要求，从事私募证券投资基金业务的各类私募基金管理人，其高管人员，包括法定代表人/执行事务合伙人及委派代表、总经理、副总经理、合规/风控负责人等，均应当取得基金从业资格。从事非私募证券投资基金业务的各类私募基金管理人，至少两名高管人员应当取得基金从业资格，其法定代表人/执行事务合伙人（委派代表）、合规/风控负责人应当取得基金从业资格。

截至目前，尚有2955家私募基金管理人的高管人员的基金从业资格情况仍未完成整改。根据《公告》，协会将暂停受理该类机构的私募基金产品备案申请，直至相关机构高管人员资质整改完毕。同时，协会将在私募基金管理人公示平台(http://gs.amac.org.cn)中特别提示此类机构相关高管人员的未取得基金从业资格的情况。协会提醒私募基金投资者、托管人及相关服务机构在进行投资或选择业务合作伙伴时，注意查看私募基金管理人相关高管人员的从业资格情况，审慎识别相关风险。

协会再次敦促相关私募基金管理人，尽快落实整改本机构高管人员从业资质要求，通过参加考试等方式取得基金从业资格。私募基金管理人的高管人员取得基金从业资格并按规定完成整改后，协会将即时恢复相关机构高管人员的正常公示，并重新受理私募基金产品备案申请。

为了方便广大私募基金行业从业人员参加基金从业资格考试，2017年协会计划组织全国43个城市的统一考试3次，17个城市的预约式考试五次，针对高级管理人员的周考8~12次。近期，协会将于2017年1月20日、2月17日、3月3日组织周考，后续的周考安排将根据行业需求陆续公布。

2017年基金从业人员资格考试全国统一考试计划、基金从业资格考试具体报名方式和考试要求见基金业协会网站(http://www.amac.org.cn)“从业人员管理栏目-考试平台”。科目一和科目二考试所用教材为中国证券投资基金业协会组编的《证券投资基金》，由高等教育出版社出版；科目三考试所用教材为中国证券投资基金业协会组编的《股权投资基金基础知识要点与法律法规汇编》，已于2016年9月1日由中国金融出版社出版。具体购买方法详见中国证券投资基金业协会网站“从业人员管理”栏目。

私募基金登记备案和自律管理是保障我国私募基金行业合规健康发展的重要制度安排，是《基金法》赋予中国证券投资基金业协会的重要职责。协会将继续秉承“自律、服务、创新”宗旨，不困于心，不惑于行，坚守资产管理本质，坚持“扶优限劣”方针，继续凝聚行业共识，以投资者保护和建设行业诚信为目标，抓紧建设行业信用积累和失信约束机制，推动私募基金行业持续健康发展。

私募基金登记备案相关问题解答(十四)

问:私募基金管理人在申请登记、备案私募基金时,应当如何落实专业化管理原则?

答:根据《私募投资基金监督管理暂行办法》第二十二条,以及中国证券投资基金业协会《私募投资基金管理人内部控制指引》等相关自律规则,为进一步落实私募基金管理人专业化管理原则,切实建立有效机制以防范可能出现的利益输送和利益冲突,提升行业机构内部控制水平,私募基金管理人在申请登记时,应当在"私募证券投资基金管理人""私募股权、创业投资基金管理人"等机构类型,以及与机构类型关联对应的业务类型中,仅选择一类机构类型及业务类型进行登记;私募基金管理人只可备案与本机构已登记业务类型相符的私募基金,不可管理与本机构已登记业务类型不符的私募基金;同一私募基金管理人不可兼营多种类型的私募基金管理业务。

若私募基金管理机构确有经营多类私募基金管理业务的实际、长期展业需要,可设立在人员团队、业务系统、内控制度等方面满足专业化管理要求的独立经营主体,分别申请登记成为不同类型的私募基金管理人。

问:已登记多类业务类型、兼营多类私募基金管理业务的私募基金管理人,应当如何按照上述专业化管理要求进行整改?

答:截至目前,已有2198家私募基金管理人通过协会"资产管理业务综合管理平台"(https://ambers.amac.org.cn),遵循专业化管理原则,完成登记备案。为协调统一行业自律管理标准,在"私募基金登记备案系统"(https://pf.amac.org.cn)中已登记多类业务类型的私募基金管理人,应当依照协会相关后续安排,通过"资产管理业务综合管理平台"进行专业化管理事项的整改。

此类私募基金管理人应当从已登记的多类业务类型中仅选择一类业务类型作为展业范围,确认自身机构类型,通过"资产管理业务综合管理平台"提交机构类型与业务类型变更申请,以落实专业化管理原则。此类私募基金管理人须在完成机构类型与业务类型的变更确认之后,方可提交新增私募基金备案申请。

针对此类私募基金管理人所管理的已备案且正在运作的存量私募基金,若存在基金类型与管理人在"资产管理业务综合管理平台"所选择业务类型不符情形的,在基金合同、公司章程或者合伙协议(以下统称基金合同)到期前仍可以继续投资运作,但不得在基金合同到期前开放申购或增加募集规模,基金合同到期后应予以清盘或清算,不得续期;同时协会将在相关私募基金公示信息中,对此情形予以特别提示。此类私募基金管理人应就此事项向相关私募基金投资者及时做好信息披露,维护投资者的合法权益。

关于“资产管理业务综合管理平台”第二阶段上线运行与私募基金信息报送相关事项的通知

中基协发〔2017〕2号

各私募基金管理人:

自2016年9月6日起,中国证券投资基金业协会(以下简称“协会”)“资产管理业务综合管理平台”(https://ambers.amac.org.cn)第一阶段上线运行,与“私募基金登记备案系统”(https://pf.amac.org.cn,以下以“原登记备案系统”代称)并行使用至今。“资产管理业务综合管理平台”进一步内化了相关法律法规与协会自律规则要求,完善了相关信息校验比对,提升了用户界面友好性。截至目前,已有2198家私募基金管理人顺利通过“资产管理业务综合管理平台”完成登记并备案私募基金。

为建立健全私募基金行业持续信用记录和积累体系,稳妥推进行业自律管理信息化建设,按计划整体实现行业信息标准化在线报送,加强行业登记备案和从业人员信息统计监测,现将“资产管理业务综合管理平台”第二阶段上线运行与私募基金信息报送相关事项通知如下:

一、全面启用“资产管理业务综合管理平台”办理私募基金登记备案、协会会员及从业人员相关事宜

自2017年4月5日起,各私募基金管理人均应当通过“资产管理业务综合管理平台”提交管理人登记申请、备案私募基金,按要求持续更新管理人信息与私募基金运行信息,以及办理申请加入协会成为会员与从业人员注册等相关事宜,原登记备案系统停止使用。

已在原登记备案系统中登记的私募基金管理人,可继续使用原登记备案系统的用户名和密码,登录“资产管理业务综合管理平台”,其在原系统中的登记备案信息与会员信息等已迁移至“资产管理业务综合管理平台”。

若相关私募基金管理人在原登记备案系统中存在管理人或私募基金重大事项变更、私募基金备案、申请加入协会成为会员等事宜尚未办理完结的,可在“资产管理业务综合管理平台”重新提交相关申请。

二、信息补录与私募基金2017年第一季度信息更新相关安排

系统中登记的私募基金管理人,应当首先对在“资产管理业务综合管理平台”中尚未填报的信息进行补录,并核对相关迁移信息。相关私募基金管理人可通过管理人信息更新和管理人重大事项变更的方式补录管理人自身信息,在产品备案相应界面补录所管理、正在运作的私募基金设立信息。

为令行业有充足时间完成信息补录以及适应“资产管理业务综合管理平台”信息报送功能,相关私募基金管理人可顺延至2017年6月30日前完成所管理私募基金2017年第一季度运行信息的更新,但须在开始信息更新前先完成信息补录。在2017年6月30日前的信息补录和更新期间,私募基金管

理人仍可以正常备案私募基金。

根据协会《关于进一步规范私募基金管理人登记若干事项的公告》，对于在2017年6月30日仍未完成所管理私募基金2017年第一季度信息更新的私募基金管理人，在其完成相应整改之前，协会将暂停受理其新增私募基金备案申请；对于逾期未完成2017年第一季度信息更新且在原登记备案系统中已存在未及时履行信息报送义务记录的私募基金管理人，协会将列入异常机构公示名单。

相关私募基金管理人拟申请加入协会成为会员的，协会将待其完成2017年第一季度信息更新后，方受理其入会申请。

已在“资产管理业务综合管理平台”中登记的私募基金管理人，应当按照《私募投资基金管理人登记和基金备案办法（试行）》的规定，根据系统提示，及时履行信息报送义务。

三、全面启用私募基金从业人员注册管理功能

信息实现全口径管理，自2017年4月5日起，所有已登记私募基金管理人可使用“从业人员管理平台”（http://person.amac.org.cn）并指定一名资格管理员，对本机构从业人员的个人账号开立、基本信息注册登记及变更、离职备案信息、诚信信息等进行审核与维护。已在原登记备案系统中登记的私募基金管理人所报送的高级管理人员（以下简称“高管”）信息与基金经理信息将迁移至“从业人员管理平台”，相关私募基金管理人应及时对迁移后信息进行核实、补录。“从业人员管理平台”的机构账号、密码与使用手册将以系统邮件等方式向私募基金管理人发送。

私募基金从业人员应通过所任职私募机构申请个人账号。已取得基金从业资格的，应当在“从业人员管理平台”进行注册；已在机构任职但尚未取得基金从业资格的，可在“从业人员管理平台”登记基本信息。私募基金从业人员与原聘用机构解除劳动合同的，应及时在“从业人员管理平台”进行离职备案。协会将对私募基金从业人员相关信息进行公示。

若已登记私募基金管理人出现新增高管情形，须先在“从业人员管理平台”注册登记相关高管人员信息并待审核通过后，再在“资产管理业务综合管理平台”提交管理人重大事项变更申请，增加相关高管任职信息。已登记私募基金管理人涉及高管离职的，需先在“资产管理业务综合管理平台”提交管理人重大事项变更申请、变更高管任职信息，再在“从业人员管理平台”办理相关人员离职备案。

私募基金管理人在备案私募基金时，报送基金投资经理信息的，投资经理应为本机构在“从业人员管理平台”已注册登记的人员。私募基金管理人所管理的已备案且正在运作的私募基金，若涉及投资经理更换或离职的，须在依照基金合同约定履行相关程序并向投资者进行信息披露后，于“资产管理业务综合管理平台--私募基金产品重大事项变更”界面提交申请；涉及投资经理离职的，应先在“资产管理业务综合管理平台”提交申请通过后，再在“从业人员管理平台”办理相关人员离职备案。

四、部分私募基金管理人机构类型与业务类型的变更确认

在原登记备案系统中已登记多类业务类型、兼营多类私募基金管理业务的私募基金管理人，应当按照《私募基金登记备案相关问题解答（十三）》的要求进行整改，从已登记业务类型中仅选择一类作为展业范围，确认自身机构类型，提交变更申请。

此类私募基金管理人在登录“资产管理业务综合管理平台”后，可按照系统界面提示快速提交机构类型与业务类型变更申请，若管理人高管资质满足拟变更机构类型对应要求，变更申请将直接通过；相关私募基金管理人也可在“管理人重大事项变更-机构类型及业务类型变更”界面，提交变更申请。此类私募基金管理人须在机构类型与业务类型的变更申请确认通过之后，方可提交新增私募基金备案申请。

协会郑重提醒，私募基金管理人应当根据自身的人员团队、专业能力、投资业绩、客户需求等情况，结合国家政策方向、行业发展趋势与自身长远商业规划等因素，审慎确认机构类型与业务类型。

协会已发布的有关规定和解释与本通知不一致的，以本通知为准。涉及本通知的未尽事宜，协会将通过官方网站（www.amac.org.cn）、微信公众号（CHINAAMAC）和系统邮件等渠道进行后续信息发布。私募基金管理人可观看学习相关系统操作辅导视频（视频链接可于协会官方网站和微信公众号等处查看），尽快熟悉“资产管理业务综合管理平台”的操作流程与注意事项。

特此通知。

中国证券投资基金业协会

2017年4月4日

第三篇　募集与运营

证监会关于私募产品、私募产品收益权拆分转让的答复

——证监会2016年3月18日新闻发布会

2016年3月18日，证监会召开新闻发布会，新闻发言人邓舸发布了5项内容：一是CEPA框架下首家两地合资多牌照证券公司获证监会批准；二是发布了证监会完成公司债券发行人首次现场检查工作；三是介绍了2015年证券评级机构现场检查情况；四是通报近日3起典型编造、传播虚假信息案件查处情况；五是证监会对4宗案件作出行政处罚（以上内容见官方“要闻”栏目）。最后，回答了记者关于禁止违规开展私募产品拆分转让业务的问题。

问：现在存在一些互联网平台开展私募投资基金、证券公司及基金子公司资产管理计划等私募产品或私募产品收益权的拆分转让业务，请问这是否合法？对此有何评价？

答：开展私募投资基金、证券公司及基金子公司资产管理计划等私募产品或私募产品收益权的拆分转让业务，应严格遵守《证券投资基金法》《私募投资基金监督管理暂行办法》《基金管理公司特定客户资产管理业务试点办法》《证券公司集合资产管理业务实施细则》等相关法律法规，任何机构或个人不得向非合格投资者募集、销售、转让私募产品或者私募产品收益权，且单一私募产品投资者数量不得超过法定上限。

近期，我会在监管中发现一家交易平台违规开展私募产品收益权的拆分转让业务。具体模式是，先设立关联公司以合格投资者身份购买私募产品，然后通过交易平台将私募产品收益权拆分转让给平台注册用户。此类业务主要涉及3方面违规事项：一是通过拆分转让收益权，突破私募产品100万的投资门槛要求，并向非合格投资者开展私募业务。二是通过拆分转让收益权，将私募产品转让给数量不定的个人投资者，导致单只私募产品投资者数量超过200个。三是违反我会关于通过证券交易所等证监会认可的交易平台，转让证券公司及基金子公司资管计划份额的规定。我会及时对这种违规开展私募业务的行为进行了查处，并责令该机构停止开展相关业务。目前，该机构已停止开展私募产品拆分转让业务，并对存量业务进行整改。

我会重申，从事私募基金销售、转让、管理等业务的相关主体，以及开展资产管理业务的证券公司、基金公司、期货公司及其子公司等机构，应提高合规意识，规范展业，不得以金融创新的名义变相突破合规底线。我会将加强对私募业务的日常监管，加大对违规开展私募产品拆分转让业务的查处力度，一经发现，将依法严肃处理。

私募投资基金募集行为管理办法

各私募投资基金管理人：

根据《证券投资基金法》《私募投资基金监督管理暂行办法》有关规定，中国基金业协会研究制定了《私募投资基金募集行为管理办法》，并经协会理事会表决通过，现予以发布，自2016年7月15日起施行。

中国基金业协会鼓励募集机构按照本办法第三十条、第三十一条的规定实施回访制度，正式实施时间在评估相关实施效果后另行通知。

特此通知。

附件：

1. 私募投资基金募集行为管理办法
2. 私募投资基金投资者风险问卷调查内容与格式指引（个人版）
3. 私募投资基金风险揭示书内容与格式指引

中国基金业协会

2016年4月15日

附件1　私募投资基金募集行为管理办法

第一章　总　则

第一条　为了规范私募投资基金（以下简称私募基金）的募集行为，促进私募基金行业健康发展，保护投资者及相关当事人的合法权益，根据《证券投资基金法》《私募投资基金监督管理暂行办法》（以下简称《私募办法》）等法律法规的规定，制定本办法。

第二条　私募基金管理人、在中国证监会注册取得基金销售业务资格并已成为中国证券投资基金业协会会员的机构（以下统称募集机构）及其从业人员以非公开方式向投资者募集资金的行为适用本办法。

在中国证券投资基金业协会（以下简称中国基金业协会）办理私募基金管理人登记的机构可以自行募集其设立的私募基金，在中国证监会注册取得基金销售业务资格并已成为中国基金业协会会员的机构（以下简称基金销售机构）可以受私募基金管理人的委托募集私募基金。其他任何机构和个人不得从事私募基金的募集活动。

本办法所称募集行为包含推介私募基金，发售基金份额（权益），办理基金份额（权益）认/申购（认缴）、赎回（退出）等活动。

第三条　基金业务外包服务机构就其参与私募基金募集业务的环节适用本办法。

本办法所称基金业务外包服务机构包括为私募基金管理人提供募集服务的基金销售机构，为私募基金募集机构提供支付结算服务、私募基金募集结算资金监督、份额登记等与私募基金募集业务相关服务的机构。前述基金业务外包服务机构应当遵守中国基金业协会基金业务外包服务相关管理办法。

第四条　从事私募基金募集业务的人员应当具有基金从业资格（包含原基金销售资格），应当遵守法律、行政法规和中国基金业协会的自律规则，恪守职业道德和行为规范，应当参加后续执业培训。

第五条　中国基金业协会依照法律法规、中国证监会相关规定及中国基金业协会自律规则，对私募基金募集活动实施自律管理。

第二章　一般规定

第六条　募集机构应当恪尽职守、诚实信用、谨慎勤勉，防范利益冲突，履行说明义务、反洗钱义务等相关义务，承担特定对象确定、投资者适当性审查、私募基金推介及合格投资者确认等相关责任。

募集机构及其从业人员不得从事侵占基金财产和客户资金、利用私募基金相关的未公开信息进行交易等违法活动。

第七条　私募基金管理人应当履行受托人义务，承担基金合同、公司章程或者合伙协议（以下统称基金合同）的受托责任。委托基金销售机构募集私募基金的，不得因委托募集免除私募基金管理人依法承担的责任。

第八条　私募基金管理人委托基金销售机构募集私募基金的，应当以书面形式签订基金销售协议，并将协议中关于私募基金管理人与基金销售机构权利义务划分以及其他涉及投资者利益的部分作为基金合同的附件。基金销售机构负责向投资者说明相关内容。

基金销售协议与作为基金合同附件的关于基金销售的内容不一致的，以基金合同附件为准。

第九条　任何机构和个人不得为规避合格投资者标准，募集以私募基金份额或其收益权为投资标的的金融产品，或者将私募基金份额或其收益权进行非法拆分转让，变相突破合格投资者标准。募集机构应当确保投资者已知悉私募基金转让的条件。

投资者应当以书面方式承诺其为自己购买私募基金，任何机构和个人不得以非法拆分转让为目的购买私募基金。

第十条　募集机构应当对投资者的商业秘密及个人信息严格保密。除法律法规和自律规则另有规定的，不得对外披露。

第十一条　募集机构应当妥善保存投资者适当性管理以及其他与私募基金募集业务相关的记录

及其他相关资料，保存期限自基金清算终止之日起不得少于10年。

第十二条　募集机构或相关合同约定的责任主体应当开立私募基金募集结算资金专用账户，用于统一归集私募基金募集结算资金、向投资者分配收益、给付赎回款项以及分配基金清算后的剩余基金财产等，确保资金原路返还。

本办法所称私募基金募集结算资金，是指由募集机构归集的，在投资者资金账户与私募基金财产账户或托管资金账户之间划转的往来资金。募集结算资金从投资者资金账户划出，到达私募基金财产账户或托管资金账户之前，属于投资者的合法财产。

第十三条　募集机构应当与监督机构签署账户监督协议，明确对私募基金募集结算资金专用账户的控制权、责任划分及保障资金划转安全的条款。监督机构应当按照法律法规和账户监督协议的约定，对募集结算资金专用账户实施有效监督，承担保障私募基金募集结算资金划转安全的连带责任。

取得基金销售业务资格的商业银行、证券公司等金融机构，可以在同一私募基金的募集过程中同时作为募集机构与监督机构。符合前述情形的机构应当建立完备的防火墙制度，防范利益冲突。

本办法所称监督机构指中国证券登记结算有限责任公司、取得基金销售业务资格的商业银行、证券公司以及中国基金业协会规定的其他机构。监督机构应当成为中国基金业协会的会员。

私募基金管理人应当向中国基金业协会报送私募基金募集结算资金专用账户及其监督机构信息。

第十四条　涉及私募基金募集结算资金专用账户开立、使用的机构不得将私募基金募集结算资金归入其自有财产。禁止任何单位或者个人以任何形式挪用私募基金募集结算资金。私募基金管理人、基金销售机构、基金销售支付机构或者基金份额登记机构破产或者清算时，私募基金募集结算资金不属于其破产财产或者清算财产。

第十五条　私募基金募集应当履行下列程序：

(一)特定对象确定；

(二)投资者适当性匹配；

(三)基金风险揭示；

(四)合格投资者确认；

(五)投资冷静期；

(六)回访确认。

第三章　特定对象的确定

第十六条　募集机构仅可以通过合法途径公开宣传私募基金管理人的品牌、发展战略、投资策略、管理团队、高管信息以及由中国基金业协会公示的已备案私募基金的基本信息。

私募基金管理人应确保前述信息真实、准确、完整。

第十七条　募集机构应当向特定对象宣传推介私募基金。未经特定对象确定程序，不得向任何人宣传推介私募基金。

第十八条　在向投资者推介私募基金之前，募集机构应当采取问卷调查等方式履行特定对象确定程序，对投资者风险识别能力和风险承担能力进行评估。投资者应当以书面形式承诺其符合合格投资者标准。

投资者的评估结果有效期最长不得超过3年。募集机构逾期再次向投资者推介私募基金时，需重新进行投资者风险评估。同一私募基金产品的投资者持有期间超过3年的，无须再次进行投资者风险评估。

投资者风险承担能力发生重大变化时，可主动申请对自身风险承担能力进行重新评估。

第十九条　募集机构应建立科学有效的投资者问卷调查评估方法，确保问卷结果与投资者的风险识别能力和风险承担能力相匹配。募集机构应当在投资者自愿的前提下获取投资者问卷调查信息。问卷调查主要内容应包括但不限于以下方面：

（一）投资者基本信息。其中个人投资者基本信息包括身份信息、年龄、学历、职业、联系方式等信息；机构投资者基本信息包括工商登记中的必备信息、联系方式等信息；

（二）财务状况。其中个人投资者财务状况包括金融资产状况、最近三年个人年均收入、收入中可用于金融投资的比例等信息；机构投资者财务状况包括净资产状况等信息；

（三）投资知识。包括金融法律法规、投资市场和产品情况、对私募基金风险的了解程度、参加专业培训情况等信息；

（四）投资经验。包括投资期限、实际投资产品类型、投资金融产品的数量、参与投资的金融市场情况等信息；

（五）风险偏好。包括投资目的、风险厌恶程度、计划投资期限、投资出现波动时的焦虑状态等信息。

《私募投资基金投资者风险问卷调查内容与格式指引（个人版）》详见附件一。

第二十条　募集机构通过互联网媒介在线向投资者推介私募基金之前，应当设置在线特定对象确定程序，投资者应承诺其符合合格投资者标准。前述在线特定对象确定程序包括但不限于：

（一）投资者如实填报真实身份信息及联系方式；

（二）募集机构应通过验证码等有效方式核实用户的注册信息；

（三）投资者阅读并同意募集机构的网络服务协议；

（四）投资者阅读并主动确认其自身符合《私募办法》第三章关于合格投资者的规定；

（五）投资者在线填报风险识别能力和风险承担能力的问卷调查；

（六）募集机构根据问卷调查及其评估方法在线确认投资者的风险识别能力和风险承担能力。

第四章　私募基金推介

第二十一条　募集机构应当自行或者委托第三方机构对私募基金进行风险评级，建立科学有效的私募基金风险评级标准和方法。

募集机构应当根据私募基金的风险类型和评级结果，向投资者推介与其风险识别能力和风险承担能力相匹配的私募基金。

第二十二条　私募基金推介材料应由私募基金管理人制作并使用。私募基金管理人应当对私募基金推介材料内容的真实性、完整性、准确性负责。

除私募基金管理人委托募集的基金销售机构可以使用推介材料向特定对象宣传推介外，其他任何机构或个人不得使用、更改、变相使用私募基金推介材料。

第二十三条　募集机构应当采取合理方式向投资者披露私募基金信息，揭示投资风险，确保推介材料中的相关内容清晰、醒目。私募基金推介材料内容应与基金合同主要内容一致，不得有任何虚假记载、误导性陈述或者重大遗漏。如有不一致的，应当向投资者特别说明。私募基金推介材料内容包括但不限于：

（一）私募基金的名称和基金类型；

（二）私募基金管理人名称、私募基金管理人登记编码、基金管理团队等基本信息；

（三）中国基金业协会私募基金管理人以及私募基金公示信息（含相关诚信信息）；

（四）私募基金托管情况（如无，应以显著字体特别标注）、其他服务提供商（如律师事务所、会计师事务所、保管机构等）、是否聘用投资顾问等；

（五）私募基金的外包情况；

（六）私募基金的投资范围、投资策略和投资限制概况；

（七）私募基金收益与风险的匹配情况；

（八）私募基金的风险揭示；

（九）私募基金募集结算资金专用账户及其监督机构信息；

（十）投资者承担的主要费用及费率，投资者的重要权利（如认购、赎回、转让等限制、时间和要求等）；

（十一）私募基金承担的主要费用及费率；

（十二）私募基金信息披露的内容、方式及频率；

（十三）明确指出该文件不得转载或给第三方传阅；

（十四）私募基金采取合伙企业、有限责任公司组织形式的，应当明确说明入伙（股）协议不能替代合伙协议或公司章程。说明根据《合伙企业法》或《公司法》，合伙协议、公司章程依法应当由全体合伙人、股东协商一致，以书面形式订立。申请设立合伙企业、公司或变更合伙人、股东的，并应当向企业登记机关履行申请设立及变更登记手续；

（十五）中国基金业协会规定的其他内容。

第二十四条　募集机构及其从业人员推介私募基金时，禁止有以下行为：

（一）公开推介或者变相公开推介；

（二）推介材料虚假记载、误导性陈述或者重大遗漏；

（三）以任何方式承诺投资者资金不受损失，或者以任何方式承诺投资者最低收益，包括宣传“预期收益”“预计收益”“预测投资业绩”等相关内容；

（四）夸大或者片面推介基金，违规使用“安全”“保证”“承诺”“保险”“避险”“有保障”“高收益”“无风险”等可能误导投资人进行风险判断的措辞；

（五）使用“欲购从速”“申购良机”等片面强调集中营销时间限制的措辞；

（六）推介或片面节选少于六个月的过往整体业绩或过往基金产品业绩；

（七）登载个人、法人或者其他组织的祝贺性、恭维性或推荐性的文字；

（八）采用不具有可比性、公平性、准确性、权威性的数据来源和方法进行业绩比较，任意使用“业绩最佳”“规模最大”等相关措辞；

（九）恶意贬低同行；

（十）允许非本机构雇用的人员进行私募基金推介；

（十一）推介非本机构设立或负责募集的私募基金；

（十二）法律、行政法规、中国证监会和中国基金业协会禁止的其他行为。

第二十五条　募集机构不得通过下列媒介渠道推介私募基金：

（一）公开出版资料；

（二）面向社会公众的宣传单、布告、手册、信函、传真；

（三）海报、户外广告；

（四）电视、电影、电台及其他音像等公共传播媒体；

（五）公共、门户网站链接广告、博客等；

（六）未设置特定对象确定程序的募集机构官方网站、微信朋友圈等互联网媒介；

（七）未设置特定对象确定程序的讲座、报告会、分析会；

（八）未设置特定对象确定程序的电话、短信和电子邮件等通信媒介；

（九）法律、行政法规、中国证监会规定和中国基金业协会自律规则禁止的其他行为。

第五章　合格投资者确认及基金合同签署

第二十六条　在投资者签署基金合同之前，募集机构应当向投资者说明有关法律法规，说明投资冷静期、回访确认等程序性安排以及投资者的相关权利，重点揭示私募基金风险，并与投资者签署风险揭示书。

风险揭示书的内容包括但不限于：

（一）私募基金的特殊风险，包括基金合同与中国基金业协会合同指引不一致所涉风险、基金未托管所涉风险、基金委托募集所涉风险、外包事项所涉风险、聘请投资顾问所涉风险、未在中国基金业协会登记备案的风险等；

（二）私募基金的一般风险，包括资金损失风险、基金运营风险、流动性风险、募集失败风险、投资标的风险、税收风险等；

（三）投资者对基金合同中投资者权益相关重要条款的逐项确认，包括当事人权利义务、费用及税收、纠纷解决方式等。

《私募投资基金风险揭示书内容与格式指引》详见附件二。

第二十七条　在完成私募基金风险揭示后，募集机构应当要求投资者提供必要的资产证明文件或收入证明。

募集机构应当合理、审慎地审查投资者是否符合私募基金合格投资者标准，依法履行反洗钱义务，并确保单只私募基金的投资者人数累计不得超过《证券投资基金法》《公司法》《合伙企业法》等法律规定的特定数量。

第二十八条　根据《私募办法》，私募基金的合格投资者是指具备相应风险识别能力和风险承担能力，投资于单只私募基金的金额不低于100万元且符合下列相关标准的机构和个人：

（一）净资产不低于1000万元的机构；

（二）金融资产不低于300万元或者最近三年个人年均收入不低于50万元的个人。

前款所称金融资产包括银行存款、股票、债券、基金份额、资产管理计划、银行理财产品、信托计划、保险产品、期货权益等。

第二十九条　各方应当在完成合格投资者确认程序后签署私募基金合同。

基金合同应当约定给投资者设置不少于二十四小时的投资冷静期，募集机构在投资冷静期内不得主动联系投资者。

（一）私募证券投资基金合同应当约定，投资冷静期自基金合同签署完毕且投资者交纳认购基金的款项后起算；

（二）私募股权投资基金、创业投资基金等其他私募基金合同关于投资冷静期的约定可以参照前款对私募证券投资基金的相关要求，也可以自行约定。

第三十条　募集机构应当在投资冷静期满后，指令本机构从事基金销售推介业务以外的人员以录音电话、电邮、信函等适当方式进行投资回访。回访过程不得出现诱导性陈述。募集机构在投资冷静期内进行的回访确认无效。

回访应当包括但不限于以下内容：

（一）确认受访人是否为投资者本人或机构；

（二）确认投资者是否为自己购买了该基金产品以及投资者是否按照要求亲笔签名或盖章；

（三）确认投资者是否已经阅读并理解基金合同和风险揭示的内容；

（四）确认投资者的风险识别能力及风险承担能力是否与所投资的私募基金产品相匹配；

（五）确认投资者是否知悉投资者承担的主要费用及费率，投资者的重要权利、私募基金信息披露的内容、方式及频率；

（六）确认投资者是否知悉未来可能承担投资损失；

（七）确认投资者是否知悉投资冷静期的起算时间、期间以及享有的权利；

（八）确认投资者是否知悉纠纷解决安排。

第三十一条　基金合同应当约定，投资者在募集机构回访确认成功前有权解除基金合同。出现前述情形时，募集机构应当按合同约定及时退还投资者的全部认购款项。

未经回访确认成功，投资者交纳的认购基金款项不得由募集账户划转到基金财产账户或托管资金账户，私募基金管理人不得投资运作投资者交纳的认购基金款项。

第三十二条　私募基金投资者属于以下情形的，可以不适用本办法第十七条至第二十一条、第二十六条至第三十一条的规定：

(一)社会保障基金、企业年金等养老基金，慈善基金等社会公益基金；

(二)依法设立并在中国基金业协会备案的私募基金产品；

(三)受国务院金融监督管理机构监管的金融产品；

(四)投资于所管理私募基金的私募基金管理人及其从业人员；

(五)法律法规、中国证监会和中国基金业协会规定的其他投资者。

投资者为专业投资机构的，可以不适用本办法第二十九条、第三十条、第三十一条的规定。

第六章　自律管理

第三十三条　中国基金业协会可以按照相关自律规则，对会员及登记机构的私募基金募集行为合规性进行定期或不定期的现场和非现场自律检查，会员及登记机构应当予以配合。

第三十四条　私募基金管理人委托未取得基金销售业务资格的机构募集私募基金的，中国基金业协会不予办理私募基金备案业务。

第三十五条　募集机构在开展私募基金募集业务过程中违反本办法第六条至第十四条、第十七条至第二十条、第二十二条至第二十三条、第二十六条的规定，中国基金业协会可以视情节轻重对募集机构采取要求限期改正、行业内谴责、加入黑名单、公开谴责、暂停受理或办理相关业务、撤销管理人登记等纪律处分；对相关工作人员采取要求参加强制培训、行业内谴责、加入黑名单、公开谴责、认定为不适当人选、暂停基金从业资格、取消基金从业资格等纪律处分。

第三十六条　募集机构在开展私募基金募集业务过程中违反本办法第二十九条至第三十一条的规定，中国基金业协会视情节轻重对私募基金管理人、募集机构采取暂停私募基金备案业务、不予办理私募基金备案业务等措施。

第三十七条　募集机构在开展私募基金募集业务过程中违反本办法第十六条、第二十一条、第二十四条、第二十五条、第二十七条、第二十八条的规定，中国基金业协会可以视情节轻重对募集机构采取加入黑名单、公开谴责、撤销管理人登记等纪律处分；对相关工作人员采取行业内谴责、加入黑名单、公开谴责、取消基金从业资格等纪律处分。情节严重的，移送中国证监会处理。

第三十八条　募集机构在一年之内两次被采取谈话提醒、书面警示、要求限期改正等纪律处分的，中国基金业协会可对其采取加入黑名单、公开谴责等纪律处分；在两年之内两次被采取加入黑名单、公开谴责等纪律处分的，中国基金业协会可以采取撤销管理人登记等纪律处分，并移送中国证监会处理。

第三十九条　在中国基金业协会登记的基金业务外包服务机构就其参与私募基金募集业务的环

节违反本办法有关规定,中国基金业协会可以采取相关自律措施。

第四十条　投资者可以按照规定向中国基金业协会投诉或举报募集机构及其从业人员的违规募集行为。

第四十一条　募集机构、基金业务外包服务机构及其从业人员因募集过程中的违规行为被中国基金业协会采取相关纪律处分的,中国基金业协会可视情节轻重记入诚信档案。

第四十二条　募集机构、基金业务外包服务机构及其从业人员涉嫌违反法律、行政法规、中国证监会有关规定的,移送中国证监会或司法机关处理。

第七章　附　则

第四十三条　本办法自2016年7月15日起实施。

第四十四条　本办法由中国基金业协会负责解释。

附件2　私募投资基金投资者风险问卷调查内容与格式指引(个人版)

[格式示例如下,问卷调查须包含但不限于以下内容]

投资者姓名:____________　　填写日期:____________

风险提示:私募基金投资需承担各类风险,本金可能遭受损失。同时,私募基金投资还要考虑市场风险、信用风险、流动性风险、操作风险等各类投资风险。您在基金认购过程中应当注意核对自己的风险识别和风险承受能力,选择与自己风险识别能力和风险承受能力相匹配的私募基金。

以下一系列问题可在您选择合适的私募基金前,协助评估您的风险承受能力、理财方式及投资目标。

请签字承诺您是为自己购买私募基金产品【　　　　】

请签字确认您符合以下何种合格投资者财务条件:

符合金融资产不低于300万元(金融资产包括银行存款、股票、债券、基金份额、资产管理计划、银行理财产品、信托计划、保险产品、期货权益等)【　　　　】

符合最近三年个人年均收入不低于50万元【　　　　】

问卷调查应至少涵盖以下几方面:

一、基本信息,包含身份信息、联系方式、年龄(了解客户对收入的需要和投资期限)、学历(了解客户的专业背景)、职业(了解客户的职业背景)等。

样题:

1. 您的姓名【　　　　】 联系方式【　　　　】

　证件类型【　　　　】 证件号码【　　　　】

2. 您的年龄介于

A. 18~30岁

B. 31~50岁

C. 51~65岁

D. 高于65岁

3. 您的学历

A. 高中及以下

B. 中专或大专

C. 本科

D. 硕士及以上

4. 您的职业为

A. 无固定职业

B. 专业技术人员

C. 一般企事业单位员工

D. 金融行业一般从业人员

二、财务状况(了解金融资产状况、最近三年个人年均收入、收入中可用于金融投资的比例等信息)。

样题:

1. 您的家庭可支配年收入为(折合人民币)?

A. 50万元以下

B. 50万~100万元

C. 100万~500万元

D. 500万~1000万元

E. 1000万元以上

2. 在您每年的家庭可支配收入中,可用于金融投资(储蓄存款除外)的比例为?

A. 小于10%

B. 10%~25%

C. 25%~50%

D. 大于50%

三、投资知识(了解客户对于金融投资知识的掌握,如由专业机构或行业协会组织金融知识的培训及相关测评,通过测评的客户为该类投资的专业投资者)及投资经验(了解客户对于各类投资的参与情况,如客户曾投资经历10年以上,或投资过期权、私募基金等高风险产品,同时了解客户的风险偏好)。

样题:

1. 您的投资知识可描述为

A. 有限：基本没有金融产品方面的知识

B. 一般：对金融产品及其相关风险具有基本的知识和理解

C. 丰富：对金融产品及其相关风险具有丰富的知识和理解

2. 您的投资经验可描述为

A. 除银行储蓄外，基本没有其他投资经验

B. 购买过债券、保险等理财产品

C. 参与过股票、基金等产品的交易

D. 参与过权证、期货、期权等产品的交易

3. 您有多少年投资基金、股票、信托、私募证券或金融衍生产品等风险投资品的经验？

A. 没有经验

B. 少于2年

C. 2~5年

D. 5~10年

E. 10年以上

四、投资目标（了解客户的投资需求及对投资收益成长性的要求）。

样题：

1. 您计划的投资期限是多久？

A. 1年以下

B. 1~3年

C. 3~5年

D. 5年以上

2. 您的投资目的是什么？

A. 资产保值

B. 资产稳健增长

C. 资产迅速增长

五、风险偏好（了解客户的风险承受能力，包括年龄、财务状况、投资知识、投资经验、愿意接受的投资期限、投资目标及风险偏好等）。

样题：

1. 以下哪项描述最符合您的投资态度？

A. 厌恶风险，不希望本金损失，希望获得稳定回报

B. 保守投资，不希望本金损失，愿意承担一定幅度的收益波动

C. 寻求资金的较高收益和成长性，愿意为此承担有限本金损失

D. 希望赚取高回报，愿意为此承担较大本金损失

2. 假设有两种投资：投资A预期获得10%的收益，可能承担的损失非常小；投资B预期获得30%

的收益，但可能承担较大亏损。您会怎么支配您的投资？

A. 全部投资于收益较小且风险较小的A

B. 同时投资于A和B，但大部分资金投资于收益较小且风险较小的A

C. 同时投资于A和B，但大部分资金投资于收益较大且风险较大的B

D. 全部投资于收益较大且风险较大的B

3. 您认为自己能承受的最大投资损失是多少？

A. 10%以内

B. 10%~30%

C. 30%~50%

D. 超过50%

（私募基金投资者风险识别能力和风险承担能力分为保守型、稳健型、平衡型、成长型、进取型5大类，对应分值表由机构自行制定）

投资者风险评估结果确认书：（募集机构填写）

以上问题的总分为100分，根据您所选择的问题答案，您对投资风险的整体承受程度及您的风险偏好总得分为________分。

根据投资者风险承受能力评估评分表的评价，您的风险承受能力为【　　】××（机构根据评级方式自己填写），适合您的基金产品评级为×【　　】×（机构根据评级方式自己填写）。

声明：本人已如实填写《私募投资基金投资者风险问卷调查内容与格式指引（个人版）》，并了解了自己的风险承受类型和适合购买的产品类型。

投资者（签字）：

日期：

经办员（签字）：

日期：

募集机构（盖章）：

日期：

附件3　私募投资基金风险揭示书内容与格式指引

（格式示例如下，风险揭示书须包含但不限于以下内容）

尊敬的投资者：

投资有风险。当您/贵机构认购或申购私募基金时，可能获得投资收益，但同时也面临着投资风险。您/贵机构在作出投资决策之前，请仔细阅读本风险揭示书和基金合同、公司章程或者合伙协议（以下统称基金合同），充分认识本基金的风险收益特征和产品特性，认真考虑基金存在的各项风险因素，并充分考虑自身的风险承受能力，理性判断并谨慎作出投资决策。

根据有关法律法规，基金管理人（具体机构名称）及投资者分别作出如下承诺、风险揭示及声明：

一、基金管理人承诺

（一）私募基金管理人保证在募集资金前已在中国证券投资基金业协会（以下简称中国基金业协会）登记为私募基金管理人，并取得管理人登记编码。

（二）私募基金管理人向投资者声明，中国基金业协会为私募基金管理人和私募基金办理登记备案不构成对私募基金管理人投资能力、持续合规情况的认可；不作为对基金财产安全的保证。

（三）私募基金管理人保证在投资者签署基金合同前已（或已委托基金销售机构）向投资者揭示了相关风险；已经了解私募基金投资者的风险偏好、风险认知能力和承受能力；已向私募基金投资者说明有关法律、法规，说明投资冷静期、回访确认的制度安排以及投资者的权利。

（四）私募基金管理人承诺按照恪尽职守、诚实信用、谨慎勤勉的原则管理和运用基金财产，但不保证基金财产一定盈利，也不保证最低收益。

二、风险揭示

（一）特殊风险揭示

（具体风险应由管理人根据私募基金的特殊性阐明）

若存在以下事项，应特别揭示风险：

1. 基金合同与中国基金业协会合同指引不一致所涉风险；

2. 私募基金未托管所涉风险；

3. 私募基金委托募集所涉风险；

4. 私募基金外包事项所涉风险；

5. 私募基金聘请投资顾问所涉风险；

6. 私募基金未在中国基金业协会履行登记备案手续所涉风险。

（二）一般风险揭示

1. 资金损失风险

基金管理人依照恪尽职守、诚实信用、谨慎勤勉的原则管理和运用基金财产，但不保证基金财产中的认购资金本金不受损失，也不保证一定盈利及最低收益。

本基金属于（相应评级水平）风险投资品种，适合风险识别、评估、承受能力（相应评级水平）的合格投资者。

2. 基金运营风险

基金管理人依据基金合同约定管理和运用基金财产所产生的风险，由基金财产及投资者承担。投资者应充分知晓投资运营的相关风险，其风险应由投资者自担。

3. 流动性风险

本基金预计存续期限为基金成立之日(　　)起至(存续期限)[包括延长期(如有)]结束并清算完毕为止。在本基金存续期内，投资者可能面临资金不能退出带来的流动性风险。

根据实际投资运作情况，本基金有可能提前结束或延期结束，投资者可能因此面临委托资金不能按期退出等风险。

4. 募集失败风险

本基金的成立需符合相关法律法规的规定，本基金可能存在不能满足成立条件从而无法成立的风险。

基金管理人的责任承担方式：

(1)以其固有财产承担因募集行为而产生的债务和费用；

(2)在基金募集期限届满(确认基金无法成立)后三十日内返还投资人已交纳的款项，并加计银行同期存款利息。

5. 投资标的风险(适用于股权类)

本基金投资标的的价值取决于投资对象的经营状况，原股东对所投资企业的管理和运营，相关市场宏观调控政策、财政税收政策、产业政策、法律法规、经济周期的变化以及区域市场竞争格局的变化等都可能影响所投资企业经营状况，进而影响本基金投资标的的价值。

6. 税收风险

契约型基金所适用的税收征管法律法规可能会由于国家相关税收政策调整而发生变化，投资者收益也可能因国家相关税收政策调整而受到影响。

7. 其他风险

包括但不限于法律与政策风险、发生不可抗力事件的风险、技术风险和操作风险等。

三、投资者声明

作为该私募基金的投资者，本人/机构已充分了解并谨慎评估自身风险承受能力，自愿自行承担投资该私募基金所面临的风险。本人/机构作出以下陈述和声明，并确认(自然人投资者在每段段尾“【________】”内签名，机构投资者在本页、尾页盖章，加盖骑缝章)其内容的真实性和正确性：

1. 本人/机构已仔细阅读私募基金法律文件和其他文件，充分理解相关权利、义务、本私募基金运作方式及风险收益特征，愿意承担由上述风险引致的全部后果。【________】

2. 本人/机构知晓，基金管理人、基金销售机构、基金托管人及相关机构不应当对基金财产的收益状况作出任何承诺或担保。【________】

3. 本人/机构已通过中国基金业协会的官方网站(http://www.amac.org.cn)查询了私募基金管理人的基本信息，并将于本私募基金完成备案后查实其募集结算资金专用账户的相关信息与打款账户信

息的一致性。【________】

4. 在购买本私募基金前，本人/机构已符合《私募投资基金监督管理暂行办法》有关合格投资者的要求并已按照募集机构的要求提供相关证明文件。【________】

5. 本人/机构已认真阅读并完全理解基金合同中的所有内容，并愿意自行承担购买私募基金的法律责任。【________】

6. 本人/机构已认真阅读并完全理解基金合同第××章第××节“当事人的权利与义务”中的所有内容，并愿意自行承担购买私募基金的法律责任。【________】

7. 本人/机构知晓，投资冷静期及回访确认的制度安排以及在此期间的权利。【________】

8. 本人/机构已认真阅读并完全理解基金合同第××章第××节“私募基金的投资”中的所有内容，并愿意自行承担购买私募基金的法律责任。【________】

9. 本人/机构已认真阅读并完全理解基金合同第××章第××节“私募基金的费用与税收”中的所有内容。【________】

10. 本人/机构已认真阅读并完全理解基金合同第××章第××节“争议的处理”中的所有内容。【________】

11. 本人/机构知晓，中国基金业协会为私募基金管理人和私募基金办理登记备案不构成对私募基金管理人投资能力、持续合规情况的认可；不作为对基金财产安全的保证。【________】

12. 本人/机构承诺本次投资行为是为本人/机构购买私募投资基金。【________】

13. 本人/机构承诺不以非法拆分转让为目的购买私募基金，不会突破合格投资者标准，将私募基金份额或其收益权进行非法拆分转让。【________】

基金投资者（自然人签字或机构盖章）：

日期：

经办员（签字）：

日期：

募集机构（盖章）：

日期：

证券期货经营机构私募资产管理业务运作管理暂行规定

现公布《证券期货经营机构私募资产管理业务运作管理暂行规定》，自2016年7月18日起施行。

中国证监会

2016年7月14日

第一条　为了进一步加强对证券期货经营机构私募资产管理业务的监管，规范市场行为，强化风险管控，根据《证券法》《证券投资基金法》《证券公司监督管理条例》《期货交易管理条例》《私募投资基金监督管理暂行办法》《证券公司客户资产管理业务管理办法》《基金管理公司特定客户资产管理业务试点办法》《期货公司监督管理办法》和《期货公司资产管理业务试点办法》等法律法规，制定本规定。

第二条　本规定所称证券期货经营机构，是指证券公司、基金管理公司、期货公司及其依法设立的从事私募资产管理业务的子公司。

第三条　证券期货经营机构及相关销售机构不得违规销售资产管理计划，不得存在不适当宣传、误导欺诈投资者以及以任何方式向投资者承诺本金不受损失或者承诺最低收益等行为，包括但不限于以下情形：

（一）资产管理合同及销售材料中存在包含保本保收益内涵的表述，如零风险、收益有保障、本金无忧等；

（二）资产管理计划名称中含有“保本”字样；

（三）与投资者私下签订回购协议或承诺函等文件，直接或间接承诺保本保收益；

（四）向投资者口头或者通过短信、微信等各种方式承诺保本保收益；

（五）向非合格投资者销售资产管理计划，明知投资者实质不符合合格投资者标准，仍予以销售确认，或者通过拆分转让资产管理计划份额或其收益权、为投资者直接或间接提供短期借贷等方式，变相突破合格投资者标准；

（六）单一资产管理计划的投资者人数超过200人，或者同一资产管理人为单一融资项目设立多个资产管理计划，变相突破投资者人数限制；

（七）通过报刊、电台、电视、互联网等公众传播媒体，讲座、报告会、分析会等方式，布告、传单、短信、微信、博客和电子邮件等载体，向不特定对象宣传具体产品，但证券期货经营机构和销售机构通过设置特定对象确定程序的官网、客户端等互联网媒介向已注册特定对象进行宣传推介的除外；

（八）销售资产管理计划时，未真实、准确、完整地披露资产管理计划交易结构、当事各方权利义务条款、收益分配内容、委托第三方机构提供服务、关联交易情况等信息；

（九）资产管理计划完成备案手续前参与股票公开或非公开发行；

（十）向投资者宣传资产管理计划预期收益率；

（十一）夸大或者片面宣传资产管理计划管理人及其管理的产品、投资经理等的过往业绩，未充分揭示产品风险，投资者认购资产管理计划时未签订风险揭示书和资产管理合同。

第四条　证券期货经营机构设立结构化资产管理计划，不得违背利益共享、风险共担、风险与收益相匹配的原则，不得存在以下情形：

（一）直接或者间接对优先级份额认购者提供保本保收益安排，包括但不限于在结构化资产管理计划合同中约定计提优先级份额收益、提前终止罚息、劣后级或第三方机构差额补足优先级收益、计提风险保证金补足优先级收益等；

（二）未对结构化资产管理计划劣后级份额认购者的身份及风险承担能力进行充分适当的尽职

调查；

（三）未在资产管理合同中充分披露和揭示结构化设计及相应风险情况、收益分配情况、风控措施等信息；

（四）股票类、混合类结构化资产管理计划的杠杆倍数超过一倍，固定收益类结构化资产管理计划的杠杆倍数超过三倍，其他类结构化资产管理计划的杠杆倍数超过两倍；

（五）通过穿透核查结构化资产管理计划投资标的，结构化资产管理计划嵌套投资其他结构化金融产品劣后级份额；

（六）结构化资产管理计划名称中未包含“结构化”或“分级”字样；

（七）结构化资产管理计划的总资产占净资产的比例超过百分之一百四十，非结构化集合资产管理计划（即“一对多”）的总资产占净资产的比例超过百分之二百。

第五条　证券期货经营机构开展私募资产管理业务，不得委托个人或不符合条件的第三方机构为其提供投资建议，管理人依法应当承担的职责不因委托而免除，不得存在以下情形：

（一）未建立或未有效执行第三方机构遴选机制，未按照规定流程选聘第三方机构；

（二）未签订相关委托协议，或未在资产管理合同及其他材料中明确披露第三方机构身份、未约定第三方机构职责以及未充分说明和揭示聘请第三方机构可能产生的特定风险；

（三）由第三方机构直接执行投资指令，未建立或有效执行风险管控机制，未能有效防范第三方机构利用资产管理计划从事内幕交易、市场操纵等违法违规行为；

（四）未建立利益冲突防范机制，资产管理计划与第三方机构本身、与第三方机构管理或服务的其他产品之间存在利益冲突或利益输送；

（五）向未提供实质服务的第三方机构支付费用或支付的费用与其提供的服务不相匹配；

（六）第三方机构及其关联方以其自有资金或募集资金投资于结构化资产管理计划劣后级份额。

第六条　证券期货经营机构发行的资产管理计划不得投资于不符合国家产业政策、环境保护政策的项目（证券市场投资除外），包括但不限于以下情形：

（一）投资项目被列入国家发展改革委员会最新发布的淘汰类产业目录；

（二）投资项目违反国家环境保护政策要求；

（三）通过穿透核查，资产管理计划最终投向上述投资项目。

第七条　证券期货经营机构开展私募资产管理业务，不得从事违法证券期货业务活动或者为违法证券期货业务活动提供交易便利，包括但不限于以下情形：

（一）资产管理计划份额下设子账户、分账户、虚拟账户或将资产管理计划证券、期货账户出借他人，违反账户实名制规定；

（二）为违法证券期货业务活动提供账户开立、交易通道、投资者介绍等服务或便利；

（三）违规使用信息系统外部接入开展交易，为违法证券期货业务活动提供系统对接或投资交易指令转发服务；

（四）设立伞形资产管理计划，子伞委托人（或其关联方）分别实施投资决策，共用同一资产管理计划的证券、期货账户。

第八条 证券期货经营机构开展私募资产管理业务，不得从事非公平交易、利益输送、利用未公开信息交易、内幕交易、操纵市场等损害投资者合法权益的行为，不得利用资产管理计划进行商业贿赂，包括但不限于以下情形：

（一）交易价格严重偏离市场公允价格，损害投资者利益。不存在市场公允价格的投资标的，能够证明资产管理计划的交易目的、定价依据合理且在资产管理合同中有清晰约定，投资程序合规以及信息披露及时、充分的除外；

（二）以利益输送为目的，与特定对象进行不正当交易，或者在不同的资产管理计划账户之间转移收益或亏损；

（三）以获取佣金或者其他不当利益为目的，使用资产管理计划资产进行不必要的交易；

（四）泄露因职务便利获取的未公开信息，以及利用该信息从事或者明示、暗示他人从事相关的交易活动；

（五）利用管理的资产管理计划资产为资产管理人及其从业人员或第三方谋取不正当利益或向相关服务机构支付不合理的费用；

（六）违背风险收益相匹配原则，利用结构化资产管理计划向特定一个或多个劣后级投资者输送利益；

（七）侵占、挪用资产管理计划资产。

第九条 证券期货经营机构不得开展或参与具有“资金池”性质的私募资产管理业务，资产管理计划不得存在以下情形或者投资存在以下情形的其他资产管理产品：

（一）不同资产管理计划进行混同运作，资金与资产无法明确对应；

（二）资产管理计划在整个运作过程中未有合理估值的约定，且未按照资产管理合同约定向投资者进行充分适当的信息披露；

（三）资产管理计划未单独建账、独立核算，未单独编制估值表；

（四）资产管理计划在开放申购、赎回或滚动发行时未按照规定进行合理估值，脱离对应标的资产的实际收益率进行分离定价；

（五）资产管理计划未进行实际投资或者投资于非标资产，仅以后期投资者的投资资金向前期投资者兑付投资本金和收益；

（六）资产管理计划所投资产发生不能按时收回投资本金和收益情形的，资产管理计划通过开放参与、退出或滚动发行的方式由后期投资者承担此类风险，但管理人进行充分信息披露及风险揭示且机构投资者书面同意的除外。

第十条 证券期货经营机构不得对私募资产管理业务主要业务人员及相关管理团队实施过度激励，包括但不限于以下情形：

（一）未建立激励奖金递延发放机制；

（二）递延周期不足三年，递延支付的激励奖金金额不足百分之四十。

第十一条　证券期货经营机构应当依据本规定要求，制定相应的内部控制与风险管理制度，严格按照上述规定从事私募资产管理业务活动。

第十二条　中国证监会及其派出机构依法对证券期货经营机构私募资产管理业务实施监督管理。对于违反本规定的，中国证监会及其派出机构可对机构采取监管谈话、出具警示函、责令改正、暂停办理相关业务等行政监管措施，对相关责任人员采取监管谈话、出具警示函、认定为不适当人选等行政监管措施；依法应予行政处罚的，依照法律法规进行行政处罚；涉嫌犯罪的，依法移送司法机关，追究其刑事责任。

第十三条　中国证券投资基金业协会按照本规定做好证券期货经营机构资产管理计划的备案管理与风险监测工作；发现违反本规定的，应当及时报告中国证监会及其派出机构。

第十四条　本规定涉及的相关术语释义如下：

（一）结构化资产管理计划，是指存在一级份额以上的份额为其他级份额提供一定的风险补偿，收益分配不按份额比例计算，由资产管理合同另行约定的资产管理计划。资产管理合同约定，由资产管理人以自有资金提供有限风险补偿，且不参与收益分配或不获得高于按份额比例计算的收益的资产管理计划，不属于本规定规范的结构化资产管理计划。

（二）杠杆倍数＝优先级份额/劣后级份额。结构化资产管理计划若存在中间级份额，应当在计算杠杆倍数时计入优先级份额。

（三）股票类结构化资产管理计划，是指根据资产管理合同约定的投资范围，投资于股票或股票型基金等股票类资产比例不低于百分之八十的结构化资产管理计划。

（四）固定收益类结构化资产管理计划，是指根据资产管理合同约定的投资范围，投资于银行存款、标准化债券、债券型基金、股票质押式回购以及固定收益类金融产品的资产比例不低于百分之八十的结构化资产管理计划。

（五）混合类结构化资产管理计划，是指资产管理合同约定的投资范围包含股票或股票型基金等股票类资产，但相关标的投资比例未达到本条第（三）项、第（四）项相应类别标准的结构化资产管理计划。

（六）其他类结构化资产管理计划，是指投资范围及投资比例不能归属于前述任何一类的结构化资产管理计划。

（七）市场公允价格区分不同交易市场特征，采取不同确定方法，在集中交易市场，可以参考最近成交价格确定公允价格；在非集中交易市场，应当在资产管理合同中事先约定公允价格确定方法，并按照约定方式确定公允价格。

（八）符合提供投资建议条件的第三方机构，是指依法可从事资产管理业务的证券期货经营机构，以及同时符合以下条件的私募证券投资基金管理人：

1. 在中国证券投资基金业协会登记满一年、无重大违法违规记录的会员；

2. 具备三年以上连续可追溯证券、期货投资管理业绩的投资管理人员不少于三人、无不良从业记录。

第十五条 私募证券投资基金管理人参照本规定执行。证券公司、基金管理公司子公司依法开展的资产证券化业务不适用本规定。

第十六条 本规定自2016年7月18日起施行。

证券期货经营机构新设立的资产管理计划应当符合本规定要求；本规定施行之日前存续的资产管理计划，按以下要求执行：

（一）不符合本规定第三条第（二）项的，合同到期前不得新增净申购规模，保本周期到期后应转为非保本产品，或者予以清盘，不得续期；

（二）不符合本规定第四条第（一）项、第（四）项、第（五）项、第（七）项的，合同到期前不得提高杠杆倍数，不得新增优先级份额净申购规模，合同到期后予以清盘，不得续期；

（三）委托不符合条件的第三方机构提供投资建议的，合同到期前不得新增净申购规模，合同到期后予以清盘，不得续期；

（四）不符合本规定其他要求的，应当及时进行整改。

附件 《证券期货经营机构私募资产管理业务运作管理暂行规定》制定说明

一、背景和过程

近几年来，证券期货经营机构私募资管业务发展迅速，在满足居民财富管理需求、构建多层次金融服务市场、服务实体经济等方面发挥了重要作用。但与此同时，一些问题和风险隐患也日益显现。2015年3月，为促进证券期货经营机构私募资管业务规范发展，中国证券投资基金业协会（以下简称基金业协会）发布实施了《证券期货经营机构落实资产管理业务“八条底线”禁止行为细则》（以下简称《细则》）。自《细则》发布以来，证券期货经营机构私募资管业务得到了一定程度的规范。然而，2015年股市异常波动期间，证券期货经营机构私募资管业务暴露出业务失范等诸多问题。例如，高杠杆的股票型结构化资管产品对市场形成助涨助跌的较大扰动；又如，违规开展配资，为违法证券期货业务活动提供便利等。为此，有必要完善规则，进一步提高证券期货经营机构私募资管业务的规范化运作水平。此外，在基金业协会登记的私募证券投资基金管理人数量迅速增加，管理规模增长较快，为防范业务风险，避免监管套利，也有必要将私募证券投资基金管理人纳入调整范围。

为完善规则，进一步提高证券期货经营机构私募资管业务的规范化运作水平，2015年5月，在前期较长时间调查研究工作的基础上，就《细则》内容修改向行业机构征求了意见。共有56家行业机构书面反馈了277条意见，经认真梳理研究，对完善过渡期安排等合理性意见建议予以积极采纳。近期，为把依法、从严、全面监管落到实处，增强规则约束力，更明确地传递监管政策信号，在《细则》实践及相关修改意见建议的基础上，我会研究出台了《证券期货经营机构私募资产管理业务运作管理暂行规定》（以下简称《暂行规定》）。

二、主要内容

《暂行规定》的主要思路是在正本清源、强化约束的前提下，重点加强对违规宣传推介和销售行为、结构化资管产品、违法从事证券期货业务活动、委托第三方机构提供投资建议、开展或参与“资金池”业务、实施过度激励等的规范。

主要内容如下：

（一）明确适用范围

《暂行规定》主要适用于证券期货经营机构通过资产管理计划形式开展的私募资产管理业务，证券公司、基金管理公司子公司按照规定开展的资产证券化业务不适用。同时，为统一监管标准、避免监管套利，要求在基金业协会备案的私募证券投资基金管理人参照执行，暂不适用于私募股权投资基金、创业投资基金。此外，《暂行规定》中关于资管计划宣传推介和销售行为的要求，适用于相关销售机构。

（二）明确关于“违规委托第三方机构为其提供投资建议”和“从事违法证券期货业务活动”的禁止性要求

1. 资产管理人不得委托个人或不符合条件的第三方机构为其提供投资建议

目前，出于多种目的，资产管理人聘请第三方机构为其提供投资建议的情况较多。通过基金业协会备案监测发现，部分资管产品存在未充分披露聘请第三方机构信息、第三方机构条件要求不统一、第三方机构权责不清晰、相关服务费用不规范等问题，隐藏的风险较大，有必要加以规范。《暂行规定》主要从相关第三方机构资质条件、基本要求、遴选及选聘、信息披露及职责约定、防范利益冲突以及费用支付等方面作了明确要求，以期进一步规范证券期货经营机构委托第三方机构为其提供投资建议的行为。需要说明的是，《暂行规定》明确禁止管理人委托个人提供投资建议，将相关资质条件限定为依法可从事资产管理业务的证券期货经营机构，以及符合一定条件的私募证券投资基金管理人。

前期监管实践中，我们发现，部分受托提供投资建议的机构或者个人存在直接执行资管计划投资指令的情形。在此过程中，相关管理人风险意识不够、风险管控缺位，对于自身资管计划最终责任承担者的角色和义务认识不深刻。这一方面可能导致资管计划沦为相关机构或者个人的交易通道；另一方面可能使管理人承担较大的法律风险。为强化管理人的资产管理计划最终责任承担者角色、风险管控意识，《暂行规定》明确，第三方机构不得直接执行投资指令，管理人不得存在“未建立或者有效执行风险管控机制，未能有效防范第三方机构利用资产管理计划从事内幕交易、市场操纵等违法违规行为”的情形。

另外，为防范潜在的利益冲突，《暂行规定》禁止受托提供投资建议的第三方机构及其关联方以其自有资金或募集资金投资于结构化资管产品劣后级份额。

2. 资产管理业务不得从事违法证券期货业务活动或者为违法证券期货业务活动提供交易便利

2015年7月，我会发布《关于清理整顿违法从事证券业务活动的意见》（证监会公告〔2015〕19号），对清理整顿违法证券业务活动做了部署。监管检查发现，部分资管产品也存在外接具备分仓功能的信息技术系统以及违规设立子账户、分账户、虚拟账户、伞形资管产品等行为。为进一步明晰业务红线、规范场外配资，《暂行规定》从账户实名制、账户控制权、外接交易系统以及设立伞形资管产品等方面禁止资管产品为违法证券期货业务活动提供服务或便利。

（三）修改“结构化资产管理计划”和“不得开展或参与资金池业务”相关内容

1. 资产管理计划应当遵守利益共享、风险共担、风险与收益相匹配的基本原则，严格控制杠杆风险，不得直接或间接对结构化资产管理计划优先级份额认购者提供保本保收益安排。此前，《细则》对结构化资管产品杠杆倍数做了最高不得超过十倍的限制，在一定时期内起到了一定的风险防控作用。但2015年的股市异常波动表明，相当数量投资于股票市场的结构化资管产品已经异化为“类借贷”产品，部分高杠杆的结构化资管产品对股票市场的扰动较大，为加强规范，此次《暂行规定》主要做了如下修改：

一是区别私募资产管理业务与股票融资行为的本质差异，回归资产管理业务“利益共享，风险共担”本源，禁止结构化资管产品直接或间接为优先级份额认购者提供保本保收益安排。当前，部分结构化资管产品过度保护优先级投资者利益，脱离资管产品实际投资结果、通过复杂的合同约定保证优先级投资者获取固定收益，一定程度上已经异化为“类借贷”产品，不符合资产管理业务本源。鉴此，《暂行规定》对结构化资管产品提出了严格的要求，禁止违背“利益共享，风险共担”原则对结构化资管产品优先级提供保本保收益安排，并列举了不得对优先级保证收益的具体情形，例如在合同中约定计提优先级份额收益、提前终止罚息、劣后级或第三方机构差额补足优先级收益、计提风险保证金补足优先级收益等情形。

二是依据投资范围及投资比例将结构化资管产品分为股票类、固定收益类、混合类和其他类，并根据不同类别产品的市场风险波动程度相应设定不同的杠杆倍数上限。将风险较高的股票类、混合类产品杠杆倍数上限由十倍下调至一倍，是基于当前股票市场的实际情况，并明确反映出监管导向。另外，为进一步控制投资风险，降低投资杠杆水平，防控杠杆叠加风险，在参照《公开募集证券投资基金运作管理办法》相关规定以及充分考虑私募资产管理业务特点基础上，《暂行规定》对资管产品的投资杠杆做了适度限制，明确结构化资管计划的总资产占净资产的比例不得超过百分之一百四十，非结构化集合（“一对多”）资管计划的总资产占净资产的比例不得超过百分之二百。

三是将杠杆倍数计算公式调整为“优先级份额/劣后级份额”，使之更加简洁、明了，也与市场通行做法保持一致。为严控杠杆风险，《暂行规定》明确中间级份额在计算杠杆倍数时计入优先级份额。

四是增加了结构化资管产品信息披露内容，要求对结构化设计及相应风险情况、收益分配情况、风控措施等信息进行披露。同时，要求结构化资管产品名称中必须包含“结构化”或“分级”字样，以充分揭示结构化资管产品的风险属性。

五是严格防范结构化资管产品嵌套投资风险，禁止结构化资管产品向下嵌套投资其他结构化金融产品的劣后级份额。

2. 不得开展或参与资金池业务。针对资金池“滚动发行、集合运作、期限错配、分离定价”的特征,《暂行规定》在原有表述的基础上作了进一步细化,增加了“资产管理计划未实际投资或者投资于非标资产,仅以后期投资者资金兑付前期投资者本金和收益”“资产管理计划所投资产发生不能按时收回投资本金和收益情形的,资产管理计划通过开放参与退出或滚动发行等方式由后期投资者承担此类风险”等禁止行为,重点防范类似“庞氏骗局”的资金池产品。此外,《暂行规定》明确,证券期货经营机构除不得开展具有“资金池”性质的私募资产管理业务外,也不得参与具有“资金池”性质的私募资产管理业务,即投资其他机构管理的、具有“资金池”性质的资管产品。

(四)进一步规范销售推介行为

一是禁止资管产品以任何方式向投资者承诺本金不受损失或者承诺最低收益,明确资管产品名称中不得出现“保本”字样,资产管理合同及销售材料中不得存在包含保本保收益内涵的表述。

二是禁止通过拆分份额或收益权、为投资者直接或间接提供短期借贷等方式变相降低合格投资者门槛。

三是禁止资管产品向投资者宣传预期收益率,包括不得口头宣传产品预期收益,不得在推介材料、资产管理合同等文字材料中写有“预期收益”“预计收益”等字样。

(五)修改完善过度激励相关要求

目前,私募资产管理业务领域的过度激励情况较为突出,部分机构公司治理不完善,未建立有效的激励约束机制,导致业务人员竞相追逐短期利益,偏重于开展高风险、高回报业务,损害了投资者利益和资产管理机构长期利益,一定程度上也使得资管业务核心人员流动过快,不利于行业持续稳定发展。基于此种情况,为了督促引导行业建立激励约束机制,《暂行规定》第十条要求建立激励奖金递延发放机制,递延周期不得短于三年,递延支付的激励奖金金额不得低于百分之四十。

(六)增加释义条款

《暂行规定》第十四条对结构化资管产品及相关类别、杠杆倍数计算公式、市场公允价格含义、符合提供投资建议条件的第三方机构等做了说明。

(七)关于过渡期安排

为做好新旧规则衔接工作,确保私募资管业务平稳发展,《暂行规定》对结构化产品、保本产品、委托提供投资建议等方面条款实施“新老划断”的过渡安排,相关存续资管产品不符合规定的,合同到期前杠杆倍数不得提高,不得新增净申购规模,合同到期后予以清盘,不得续期。

《暂行规定》自2016年7月18日起实施。证券期货经营机构应当切实履行新规要求,确保届时新设立的资产管理计划不存在本规定所禁止的各项情形。今后,证监会将不断完善证券期货经营机构私募资产管理业务规则,进一步引导行业提高风险防控水平,保护投资者合法权益。

关于落实《证券期货经营机构私募资产管理业务运作管理暂行规定》有关事项的通知

严格遵守《证券期货经营机构私募资产管理业务运作管理暂行规定》实现私募业务规范运作

（2016-07-15）

2015年3月，针对私募资产管理业务领域出现的问题和风险，经中国证监会批准同意，中国证券投资基金业协会（以下简称基金业协会）制定和实施了《证券期货经营机构落实资产管理业务"八条底线"禁止行为细则》（2015年3月版）（以下简称《细则》）。《细则》的发布实施，对规范证券期货经营机构展业行为、纠正行业存在的问题、促进行业健康发展起到了积极作用。但2015年股市异常波动暴露出的杠杆率偏高、违规聘请投资顾问、参与违法证券期货业务活动等问题，需要进一步加以规范，为此，基金业协会于前期开展了《细则》修订完善工作。

为了增强规则约束力，更明确传递监管政策信号，中国证监会决定发布实施《证券期货经营机构私募资产管理业务运作管理暂行规定》（以下简称《暂行规定》），并于2016年7月15日正式发布。与原有《细则》相比，《暂行规定》在结构化资管产品杠杆率、第三方机构提供投资建议服务、从事违法证券期货业务活动等方面作了更为严格、细致的规定，针对性更强，约束力更大。

基金业协会认为，《暂行规定》的出台体现了中国证监会对私募资产管理业务"正本清源、强化约束"的监管导向，强化了对证券期货经营机构的合规要求，有利于解决当前存在的突出问题，对促进私募资产管理行业规范发展具有重要意义。证券期货经营机构应当高度重视，严格遵照执行，依法、合规开展私募资产管理业务。

为落实《暂行规定》相关自律管理要求，加强对证券期货经营机构私募资产管理业务的备案管理和风险监测，做好新老规则的衔接工作，我会起草了《关于落实〈证券期货经营机构私募资产管理业务运作管理暂行规定〉有关事项的通知》（以下简称《通知》），与《暂行规定》同步实施。

《通知》主要包含以下几个方面内容：

一是重申证券期货经营机构应当依法合规设立、运作资产管理计划，按照我会要求办理备案手续，报送监测信息。私募证券投资基金管理人参照执行《暂行规定》。

二是强调证券期货经营机构应当按照要求聘请第三方机构提供投资建议服务，并在备案时提交相关委托协议、资质证明文件。

三是明确我会对《暂行规定》实施后的监测、报告职责。

四是同步废止《细则》。

今后，我会将严格贯彻落实《暂行规定》相关要求，加强对资产管理计划的备案管理和风险监测，积极配合中国证监会及其派出机构对证券期货经营机构私募资产管理业务的规范工作。

中国证券投资基金业协会

2016年7月15日

关于发布《证券期货经营机构私募资产管理计划备案管理规范第1~3号》的通知

（2016-10-24）

各证券期货经营机构：

为进一步落实《证券期货经营机构私募资产管理业务运作管理暂行规定》（以下简称《暂行规定》）有关要求，加强对证券期货经营机构私募资产管理计划的备案核查和自律管理，结合私募资产管理计划备案实际，中国证券投资基金业协会（以下简称协会）研究制定了《证券期货经营机构私募资产管理计划备案管理规范第1号——备案核查与自律管理》《证券期货经营机构私募资产管理计划备案管理规范第2号——委托第三方机构提供投资建议服务》《证券期货经营机构私募资产管理计划备案管理规范第3号——结构化资产管理计划》，经中国证监会同意及协会理事会审议通过，现予发布实施。

今后，协会将进一步加强对私募资产管理计划的备案核查和自律管理力度，密切监测私募资产管理计划投资运作情况，及时跟踪了解行业机构展业过程中出现的新情况、新问题，通过不定期发布或调整备案管理规范的形式，明确相关要求，提示合规风险，维护行业秩序，共同促进私募资产管理行业规范、健康发展。

私募证券投资基金管理人参照本通知执行。

各机构在执行本通知过程中发现的问题，请及时向协会报告（联系邮箱：zgcpb@amac.org.cn）。

特此通知。

附件：

1. 证券期货经营机构私募资产管理计划备案管理规范第1号——备案核查与自律管理
2. 证券期货经营机构私募资产管理计划备案管理规范第2号——委托第三方机构提供投资建议服务
3. 证券期货经营机构私募资产管理计划备案管理规范第3号——结构化资产管理计划

中国证券投资基金业协会

2016年10月21日

附件1　证券期货经营机构私募资产管理计划备案管理规范第1号——备案核查与自律管理

一、证券期货经营机构开展私募资产管理业务，应当符合有关法律法规、部门规章及自律规则的规定，并按照中国证券投资基金业协会（以下简称协会）的要求，及时进行资产管理计划备案，接受协会备案管理和风险监测，真实、准确、完整地报送备案材料和风险监测报告，对备案材料和风险监测报告的真实性、合规性、准确性和完整性负责。

二、证券期货经营机构应当对资产管理计划的设立、变更、展期、终止等行为进行备案，按时提交备案材料。所有资产管理计划均应在协会完成备案并取得备案证明后，方可申请为其开立证券市场交易账户。

三、证券期货经营机构应当定期报送资产管理计划运行报告和风险监测报告，发生对资产管理计划有重大影响事件的，还应及时向协会进行报告。

四、协会接受资产管理计划备案不能免除证券期货经营机构按照规定真实、准确、完整、及时地披露产品信息的法律责任。

接受备案不代表协会对资产管理计划的合规性、投资价值及投资风险作出保证和判断。投资者应当自行识别产品投资风险并承担投资行为可能出现的损失。

五、协会将建立、健全资产管理计划备案核查流程，按照"实质重于形式"原则，通过书面审阅、问询、约谈等方式对备案材料进行核查。资产管理计划合规性存疑的，协会可以向中国证监会进行咨询、报告，也可以对资产管理人出具备案关注函或进行现场检查，资产管理人应当予以配合。

六、协会将加强资产管理计划备案核查力度，对于违反法律法规及自律规则的证券期货经营机构，协会可以视情节轻重对其采取谈话提醒、书面警示、要求限期改正、加入黑名单、公开谴责、暂停备案等纪律处分。情节严重的，依法移送中国证监会处理。

七、协会对证券期货经营机构的自律管理接受中国证监会的指导和监督，并与中国证监会及中国证券业协会、中国期货业协会、中国证券登记结算有限责任公司、中国期货保证金监控中心等自律组织建立监管合作和信息共享机制。

附件2　证券期货经营机构私募资产管理计划备案管理规范第2号——委托第三方机构提供投资建议服务

证券期货经营机构委托第三方机构为资产管理计划提供投资建议服务，应当严格遵守《证券期货经营机构私募资产管理业务运作管理暂行规定》（以下简称《暂行规定》）有关规定，并符合以下规范性要求：

一、证券期货经营机构应当委托符合《暂行规定》要求的第三方机构为资产管理计划提供投资建议服务。一对多（集合）资产管理计划委托人，不得通过发出投资建议或投资指令等方式直接或间接影响资产管理人投资运作，符合法定的资质条件并接受资产管理人委托提供投资建议的第三方机构除外。

二、证券期货经营机构应当制定第三方机构遴选机制和流程、风险管控机制、利益冲突防范机制，相关制度流程应当经公司有权机构审议通过后存档备查。未建立、健全上述制度流程的，不得聘请第三方机构为资产管理计划提供投资建议服务。

三、证券期货经营机构应当对拟聘请的第三方机构进行尽职调查，要求其提供符合《暂行规定》第十四条第(八)项规定的资质证明文件(清单附后),并在设立资产管理计划时将尽职调查报告、资质证明文件等材料向中国证券投资基金业协会(以下简称协会)进行备案。拟聘请的第三方机构为私募证券投资基金管理人的,应当已加入协会,成为普通会员或观察会员。

私募证券投资基金管理人不得为主要投资于非标资产的资产管理计划提供投资建议服务。

四、证券期货经营机构应当严格按照《暂行规定》及内部制度流程选聘第三方机构,签订委托协议,披露第三方机构相关信息,清晰约定彼此权利义务。委托协议应当向协会进行备案。

五、证券期货经营机构应当妥善保管第三方机构出具的投资建议及相关文件,不得隐匿、伪造、篡改或者违规销毁。

证明文件清单

一、证券期货经营机构提供投资建议服务应提交以下文件

中国证监会认可的从事资产管理业务的资格证明文件。

二、私募证券投资基金管理人提供投资建议服务应提交以下文件

(一)私募证券投资基金管理人出具的承诺函

1. 承诺在协会登记满一年,已成为协会会员,经营期间无重大违法违规记录;

2. 承诺具备3年以上连续可追溯证券、期货投资管理业绩[1]的投资管理人员[2]不少于3名,且最近三年无不良从业记录[3];

3. 承诺函应当加盖公司公章,3名投资管理人员本人签字。

(二)资质证明文件

1. 协会官网公示的私募证券投资基金管理人公示信息截图;

2. 协会会员证书或协会官网公示的观察会员名单截图;

3. 全国企业信用信息公示系统中第三方机构违法违规记录查询结果截图;

4. 基金从业人员系统中3名投资管理人员不良从业记录查询结果截图,或其他可验证、可核查的证明材料。

(三)投资管理人员工作经历证明

包括3名投资管理人员的:

---

[1] 3年以上连续投资管理业绩是指投资管理人员连续3年从事证券、期货投资管理工作所形成的投资业绩记录,中间未有中断,但因疾病、生育、法规限制或合同约定限制等客观原因中断从业经历且不超过1年的,可不重新计算连续年限。

[2] 投资管理人员是指在受国务院金融监管部门监管的持牌机构或已在基金业协会登记的私募基金管理机构任职,具备证券、期货自营账户或受托账户投资管理工作经历的人员,包括基金经理、投资经理、投资决策委员会成员、投资总监,以及经机构授权承担投资决策职能的其他人员。

[3] 不良从业记录是指投资管理人员在从事证券、期货投资管理业务过程中,存在因违反法律法规或自律规则被采取行政监管措施或纪律处分,或因违反任职单位规定被辞退或开除的记录。

1. 曾任职单位出具的投资管理经历说明[1]或离任审计报告(应包括管理的基金/产品名称、期间、职责等),或担任投资顾问期间的委托管理协议;

2. 基金从业资格证明[2]文件,或海外基金从业人员曾就职的基金或投资管理公司出具的工作履历证明(中英文翻译件);

3. 协会要求提供的其他证明材料。

(四)投资管理业绩[3]证明文件

提供以下一项即可:

1. 曾管理的基金/产品的托管机构或审计机构出具的,该名人员管理期间的基金/产品净值变化情况证明;

2. 第三方评价机构[4]出具的该名人员管理期间的基金/产品净值变化情况证明;

3. 曾管理的基金/产品在该名人员管理期间的定期报告复印件,并说明自己管理的业绩区间;

4. 曾任职单位出具的所管理的证券、期货自营账户净值变化情况证明;

5. 聘任私募证券投资基金管理人担任投资顾问的机构出具的,该名人员管理产品期间的产品净值变化情况证明;

6. 其他基金业协会认可的可核查、可验证的基金/产品投资业绩证明文件。

(五)基金/产品的投资业绩数据

投资管理人员曾管理的基金/产品的投资业绩数据(Excel格式)。样表如表1所示。

投资管理人员:

曾管理基金/产品名称:

投资管理期间:

表1　基金产品的投资业绩

估值日	单位净值	累计净值	现金分红	累计净值增长率(%)	业绩比较基准(%)(如有)

注:以表格中第一个估值日为基期,估值日可以按月度填写。如该名投资管理人员3年内连续管理多只产品,不同产品的业绩数据请分开上传。

附件3　证券期货经营机构私募资产管理计划备案管理规范第3号——结构化资产管理计划

证券期货经营机构开展私募资产管理业务,设立、运作结构化资产管理计划,应当严格遵守《证券期货经营机构私募资产管理业务运作管理暂行规定》(以下简称《暂行规定》)有关要求,并符合以下

[1] 如投资管理人员在现任单位具备3年以上连续可追溯证券、期货投资管理业绩,不需要过往任职单位出具工作经历证明文件。工作经历证明中应当包括该投资管理人员任职期间、职务、所管理产品/账户的名称及管理期间,并与提供的投资管理业绩证明相匹配。

[2] 所有提供投资建议服务的投资管理人员均需要具备基金从业资格。

[3] 投资管理业绩是指能够明确归属于投资管理人员本人且满足连续3年条件的投资管理业绩,不限于最近连续3年。

[4] 第三方评价机构是指协会官网披露的基金评价机构。

规定：

一、严格按照"利益共享、风险共担、风险与收益相匹配"原则设计结构化资产管理计划。所谓利益共享、风险共担、风险与收益相匹配，是指在结构化资产管理计划产生投资收益或出现投资亏损时，所有投资者均应当享受收益或承担亏损，但优先级投资者与劣后级投资者可以在合同中合理约定享受收益和承担亏损的比例，且该比例应当平等适用于享受收益和承担亏损两种情况。

二、结构化资产管理计划合同中不得约定劣后级投资者本金先行承担亏损、单方面提供增强资金等保障优先级投资者利益的内容。

三、结构化资产管理计划应当根据投资标的实际产生的收益进行计提或分配，出现亏损或未实际实现投资收益的，不得计提或分配收益。

四、资产管理人可以按照《暂行规定》要求，通过以自有资金认购的资产管理计划份额先行承担亏损的形式提供有限风险补偿，但不得以获取高于按份额比例计算的收益、提取业绩报酬或浮动管理费等方式变相获取超额收益。

五、结构化资产管理计划的投资者不得直接或间接影响资产管理人投资运作（提供投资建议服务的第三方机构同时认购优先级份额的情况除外），不得通过合同约定将结构化资产管理计划异化为优先级投资者为劣后级投资者变相提供融资的产品。

六、结构化资产管理计划合同中应明确其所属类别，约定相应投资范围及投资比例、杠杆倍数限制等内容。合同约定投资其他金融产品的，资产管理人应当依据勤勉尽责的受托义务要求，履行向下穿透审查义务，即向底层资金方向进行穿透审查，以确定受托资金的最终投资方向符合《暂行规定》在杠杆倍数等方面的限制性要求。

证券期货经营机构不得以规避《暂行规定》及本规范要求为目的，故意安排其他结构化金融产品作为委托资金，通过嵌套资产管理计划的形式，变相设立不符合规定的结构化资产管理计划，或明知委托资金属于结构化金融产品，仍配合其进行止损平仓等保本保收益操作。

七、结构化资产管理计划可以通过业绩比较基准形式向优先级投资者进行推介，但应同时说明业绩比较对象、业绩比较基准测算依据和测算过程等信息。结构化资产管理计划的业绩比较对象应当与其投资标的、投资策略直接相关。

证券期货经营机构私募资产管理计划备案管理规范第4号
——私募资产管理计划投资房地产开发企业、项目

证券期货经营机构设立私募资产管理计划投资房地产开发企业、项目，应符合国家相关产业政策要求，严格遵守《证券期货经营机构私募资产管理业务运作管理暂行规定》有关规定，并符合以下规范性要求。

一、证券期货经营机构设立私募资产管理计划，投资于房地产价格上涨过快热点城市[1]普通住宅地产项目[2]的，暂不予备案，包括但不限于以下方式：

（一）委托贷款；

（二）嵌套投资信托计划及其他金融产品；

（三）受让信托受益权及其他资产收（受）益权；

（四）以名股实债的方式[3]受让房地产开发企业股权；

（五）中国证券投资基金业协会根据审慎监管原则认定的其他债权投资方式。

二、资产管理人应当依据勤勉尽责的受托义务要求，履行向下穿透审查义务，即向底层资产进行穿透审查，以确定受托资金的最终投资方向符合本规范要求。

三、私募资产管理计划不得通过银行委托贷款、信托计划、受让资产收（受）益权等方式向房地产开发企业[4]提供融资，用于支付土地出让价款或补充流动资金；不得直接或间接为各类机构发放首付贷等违法违规行为提供便利。

四、私募资产管理计划投资房地产开发企业、项目且不存在本规范第一条、第二条、第三条禁止情形的，资产管理人应当向投资者充分披露融资方、项目情况、担保措施等信息。

五、私募资产管理计划投资房地产开发企业、项目且不存在本规范第一条、第二条、第三条禁止情形的，资产管理人应当完善资金账户管理、支付管理流程，加强资金流向持续监控，防范资金被挪用于支付合同约定资金用途之外的其他款项。

---

❶目前包括北京、上海、广州、深圳、厦门、合肥、南京、苏州、无锡、杭州、天津、福州、武汉、郑州、济南、成都16个城市，将根据住房和城乡建设部相关规定适时调整范围。

❷根据深交所《关于试行房地产行业划分标准操作指引的通知》，房地产划分为普通住宅地产、保障性住宅地产、商业地产、工业地产和其他房地产。项目中同时包含多种类型住房的，计划募集资金不得用于项目中普通住宅地产建设。

❸本规范所称名股实债，是指投资回报不与被投资企业的经营业绩挂钩，不是根据企业的投资收益或亏损进行分配，而是向投资者提供保本保收益承诺，根据约定定期向投资者支付固定收益，并在满足特定条件后由被投资企业赎回股权或者偿还本息的投资方式，常见形式包括回购、第三方收购、对赌、定期分红等。

❹上市公司，原则上按照上市公司所属中国证监会行业分类结果作为判断依据。非上市公司，参照《上市公司行业分类》执行，即：当公司最近一年经审计的房地产业务收入比重大于或等于50%，则将其划入房地产行业；当公司没有一类业务的营业收入比重大于或等于50%，但房地产业务的收入和利润均在所有业务中最高，而且均占到公司营业收入和利润的30%以上（包含本数），则该公司归属于房地产行业。其中，房地产业务收入包括从事普通住宅地产、商业地产、工业地产、保障性住宅地产和其他房地产所取得的收入。

第四篇　内控与外包

私募投资基金管理人内部控制指引

关于发布《私募投资基金管理人内部控制指引》的通知

（2016-02-01）

各私募投资基金管理人：

根据《证券投资基金法》《私募投资基金监督管理暂行办法》的有关规定，经中国基金业协会理事会表决通过，现正式对外发布《私募投资基金管理人内部控制指引》。

本指引自2016年2月1日起正式施行。

特此通知。

附件：私募投资基金管理人内部控制指引

中国基金业协会

2016年2月1日

附件　私募投资基金管理人内部控制指引

第一章　总　则

第一条　为了引导私募基金管理人加强内部控制，促进合法合规、诚信经营，提高风险防范能力，推动私募基金行业规范发展，根据《证券投资基金法》《私募投资基金监督管理暂行办法》《私募投资基金管理人登记和基金备案办法（试行）》，制定本指引。

第二条　私募基金管理人内部控制是指私募基金管理人为防范和化解风险，保证各项业务的合法合规运作，实现经营目标，在充分考虑内外部环境的基础上，对经营过程中的风险进行识别、评价和管理的制度安排、组织体系和控制措施。

第三条　私募基金管理人应当按照本指引的要求，结合自身的具体情况，建立、健全内部控制机制，明确内部控制职责，完善内部控制措施，强化内部控制保障，持续开展内部控制评价和监督。

私募基金管理人最高权力机构对建立内部控制制度和维持其有效性承担最终责任，经营层对内部控制制度的有效执行承担责任。

第二章 目标和原则

第四条 私募基金管理人内部控制总体目标是：

（一）保证遵守私募基金相关法律法规和自律规则；

（二）防范经营风险，确保经营业务的稳健运行；

（三）保障私募基金财产的安全、完整；

（四）确保私募基金、私募基金管理人财务和其他信息真实、准确、完整、及时。

第五条 私募基金管理人内部控制应当遵循以下原则：

（一）全面性原则。内部控制应当覆盖包括各项业务、各个部门和各级人员，并涵盖资金募集、投资研究、投资运作、运营保障和信息披露等主要环节；

（二）相互制约原则。组织结构应当权责分明、相互制约；

（三）执行有效原则。通过科学的内控手段和方法，建立合理的内控程序，维护内控制度的有效执行；

（四）独立性原则。各部门和岗位职责应当保持相对独立，基金财产、管理人固有财产、其他财产的运作应当分离；

（五）成本效益原则。以合理的成本控制达到最佳的内部控制效果，内部控制与私募基金管理人的管理规模和员工人数等方面相匹配，契合自身实际情况；

（六）适时性原则。私募基金管理人应当定期评价内部控制的有效性，并随着有关法律法规的调整和经营战略、方针、理念等内外部环境的变化同步适时修改或完善。

第三章 基本要求

第六条 私募基金管理人建立与实施有效的内部控制，应当包括下列要素：

（一）内部环境。包括经营理念和内控文化、治理结构、组织结构、人力资源政策和员工道德素质等，内部环境是实施内部控制的基础；

（二）风险评估。及时识别、系统分析经营活动中与内部控制目标相关的风险，合理确定风险应对策略；

（三）控制活动。根据风险评估结果，采用相应的控制措施，将风险控制在可承受范围之内；

（四）信息与沟通。及时、准确地收集、传递与内部控制相关的信息，确保信息在内部、企业与外部之间进行有效沟通；

（五）内部监督。对内部控制建设与实施情况进行周期性监督检查，评价内部控制的有效性，发现内部控制缺陷或因业务变化导致内控需求有变化的，应当及时加以改进、更新。

第七条 私募基金管理人应当牢固树立合法合规经营的理念和风险控制优先的意识，培养从业人员的合规与风险意识，营造合规经营的制度文化环境，保证管理人及其从业人员诚实信用、勤勉尽责、恪尽职守。

第八条　私募基金管理人应当遵循专业化运营原则，主营业务清晰，不得兼营与私募基金管理无关或存在利益冲突的其他业务。

第九条　私募基金管理人应当健全治理结构，防范不正当关联交易、利益输送和内部人控制风险，保护投资者利益和自身合法权益。

第十条　私募基金管理人组织结构应当体现职责明确、相互制约的原则，建立必要的防火墙制度与业务隔离制度，各部门有合理及明确的授权分工，操作相互独立。

第十一条　私募基金管理人应当建立有效的人力资源管理制度，健全激励约束机制，确保工作人员具备与岗位要求相适应的职业操守和专业胜任能力。

私募基金管理人应具备至少两名高级管理人员。

第十二条　私募基金管理人应当设置负责合规风控的高级管理人员。负责合规风控的高级管理人员，应当独立地履行对内部控制监督、检查、评价、报告和建议的职能，对因失职渎职导致内部控制失效造成重大损失的，应承担相关责任。

第十三条　私募基金管理人应当建立科学的风险评估体系，对内外部风险进行识别、评估和分析，及时防范和化解风险。

第十四条　私募基金管理人应当建立科学严谨的业务操作流程，利用部门分设、岗位分设、外包、托管等方式实现业务流程的控制。

第十五条　授权控制应当贯穿于私募基金管理人资金募集、投资研究、投资运作、运营保障和信息披露等主要环节的始终。私募基金管理人应当建立、健全授权标准和程序，确保授权制度的贯彻执行。

第十六条　私募基金管理人自行募集私募基金的，应设置有效机制，切实保障募集结算资金安全；私募基金管理人应当建立合格投资者适当性制度。

第十七条　私募基金管理人委托募集的，应当委托获得中国证监会基金销售业务资格且成为中国证券投资基金业协会（以下简称中国基金业协会）会员的机构募集私募基金，并制定募集机构遴选制度，切实保障募集结算资金安全；确保私募基金向合格投资者募集以及不变相进行公募。

第十八条　私募基金管理人应当建立完善的财产分离制度，私募基金财产与私募基金管理人固有财产之间、不同私募基金财产之间、私募基金财产和其他财产之间要实行独立运作，分别核算。

第十九条　私募基金管理人应建立、健全相关机制，防范管理的各私募基金之间的利益输送和利益冲突，公平对待管理的各私募基金，保护投资者利益。

第二十条　私募基金管理人应当建立、健全投资业务控制，保证投资决策严格按照法律法规规定，符合基金合同所规定的投资目标、投资范围、投资策略、投资组合和投资限制等要求。

第二十一条　除基金合同另有约定外，私募基金应当由基金托管人托管，私募基金管理人应建立、健全私募基金托管人遴选制度，切实保障资金安全。

基金合同约定私募基金不进行托管的，私募基金管理人应建立保障私募基金财产安全的制度措施和纠纷解决机制。

第二十二条　私募基金管理人开展业务外包应制定相应的风险管理框架及制度。私募基金管理人根据审慎经营原则制定其业务外包实施规划，确定与其经营水平相适宜的外包活动范围。

第二十三条　私募基金管理人应建立、健全外包业务控制，并至少每年开展一次全面的外包业务风险评估。在开展业务外包的各个阶段，关注外包机构是否存在与外包服务相冲突的业务，以及外包机构是否采取有效的隔离措施。

第二十四条　私募基金管理人自行承担信息技术和会计核算等职能的，应建立相应的信息系统和会计系统，保证信息技术和会计核算等的顺利运行。

第二十五条　私募基金管理人应当建立、健全信息披露控制，维护信息沟通渠道的畅通，保证向投资者、监管机构及中国基金业协会所披露信息的真实性、准确性、完整性和及时性，不存在虚假记载、误导性陈述或重大遗漏。

第二十六条　私募基金管理人应当保存私募基金内部控制活动等方面的信息及相关资料，确保信息的完整、连续、准确和可追溯，保存期限自私募基金清算终止之日起不得少于十年。

第二十七条　私募基金管理人应对内部控制制度的执行情况进行定期和不定期的检查、监督及评价，排查内部控制制度是否存在缺陷及实施中是否存在问题，并及时予以改进，确保内部控制制度的有效执行。

第四章　检查和监督

第二十八条　中国基金业协会对私募基金管理人内部控制的建立及执行情况进行监督。

第二十九条　私募基金管理人应当按照本指引要求制定相关内部控制制度，并在中国基金业协会私募基金登记备案系统填报及上传相关内部控制制度。

第三十条　中国基金业协会按照相关自律规则，对私募基金管理人的人员、内部控制、业务活动及信息披露等合规情况进行业务检查，业务检查可通过现场或非现场方式进行，私募基金管理人及相关人员应予以配合。

第三十一条　私募基金管理人未按本指引建立、健全内部控制，或内部控制存在重大缺陷，导致违反相关法律法规及自律规则的，中国基金业协会可以视情节轻重对私募基金管理人及主要负责人采取书面警示、行业内通报批评、公开谴责等措施。

第五章　附　则

第三十二条　本指引由中国基金业协会负责解释。

第三十三条　本指引自2016年2月1日起施行。

私募投资基金服务业务管理办法(试行)

关于发布《私募投资基金服务业务管理办法(试行)》的通知

各私募投资基金管理人、私募投资基金服务机构:

为促进私募基金行业健康发展,规范私募基金服务业务,保护基金投资者权益,根据《中华人民共和国证券投资基金法》《私募投资基金监督管理暂行办法》有关规定,中国证券投资基金业协会(以下简称协会)起草了《私募投资基金服务业务管理办法(试行)》(以下简称《服务办法》),经协会理事会表决通过,现予以发布,自发布之日起实施,原协会《基金业务外包服务指引(试行)》同时废止。现将有关事项通知如下。

一、关于私募投资基金服务机构登记

申请开展私募基金份额登记、估值核算、信息技术系统服务的机构,应参照《服务办法》第八条和第九条的要求,通过“私募基金服务业务登记系统”填报登记材料,系统路径为http://fo.amac.org.cn。

因系统改造需要,2017年5月2日,协会将正式公布系统填报说明材料,并开放系统填报功能。原“基金业务外包服务备案系统”中填报资料的申请机构应按照新系统要求重新填报。

二、关于法律意见书

申请机构应当根据《私募投资基金服务机构法律意见书指引》(附件3)的要求,在登记系统中上传《法律意见书》。对于已经完成备案的服务机构,应当按照《服务办法》和《法律意见书》指引的要求对本机构业务合规性进行梳理,并于4月30日之前向协会(fo@amac.org.cn)提交合规性自查报告。

三、过渡期安排

《服务办法》实施之前,从事私募基金份额登记、估值核算、信息技术系统服务,且未在协会完成服务机构登记的,应自系统开放登记之日起六个月内,按照《服务办法》的有关要求完成登记,期间不得新增私募基金有关服务业务。

特此通知。

附件1:私募投资基金服务业务管理办法(试行)

附件2:私募投资基金服务机构登记法律意见书指引

中国证券投资基金业协会

2017年3月1日

附件1　私募投资基金服务业务管理办法(试行)

第一章　总　则

第一条　【立法依据】为促进私募投资基金(以下简称私募基金)行业健康发展,规范私募基金服务业务,保护投资者及相关当事人合法权益,根据《中华人民共和国证券投资基金法》《私募投资基金监督管理暂行办法》等有关规定,制定本办法。

第二条　【适用范围】私募基金管理人委托私募基金服务机构(以下简称服务机构),为私募基金提供基金募集、投资顾问、份额登记、估值核算、信息技术系统等服务业务,适用本办法。服务机构开展私募基金服务业务及私募基金管理人、私募基金托管人就其参与私募基金服务业务的环节适用本办法。

私募基金管理人应当委托在中国证券投资基金业协会(以下简称协会)完成登记并已成为协会会员的服务机构提供私募基金服务业务。私募基金管理人委托服务机构从事私募基金募集、投资顾问等业务的相关规定,由协会另行规定。

第三条　【服务机构权利义务】服务机构及其从业人员从事私募基金服务业务,应当遵循有关法律法规和行业规范,依照服务协议、操作备忘录或各方认可的其他法律文本的约定,诚实信用、勤勉尽责、恪尽职守,防止利益冲突,保护私募基金财产和投资者财产安全,维护投资者合法权益。

服务机构不得将已承诺的私募基金服务业务转包或变相转包。

第四条　【财产独立】私募基金服务所涉及的基金财产和投资者财产应当独立于服务机构的自有财产。服务机构破产或者清算时,私募基金服务所涉及的基金财产和投资者财产不属于其破产或清算财产。

第五条　【管理人权利义务】私募基金管理人委托服务机构开展业务,应当制定相应的风险管理框架及制度,并根据审慎经营原则制定业务委托实施规划,确定与其经营水平相适宜的委托服务范围。

私募基金管理人委托服务机构开展服务前,应当对服务机构开展尽职调查,了解其人员储备、业务隔离措施、软硬件设施、专业能力、诚信状况等情况;并与服务机构签订书面服务协议,明确双方的权利义务及违约责任。私募基金管理人应当对服务机构的运营能力和服务水平进行持续关注和定期评估。

私募基金管理人委托服务机构提供私募基金服务的,私募基金管理人依法应当承担的责任不因委托而免除。

第六条　【行业自律】协会依据法律法规和自律规则,对服务机构及其私募基金服务业务进行自律管理。

第二章　服务机构的登记

第七条　【风险提示】协会为服务机构办理登记不构成对服务机构服务能力、持续合规情况的认可，不作为对基金财产和投资者财产安全的保证。服务机构在协会完成登记之后连续6个月没有开展基金服务业务的，协会将注销其登记。

第八条 【登记要求】申请开展私募基金份额登记服务、基金估值核算服务、信息技术系统服务的机构，应当具备下列条件：

（一）经营状况良好，其中开展私募基金份额登记服务和信息技术系统服务的机构实缴资本不低于人民币5000万元；

（二）公司治理结构完善，内部控制有效；

（三）经营运作规范，最近三年内无重大违法违规记录；

（四）组织架构完整，设有专门的服务业务团队和分管服务业务的高管，服务业务团队的设置能够保证业务运营的完整与独立，服务业务团队有满足营业需要的固定场所和安全防范措施；

（五）配备相应的软硬件设施，具备安全、独立、高效、稳定的业务技术系统，且所有系统已完成包括协会指定的中央数据交换平台在内的业务联网测试；

（六）负责私募基金服务业务的部门负责人、独立第三方服务机构的法定代表人等应当具备基金从业资格。所有从业人员应当自从事私募基金服务业务之日起6个月内具备基金从业资格，并参加后续执业培训；

（七）申请机构应当评估业务是否存在利益冲突并设置相应的防火墙制度；

（八）申请机构的信息技术系统应当符合法律法规、中国证监会及协会的规定及相关标准，建立网络隔离、安全防护与应急处理等风险管理制度和灾难备份系统；

（九）申请开展信息技术服务的机构应当具有国家有关部门规定的资质条件或者取得相关资质认证，拥有同类应用服务经验，具有开展业务所有需要的人员、设备、技术、知识产权以及良好的安全运营记录等条件；

（十）协会规定的其他条件。

第九条 【登记材料】申请登记的机构提交的材料包括但不限于：

（一）诚信及合法合规承诺函；

（二）内控管理制度、业务隔离措施以及应急处理方案；

（三）信息系统配备情况及系统运行测试报告；

（四）私募基金服务业务团队设置和岗位职责规定及包括分管领导、业务负责人、业务人员等在内的人员基本情况；

（五）与私募基金管理人签订的约定双方权利义务的服务协议或意向合作协议清单；

（六）涉及募集结算资金的，应当包括相关账户信息、募集销售结算资金安全保障机制的说明材料，以及协会指定的中央数据交换平台的测试报告等；

（七）法律意见书；

（八）开展私募基金服务业务的商业计划书；

（九）协会规定的其他材料。

第十条 【登记流程】登记材料不完备或不符合规定的，协会告知需要补正的内容。服务机构提交的登记材料完备且登记材料符合要求的，协会自受理之日起2个月内出具登记函并公示。

第三章 基本业务规范

第十一条 【协议签署】私募基金管理人与服务机构应当依据基金合同签订书面服务协议。协议应当至少包括以下内容：服务范围、服务内容、双方的权利和义务、收费方式和业务费率、保密义务等。除基金合同约定外，服务费用应当由私募基金管理人自行支付。

第十二条 【备忘录签署】私募基金管理人、私募基金托管人、服务机构、经纪商等相关方，应当就账户信息、交易数据、估值对账数据、电子划款指令、投资者名册等信息的交互时间及交互方式、对接人员、对接方式、业务实施方案、应急预案等内容签订操作备忘录或各方认可的其他法律文本，对私募基金服务事项进行单独约定。其中，数据交互应当遵守协会的相关标准。

第十三条 【公平竞争】服务机构在开展业务过程中应当执行贯彻国家有关反不正当竞争行为的各项规定，设定合理、清晰的费用结构和费率标准，不得以低于成本的收费标准提供服务。

第十四条 【基金财产和投资者财产安全】服务机构应当对提供服务业务所涉及的基金财产和投资者财产实行严格的分账管理，确保基金财产和投资者财产的安全，任何单位或者个人不得以任何形式挪用基金财产和投资者财产。

第十五条 【风险防范】服务机构应当具备开展服务业务的营运能力和风险承受能力，审慎评估私募基金服务的潜在风险与利益冲突，建立严格的防火墙制度与业务隔离制度，有效执行信息隔离等内部控制制度，切实防范利益输送。

第十六条 【基金服务与托管隔离】私募基金托管人不得被委托担任同一私募基金的服务机构，除该托管人能够将其托管职能和基金服务职能进行分离，恰当的识别、管理、监控潜在的利益冲突，并披露给投资者。

第十七条 【档案管理】服务机构应当建立、健全档案管理制度，妥善保管服务所涉及的资料。服务机构提供份额登记服务的，登记数据保存期限自基金账户销户之日起不得少于20年。

第十八条 【专项审计】服务机构每年应当聘请具有证券业务资格的会计师事务所对私募基金服务业务的内部控制与业务实施情况进行审计并出具审计报告。经国务院金融监督管理机构核准的金融机构，每年可以选择由该机构内部审计部门出具私募基金服务业务评估报告。

第十九条 【责任分担】服务机构在开展业务的过程中，因违法违规、违反服务协议、技术故障、操作错误等原因给基金财产造成的损失，应当由私募基金管理人先行承担赔偿责任。私募基金管理人再按照服务协议约定与服务机构进行责任分配与损失追偿。

第四章 基金份额登记服务业务规范

第二十条 【基本职责】从事私募基金份额登记服务的机构（以下简称基金份额登记机构）的基本职责包括：建立并管理投资者的基金账户、负责基金份额的登记及资金结算、基金交易确认、代理发放红利、保管投资者名册、法律法规或服务协议规定的其他职责。基金份额登记机构登记的数据，是投资者权利归属的根据。

第二十一条　【募集结算资金】基金募集结算资金是指由基金募集机构归集的，基金份额登记机构进行资金清算，在合格投资者资金账户与基金财产资金账户或托管资金账户之间划转的往来资金。

第二十二条　【资金账户安全保障】基金募集结算资金专用账户包括募集机构开立的募集结算资金归集账户和基金份额登记机构开立的注册登记账户。基金募集结算资金专用账户应当由监督机构负责实施有效监督，监督协议中应当明确监督机构保障投资者资金安全的连带责任条款。其中，监督机构指中国证券登记结算有限责任公司、取得基金销售业务资格的商业银行、证券公司、公募基金管理公司以及协会规定的其他机构。监督机构和服务机构为同一机构的，应当做好内部风险防范。

私募基金管理人应当向协会报送私募基金募集结算资金专用账户及其监督机构信息。

第二十三条　【内部控制机制】基金份额登记机构和监督机构应当建立、健全内部控制机制，将划款指令的生成与复核相分离，对系统重要参数的设置和修改建立多层审核机制，切实保障募集结算资金安全。

第二十四条　【基金账户开立要求】基金份额登记机构办理账户类业务（如开立、变更、销户等）时，应当就投资者信息的真实性和准确性与募集机构进行书面约定。

投资者是其他基金的，基金份额登记机构应当与募集机构约定，采取将该基金的托管资金账户或者专门的基金财产资金账户作为收付款的唯一指定账户等方式保障投资者财产安全。

第二十五条　【份额确认】基金份额登记机构应当根据募集机构提供的认购、申购、认缴、实缴、赎回、转托管等数据和自身资金结算结果，办理投资者名册的初始登记或者变更登记。基金份额登记机构应当向私募基金托管人提供投资者名册。

第二十六条　【资金交收风险】基金份额登记机构在进行份额登记时，如果与资金交收存在时间差，应当充分评估资金交收风险。法律授权下执行担保交收的，应当动态评估交收风险，提取足额备付金；在非担保交收的情况下，应当与管理人或管理人授权的募集机构书面约定资金交收过程中不得截留、挪用交易资金或者将资金做内部非法轧差处理，以及在发生损失情况下的责任承担。

第二十七条　【募集结算资金划付】基金份额登记机构应当严格按照服务协议约定的资金交收路径进行募集结算资金划付。募集结算资金监督机构未按照约定进行汇款或提交正确的汇款指令，基金份额登记机构应当拒绝操作执行。

第二十八条　【份额变更】基金份额以协议继承、捐赠、强制执行、转让等方式发生变更的，基金份额登记机构应当在募集机构履行合格投资者审查、反洗钱等义务的基础上，根据相关法律证明文件及资金清算结果，结合自身业务规则变更基金账户余额，相应办理投资者名册的变更登记。

第二十九条　【关于计提业绩报酬】基金合同约定由基金份额登记机构负责计提业绩报酬的，基金份额登记机构应当保证业绩报酬计算过程及结果的准确性，不得损害投资者利益。

第三十条　【数据备份】基金份额登记机构应当妥善保存登记数据，并根据协会的规定将投资者名称、身份信息及基金份额明细等数据在发生变更的T+1日内备份至协会指定数据备份平台。

第三十一条 【自行办理份额登记】私募基金管理人自行办理份额登记业务的，应当参考本章规定执行。

第五章 基金估值核算服务业务规范

第三十二条 【基本职责】从事私募基金估值核算服务的机构（以下简称基金估值核算机构）的基本职责包括：开展基金会计核算、估值、报表编制，相关业务资料的保存管理，配合私募基金管理人聘请的会计师事务所进行审计以及法律法规及服务协议规定的其他职责。

第三十三条 【估值依据】基金估值核算机构开展估值核算服务，应当遵守《企业会计准则》《证券投资基金会计核算业务指引》以及协会的估值规则等相关法律法规的规定。基金估值核算机构应当按照基金合同和服务协议规定的估值方法、估值频率、估值流程对基金财产进行估值核算。

第三十四条 【估值频率】基金估值核算机构应当至少保证在开放式基金申赎，封闭式基金扩募、增减资等私募基金份额（权益）发生变化时进行估值。

第三十五条 【与托管人对账】基金估值核算机构应当按照服务协议、操作备忘录或各方认可的其他法律文本的约定与私募基金托管人核对账务，由私募基金托管人对估值结果进行复核。

第三十六条 【差错处理】当份额净值计算出现错误时，基金估值核算机构应当及时纠正，采取合理措施防止损失进一步扩大，并根据服务协议约定通知私募基金管理人依法履行披露及报告义务。

第三十七条 【信息披露】基金估值核算机构应当配合私募基金管理人按照服务协议的约定，及时、准确地披露基金产品净值，编制和提供定期报告等基金产品运作信息。

第三十八条 【附属服务】在协会完成基金估值核算登记的服务机构可以提供基金绩效分析、数据报送支持等附属服务。

第六章 信息技术系统服务业务规范

第三十九条 【信息技术系统服务定义】信息技术系统服务是指为私募基金管理人、私募基金托管人和其他服务机构提供私募基金业务核心应用系统、信息系统运营维护及安全保障等服务。其中，私募基金业务核心应用系统包括销售系统、投资交易管理系统、份额登记系统、资金清算系统、估值核算系统等。

第四十条 【提供系统要求】服务机构提供基金业务核心应用系统的，不得从事与其所提供系统相对应的私募基金服务业务，不得直接进行相关业务操作，可以提供信息系统运营维护及安全保障等服务。

第四十一条 【风控要求】提供投资交易管理系统的服务机构应当保证单只基金开立独立证券账户，单个证券账户不得下设子账户、分账户、虚拟账户；不得直接进行投资业务操作，不得代为行使私募基金管理人的平仓和交易职责。

第四十二条 【风控检查】提供投资交易管理系统的服务机构应当建立公平交易机制，公平对待同一私募基金管理人管理的私募基金及不同私募基金管理人管理的私募基金，防范私募基金之间进行利益输送。指令在发送到交易场所之前应当经过投资交易管理系统的风控检查，不得绕过风控检查直接下单到交易场所。

第四十三条　【销售系统服务要求】提供销售系统的服务机构应与私募基金管理人签署书面服务协议明确双方的权利和义务。销售系统涉及基金电子合同平台的，私募基金管理人在基金募集中应依法承担的投资者适当性和真实性核查等责任不因签署电子合同平台的外包协议而免除。

第四十四条　【接口管理】服务机构提供核心应用系统的，应当保证数据通讯接口符合中国证监会及协会颁布的接口规范标准要求；无接口规范标准的，数据接口应当具备可兼容性，不得随意变更。服务机构应当向客户提供开发接口和完整的数据库表结构设计，开发接口应当能够覆盖客户的全部数据读写。

第四十五条　【执行程序和源代码的安全】服务机构应当对信息技术系统相关的执行程序和源代码设置有效的安全措施，切实保障执行程序和源代码的安全。在所有信息技术系统发布前对执行程序和源代码进行严格的审查和充分的测试，并积极协助客户进行上线前的验收工作。

第四十六条　【信息技术系统架构】信息技术系统架构设计应当实现接入层、网络层、应用层分离，方便进行网络防火墙建设管理。信息技术系统架构应当能够支持系统负载均衡和性能线性扩张，通过增加硬件设备可以简单实现产品性能的扩充。

第四十七条　【信息技术系统管理】服务机构应当保证其信息技术系统有足够的业务容量和技术容量，并能够满足市场可能出现的峰值压力需求，并根据市场的发展变化和客户的需求及时提供系统的升级、维护服务。服务机构应当对信息技术系统缺陷实施应急管理机制，一旦发现缺陷，应当立即通知信息技术系统使用人并及时提供解决方案。

第四十八条　【数据安全】服务机构应当确保其主要业务信息系统持续稳定运行，其中涉及核心业务处理的信息系统应当部署在中华人民共和国境内，并配合监管部门、司法机关现场检查及调查取证。

服务机构在业务开展过程中所获取的客户信息、业务资料等数据的存储与备份应当在中华人民共和国境内完成，相关数据的保密管理应当符合国家相关规定。服务机构及其从业人员应当恪尽职守，保护客户隐私，严守客户机密。

第七章　自律管理

第四十九条　【报告义务】服务机构应当在每个季度结束之日起15个工作日内向协会报送服务业务情况表，每个年度结束之日起三个月内向协会报送运营情况报告。服务机构应当在每个年度结束之日起四个月内向协会报送审计报告。服务机构的注册资本、注册地址、法定代表人、分管基金服务业务的高级管理人员等重大信息发生变更的，应当自变更发生之日起10个工作日内向协会更新登记信息。

独立第三方服务机构通过一次或多次股权变更，整体构成变更持股5%以上股东或变更股东持股比例超过5%的，应当及时向协会报告；整体构成变更持股20%以上股东或变更股东持股比例超过20%，或实际控制人发生变化的，应当自董事会或者股东(大)会作出决议之日起10个工作日内向协会提交重大信息变更申请。

发生重大事件时，私募基金管理人、私募基金托管人、服务机构应当及时向协会报告。关于服务机构需要报送的投资者信息和产品运作信息的规范，由协会另行规定。

第五十条 【协会职责】协会对服务机构从事私募基金服务业务进行定期或者不定期的现场和非现场自律检查，服务机构应当予以配合。

第五十一条 【投诉举报】私募基金管理人、托管人可以按照规定向协会投诉或举报服务机构及其从业人员的违规行为。

服务机构可以按照规定向协会投诉或举报私募基金管理人、托管人及其从业人员的违规行为。

第五十二条 【一般违规责任】服务机构违反本办法第二章第七条至第十条，第三章第十一条至第十三条，第十七条至第十九条，第四章第二十条，第二十四条，第二十五条，第二十八条至第三十一条，第五章第三十二条，第三十四条至第三十八条，第六章第四十三条至第四十七条，第七章第四十九条第一款、第三款的规定，协会可以要求服务机构限期改正。逾期未改正的，协会可以视情节轻重对服务机构主要负责人采取谈话提醒、书面警示、要求强制参加培训、行业内谴责、加入黑名单等纪律处分。

第五十三条 【严重违规责任】服务机构违反本办法第三章第十四条至第十六条，第四章第二十一条至第二十三条、第二十六条及第二十七条，第五章第三十三条，第六章第四十条至第四十二条、第四十八条、第四十九条第二款的规定，协会可视情节轻重对服务机构采取公开谴责、暂停办理相关业务、撤销服务机构登记或取消会员资格等纪律处分；对服务机构主要负责人，协会可采取加入黑名单、公开谴责、暂停或取消基金从业资格等纪律处分，并加入诚信档案。

第五十四条 【多次违规处分】一年之内服务机构两次被要求限期改正，服务机构主要负责人两次被采取谈话提醒、书面警示等纪律处分的，协会可对其采取加入黑名单、公开谴责等纪律处分；服务机构及其主要负责人在两年之内两次被采取加入黑名单、公开谴责等纪律处分的，协会可以采取撤销服务机构登记或取消会员资格，暂停或取消服务机构主要负责人基金从业资格等纪律处分。

第五十五条 【诚信记录】服务机构及其从业人员因违规行为被协会采取相关纪律处分的，协会可视情节轻重记入诚信档案。

第五十六条 【行政与刑事责任】服务机构及其从业人员涉嫌违反法律、行政法规、证监会有关规定的，移送中国证监会或司法机关处理。

第八章 附 则

第五十七条 【适用】服务机构为证券期货经营机构私募资产管理计划提供服务业务的，适用本办法。

第五十八条 【生效】本办法自公布之日起实施，原《基金业务外包服务指引(试行)》同时废止。

第五十九条　【解释】本办法由协会负责解释。

附件2　私募投资基金服务机构登记法律意见书指引

申请机构向中国证券投资基金业协会（以下简称协会）申请私募投资基金服务机构（以下简称服务机构）登记，应当根据《中华人民共和国律师法》等相关法律法规，聘请中国律师事务所依照本指引出具《私募投资基金服务机构登记法律意见书》（以下简称《法律意见书》）。协会将在服务机构登记公示信息中列明出具《法律意见书》的经办执业律师信息及律师事务所名称。

一、律师事务所应当勤勉尽责，根据相关法律法规、《律师事务所从事证券法律业务管理办法》《律师事务所证券法律业务执业规则（试行）》及协会的相关规定，在尽职调查的基础上对本指引规定的内容发表明确的法律意见，制作工作底稿并留存，独立、客观、公正地出具《法律意见书》，保证《法律意见书》不存在虚假记载、误导性陈述及重大遗漏。

二、《法律意见书》应当由两名执业律师签名，加盖律师事务所印章，并签署日期。用于服务机构登记的《法律意见书》的签署日期应在服务机构提交登记申请之日前的一个月内。《法律意见书》报送后，服务机构不得修改其提交的登记申请材料；若确需补充或更正，经协会同意，应由原经办执业律师及律师事务所另行出具《补充法律意见书》。

三、《法律意见书》的结论应当明晰，不得使用“基本符合条件”等含糊措辞。对不符合相关法律法规和中国证监会、协会规定的事项，或已勤勉尽责仍不能对其法律性质或其合法性作出准确判断的事项，律师事务所及经办执业律师应发表保留意见，并说明相应的理由。

四、经办执业律师及律师事务所应在充分尽职调查的基础上，就下述内容逐项发表法律意见，并就对服务机构登记申请是否符合中国基金业协会的相关要求发表整体结论性意见。不存在下列事项的，也应明确说明。若引用或使用其他中介机构结论性意见的应当独立对其真实性进行核查。

（一）申请机构向协会提交的登记材料是否真实、准确、完整；

（二）申请机构的财务状况是否良好，实缴资本是否符合《私募投资基金服务业务管理办法（试行）》（以下简称《服务办法》）相应的业务登记要求；

（三）申请机构是否有健全的治理结构，股东会、董事会、监事会及管理层之间是否分工明确、相互制衡；

（四）申请机构是否按规定具有开展私募基金服务业务所需的从业人员、营业场所、软硬件设施等运营基本设施和条件；

（五）申请机构是否具有完善的内控制度和风险管理制度，存在潜在利益冲突的业务是否建立防火墙制度与业务隔离机制，具体要求如下：

1. 份额登记服务业务的申请机构：

(1)募集结算资金专用账户的监督机制。监督协议（或模板）的签署是否符合相关法律法规和自律规则的要求，是否做好监督机构和服务机构为同一机构时的风险防范措施；

(2)募集结算资金安全的控制情况，包括：资金划付路径是否清晰、完整；划款指令生成与复核是否分离；对系统重要参数的设置和修改是否建立了多层审核机制；是否对资金交收风险及责任分担作出安排；

(3)基金账户开立是否符合《服务办法》第二十四条的相关要求；

(4)是否针对非交易过户导致的份额变更建立相关的内控制度；是否开展份额转让或质押业务及业务开展情况。

2. 估值核算服务业务的申请机构：

(1)估值依据和方法是否遵守《企业会计准则》《证券投资基金会计核算业务指引》以及协会的估值规则等相关法律法规的规定；

(2)是否与基金托管人建立有效的对账机制；

(3)是否建立完善的估值差错的发现、处理和损失弥补机制；

(4)是否开展附属业务并建立相应的风险防范机制。

3. 信息技术系统服务业务的申请机构：

(1)是否从事与所提供核心应用系统相对应的私募基金服务业务；是否直接为服务对象提供相关业务操作；

(2)提供投资交易管理系统、销售系统的申请机构是否符合《服务办法》第四十一条、第四十二条以及第四十三条的要求；

(3)数据接口是否符合证监会及协会的相关规定；

(4)执行程序、源代码的安全保障措施，系统架构及防火墙制度建立及执行情况；

(5)系统容量安排及应急管理制度的建立情况。

(六)申请机构是否具备安全、独立、高效和稳定的业务技术系统，系统的网络隔离、安全防护与应急处理机制等是否完善，是否具备灾难备案系统，系统是否已完成包括协会指定的中央数据交换平台在内的业务联网测试；

(七)申请机构与服务对象已经签署或拟签署的协议、备忘录是否满足《服务办法》第十一条、第十二条的要求；

(八)申请机构的人员配备情况，包括负责私募基金服务业务的部门负责人、独立第三方服务机构的法定代表人等取得基金从业资格的情况，其他从业人员取得基金从业资格的情况及后续安排；

(九)法定代表人及高管的诚信合规情况，持股5%以上股东的诚信合规情况；

(十)申请机构最近三年是否有重大违法违规记录；

(十一)经办职业律师及律师事务所认为需要说明的其他事项。

第五篇　信息披露

私募投资基金信息披露管理办法

关于发布《私募投资基金信息披露管理办法》的通知

（2016-02-04）

各私募投资基金管理人：

根据《证券投资基金法》《私募投资基金监督管理暂行办法》有关规定，经中国基金业协会理事会表决通过，现予以发布《私募投资基金信息披露管理办法》。本办法自发布之日起施行，其中，本办法第五条、第六条的具体实施安排，另行通知。

特此通知。

附件：1. 私募投资基金信息披露管理办法

2. 私募投资基金信息披露内容与格式指引1号适用于私募证券投资基金

中国基金业协会

2016年2月4日

附件1　私募投资基金信息披露管理办法

第一章　总　则

第一条　为保护私募基金投资者合法权益，规范私募投资基金的信息披露活动，根据《证券投资基金法》《私募投资基金监督管理暂行办法》《私募投资基金管理人登记和基金备案办法（试行）》等法律法规及相关自律规则，制定本办法。

第二条　本办法所称的信息披露义务人，指私募基金管理人、私募基金托管人，以及法律、行政法规、中国证券监督管理委员会（以下简称中国证监会）和中国证券投资基金业协会（以下简称中国基金业协会）规定的具有信息披露义务的法人和其他组织。

同一私募基金存在多个信息披露义务人时，应在相关协议中约定信息披露相关事项和责任义务。

信息披露义务人委托第三方机构代为披露信息的，不得免除信息披露义务人法定应承担的信息披露义务。

第三条　信息披露义务人应当按照中国基金业协会的规定以及基金合同、公司章程或者合伙协议（以下统称基金合同）约定向投资者进行信息披露。

第四条　信息披露义务人应当保证所披露信息的真实性、准确性和完整性。

第五条　私募基金管理人应当按照规定通过中国基金业协会指定的私募基金信息披露备份平台报送信息。

私募基金管理人过往业绩以及私募基金运行情况将以私募基金管理人向私募基金信息披露备份平台报送的数据为准。

第六条　投资者可以登录中国基金业协会指定的私募基金信息披露备份平台进行信息查询。

第七条　信息披露义务人、投资者及其他相关机构应当依法对所获取的私募基金非公开披露的全部信息、商业秘密、个人隐私等信息负有保密义务。

中国基金业协会应当对私募基金管理人和私募基金信息严格保密。除法律法规另有规定外，不得对外披露。

第八条　中国基金业协会依据本办法对私募基金的信息披露活动进行自律管理。

第二章　一般规定

第九条　信息披露义务人应当向投资者披露的信息包括：

（一）基金合同；

（二）招募说明书等宣传推介文件；

（三）基金销售协议中的主要权利义务条款（如有）；

（四）基金的投资情况；

（五）基金的资产负债情况；

（六）基金的投资收益分配情况；

（七）基金承担的费用和业绩报酬安排；

（八）可能存在的利益冲突；

（九）涉及私募基金管理业务、基金财产、基金托管业务的重大诉讼、仲裁；

（十）中国证监会以及中国基金业协会规定的影响投资者合法权益的其他重大信息。

第十条　私募基金进行托管的，私募基金托管人应当按照相关法律法规、中国证监会以及中国基金业协会的规定和基金合同的约定，对私募基金管理人编制的基金资产净值、基金份额净值、基金份额申购赎回价格、基金定期报告和定期更新的招募说明书等向投资者披露的基金相关信息进行复核确认。

第十一条　信息披露义务人披露基金信息，不得存在以下行为：

（一）公开披露或者变相公开披露；

（二）虚假记载、误导性陈述或者重大遗漏；

（三）对投资业绩进行预测；

（四）违规承诺收益或者承担损失；

（五）诋毁其他基金管理人、基金托管人或者基金销售机构；

（六）登载任何自然人、法人或者其他组织的祝贺性、恭维性或推荐性的文字；

（七）采用不具有可比性、公平性、准确性、权威性的数据来源和方法进行业绩比较，任意使用“业绩最佳”“规模最大”等相关措辞；

（八）法律、行政法规、中国证监会和中国基金业协会禁止的其他行为。

第十二条　向境内投资者募集的基金信息披露文件应当采用中文文本，应当尽量采用简明、易懂的语言进行表述。同时采用外文文本的，信息披露义务人应当保证两种文本内容一致。两种文本发生歧义时，以中文文本为准。

第三章　基金募集期间的信息披露

第十三条　私募基金的宣传推介材料（如招募说明书）内容应当如实披露基金产品的基本信息，与基金合同保持一致。如有不一致，应当向投资者特别说明。

第十四条　私募基金募集期间，应当在宣传推介材料（如招募说明书）中向投资者披露如下信息：

（一）基金的基本信息：基金名称、基金架构（是否为母子基金、是否有平行基金）、基金类型、基金注册地（如有）、基金募集规模、最低认缴出资额、基金运作方式（封闭式、开放式或者其他方式）、基金的存续期限、基金联系人和联系信息、基金托管人（如有）；

（二）基金管理人基本信息：基金管理人名称、注册地/主要经营地址、成立时间、组织形式、基金管理人在中国基金业协会的登记备案情况；

（三）基金的投资信息：基金的投资目标、投资策略、投资方向、业绩比较基准（如有）、风险收益特征等；

（四）基金的募集期限：应载明基金首轮交割日以及最后交割日事项（如有）；

（五）基金估值政策、程序和定价模式；

（六）基金合同的主要条款：出资方式、收益分配和亏损分担方式、管理费标准及计提方式、基金费用承担方式、基金业务报告和财务报告提交制度等；

（七）基金的申购与赎回安排；

（八）基金管理人最近三年的诚信情况说明；

（九）其他事项。

第四章　基金运作期间的信息披露

第十五条　基金合同中应当明确信息披露义务人向投资者进行信息披露的内容、披露频度、披露方式、披露责任以及信息披露渠道等事项。

第十六条　私募基金运行期间，信息披露义务人应当在每季度结束之日起10个工作日以内向投资者披露基金净值、主要财务指标以及投资组合情况等信息。

单只私募证券投资基金管理规模金额达到5000万元以上的，应当持续在每月结束之日起5个工作日以内向投资者披露基金净值信息。

第十七条　私募基金运行期间，信息披露义务人应当在每年结束之日起4个月以内向投资者披露以下信息：

（一）报告期末基金净值和基金份额总额；

（二）基金的财务情况；

（三）基金投资运作情况和运用杠杆情况；

（四）投资者账户信息，包括实缴出资额、未缴出资额以及报告期末所持有基金份额总额等；

（五）投资收益分配和损失承担情况；

（六）基金管理人取得的管理费和业绩报酬，包括计提基准、计提方式和支付方式；

（七）基金合同约定的其他信息。

第十八条　发生以下重大事项的，信息披露义务人应当按照基金合同的约定及时向投资者披露：

（一）基金名称、注册地址、组织形式发生变更的；

（二）投资范围和投资策略发生重大变化的；

（三）变更基金管理人或托管人的；

（四）管理人的法定代表人、执行事务合伙人（委派代表）、实际控制人发生变更的；

（五）触及基金止损线或预警线的；

（六）管理费率、托管费率发生变化的；

（七）基金收益分配事项发生变更的；

（八）基金触发巨额赎回的；

（九）基金存续期变更或展期的；

（十）基金发生清盘或清算的；

（十一）发生重大关联交易事项的；

（十二）基金管理人、实际控制人、高管人员涉嫌重大违法违规行为或正在接受监管部门或自律管理部门调查的；

（十三）涉及私募基金管理业务、基金财产、基金托管业务的重大诉讼、仲裁；

（十四）基金合同约定的影响投资者利益的其他重大事项。

第五章　信息披露的事务管理

第十九条　信息披露义务人应当建立、健全信息披露管理制度，指定专人负责管理信息披露事务，并按要求在私募基金登记备案系统中上传信息披露相关制度文件。

第二十条　信息披露事务管理制度应当至少包括以下事项：

（一）信息披露义务人向投资者进行信息披露的内容、披露频度、披露方式、披露责任以及信息披露渠道等事项；

（二）信息披露相关文件、资料的档案管理；

（三）信息披露管理部门、流程、渠道、应急预案及责任；

(四)未按规定披露信息的责任追究机制,对违反规定人员的处理措施。

第二十一条　信息披露义务人应当妥善保管私募基金信息披露的相关文件资料,保存期限自基金清算终止之日起不得少于10年。

第六章　自律管理

第二十二条　中国基金业协会定期发布行业信息披露指引,指导信息披露义务人做好信息披露相关事项。

第二十三条　中国基金业协会可以对信息披露义务人披露基金信息的情况进行定期或者不定期的现场和非现场自律检查,信息披露义务人应当予以配合。

第二十四条　私募基金管理人违反本办法第十五条规定,未在基金合同约定信息披露事项的,基金备案过程中由中国基金业协会责令改正。

第二十五条　信息披露义务人违反本办法第五条、第九条、第十六条至第十八条的,投资者可以向中国基金业协会投诉或举报,中国基金业协会可以要求其限期改正。逾期未改正的,中国基金业协会可以视情节轻重对信息披露义务人及主要负责人采取谈话提醒、书面警示、要求参加强制培训、行业内谴责、加入黑名单等纪律处分。

第二十六条　信息披露义务人管理信息披露事务,违反本办法第十九条至第二十一条的规定,中国基金业协会可以要求其限期改正。逾期未改正的,中国基金业协会可以视情节轻重对信息披露义务人及主要负责人采取谈话提醒、书面警示、要求参加强制培训、行业内谴责、加入黑名单等纪律处分。

第二十七条　私募基金管理人在信息披露中存在本办法第十一条(一)、(二)、(三)、(四)、(七)所述行为的,中国基金业协会可视情节轻重对基金管理人采取公开谴责、暂停办理相关业务、撤销管理人登记或取消会员资格等纪律处分;对直接负责的主管人员和其他直接责任人员,中国基金业协会可采取要求参加强制培训、行业内谴责、加入黑名单、公开谴责、认为不适当人选、暂停或取消基金从业资格等纪律处分,并记入诚信档案。情节严重的,移交中国证监会处理。

第二十八条　私募基金管理人在一年之内两次被采取谈话提醒、书面警示、要求限期改正等纪律处分的,中国基金业协会可对其采取加入黑名单、公开谴责等纪律处分;在两年之内两次被采取加入黑名单、公开谴责等纪律处分的,由中国基金业协会移交中国证监会处理。

第七章　附　则

第二十九条　本办法自公布之日起施行。

第三十条　本办法所称以上、以内,包括本数。

第三十一条　本办法由中国基金业协会负责解释。

附件2　私募投资基金信息披露内容与格式指引1号——适用于私募证券投资基金

使用说明

一、本指引适用于私募证券投资基金。

二、本指引作为私募证券投资基金运作期间的信息披露内容和格式要求。信息披露义务人应当参照本指引对所管理的私募证券投资基金编制披露信息表。

三、信息披露义务人的信息披露报告包括月度报告、季度报告和年度报告。月度报告应当在每月结束之日起5个工作日内完成。季度报告应当在每季度结束之日起10个工作日内完成。年度报告应在每个会计年度结束后的4个月内完成，每年4月30日前发布上一年度报告。

四、信息披露义务人保证本报告披露的信息不存在任何虚假记载、误导性陈述或者重大遗漏，并对内容的真实性、准确性、完整性承担法律责任。

五、除基金合同另有约定的外，月报、季报、年报应通过中国基金业协会指定的私募基金信息披露平台进行发布，投资者可以登录进行查询。

私募基金信息披露月度报表，如表1和表2所示。

表1　基金基本概况

基金名称		基金编号	
基金运作方式		基金类型	
基金管理人		基金托管人(如有)	
基金合同生效日期		基金合同存续期截止日	

表2　净值月报

估值日期	份额净值	份额累计净值	基金资产净值
2016-02-29			
2016-03-31			
2016-04-30			
…			

注：(1)份额净值，是每份基金单位的净资产价值，等于基金的总资产减去总负债后的余额再除以基金全部发行的单位份额总数。

(2)份额累计净值=份额净值+基金成立后累计份额分红金额。

(3)基金资产净值是指在某一基金估值时点上，按照公允价格计算的基金资产的总市值扣除负债后的余额，该余额是基金单位持有人的权益。

私募基金信息披露季度报表，如表3~表5所示。

表3　基金基本情况

项　目	信　息
基金名称	
基金编号	
基金管理人	
基金托管人(如有)	
基金运作方式	
基金合同生效日期	
报告期末基金份额总额	
投资目标	
投资策略	
业绩比较基准(如有)	
风险收益特征	

表4　基金净值表现

阶段	净值增长率	净值增长率标准差(选填)	业绩比较基准收益率(选填)	业绩比较基准收益率标准差(选填)
当季				
自基金合同生效起至今				

注:净值增长率=(期末累计净值-期初累计净值)÷期初累计净值

当季净值增长率=(本季度末累计净值-上季度末累计净值)÷上季度末累计净值

表5　主要财务指标

(单位:元)

项　目	2016-01-01至2016-03-31
本期已实现收益	
本期利润	
期末基金资产净值	
期末基金份额净值	

投资组合情况,如表6~表8所示。

表6　期末基金资产组合情况

(金额单位:元,比例单位:%)

序号	项目	金额	占基金总资产的比例
1	权益投资		
	其中:普通股		

(续表)

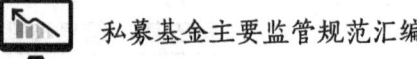

序号	项目	金额	占基金总资产的比例
	存托凭证		
2	基金投资		
3	固定收益投资		
	其中:债券		
	资产支持证券		
4	金融衍生品投资		
	其中:远期		
	期货		
	期权		
	权证		
5	买入返售金融资产		
	其中:买断式回购的买入返售金融资产		
6	货币市场工具		
7	银行存款和结算备付金合计		
…			
	合计		

表7　报告期末按行业分类的股票投资组合

(金额单位:元)

序号	行业类别	公允价值	占基金资产净值比例(%)
1	农、林、牧、渔业		
2	采矿业		
3	制造业		
4	电力、热力、燃气及水生产和供应业		
5	建筑业		
6	批发和零售业		
7	交通运输、仓储和邮政业		
8	住宿和餐饮业		
9	信息传输、软件和信息技术服务业		
10	金融业		
11	房地产业		
12	租赁和商务服务业		
13	科学研究和技术服务业		
14	水利、环境和公共设施管理业		
15	居民服务、修理和其他服务业		
16	教育		
17	卫生和社会工作		

（续表）

序号	行业类别	公允价值	占基金资产净值比例(%)
18	文化、体育和娱乐业		
19	综合		
	合计		

表8　基金份额变动情况

（单位：份）

报告期期初基金份额总额	
报告期期间基金总申购份额	
减：报告期期间基金总赎回份额	
报告期期间基金拆分变动份额（份额减少以“-”填列）	
报告期期末基金份额总额	

六、管理人报告（如报告期内高管、基金经理及其关联基金经验、基金运作遵规守信情况、基金投资策略和业绩表现、对宏观经济、证券市场及其行业走势展望、内部基金监察稽核工作、基金估值程序、基金运作情况和运用杠杆情况、投资收益分配和损失承担情况、会计师事务所出具非标准审计报告所涉相关事项、对本基金持有人数或基金资产净值预警情形、可能存在的利益冲突等）

私募基金信息披露年度报表基金产品概况，如表9~表12所示。

表9　基金基本情况

项　　目	信　　息
基金名称	
基金编号	
基金运作方式	
基金合同生效日期	
基金管理人	
基金托管人（如有）	
报告期末基金份额总额	
基金合同存续期	

表10　基金产品说明

投资目标	
投资策略	
业绩比较基准（如有）	
风险收益特征	

表11　基金管理人和基金托管人

项目		基金管理人	基金托管人(如有)
名称			
信息披露负责人	姓名		
	联系电话		
	电子邮箱		
传真			
注册地址			
办公地址			
邮政编码			
法定代表人			

表12　其他相关资料

项　目	名　称	办公地址
会计师事务所		
注册登记机构		
外包机构		

私募基金信息披露主要会计数据和财务指标、基金净值表现及利润分配情况，如表13~表15所示。

表13　主要会计数据和财务指标

期间数据和指标	2015年	2014年	2013年
本期已实现收益			
本期利润			
期末数据和指标	2015年年末	2014年年末	2013年年末
期末可供分配利润			
期末可供分配基金份额利润			
期末基金资产净值			
期末基金份额净值			
累计期末指标	2015年年末	2014年年末	2013年年末
基金份额累计净值增长率			

表14　基金净值表现

阶段	净值增长率	净值增长率标准差(选填)	业绩比较基准收益率(选填)	业绩比较基准收益率标准差(选填)
当年				

（续表）

阶段	净值增长率	净值增长率标准差（选填）	业绩比较基准收益率（选填）	业绩比较基准收益率标准差（选填）
自基金合同生效起至今				

注：净值增长率=（期末累计净值-期初累计净值）÷期初累计净值

当年净值增长率=（本年度末累计净值-上年度末累计净值）÷上年度末累计净值

表15　过去3年基金的利润分配情况

年度	每份基金份额分红数	现金形式发放总额	再投资形式发放总额	年度利润分配合计	备注

私募基金份额变动情况，如表16所示。

表16　基金份额变动情况

（单位：份）

报告期期初基金份额总额	
报告期期间基金总申购份额	
减：报告期期间基金总赎回份额	
报告期期间基金拆分变动份额（份额减少以“-”填列）	
报告期期末基金份额总额	

管理人说明的其他情况，如表17所示。（如报告期内高管、基金经理及其关联基金经验、基金运作遵规守信情况、基金投资策略和业绩表现、对宏观经济、证券市场及其行业走势展望、内部基金监察稽核工作、基金估值程序、基金运作情况和运用杠杆情况、投资收益分配和损失承担情况、会计师事务所出具非标准审计报告所涉相关事项、对本基金持有人数或基金资产净值预警情形、可能存在的利益冲突等）

表17　其他情况说明

托管人报告，如表18~表20所示。

表18　报告期内本基金托管人遵规守信情况声明

表19　托管人对报告期内本基金投资运作遵规守信、净值计算、利润分配等情况的说明

表20　托管人对本年度报告中财务信息等内容的真实、准确和完整发表意见

年度财务报表，如表21~表23所示。

表21　资产负债表

（单位：元）

资　　产	本期期末2015-12-31(元)	上年度末2014-12-31(元)
资产：		
银行存款		
结算备付金		
存出保证金		
交易性金融资产		
其中：股票投资		
基金投资		
债券投资		

（续表）

资 产	本期期末2015-12-31(元)	上年度末2014-12-31(元)
资产支持证券投资		
贵金属投资		
衍生金融资产		
买入返售金融资产		
应收证券清算款		
应收利息		
应收股利		
应收申购款		
递延所得税资产		
其他资产		
资产总计		
负债和所有者权益	本期期末2015-12-31(元)	上年度末2014-12-31(元)
负债：		
短期借款		
交易性金融负债		
衍生金融负债		
卖出回购金融资产款		
应付证券清算款		
应付赎回款		
应付管理人报酬		
应付托管费		
应付销售服务费		
应付交易费用		
应交税费		
应付利息		
应付利润		
递延所得税负债		
其他负债		
负债合计		
所有者权益：		
实收基金		
未分配利润		
所有者权益合计		
负债和所有者权益总计		

表22 利润表

(单位:元)

项目	本期	上年度可比期间
	2015-01-01 至 2015-12-31	2014-01-01 至 2014-12-31
一、收入		
1. 利息收入		
其中:存款利息收入		
债券利息收入		
资产支持证券利息收入		
买入返售金融资产收入		
其他利息收入		
2. 投资收益 (损失以"-"填列)		
其中:股票投资收益		
基金投资收益		
债券投资收益		
资产支持证券投资收益		
贵金属投资收益		
衍生工具收益		
股利收益		
3. 公允价值变动收益 (损失以"-"填列)		
4.汇兑收益 (损失以"-"填列)		
5.其他收入 (损失以"-"填列)		
减:二、费用		
1. 管理人报酬		
2. 托管费		
3. 销售服务费		
4. 外包服务费		
5. 交易费用		
6. 利息支出		
其中:卖出回购 金融资产支出		
7. 其他费用		
三、利润总额 (亏损总额以"-"填列)		
减:所得税费用		

（续表）

项目	本期	上年度可比期间
	2015-01-01 至 2015-12-31	2014-01-01 至 2014-12-31
四、净利润 （净亏损以“-”填列）		

表23　所有者权益变动表

（单位：元）

项　　目	本期 2015-01-01 至 2015-12-31		
	实收基金	未分配利润	所有者权益合计
一、期初所有者权益（基金净值）			
二、本期经营活动产生的基金净值变动数（本期利润）			
三、本期基金份额交易产生的基金净值变动数（净值减少以“-”填列）			
其中：1. 基金申购款			
2. 基金赎回款			
四、本期向基金份额持有人分配利润产生的基金净值变动（净值减少以“-”填列）			
五、期末所有者权益（基金净值）			
项　　目	上年度可比期间 2014-01-01 至 2014-12-31		
	实收基金	未分配利润	所有者权益合计
一、期初所有者权益（基金净值）			
二、本期经营活动产生的基金净值变动数（本期利润）			
三、本期基金份额交易产生的基金净值变动数（净值减少以“-”填列）			
其中：1. 基金申购款			
2. 基金赎回款			
四、本期向基金份额持有人分配利润产生的基金净值变动（净值减少以“-”填列）			
五、期末所有者权益（基金净值）			

期末投资组合情况，如表24和表25所示。

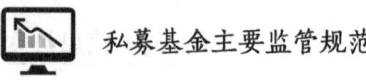

表24　期末基金资产组合情况

（金额单位：元，比例单位：%）

序号	项　　目	金额	占基金总资产的比例
1	权益投资		
	其中：普通股		
	存托凭证		
2	基金投资		
3	固定收益投资		
	其中：债券		
	资产支持证券		
4	金融衍生品投资		
	其中：远期		
	期货		
	期权		
	权证		
5	买入返售金融资产		
	其中：买断式回购的买入返售金融资产		
6	货币市场工具		
7	银行存款和结算备付金合计		
…			
	合　　计		

表25　报告期末按行业分类的股票投资组合

（公允价值单位：元，比例单位：%）

序号	行业类别	公允价值	占基金资产净值比例
1	农、林、牧、渔业		
2	采矿业		
3	制造业		
4	电力、热力、燃气及水生产和供应业		
5	建筑业		
6	批发和零售业		
7	交通运输、仓储和邮政业		
8	住宿和餐饮业		
9	信息传输、软件和信息技术服务业		
10	金融业		
11	房地产业		
12	租赁和商务服务业		
13	科学研究和技术服务业		

(续表)

序号	行业类别	公允价值	占基金资产净值比例
14	水利、环境和公共设施管理业		
15	居民服务、修理和其他服务业		
16	教育		
17	卫生和社会工作		
18	文化、体育和娱乐业		
19	综合		
	合计		

重大事项临时报告，如表26所示。

表26　重大事项临时报告

序号	公告事项	
1	基金名称、注册地址、组织形式发生变更	
2	投资标的和投资策略发生重大变化	
3	变更基金管理人或托管人	
4	管理人的法定代表人、执行事务合伙人(委派代表)、实际控制人发生变更	
5	触及基金止损线或预警线	
6	管理费率、托管费率发生变化	
7	基金收益分配事项发生变更	
8	基金触发巨额赎回的	
9	基金存续期变更或展期	
10	基金发生清盘或清算	
11	发生重大关联交易事项	
12	基金管理人、实际控制人、高管人员涉嫌重大违法违规行为或正在接受监管部门或自律管理部门调查	
13	涉及私募基金管理业务、基金财产、基金托管业务的重大诉讼、仲裁	
14	基金合同约定的影响投资者利益的其他重大事项	

关于私募基金信息披露备份系统上线试运行的通知

(2016-05-31)

各私募基金管理人：

为保护私募基金投资者的合法权益，保障《私募投资基金信息披露管理办法》(以下简称《信披办法》)的有效实施，根据《信披办法》第五条规定："私募基金管理人应当按照规定通过中国基金业协会指定的私募基金信息披露备份平台报送信息。”经前期准备，现将私募基金信息披露备份系统上线试运行有关事项通知如下：

私募基金信息披露备份系统（http://pfid.amac.org.cn）将于2016年6月1日上线试运行。本次试运行信息披露备份对象为已在中国证券投资基金业协会备案的私募证券投资基金，包括自主发行私募证券投资基金及管理规模金额达到5000万元以上的顾问管理型私募证券投资基金，暂不面向私募股权基金、创业投资基金及其他私募基金开放信息披露备份功能。各私募基金管理人可使用私募基金管理人登记编码（即P×××××××）、私募基金管理人在私募基金登记备案系统的现有密码登录私募基金信息披露备份系统。

私募基金管理人自主发行的私募证券投资基金，应按照《私募投资基金信息披露内容与格式指引1号》报送季度报告和年度报告。其中，单只私募证券投资基金管理规模金额达到5000万元以上的，还应当持续在每月结束之日起5个工作日以内报送月度报告，即基金净值信息。

单只管理规模金额达到5000万元以上的顾问管理型私募证券投资基金，应持续在每月结束之日起5个工作日以内报送基金净值信息，此类基金的季度报告和年度报告暂不作要求。

私募基金管理人具体登录方式和操作流程请在信息披露备份系统首页下载《用户使用手册》参考阅读，试运行期间如遇问题，可以邮件形式发送至邮箱pfid@amac.org.cn，同时可通过在线QQ获得技术支持。

为落实不同私募基金差异化自律管理，我协会正在组织研究制作私募股权基金、创业投资基金及其他私募基金信息披露相关内容与格式指引。欢迎相关私募基金管理人就此项工作提供专业意见和建议，相关意见和建议可发送至邮箱pfid@amac.org.cn。

私募基金信息披露备份系统正式运行相关安排、投资者信息披露查询功能开放时间将另行通知。

中国证券投资基金业协会

2016年5月31日

关于私募基金信息披露备份系统正式运行的公告

（2016-09-29）

各私募基金管理人：

为保护私募基金投资者的合法权益，保障《私募投资基金信息披露管理办法》（以下简称《信披办法》）的有效实施，根据《信披办法》第五条规定：“私募基金管理人应当按照规定通过中国证券投资基金业协会指定的私募基金信息披露备份平台报送信息。”截至目前，私募基金信息披露备份系统已试运行四个月，现将私募基金信息披露备份系统正式运行有关事项通知如下：

私募基金信息披露备份系统（http://pfid.amac.org.cn）将于2016年10月10日正式运行。本次运行信息披露备份对象为已在中国证券投资基金业协会备案的私募证券投资基金，包括自主发行私募证券投资基金及管理规模金额达到5000万元以上(含5000万元)的顾问管理型私募证券投资基金,暂不面向私募股权基金、创业投资基金及其他私募基金开放信息披露备份功能。各私募基金管理人可使用私募基金管理人登记编码(即P×××××××)、私募基金管理人在私募基金登记备案系统的现有密码登录私募基金信息披露备份系统。

私募基金管理人自主发行的私募证券投资基金,应按照《私募投资基金信息披露内容与格式指引1号》报送季度报告和年度报告,季度报告应在每季度结束之日起10个工作日以内完成,年度报告应在每年结束之日起4个月以内完成。其中,单只私募证券投资基金管理规模金额达到5000万元以上(含5000万元)的,还应当持续在每月结束之日起5个工作日以内报送月度报告,即基金净值信息。

单只管理规模金额达到5000万元以上(含5000万元)的顾问管理型私募证券投资基金,应持续在每月结束之日起5个工作日以内报送基金净值信息,此类基金的季度报告和年度报告暂不作要求。

中国证券投资基金业协会鼓励私募基金管理人主动报送规模不足5000万元的私募证券投资基金月度报告,积累业绩,为今后从事投资顾问业务积累信用。

私募基金管理人具体登录方式和操作流程请在信息披露备份系统首页下载《用户使用手册》参考阅读,运行期间如遇问题,可以邮件形式发送至邮箱pfid@amac.org.cn,同时可通过系统登录界面右侧在线QQ获得技术支持。

私募基金信息披露备份的执行情况将在基金公示信息中对外公布,投资者信息披露查询功能开放时间将另行通知。

中国证券投资基金业协会

2016年9月29日

私募投资基金信息披露内容与格式指引2号——适用于私募股权(含创业)投资基金

关于发布《私募投资基金信息披露内容与格式指引2号——适用于私募股权(含创业)投资基金》的通知

各私募投资基金管理人:

根据《证券投资基金法》《私募投资基金监督管理暂行办法》及《私募投资基金信息披露管理办法》有关规定,经中国证券投资基金业协会理事会表决通过,现予以发布《私募投资基金信息披露内容与格式指引2号——适用于私募股权(含创业)投资基金》(以下简称《信披指引2号》)。本指引自发布之日起实施,相关机构应按照本指引要求,向投资者披露私募股权(含创业)投资基金信息。

自2017年1月1日起,相关机构应按照《信披指引2号》使用说明第一条要求,通过私募基金信息披露备份系统(https://pfid.amac.org.cn)进行信息披露文件备份。

特此通知。

附件：私募投资基金信息披露内容与格式指引2号——适用于私募股权(含创业)投资基金

中国证券投资基金业协会
2016年11月14日

附件

私募投资基金信息披露内容与格式指引2号-适用于私募股权(含创业)投资基金

使用说明

1. 根据《私募投资基金信息披露管理办法》(以下简称《信披办法》)第三条规定，私募基金管理人及相关信息披露义务人应当按照中国证券投资基金业协会的规定以及基金合同、公司章程或者合伙协议的约定向投资者进行信息披露。根据《信披办法》和《私募投资基金合同指引1-3号》，私募基金管理人应当按照规定通过中国证券投资基金业协会指定的私募基金信息披露备份平台进行信息披露文件备份。

2. 本指引适用于私募基金管理人定期、定向给私募基金投资者披露私募股权(含创业)投资基金的相关运作情况。私募基金管理人应当参照本指引对所管理的私募股权(含创业)投资基金编制信息披露报告。本指引仅作为私募基金管理人向投资者进行私募股权(含创业)投资基金信息披露的最低行业标准，协会鼓励私募基金管理人根据《私募投资基金信息披露管理办法》第十五条规定及《私募投资基金合同指引1-3号》相关要求，依约定向投资者披露更详尽的私募基金相关信息。

3. 根据《私募投资基金监督管理暂行办法》第二十七条规定，中国证券投资基金业协会将对私募基金管理人和私募基金信息严格保密。在私募基金信息披露备份平台备份的私募股权(含创业)投资基金信息披露报告，仅用作协会备份及私募基金管理人下载使用，并不面向社会公众和私募基金投资者公开查询。

4. 私募基金管理人应保证本报告披露的信息不存在任何虚假记载、误导性陈述或者重大遗漏，并对内容的真实性、准确性、完整性承担法律责任。

5. 中国证券投资基金业协会普通会员应当向投资者披露本指引的全部信息(含选填项)。鼓励协会观察会员及非会员披露或部分披露选填项。

6. 信息披露半年度报告应在当年9月底之前完成，信息披露年度报告应在次年6月底之前完成。协会鼓励私募基金管理人向投资者披露季度报告(含第一季度、第三季度)，季度报告不做强制要求。

7. 上述已在私募基金信息披露备份平台备份的报告可供私募基金管理人自行下载。相关报告若经托管机构或会计师事务所复核，下载报告正文首页将加注以下信息：该报告已经×××（托管机构或会计师事务所名称）复核。

私募股权（含创业）投资基金信息披露半年度报告，如表1~表3所示。

表1　基金基本情况

（金额单位：万元）

基金名称	
基金编码	
基金注册地	
基金成立日期	
基金到期日期	
认缴金额（如有）	
已实缴金额	
估值方法	
期末总资产	
期末净资产	
关键人士/投资经理/投资团队（如有）	
投资者数量	

表2　基金管理人和基金托管人

<table>
<tr><th colspan="2">项　目</th><th>基金管理人</th><th>基金托管人（如有）</th></tr>
<tr><td colspan="2">名称</td><td></td><td></td></tr>
<tr><td rowspan="3">信息披露负责人</td><td>姓名</td><td></td><td></td></tr>
<tr><td>联系电话</td><td></td><td></td></tr>
<tr><td>电子邮箱</td><td></td><td></td></tr>
<tr><td colspan="2">传真</td><td></td><td></td></tr>
<tr><td colspan="2">注册地址</td><td></td><td></td></tr>
<tr><td colspan="2">办公地址</td><td></td><td></td></tr>
<tr><td colspan="2">邮政编码</td><td></td><td></td></tr>
<tr><td colspan="2">法定代表人</td><td></td><td></td></tr>
</table>

表3　基金投资者情况（选填）

序号	投资者名称	投资者类型	认缴出资	实缴出资
1				
2				
…				

基金投资运作情况(同一项目多轮投资请分次列出)[1]如表4~表7所示。

表4 所投项目情况

序号	投资项目名称	项目注册地	投资行业	投资方式	持股比例	投资日期	投资认缴资本总额	已投资总额	是否退出	退出日期	退出方式	盈亏情况
1												
2												
…												

表5 所投基金情况

序号	基金名称	是否备案	基金编码(如有)	投资日期	投资认缴资本总额	已投资总额
1						
2						
…						

表6 基金持有项目/基金特别情况说明(选填)

表7 基金费用明细

项目	当期	自设立以来
管理费		
托管费		
业绩报酬		

[1] 请根据基金所投标的具体形式选择填写表4或表5。

（续表）

项　目	当期	自设立以来
外包服务费		
其他（如配售费用、咨询费、自愿放弃的费用金额、未完成交易费等，如有可手动添加）		
费用合计		

管理人报告（选填）（如报告期内高管及其关联方基金情况、高管变动情况、基金运作遵规守信情况、基金投资策略和业绩表现、对宏观经济及行业走势展望、内部基金监察稽核工作、基金估值程序、基金运作情况、投资收益分配和损失承担情况、关联交易等可能存在的利益冲突、关于基金负债以及潜在负债或担保的简要说明等），如表8所示。

表8　管理人报告

私募股权（含创业）投资基金产品概况，如表9所示。

表9　基金基本情况

（金额单位：万元）

基金名称	
基金编码	
基金类型	
基金注册地	
基金成立日期	
基金到期日期	
认缴金额（如有）	
已实缴金额	
估值方法	
期末总资产	
期末净资产	
关键人士/投资经理/投资团队（如有）	
投资者数量	

表10 基金产品说明

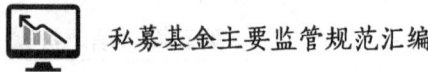

投资目标	
投资策略	
投资范围	
关注行业	
关注阶段	
其他需说明事项	

表11 基金管理人和基金托管人

项 目		基金管理人	基金托管人(如有)
名称			
信息披露负责人	姓名		
	联系电话		
	电子邮箱		
传真			
注册地址			
办公地址			
邮政编码			
法定代表人			

表12 基金投资者情况(选填)

序号	投资者名称	投资者类型	认缴出资	实缴出资
1				
2				
…				

表13 外包机构情况

序号	名称	办公地址	联系方式
会计师事务所			
注册登记机构			
…			

私募股权(含创业)投资基金运营情况[1],如表14～表16所示。

[1]请根据基金所投标的具体形式选择填写表14、表15或表16。

表 14 累计运营情况

期末累计投资总额（实缴）			
期末累计运营费用			
期末累计收益			
期末累计总投资项目个数		期末累计总投资项目总额	
其中:在管项目个数		其中:在管项目总额	
本期新增项目个数		本期新增项目总额	
已退出项目个数		已退出项目总额	
已上市项目个数		已上市项目总额	
期末累计总投资基金个数		期末累计总投资基金总额	

表 15 持有项目情况表❶

项目名称	
投资行业	
法定代表人	
设立日期	
主营业务	
注册地址	
注册资本	
是否并购项目	
是否属于中小企业	
是否属于高新技术企业	
是否享受国家财税政策	
投资阶段	
投资日期	
投资额	
投资占股比例%	
是否退出	
退出额	
退出方式	
退出日期	
备注	
投资项目追加投资表(如有)	

❶如所投项目涉及国家机密,可不进行披露备份。

（续表）

投资阶段	系该项目的第几轮融资	投资日期	投资金额
投资项目退出投资表（如有）			
退出方式	系该项目的第几次退出	退出日期	退出额
项目股权结构情况表（选填）			
序号	主要股东姓名/名称（持股5%以上）	持股数（股）	持股比例（%）
1			
2			

表16　所投基金情况

序号	基金名称	是否备案	基金编码（如有）	投资日期	投资认缴资本总额	已投资总额
1						
2						
…						

主要财务指标、基金费用明细及利润分配情况，如表17~表19所示。

表17　主要会计数据和财务指标

期间数据和指标	2015年	2014年	2013年
本期已实现收益			
本期利润			
期末数据和指标			
可供分配收益	2015年年末	2014年年末	2013年年末
期末基金净资产			

表18　基金费用明细

项　目	当期	自设立以来
管理费		

（续表）

项　目	当期	自设立以来
托管费		
业绩报酬		
外包服务费		
其他（如配售费用、咨询费、自愿放弃的费用金额、未完成交易费等，如有可手动添加）		
费用合计		

表19　过去3年基金的利润分配情况

年度	基金分红次数	分红金额	现金形式发放总额	年度利润分配合计	备注
2015年					
2014年					
2013年					

基金投资者变动情况，如表20所示。

表20　私募基金投资者变动情况

报告期初投资者数量		报告期期初投资者实缴规模	
减：报告期期间投资者减少数量		减：报告期期间基金减少规模	
加：报告期期间投资者新增数量		加：报告期期间基金新增规模	
报告期期末投资者总数		报告期期末投资者实缴规模	

管理人报告（如报告期内高管及其关联基金情况、高管人员变动情况、基金运作遵规守信情况、基金投资策略和业绩表现、对宏观经济及其行业走势展望、内部基金监察稽核工作、基金估值程序、基金运作情况、投资收益分配和损失承担情况、项目上市进展情况、关联交易等可能存在的利益冲突、关于基金负债以及潜在负债或担保的简要说明等），如表21所示。

表21 管理人报告

托管人(如有)报告,如表22所示。(如报告期内本基金托管人遵规守信情况声明,托管人对报告期内本基金投资运作遵规守信、基金估值、利润分配等情况的说明,托管人对本年度报告中财务信息等内容的真实、准确和完整发表意见等)

表22 托管人报告

经审计财务报告[1],如表23所示。

表23 经审计财务报告

私募股权(含创业)投资基金信息披露第×季度报告,如表24~表26所示。

[1]《中华人民共和国公司法》第一百六十五条规定,公司应当在每一会计年度终了时编制财务会计报告,并依法经会计师事务所审计。《中华人民共和国合伙企业法》第六十八条规定,有限合伙人可有第三款"参与选择承办有限合伙企业审计业务的会计师事务所"、第四款"获取经审计的有限合伙企业财务会计报告"行为。私募基金管理人应在每年度结束后在私募基金信息披露备份系统上传经审计财务报告。

表24　基金基本情况

（金额单位：万元）

基金名称	
基金编码	
基金类型	
基金注册地	
基金成立日期	
基金到期日期	
认缴金额（如有）	
已实缴金额	
估值方法	
期末总资产	
期末净资产	
关键人士/投资经理/投资团队（如有）	
投资者数量	

表25　基金管理人和基金托管人

项目		基金管理人	基金托管人（如有）
名称			
信息披露负责人	姓名		
	联系电话		
	电子邮箱		
传真			
注册地址			
办公地址			
邮政编码			
法定代表人			

表26　基金投资者情况（选填）

序号	投资者名称	投资者类型	认缴出资	实缴出资
1				
2				
…				

基金投资运作情况（同一项目多轮投资请分次列出）[1]，如表27和表28所示。

[1] 请根据基金所投标的具体形式选择填写表27或表28。

表27　所投项目情况

序号	投资项目名称	项目注册地	投资行业	投资方式	持股比例	投资日期	投资认缴资本总额	已投资总额	是否退出	退出日期	退出方式	盈亏情况
1												
2												
…												

表28　所投基金情况

序号	基金名称	是否备案	基金编码（如有）	投资日期	投资认缴资本总额	已投资总额
1						
2						
…						

基金持有项目/基金特别情况说明（选填），如表29所示。

表29　基金持有项目/情况说明

基金费用明细，如表30所示。

表30　基金费用明细

项　　目	当期	自设立以来
管理费		
托管费		

（续表）

项　　目	当期	自设立以来
业绩报酬		
外包服务费		
其他（如配售费用、咨询费、自愿放弃的费用金额、未完成交易费等，如有可手动添加）		
费用合计		

管理人报告（选填），如表31所示。（如报告期内高管及其关联方基金情况、高管变动情况、基金运作遵规守信情况、基金投资策略和业绩表现、对宏观经济及行业走势展望、内部基金监察稽核工作、基金估值程序、基金运作情况、投资收益分配和损失承担情况、关联交易等可能存在的利益冲突、关于基金负债以及潜在负债或担保的简要说明等）

表31　管理人报告（选填）

重大事项临时报告，如表32所示。

表32　重大事项临时报告

序号	公　告　事　项	
1	基金名称、注册地址、组织形式发生变更	
2	投资标的和投资策略发生重大变化	
3	变更基金管理人或托管人	
4	管理人的法定代表人、执行事务合伙人（委派代表）、实际控制人发生变更	
5	触及基金止损线或预警线后处理情况	
6	管理费率、托管费率发生变化	
7	基金收益分配事项发生变更	
8	基金存续期变更或展期	
9	基金发生清盘或清算	
10	发生重大关联交易事项	
11	基金管理人、实际控制人、高管人员涉嫌重大违法违规行为或正在接受监管部门或自律管理部门调查	

（续表）

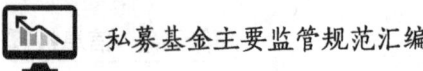

序号	公　告　事　项	
12	涉及私募基金管理业务、基金财产、基金托管业务的重大诉讼、仲裁	
13	基金合同约定的影响投资者利益的其他重大事项	

投资行业分类参考标准，如表33所示。

表33　投资行业分类参考标准

一级行业		二级行业		三级行业	
00	能源	0001	能源	000101	能源开采设备与服务
				000102	石油与天然气
				000103	煤炭
01	原材料	0101	原材料	010101	化学原料
				010102	化学制品
				010103	建筑材料
				010104	容器与包装
				010105	有色金属
				010106	钢铁
				010107	非金属采矿及制品
				010108	纸类与林业产品
02	工业	0201	资本品	020101	航空航天与国防
				020102	建筑产品
				020103	建筑与工程
				020104	电气设备
				020105	工业集团企业
				020106	机械制造
				020107	环保设备、工程与服务
		0202	商业服务与用品	020201	商业服务与用品
		0203	交通运输	020301	航空货运与物流
				020302	航空公司
				020303	航运
				020304	道路运输
				020305	交通基本设施

（续表）

一级行业		二级行业		三级行业	
03	可选消费	0301	汽车与汽车零部件	030101	汽车零配件与轮胎
				030102	汽车与摩托车
		0302	耐用消费品与服装	030201	家庭耐用消费品
				030202	休闲设备与用品
				030203	纺织服装
				030204	珠宝与奢侈品
		0303	消费者服务	030301	酒店、餐馆与休闲
				030302	综合消费服务
		0304	传媒	030401	传媒
		0305	零售业	030501	日用品经销商
				030502	互联网零售
				030503	多元化零售
				030504	其他零售
04	主要消费	0401	食品与主要用品零售	040101	食品与主要用品零售
		0402	食品、饮料与烟草	040201	饮料
				040202	包装食品与肉类
				040203	烟草
				040204	农牧渔产品
		0403	家庭与个人用品	040301	家常用品
05	医药卫生	0501	医疗器械与服务	050101	医疗器械
				050102	医疗用品与服务提供商
		0502	医药生物	050201	生物科技
				050202	制药
				050203	制药与生物科技服务
06	金融地产	0601	银行	060101	商业银行
				060102	抵押信贷机构
		0602	其他金融	060201	其他金融服务
				060202	消费信贷
		0603	资本市场	060301	资本市场
		0604	保险	060401	保险
		0605	房地产	060501	房地产开发与园区
				060502	房地产管理与服务
				060503	房地产投资信托（REITS）

(续表)

一级行业		二级行业		三级行业	
07	信息技术	0701	计算机运用	070101	互联网服务
				070102	信息技术服务
				070103	软件开发
		0702	计算机及电子设备	070201	计算机与外围设备
				070202	电子设备
		0703	半导体	070301	半导体
08	电信业务	0801	电信业务	080101	电信运营服务
				080102	电信增值服务
		0802	通信设备	080201	通信设备
09	公用事业	0901	公用事业	090101	电力
				090102	燃气
				090103	供热或其他公用事业
				090104	水务
				090105	电网

第六篇　合同指引

北部回合　第六章

关于发布私募投资基金合同指引的通知

（2016-04-18）

各私募投资基金管理人：

根据《证券投资基金法》《私募投资基金监督管理暂行办法》有关规定，经中国基金业协会理事会表决通过，现予以发布私募投资基金合同指引1号（契约型私募投资基金合同内容与格式指引）、私募投资基金合同指引2号（公司章程必备条款指引）、私募投资基金合同指引3号（合伙协议必备条款指引）。上述指引自2016年7月15日起施行。

特此通知。

附件1：私募投资基金合同指引1号（契约型私募投资基金合同内容与格式指引）

附件2：私募投资基金合同指引2号（公司章程必备条款指引）

附件3：私募投资基金合同指引3号（合伙协议必备条款指引）

附件1　私募投资基金合同指引1号（契约型私募投资基金合同内容与格式指引）

第一章　总　则

第一条　根据《证券投资基金法》（以下简称《基金法》）、《私募投资基金监督管理暂行办法》（以下简称《私募办法》）、《私募投资基金管理人登记和基金备案办法（试行）》及其他相关规定，制定本指引。

第二条　私募基金管理人通过契约形式募集设立私募证券投资基金的，应当按照本指引制定私募投资基金合同（以下简称基金合同）；私募基金管理人通过契约形式募集设立私募股权投资基金、创业投资基金和其他类型投资基金应当参考本指引制定私募投资基金合同。

第三条　基金合同的名称中须标识“私募基金”“私募投资基金”字样。

第四条　基金合同当事人应当遵循平等自愿、诚实信用、公平原则订立基金合同，维护投资者合法权益，不得损害国家利益和社会公共利益。

第五条　基金合同不得含有虚假内容或误导性陈述。

第六条　私募基金进行托管的，私募基金管理人、基金托管人以及投资者三方应当根据本指引要求共同签订基金合同；基金合同明确约定不托管的，应当根据本指引要求在基金合同中明确保障私募基金财产安全的制度措施、保管机制和纠纷解决机制。

第七条　对于本指引有明确要求的，基金合同中应当载明本指引规定的相关内容。在不违反《基金法》《私募办法》以及相关法律法规的前提下，基金合同当事人可以根据实际情况约定本指引规定内容之外的事项。本指引某些具体要求对当事人确不适用的，当事人可对相应内容做出合理调整和变动，但管理人应在《风险揭示书》中向投资者进行特别揭示，并在基金合同报送中国基金业协会备案时出具书面说明。

第二章　基金合同正文

第一节　前言

第八条　基金合同应订明订立基金合同的目的、依据和原则。

第二节　释义

第九条　应对基金合同中具有特定法律含义的词汇作出明确的解释和说明。

第三节　声明与承诺

第十条　订明私募基金管理人、私募基金托管人及私募基金投资者的声明与承诺，并用加粗字体在合同中列明，包括但不限于：

私募基金管理人保证在募集资金前已在中国基金业协会登记为私募基金管理人，并列明管理人登记编码。私募基金管理人应当向投资者进一步声明，中国基金业协会为私募基金管理人和私募基金办理登记备案不构成对私募基金管理人投资能力、持续合规情况的认可；不作为对基金财产安全的保证。私募基金管理人保证已在签订本合同前揭示了相关风险；已经了解私募基金投资者的风险偏好、风险认知能力和承受能力。私募基金管理人承诺按照恪尽职守、诚实信用、谨慎勤勉的原则管理运用基金财产，不对基金活动的盈利性和最低收益作出承诺。

私募基金托管人承诺按照恪尽职守、诚实信用、谨慎勤勉的原则安全保管基金财产，并履行合同约定的其他义务。

私募基金投资者声明其为符合《私募办法》规定的合格投资者，保证财产的来源及用途符合国家有关规定，并已充分理解本合同条款，了解相关权利义务，了解有关法律法规及所投资基金的风险收益特征，愿意承担相应的投资风险；私募基金投资者承诺其向私募基金管理人提供的有关投资目的、投资偏好、投资限制、财产收入情况和风险承受能力等基本情况真实、完整、准确、合法，不存在任何重大遗漏或误导。前述信息资料如发生任何实质性变更，应当及时告知私募基金管理人或募集机构。私募基金投资者知晓，私募基金管理人、私募基金托管人及相关机构不应对基金财产的收益状况做出任何承诺或担保。

第四节　私募基金的基本情况

第十一条　订明私募基金的基本情况：

（一）私募基金的名称；

（二）私募基金的运作方式，具体载明封闭式、开放式或者其他方式；

（三）私募基金的计划募集总额（如有）；

（四）私募基金的投资目标和投资范围；

（五）私募基金的存续期限；

（六）私募基金份额的初始募集面值；

（七）私募基金的结构化安排（如有）；

（八）私募基金的托管事项（如有）；

（九）私募基金的外包事项，订明外包机构的名称和在中国基金业协会登记的外包业务登记编码（如有）；

（十）其他需要订明的内容。

第五节　私募基金的募集

第十二条　订明私募基金募集的有关事项，包括但不限于：

（一）私募基金的募集机构、募集对象、募集方式、募集期限；

（二）私募基金的认购事项，包括私募基金合格投资者人数上限、认购费用、认购申请的确认、认购份额的计算方式、初始认购资金的管理及利息处理方式等；

（三）私募基金份额认购金额、付款期限等；

（四）《私募投资基金募集行为管理办法》规定的投资冷静期、回访确认等内容。

第十三条　订明私募基金管理人应当将私募基金募集期间客户的资金存放于私募基金募集结算专用账户，订明账户开户行、账户名称、账户号码、监督机构等。

第六节　私募基金的成立与备案

第十四条　私募基金成立的有关事项，包括但不限于：

（一）订明私募基金合同签署的方式；

（二）私募基金成立的条件；

（三）私募基金募集失败的处理方式。

第十五条　私募基金应当按照规定向中国基金业协会履行基金备案手续。基金合同中应约定私募基金在中国基金业协会完成备案后方可进行投资运作。

第七节　私募基金的申购、赎回与转让

第十六条　订明私募基金运作期间，私募基金投资者申购和赎回私募基金的有关事项，包括但不限于：

(一)申购和赎回的开放日及时间;

(二)申购和赎回的方式、价格、程序、确认及办理机构等;

(三)申购和赎回的金额限制。投资者在私募基金存续期开放日购买私募基金份额的,首次购买金额应不低于100万元人民币(不含认/申购费)且符合合格投资者标准,已持有私募基金份额的投资者在资产存续期开放日追加购买基金份额的除外。投资者持有的基金资产净值高于100万元时,可以选择部分赎回基金份额,投资者在赎回后持有的基金资产净值不得低于100万元,投资者申请赎回基金份额时,其持有的基金资产净值低于100万元的,必须选择一次性赎回全部基金份额,投资者没有一次性全部赎回持有份额的,管理人应当将该基金份额持有人所持份额做全部赎回处理。《私募办法》第十三条列明的投资者可不适用本项;

(四)申购和赎回的费用;

(五)申购份额的计算方式、赎回金额的计算方式;

(六)巨额赎回的认定及处理方式;

(七)拒绝或暂停申购、赎回的情形及处理方式。

第十七条　基金合同中可以约定基金份额持有人之间,以及基金份额持有人向其他合格投资者转让基金份额的方式、程序和私募基金管理人的相关职责。基金份额转让须按照中国基金业协会要求进行份额登记。转让期间及转让后,持有基金份额的合格投资者数量合计不得超过法定人数。

第八节　当事人及权利义务

第十八条　订明私募基金管理人、私募基金托管人的基本情况,包括但不限于姓名/名称、住所、联系人、通讯地址、联系电话等信息。投资者基本情况可在基金合同签署页列示。

第十九条　说明私募基金应当设定为均等份额。除私募基金合同另有约定外,每份份额具有同等的合法权益。

第二十条　根据《私募办法》及其他有关规定订明私募基金管理人的权利,包括但不限于:

(一)按照基金合同约定,独立管理和运用基金财产;

(二)按照基金合同约定,及时、足额获得私募基金管理人管理费用及业绩报酬(如有);

(三)按照有关规定和基金合同约定行使因基金财产投资所产生的权利;

(四)根据基金合同及其他有关规定,监督私募基金托管人,对于私募基金托管人违反基金合同或有关法律法规规定、对基金财产及其他当事人的利益造成重大损失的,应当及时采取措施制止;

(五)私募基金管理人为保护投资者权益,可以在法律法规规定范围内,根据市场情况对本基金的认购、申购业务规则(包括但不限于基金总规模、单个基金投资者首次认购、申购金额、每次申购金额及持有的本基金总金额限制等)进行调整;

(六)以私募基金管理人的名义,代表私募基金与其他第三方签署基金投资相关协议文件、行使诉讼权利或者实施其他法律行为。

第二十一条　根据《私募办法》及其他有关规定订明私募基金管理人的义务,包括但不限于:

(一)履行私募基金管理人登记和私募基金备案手续;

（二）按照诚实信用、勤勉尽责的原则履行受托人义务，管理和运用基金财产；

（三）制作调查问卷，对投资者的风险识别能力和风险承担能力进行评估，向符合法律法规规定的合格投资者非公开募集资金；

（四）制作风险揭示书，向投资者充分揭示相关风险；

（五）配备足够的具有专业能力的人员进行投资分析、决策，以专业化的经营方式管理和运作基金财产；

（六）建立、健全内部制度，保证所管理的私募基金财产与其管理的其他基金财产和私募基金管理人的固有财产相互独立，对所管理的不同财产分别管理，分别记账、分别投资；

（七）不得利用基金财产或者职务之便，为本人或者投资者以外的人牟取利益，进行利益输送；

（八）自行担任或者委托其他机构担任基金的基金份额登记机构，委托其他基金份额登记机构办理注册登记业务时，对基金份额登记机构的行为进行必要的监督；

（九）按照基金合同约定接受投资者和私募基金托管人的监督；

（十）按照基金合同约定及时向托管人提供非证券类资产凭证或股权证明（包括股东名册和工商部门出具并加盖公章的权利证明文件）等重要文件（如有）；

（十一）按照基金合同约定负责私募基金会计核算并编制基金财务会计报告；

（十二）按照基金合同约定计算并向投资者报告基金份额净值；

（十三）根据法律法规与基金合同的规定，对投资者进行必要的信息披露，揭示私募基金资产运作情况，包括编制和向投资者提供基金定期报告；

（十四）确定私募基金份额申购、赎回价格，采取适当、合理的措施确定基金份额交易价格的计算方法符合法律法规的规定和基金合同的约定；

（十五）保守商业秘密，不得泄露私募基金的投资计划或意向等，法律法规另有规定的除外；

（十六）保存私募基金投资业务活动的全部会计资料，并妥善保存有关的合同、交易记录及其他相关资料，保存期限自私募基金清算终止之日起不得少于10年；

（十七）公平对待所管理的不同基金财产，不得从事任何有损基金财产及其他当事人利益的活动；

（十八）按照基金合同的约定确定私募基金收益分配方案，及时向投资者分配收益；

（十九）组织并参加基金财产清算小组，参与基金财产的保管、清理、估价、变现和分配；

（二十）建立并保存投资者名册；

（二十一）面临解散、依法被撤销或者被依法宣告破产时，及时报告中国基金业协会并通知私募基金托管人和基金投资者。

第二十二条　存在两个以上（含两个）管理人共同管理私募基金的，所有管理人对投资者承担连带责任。管理人之间的责任划分由基金合同进行约定，合同未约定或约定不清的，各管理人按过错承担相应的责任。

第二十三条　私募基金管理人聘用其他私募基金管理人担任投资顾问的，应当通过投资顾问协议明确约定双方权利义务和责任。私募基金管理人不得因委托而免去其作为基金管理人的各项职责。

投资顾问的条件和遴选程序，应符合法律法规和行业自律规则的规定和要求。基金合同中已订明投资顾问的，应列明因私募基金管理人聘请投资顾问对基金合同各方当事人权利义务产生影响的情况。私募基金运作期间，私募基金管理人提请聘用、更换投资顾问或调整投资顾问报酬的，应取得基金份额持有人大会的同意。

第二十四条　根据《私募办法》及其他有关规定订明私募基金托管人的权利，包括但不限于：

（一）按照基金合同的约定，及时、足额获得私募基金托管费用；

（二）依据法律法规规定和基金合同约定，监督私募基金管理人对基金财产的投资运作，对于私募基金管理人违反法律法规规定和基金合同约定、对基金财产及其他当事人的利益造成重大损失的情形，有权报告中国基金业协会并采取必要措施；

（三）按照基金合同约定，依法保管私募基金财产。

第二十五条　根据《私募办法》及其他有关规定订明私募基金托管人的义务，包括但不限于：

（一）安全保管基金财产；

（二）具有符合要求的营业场所，配备足够的、合格专职人员，负责基金财产托管事宜；

（三）对所托管的不同基金财产分别设置账户，确保基金财产的完整与独立；

（四）除依据法律法规规定和基金合同的约定外，不得为私募基金托管人及任何第三人谋取利益，不得委托第三人托管基金财产；

（五）按规定开立和注销私募基金财产的托管资金账户、证券账户、期货账户等投资所需账户（私募基金管理人和私募基金托管人另有约定的，可以按照约定履行本项义务；如果基金合同约定不托管的，由私募基金管理人履行本项义务）；

（六）复核私募基金份额净值；

（七）办理与基金托管业务有关的信息披露事项；

（八）根据相关法律法规和基金合同约定复核私募基金管理人编制的私募基金定期报告，并定期出具书面意见；

（九）按照基金合同约定，根据私募基金管理人或其授权人的资金划拨指令，及时办理清算、交割事宜；

（十）根据法律法规规定，妥善保存私募基金管理业务活动有关合同、协议、凭证等文件资料；

（十一）公平对待所托管的不同基金财产，不得从事任何有损基金财产及其他当事人利益的活动；

（十二）保守商业秘密，除法律法规规定和基金合同约定外，不得向他人泄露本基金的有关信息；

（十三）根据相关法律法规要求的保存期限，保存私募基金投资业务活动的全部会计资料，并妥善保存有关的合同、交易记录及其他相关资料；

（十四）监督私募基金管理人的投资运作，发现私募基金管理人的投资指令违反法律法规的规定及基金合同约定的，应当拒绝执行，立即通知私募基金管理人；发现私募基金管理人依据交易程序已经生效的投资指令违反法律法规的规定及基金合同约定的，应当立即通知私募基金管理人；

（十五）按照私募基金合同约定制作相关账册并与基金管理人核对。

第二十六条　根据《私募办法》及其他有关规定订明投资者的权利，包括但不限于：

（一）取得基金财产收益；

（二）取得清算后的剩余基金财产；

（三）按照基金合同的约定申购、赎回和转让基金份额；

（四）根据基金合同的约定，参加或申请召集基金份额持有人大会，行使相关职权；

（五）监督私募基金管理人、私募基金托管人履行投资管理及托管义务的情况；

（六）按照基金合同约定的时间和方式获得基金信息披露资料；

（七）因私募基金管理人、私募基金托管人违反法律法规或基金合同的约定导致合法权益受到损害的，有权得到赔偿。

第二十七条　根据《私募办法》及其他有关规定订明投资者的义务，包括但不限于：

（一）认真阅读基金合同，保证投资资金的来源及用途合法；

（二）接受合格投资者确认程序，如实填写风险识别能力和承担能力调查问卷，如实承诺资产或者收入情况，并对其真实性、准确性和完整性负责，承诺为合格投资者；

（三）以合伙企业、契约等非法人形式汇集多数投资者资金直接或者间接投资于私募基金的，应向私募基金管理人充分披露上述情况及最终投资者的信息，但符合《私募办法》第十三条规定的除外；

（四）认真阅读并签署风险揭示书；

（五）按照基金合同约定缴纳基金份额的认购、申购款项，承担基金合同约定的管理费、托管费及其他相关费用；

（六）按照基金合同约定承担基金的投资损失；

（七）向私募基金管理人或私募基金募集机构提供法律法规规定的信息资料及身份证明文件，配合私募基金管理人或其募集机构的尽职调查与反洗钱工作；

（八）保守商业秘密，不得泄露私募基金的投资计划或意向等；

（九）不得违反基金合同的约定干涉基金管理人的投资行为；

（十）不得从事任何有损基金及其投资者、基金管理人管理的其他基金及基金托管人托管的其他基金合法权益的活动。

第九节　私募基金份额持有人大会及日常机构

第二十八条　列明应当召开基金份额持有人大会的情形，并订明其他可能对基金份额持有人权利义务产生重大影响需要召开基金份额持有人大会的情形：

（一）决定延长基金合同期限；

（二）决定修改基金合同的重要内容或者提前终止基金合同；

（三）决定更换基金管理人、基金托管人；

（四）决定调整基金管理人、基金托管人的报酬标准；

（五）基金合同约定的其他情形。

针对前款所列事项，基金份额持有人以书面形式一致表示同意的，可以不召开基金份额持有人大会直接作出决议，并由全体基金份额持有人在决议文件上签名、盖章。

第二十九条　按照基金合同的约定，基金份额持有人大会可以设立日常机构，行使下列职权：

（一）召集基金份额持有人大会；

（二）提请更换基金管理人、基金托管人；

（三）监督基金管理人的投资运作、基金托管人的托管活动；

（四）提请调整基金管理人、基金托管人的报酬标准；

（五）基金合同约定的其他职权。

第三十条　基金份额持有人大会日常机构应当由基金份额持有人大会选举产生。基金份额持有人大会日常机构的人员构成和更换程序应由基金合同约定。

第三十一条　根据《基金法》和其他有关规定订明基金份额持有人大会及/或日常机构的下列事项：

（一）召集人和召集方式；

（二）召开会议的通知时间、通知内容、通知方式；

（三）出席会议的方式（基金份额持有人大会可以采取现场方式召开，也可以采取通讯等方式召开）；

（四）议事内容与程序；

（五）决议形成的条件、表决方式、程序；

（六）基金合同约定的其他事项。

第三十二条　基金份额持有人大会及其日常机构不得直接参与或者干涉基金的投资管理活动。

第十节　私募基金份额的登记

第三十三条　订明私募基金管理人办理份额登记业务的各项事宜。说明私募基金管理人委托可办理私募基金份额登记业务的其他机构代为办理私募基金份额登记业务的，应当与有关机构签订委托代理协议，并订明份额登记机构的名称、外包业务登记编码、代为办理私募基金份额登记机构的权限和职责等。

第三十四条　订明全体基金份额持有人同意私募基金管理人、份额登记机构或其他份额登记义务人应当按照中国基金业协会的规定办理基金份额登记数据的备份。

第十一节　私募基金的投资

第三十五条　说明私募基金财产投资的有关事项，包括但不限于：

（一）投资目标；

（二）投资范围；

（三）投资策略；

（四）投资限制，订明按照《私募办法》、自律规则及其他有关规定和基金合同约定禁止或限制的投资事项；

（五）对于基金合同、交易行为中存在的或可能存在利益冲突的情形及处理方式进行说明；

（六）业绩比较基准（如有）；

（七）参与融资融券及其他场外证券业务的情况（如有）。

第三十六条　根据基金合同约定，可以订明私募基金管理人负责指定私募基金投资经理或投资关键人士，订明投资经理或投资关键人士的基本情况、变更条件和程序。

第三十七条　私募基金采用结构化安排的，不得违背“利益共享，风险共担”基本原则，直接或间接对结构化私募基金的持有人提供保本、保收益安排。

第十二节　私募基金的财产

第三十八条　订明与私募基金财产有关的事项，包括但不限于：

（一）私募基金财产的保管与处分

1.说明私募基金财产应独立于私募基金管理人、私募基金托管人的固有财产，并由私募基金托管人保管。私募基金管理人、私募基金托管人不得将私募基金财产归入其固有财产。

2.说明私募基金管理人、私募基金托管人因私募基金财产的管理、运用或者其他情形而取得的财产和收益归入私募基金财产。

3.说明私募基金管理人、私募基金托管人可以按照合同的约定收取管理费用、托管费用以及基金合同约定的其他费用。私募基金管理人、私募基金托管人以其固有财产承担法律责任，其债权人不得对私募基金财产行使请求冻结、扣押和其他权利。私募基金管理人、私募基金托管人因依法解散、被依法撤销或者被依法宣告破产等原因进行清算的，私募基金财产不属于其清算财产。

4.说明私募基金管理人、私募基金托管人不得违反法律法规的规定和基金合同约定擅自将基金资产用于抵押、质押、担保或设定任何形式的优先权或其他第三方权利。

5.说明私募基金财产产生的债权不得与不属于私募基金财产本身的债务相互抵消。非因私募基金财产本身承担的债务，私募基金管理人、私募基金托管人不得主张其债权人对私募基金财产强制执行。上述债权人对私募基金财产主张权利时，私募基金管理人、私募基金托管人应明确告知私募基金财产的独立性。

（二）私募基金财产相关账户的开立和管理

私募基金管理人或私募基金托管人按照规定开立私募基金财产的托管资金账户、证券账户和期货账户等投资所需账户。证券账户和期货账户的持有人名称应当符合证券、期货登记结算机构的有关规定。开立的上述基金财产账户与私募基金管理人、私募基金托管人、私募基金募集机构和私募基金份额登记机构自有的财产账户以及其他基金财产账户相独立。

（三）私募基金未托管的，应当在本节明确保障私募基金财产安全的制度措施和纠纷解决机制。

第十三节　交易及清算交收安排

第三十九条　参照中国证监会关于证券投资基金募集结算资金管理相关规定，具体订明下列事项：

(一)选择证券、期货经纪机构的程序(如需要)；

(二)清算交收安排；

(三)资金、证券账目及交易记录的核对；

(四)申购或赎回的资金清算；

(五)其他事项。

第四十条　私募基金由基金托管人托管的，应当具体订明私募基金管理人在运用基金财产时向基金托管人发送资金划拨及其他款项收付的投资指令的事项：

(一)交易清算授权；

(二)投资指令的内容；

(三)投资指令的发送、确认及执行时间与程序；

(四)私募基金托管人依法暂缓、拒绝执行指令的情形和处理程序；

(五)私募基金管理人发送错误指令的情形和处理程序；

(六)更换被授权人的程序；

(七)指令的保管；

(八)相关的责任。

第十四节　私募基金财产的估值和会计核算

第四十一条　根据国家有关规定订明私募基金财产估值的相关事项，包括但不限于：

(一)估值目的；

(二)估值时间；

(三)估值方法；

(四)估值对象；

(五)估值程序；

(六)估值错误的处理；

(七)暂停估值的情形；

(八)基金份额净值的确认；

(九)特殊情况的处理。

第四十二条　订明私募基金的会计政策。

参照现行政策或按照基金合同约定执行，并订明以下事项，包括但不限于：

(一)会计年度、记账本位币、会计核算制度等事项；

(二)私募基金应独立建账、独立核算；私募基金管理人或其委托的外包服务机构应保留完整的会计账目、凭证并进行日常的会计核算，编制会计报表；私募基金托管人应定期与私募基金管理人就私募基金的会计核算、报表编制等进行核对。

第十五节　私募基金的费用与税收

第四十三条　订明私募基金费用的有关事项：

（一）订明私募基金财产运作过程中，从私募基金财产中支付的费用种类、费率、费率的调整、计提标准、计提方式与支付方式等；

（二）订明可列入私募基金财产费用的项目，订明私募基金管理人和私募基金托管人因未履行或未完全履行义务导致的费用支出或私募基金财产的损失，以及处理与私募基金财产运作无关的事项发生的费用等不得列入私募基金的费用；

（三）订明私募基金的管理费率和托管费率。私募基金管理人可以与私募基金投资者约定，根据私募基金的管理情况提取适当的业绩报酬；

（四）订明业绩报酬（如有）的计提原则和计算及支付方法；

（五）为基金募集、运营、审计、法律顾问、投资顾问等提供服务的基金服务机构从基金中列支相应服务费；

（六）其他费用的计提原则和计算方法。

第四十四条　根据国家有关税收规定，订明基金合同各方当事人缴税安排。

第十六节　私募基金的收益分配

第四十五条　订明私募基金收益分配政策依据现行法律法规以及基金合同约定执行，并订明有关事项，包括但不限于：

（一）收益分配原则，包括订明收益分配的基准、次数、比例、时间等；

（二）收益分配方案的确定与通知；

（三）收益分配的执行方式。

第十七节　信息披露与报告

第四十六条　订明私募基金管理人向投资者披露信息的种类、内容、频率和方式等有关事项。

第四十七条　订明私募基金管理人、私募基金托管人应当按照《私募投资基金信息披露管理办法》的规定及基金合同约定如实向投资者披露以下事项：

（一）基金投资情况；

（二）资产负债情况；

（三）投资收益分配；

（四）基金承担的费用和业绩报酬（如有）；

（五）可能存在的利益冲突、关联交易以及可能影响投资者合法权益的其他重大信息；

（六）法律法规及基金合同约定的其他事项。

第四十八条　订明私募基金管理人定期应向投资者报告经私募基金托管人复核的基金份额净值。

第四十九条　订明全体份额持有人同意私募基金管理人或其他信息披露义务人应当按照中国基

金业协会的规定对基金信息披露信息进行备份。

第十八节 风险揭示

第五十条 私募基金管理人应当单独编制《风险揭示书》私募基金投资者应充分了解并谨慎评估自身风险承受能力,并做出自愿承担风险的陈述和声明。

第五十一条 私募基金管理人应当在基金合同中向投资者说明有关法律法规,须重点揭示管理人在管理、运用或处分财产过程中,私募基金可能面临的风险,包括但不限于:

(一)私募基金的特殊风险,包括基金合同与中国基金业协会合同指引不一致所涉风险、基金未托管所涉风险、基金委托募集所涉风险、外包事项所涉风险、聘请投资顾问所涉风险、未在中国基金业协会登记备案的风险等;

(二)私募基金的一般风险,包括资金损失风险、基金运营风险、流动性风险、募集失败风险、投资标的的风险、税收风险等。

第十九节 基金合同的效力、变更、解除与终止

第五十二条 说明基金合同自签署之日起生效,合同另有约定的除外。基金合同自生效之日起对私募基金管理人、私募基金托管人、投资者具有同等的法律约束力。

第五十三条 说明基金合同的有效期限。基金合同的有效期限可为不定期或合同当事人约定的其他期限。

第五十四条 说明基金合同变更的条件、程序等。

(一)需要变更基金合同重要内容的,可由全体投资者、私募基金管理人和私募基金托管人协商一致变更;或按照基金合同的约定召开基金份额持有人大会决议通过;或按照相关法律法规规定和基金合同约定的其他方式进行变更;

(二)订明基金合同重大事项发生变更的,私募基金管理人应按照中国基金业协会要求及时向中国基金业协会报告。

第五十五条 订明基金合同解除的情形。基金合同应当根据《私募投资基金募集行为管理办法》的规定在合同中约定投资者的解除权。

第五十六条 订明基金合同终止的情形,包括但不限于下列事项:

(一)基金合同期限届满而未延期;

(二)基金份额持有人大会决定终止;

(三)基金管理人、基金托管人职责终止,在六个月内没有新基金管理人、新基金托管人承接。

第二十节 私募基金的清算

第五十七条 订明私募基金财产清算的有关事项:

(一)私募基金财产清算小组:

1. 私募基金财产清算小组组成,说明私募基金财产清算小组成员由私募基金管理人和私募基金

托管人组成。清算小组可以聘用必要的工作人员；

2. 私募基金财产清算小组职责，说明私募基金财产清算小组负责私募基金财产的保管、清理、估价、变现和分配。私募基金财产清算小组可以依法进行必要的民事活动。

（二）订明私募基金财产清算的程序；

（三）订明清算费用的来源和支付方式；

（四）订明私募基金财产清算剩余资产的分配，依据私募基金财产清算的分配方案，将私募基金财产清算后的全部剩余资产扣除私募基金财产清算费用后，按私募基金的份额持有人持有的计划份额比例进行分配；基金合同另有约定的除外；

（五）订明私募基金财产清算报告的告知安排；

（六）私募基金财产清算账册及文件的保存，说明私募基金财产清算账册及文件由私募基金管理人保存十年以上。

第五十八条　私募基金财产相关账户的注销。

订明私募基金财产清算完毕后，当事人在私募基金财产相关账户注销中的职责及相应的办理程序。

第二十一节　违约责任

第五十九条　订明基金合同当事人违反基金合同应当承担的违约赔偿责任。基金合同能够继续履行的应当继续履行。

第二十二节　争议的处理

第六十条　订明发生纠纷时，当事人可以通过协商或者调解予以解决。当事人不愿通过协商、调解解决或者协商、调解不成的，可以根据基金合同的约定或者事后达成的书面仲裁条款向仲裁机构申请仲裁，或向人民法院起诉。

第二十三节　其他事项

第六十一条　订明基金合同需要约定的其他事项。

第三章　附　则

第六十二条　本指引由中国基金业协会负责解释。

第六十三条　本指引自2016年7月15日起施行。

附件2　私募投资基金合同指引2号（公司章程必备条款指引）

第一条　根据《证券投资基金法》（以下简称《基金法》）《公司法》《公司登记管理条例》《私募投资基金监督管理暂行办法》（以下简称《私募办法》）、《私募投资基金管理人登记和基金备案办法（试行）》（以下简称《登记备案办法》）及其他相关规定，制定本指引。

第二条　私募基金管理人通过有限责任公司或股份有限公司形式募集设立私募投资基金的，应当按照本指引制定公司章程。章程中应当载明本指引规定的必备条款，本指引必备条款未尽事宜，可以参考私募投资基金合同指引1号的相关内容。投资者签署的公司章程应当满足相关法律、法规对公司章程的法定基本要求。

第三条　本指引所称公司型基金是指投资者依据《公司法》，通过出资形成一个独立的公司法人实体（以下简称公司），由公司自行或者通过委托专门的基金管理人机构进行管理的私募投资基金。公司型基金的投资者既是基金份额持有者又是公司股东，按照公司章程行使相应权利、承担相应义务和责任。

第四条　私募基金管理人及私募基金投资者应在公司章程首页用加粗字体进行如下声明与承诺，包括但不限于：

私募基金管理人保证在募集资金前已在中国基金业协会登记为私募基金管理人，并列明管理人登记编码。私募基金管理人应当向投资者进一步声明，中国基金业协会为私募基金管理人和私募基金办理登记备案不构成对私募基金管理人投资能力、持续合规情况的认可；不作为对基金财产安全的保证。私募基金管理人保证已在签订本合同前揭示了相关风险；已经了解私募基金投资者的风险偏好、风险认知能力和承受能力。私募基金管理人承诺按照恪尽职守、诚实信用、谨慎勤勉的原则管理运用基金财产，不对基金活动的盈利性和最低收益作出承诺。

私募基金投资者声明其为符合《私募办法》规定的合格投资者，保证财产的来源及用途符合国家有关规定，并已充分理解本合同条款，了解相关权利义务，了解有关法律法规及所投资基金的风险收益特征，愿意承担相应的投资风险；私募基金投资者承诺其向私募基金管理人提供的有关投资目的、投资偏好、投资限制、财产收入情况和风险承受能力等基本情况真实、完整、准确、合法，不存在任何重大遗漏或误导。

第五条　公司型基金的章程应当具备如下条款：

（一）【基本情况】章程应列明公司的基本信息，包括但不限于公司的名称、住所、注册资本、存续期限、经营范围（应含有“基金管理”“投资管理”“资产管理”“股权投资”“创业投资”等能体现私募投资基金性质的字样）、股东姓名/名称、住所、法定代表人等，同时可以对变更该等信息的条件作出说明。

（二）【股东出资】章程应列明股东的出资方式、数额、比例和缴付期限。

（三）【股东的权利义务】章程应列明股东的基本权利、义务及股东行使知情权的具体方式。

（四）【入股、退股及转让】章程应列明股东增资、减资、入股、退股及股权转让的条件及程序。

（五）【股东（大）会】章程应列明股东（大）会的职权、召集程序及议事规则等。

（六）【高级管理人员】章程应列明董事会或执行董事、监事（会）及其他高级管理人员的产生办法、职权、召集程序、任期及议事规则等。

（七）【投资事项】章程应列明本公司型基金的投资范围、投资策略、投资运作方式、投资限制、投资决策程序、关联方认定标准及对关联方投资的回避制度、投资后对被投资企业的持续监控、投资风险防范、投资退出等。

（八）【管理方式】公司型基金可以采取自我管理，也可以委托其他私募基金管理机构管理。采取自我管理方式的，章程中应当明确管理架构和投资决策程序；采取委托管理方式的，章程中应当明确管理人的名称，并列名管理人的权限及管理费的计算和支付方式。

（九）【托管事项】公司财产进行托管的，应在章程中明确托管机构的名称或明确全体股东在托管事宜上对董事会/执行董事的授权范围，包括但不限于挑选托管人、签署托管协议等。

（十）公司全体股东一致同意不托管的，应在章程中明确约定本公司型基金不进行托管，并明确保障投资基金财产安全的制度措施和纠纷解决机制。

（十一）【利润分配及亏损分担】章程应列明公司的利润分配和亏损分担原则及执行方式。

（十二）【税务承担】章程应列明公司的税务承担事项。

（十三）【费用和支出】章程应列明公司承担的有关费用（包括税费）、受托管理人和托管机构报酬的标准及计提方式。

（十四）【财务会计制度】章程应对公司的财务会计制度作出规定，包括记账、会计年度、经会计师事务所审计的年度财务报告、公司年度投资运作基本情况及重大事件报告的编制与提交、查阅会计账簿的条件等。

（十五）【信息披露制度】章程应对本公司型基金信息披露的内容、方式、频度等内容作出规定。

（十六）【终止、解散及清算】章程应列明公司的终止、解散事由及清算程序。

（十七）【章程的修订】章程应列明章程的修订事由及程序。

（十八）【一致性】章程应明确规定当章程的内容与股东之间的出资协议或其他文件内容相冲突的，以章程为准。若章程有多个版本且内容相冲突的，以在中国基金业协会备案的版本为准。

（十九）【份额信息备份】订明全体股东同意私募基金管理人、份额登记机构或其他份额登记义务人应当按照中国基金业协会的规定办理基金份额登记（公司股东）数据的备份。

（二十）【报送披露信息】订明全体股东同意私募基金管理人或其他信息披露义务人应当按照中国基金业协会的规定对基金信息披露信息进行备份。

第六条　本指引由中国基金业协会负责解释，自2016年7月15日起施行。

附件3　私募投资基金合同指引3号（合伙协议必备条款指引）

第一条　根据《证券投资基金法》（以下简称《基金法》）《合伙企业法》《合伙企业登记管理办法》《私募投资基金监督管理暂行办法》（以下简称《私募办法》）、《私募投资基金管理人登记和基金备案办法（试行）》（以下简称《登记备案办法》）及其他相关规定，制定本指引。

第二条　私募基金管理人通过有限合伙形式募集设立私募投资基金的，应当按照本指引制定有限合伙协议（以下简称合伙协议）。合伙协议中应当载明本指引规定的必备条款，本指引必备条款未尽事宜，可以参考《私募投资基金合同指引1号》的相关内容。协议当事人订立的合伙协议应当满足相关法律、法规对合伙协议的法定基本要求。

第三条　本指引所称合伙型基金是指投资者依据《合伙企业法》成立有限合伙企业（以下简称合

伙企业)，由普通合伙人对合伙债务承担无限连带责任，由基金管理人具体负责投资运作的私募投资基金。

第四条　私募基金管理人及私募基金投资者应在合伙协议首页用加粗字体进行如下声明与承诺，包括但不限于：

私募基金管理人保证在募集资金前已在中国基金业协会登记为私募基金管理人，并列明管理人登记编码。私募基金管理人应当向投资者进一步声明，中国基金业协会为私募基金管理人和私募基金办理登记备案不构成对私募基金管理人投资能力、持续合规情况的认可；不作为对基金财产安全的保证。私募基金管理人保证已在签订本合同前揭示了相关风险；已经了解私募基金投资者的风险偏好、风险认知能力和承受能力。私募基金管理人承诺按照恪尽职守、诚实信用、谨慎勤勉的原则管理运用基金财产，不对基金活动的盈利性和最低收益作出承诺。

私募基金投资者声明其为符合《私募办法》规定的合格投资者，保证财产的来源及用途符合国家有关规定，并已充分理解本合同条款，了解相关权利义务，了解有关法律法规及所投资基金的风险收益特征，愿意承担相应的投资风险；私募基金投资者承诺其向私募基金管理人提供的有关投资目的、投资偏好、投资限制、财产收入情况和风险承受能力等基本情况真实、完整、准确、合法，不存在任何重大遗漏或误导。

第五条　合伙型基金的合伙协议应当具备如下条款：

(一)【基本情况】合伙协议应列明如下信息，同时可以对变更该等信息的条件作出说明：

1. 合伙企业的名称(标明“合伙企业”字样)；

2. 主要经营场所地址；

3. 合伙目的和合伙经营范围(应含有“基金管理”“投资管理”“资产管理”“股权投资”“创业投资”等能体现私募投资基金性质的字样)；

4. 合伙期限。

(二)【合伙人及其出资】合伙协议应列明普通合伙人和有限合伙人的姓名或名称、住所、出资方式、出资数额、出资比例和缴付期限，同时可以对合伙人相关信息发生变更时应履行的程序作出说明。

(三)【合伙人的权利义务】合伙协议应列明有限合伙人与普通合伙人的基本权利和义务。

(四)【执行事务合伙人】合伙协议应约定由普通合伙人担任执行事务合伙人，执行事务合伙人有权对合伙企业的财产进行投资、管理、运用和处置，并接受其他普通合伙人和有限合伙人的监督。合伙协议应列明执行事务合伙人应具备的条件及选择程序、执行事务合伙人的权限及违约处理办法、执行事务合伙人的除名条件和更换程序，同时可以对执行事务合伙人执行事务的报酬(包括绩效分成)及报酬提取方式、利益冲突及关联交易等事项做出约定。

(五)【有限合伙人】有限合伙人不执行合伙事务，不得对外代表合伙企业。但有限合伙人的下列行为，不视为执行合伙事务：

1. 参与决定普通合伙人入伙、退伙；

2. 对企业的经营管理提出建议；

3. 参与选择承办合伙企业审计业务的会计师事务所；

4. 获取经审计的合伙企业财务会计报告；

5. 对涉及自身利益的情况，查阅合伙企业财务会计账簿等财务资料；

6. 在合伙企业中的利益受到侵害时，向有责任的合伙人主张权利或者提起诉讼；

7. 执行事务合伙人怠于行使权利时，督促其行使权利或者为了合伙企业的利益以自己的名义提起诉讼；

8. 依法为合伙企业提供担保。

合伙协议可以对有限合伙人的权限及违约处理办法做出约定，但是不得做出有限合伙人以任何直接或间接方式，参与或变相参与超出前款规定的八种不视为执行合伙事务行为的约定。

（六）【合伙人会议】合伙协议应列明合伙人会议的召开条件、程序及表决方式等内容。

（七）【管理方式】合伙型基金的管理人可以是合伙企业执行事务合伙人，也可以委托给其他私募基金管理机构。合伙协议中应明确管理人和管理方式，并列明管理人的权限及管理费的计算和支付方式。

（八）【托管事项】合伙企业财产进行托管的，应在合伙协议中明确托管机构的名称或明确全体合伙人在托管事宜上对执行事务合伙人的授权范围，包括但不限于挑选托管人、签署托管协议等。全体合伙人一致同意不托管的，应在合伙协议中明确约定本合伙型基金不进行托管，并明确保障投资基金财产安全的制度措施和纠纷解决机制。

（九）【入伙、退伙、合伙权益转让和身份转变】合伙协议应列明合伙人入伙、退伙、合伙权益转让的条件、程序及相关责任，及有限合伙人和普通合伙人相互转变程序。

（十）【投资事项】合伙协议应列明本合伙型基金的投资范围、投资运作方式、投资限制、投资决策程序、关联方认定标准及关联方投资的回避制度，以及投资后对被投资企业的持续监控、投资风险防范、投资退出、所投资标的担保措施、举债及担保限制等作出约定。

（十一）【利润分配及亏损分担】合伙协议应列明与合伙企业的利润分配及亏损分担方式有关的事项，具体可以包括利润分配原则及顺序、利润分配方式、亏损分担原则及顺序等。

（十二）【税务承担】合伙协议应列明合伙企业的税务承担事项。

（十三）【费用和支出】合伙协议应列明与合伙企业费用的核算和支付有关的事项，具体可以包括合伙企业费用的计提原则、承担费用的范围、计算及支付方式、应由普通合伙人承担的费用等。

（十四）【财务会计制度】合伙协议应对合伙企业的记账、会计年度、审计、年度报告、查阅会计账簿的条件等事项作出约定。

（十五）【信息披露制度】合伙协议应对本合伙型基金信息披露的内容、方式、频度等内容作出约定。

（十六）【终止、解散与清算】合伙协议应列明合伙企业终止、解散与清算有关的事项，具体可以包括合伙企业终止、解散的条件、清算程序、清算人及任命条件、清偿及分配等。

（十七）【合伙协议的修订】合伙协议应列明协议的修订事由及程序。

（十八）【争议解决】合伙协议应列明争议的解决方式。

（十九）【一致性】合伙协议应明确规定当合伙协议的内容与合伙人之间的其他协议或文件内容相冲突的，以合伙协议为准。若合伙协议有多个版本且内容相冲突的，以在中国基金业协会备案的版本为准。

（二十）【份额信息备份】订明全体合伙人同意私募基金管理人、份额登记机构或其他份额登记义务人应当按照中国基金业协会的规定办理基金份额登记（全体合伙人）数据的备份。

（二十一）【报送披露信息】订明全体合伙人同意私募基金管理人或其他信息披露义务人应当按照中国基金业协会的规定对基金信息披露信息进行备份。

第六条　本指引由中国基金业协会负责解释，自2016年7月15日起施行。

《私募投资基金合同指引》起草说明

一、指引制定的背景

（一）私募投资基金的组织形式及登记备案

《证券投资基金法》（以下简称《基金法》）第二条规定，“在中华人民共和国境内，公开或者非公开募集资金设立证券投资基金，由基金管理人管理，基金托管人托管，为基金份额持有人的利益，进行证券投资活动，适用本法”。在此基础上，《私募投资基金监督管理私募办法》（以下简称《私募办法》）第二条进一步规定，“非公开募集资金，以进行投资活动为目的设立的公司或者合伙企业，资产由基金管理人或者普通管理人管理的，其登记备案、资金募集和投资运作适用本办法”。据此，根据组织形式不同，目前私募基金可以分为契约型基金、公司型基金和合伙型基金。

上述三种不同组织形式的私募基金均已有在私募登记备案系统备案。根据目前的基金备案情况，私募证券投资基金以契约型为主，私募股权基金和创业投资基金以合伙型为主。

契约型基金本身不具备法律实体地位，其与基金管理人的关系为信托关系，因此契约型基金无法采用自我管理，且需由基金管理人代其行使相关民事权利。根据基金合同的规定，基金管理人可以承担有限责任也可以承担无限责任。基金管理人须先登记为私募基金管理人，再由已登记的私募基金管理人履行契约型基金备案手续。

公司型基金本身是一个独立的法人实体，公司股东/投资人以其出资额为限承担有限责任，并共同参与公司治理。因此，公司型基金多采用自我管理，由公司董事会自聘管理团队进行管理。公司型基金也可以委托专业基金管理机构作为受托人具体负责投资运作，采取受托管理的，其管理机构须先登记为私募基金管理人，再由已登记的私募基金管理人履行公司型基金备案手续。公司型基金自聘管理团队进行管理，按照协会的《私募基金管理人登记和基金备案办法（试行）》，该自我管理的公司型基金应作为私募基金管理人登记手续，其后由其履行私募基金备案手续。

合伙型基金本身也不是一个法人主体，其执行事务合伙人为普通合伙人(GP)，GP负责合伙事务并对基金承担无限责任。从基金管理方式上，GP可以自任为私募基金管理人，也可以另行委托专业私募基金管理机构作为管理人具体负责投资管理运作。GP担任基金管理人的，由GP来进行私募基金管理人登记，再由已登记的管理人进行合伙型基金备案；另行委托专业基金管理机构作为受托人具体负责投资运作的，该专业基金管理机构应先登记为私募基金管理人，并由其履行私募基金备案手续。

实践中不同组织形式私募基金的客观存在具有历史合理性。契约型基金具有易标准化、设立简便、份额转让便利等优势，对决策效率要求高的证券类基金较为适用；公司型基金具有投资者参与基金治理和投资决策程度高，法律保障充分等优势，实践中股权型特别是创投基金也较常采用该组织形式；有限合伙型基金与美元基金等国际通行做法接轨、具有"先分后税"的税收政策、区域化的税收减免、对未上市企业投资工商确权清晰等优势，较适合股权类基金。

考虑到不同组织形式基金的特点，本指引分别制定了1号《契约型私募投资基金合同内容与格式指引》、2号《公司章程必备条款指引》以及3号《合伙协议必备条款指引》。

(二)指引制定的意义及依据

随着私募基金的不断发展，作为私募基金的核心文件基金合同一直缺少专业指引，特别是一些中小基金或者新成立的基金，基金合同的制定较为随意容易产生争议。同时，私募基金行业鱼龙混杂，部分机构借"私募"之名从事违法违规活动而投资者无法从合同文本层面进行甄别。因此，为了能够更好地防范和控制风险，保护投资人的权益，有必要在基金合同方面为私募基金设置必要的指引。

中国基金业协会在反复调研论证的基础上，将制定本指引纳入工作计划，并广泛征求行业意见。

本指引根据《基金法》《私募办法》《公司法》《合伙企业法》以及《信托法》等相关法律法规制定，参考了其他资产管理产品的合同文本规范性文件，并按照私募投资基金的组织形式划分，分为适用于契约型、公司型、合伙型私募投资基金的合同指引。

本指引的出台，一方面能够为私募证券投资基金、股权投资基金、创业投资基金等私募类产品提供统一、标准的合同文本参照；另一方面也能为下一步大资管时代下私募类产品的统一监管奠定基础。

二、指引的主要内容

本指引根据私募基金的组织形式不同，分为1号《契约型私募投资基金合同内容与格式指引》、2号《公司章程必备条款指引》以及3号《合伙协议必备条款指引》。

其中，《契约型私募投资基金合同内容与格式指引》适用于契约型基金，即指未成立法律实体，而是通过契约的形式设立私募基金，基金管理人、投资者和其他基金参与主体按照契约约定行使相应权利，承担相应义务和责任。鉴于证券与股权相区分的原则，对于契约型私募证券投资基金，应当按照《契约型私募投资基金合同内容与格式指引》制定基金合同，而对于契约型私募股权或其他类型投资基金，应当参考《契约型私募投资基金合同内容与格式指引》制定基金合同。

《公司章程必备条款指引》适用于公司型基金，即指投资者依据《公司法》，通过出资形成一个独立的公司法人实体，由公司自行或者通过委托专门的基金管理人机构进行管理，投资者既是基金份额持有者又是基金公司股东，按照公司章程行使相应权利、承担相应义务和责任。

《合伙协议必备条款指引》适用于合伙型基金，即指投资者依据《合伙企业法》成立投资基金有限合伙企业，由普通合伙人对合伙企业的债务承担无限连带责任，由基金管理人具体负责投资运作(普通合伙人可以自任基金管理人，也可以另行委托专业机构作为受托人具体负责投资运作)。

(一)《契约型私募投资基金合同内容与格式指引》的主要内容

本指引共三章，六十三条。

第一章总则，主要规定了本指引的制定依据、适用范围、基金合同的名称、基本原则、禁止虚假陈述、基金托管事项等内容。

第二章基金合同正文，共二十三节。包括前言，释义，声明与承诺，私募基金的基本情况，私募基金的募集，私募基金的成立与备案，私募基金的申购、赎回与转让，当事人及权利义务，私募基金份额持有人大会及日常机构，私募基金份额的登记，私募基金的投资，私募基金的财产，交易及清算交收安排，私募基金财产的估值和会计核算，私募基金的费用与税收，私募基金的收益分配，信息披露与报告，风险揭示，基金合同的效力、变更、解除与终止，私募基金的清算，违约责任，争议的处理，其他事项。

其中，《契约型私募投资基金合同内容与格式指引》第五节私募基金的募集，共两条。订明私募基金募集的有关事项，如募集机构、募集对象、募集方式、募集期限、认购金额、付款期限以及《私募投资基金募集行为管理办法(试行)》中的相关规定等(第十二条)，同时，私募基金管理人应当将私募基金募集期间客户的资金存放于私募基金募集结算专用账户(第十三条)。根据《基金法》第五十九条的规定，基金募集期间募集的资金应当存入专门账户，在基金募集行为结束前，任何人不得动用。本条参照了公募基金资金专用账户的相关规定，也符合《私募办法》第二十三条关于不得将固有财产或者他人财产混同于基金财产的规定。

《契约型私募投资基金合同内容与格式指引》第七节私募基金的申购、赎回与转让。根据《基金法》第九十二条第(八)项的规定，应当在基金合同中订明基金份额的认购、赎回或者转让的程序和方式。基金必须向合格投资者转让，且转让后基金份额持有人累计不得超过法定人数。

《契约型私募投资基金合同内容与格式指引》第九节私募基金份额持有人大会及日常机构，订明召开基金份额持有人大会的情形、日常机构职权、召集人和召集方式、出席会议方式、决议形成的程序等内容(第二十八条到第三十一条)。本节为根据《基金法》第四十七条、第四十八条要求编写。

《契约型私募投资基金合同内容与格式指引》第十九节私募基金合同的效力、变更、解除与终止，订明私募基金合同效力、变更、解除与终止等问题(第五十二条至第五十六条)。除合同另有约定外，私募基金合同自签署之日起生效，基金是否备案不影响合同效力；关于私募基金合同的变更，属于重大事项变更的，指引要求私募基金管理人应当向中国基金业协会报告。关于基金合同的解除，指引要求订明基金合同解除的情形。关于私募基金合同的终止，指引列举了合同期限届满未延期、基金份额持有人大会决定终止及基金管理人、基金托管人职责终止六个月内没有承接三种情形。

《契约型私募投资基金合同内容与格式指引》第二十节私募基金的清算，订明私募基金财产清算的相关事宜，如财产清算小组、清算程序、清算费用、剩余资产分配、清算报告文件保存等(第五十七条)，同时，基金合同也需要对私募基金财产相关账户的注销问题进行约定(第五十八条)。《基金法》第八十一条、第八十二条规定了基金的清算事宜，包括组织清算组、清算报告及剩余财产分配等，指引提示基金合同对相关问题进行进一步约定。

第三章附则，规定指引的解释权和生效时间。

(二)《公司章程必备条款指引》的主要内容

本指引共六条。

第一条至第四条，主要规定了本指引的制定依据、适用范围、公司型基金的定义、管理人和投资者的声明与承诺。

第五条主要规定了公司型基金章程的必备条款，对《基金法》和《公司法》要求的条款和对投资人有重大影响的条款进行了重点提示。具体包括基本情况，股东出资，股东的权利义务，入股，退股及转让，股东(大)会，高级管理人员，投资事项，管理方式，托管事项，利润分配及亏损分担，税务承担，费用和支出，财务会计制度，信息披露制度，终止，解散及清算，章程的修订，一致性，份额信息备份，报送披露信息共十九项。

第六条，规定了指引的解释权和生效时间。

(三)《合伙协议必备条款指引》的主要内容

本指引共六条。

第一条至第四条，主要规定了本指引的制定依据、适用范围、合伙型基金的定义、管理人和投资者的声明与承诺。

第五条主要规定了合伙型基金合伙协议的必备条款，对《基金法》和《合伙企业法》要求的条款和对投资人有重大影响的条款进行了重点提示。具体包括基本情况，合伙人及其出资，合伙人的权利义务，执行事务合伙人，有限合伙人，合伙人会议，管理方式，托管事项，入伙、退伙、合伙权益转让和身份转变，投资事项，利润分配及亏损分担，税务承担，费用和支出，财务会计制度，信息披露制度，终止、解散与清算，合伙协议的修订，争议解决，一致性，份额信息备份，报送披露信息共二十一项。

第六条，规定了指引的解释权和生效时间。

三、指引的主要特点

本指引在制定上主要体现了如下几个特点：

(一)体现“公募与私募相区别”的监管原则

与公募基金面向不特定公众且适用较为严格的监管标准不同，私募基金仅面向合格投资者募集，由于私募基金的投资者具有较高风险识别能力和承受能力，且重在内部自治，因此不宜实行严格监管，而应当通过原则性监管以及行业自律的形式维护市场主体的创新活力。

鉴于私募基金可能出现管理人利用信息不对称侵害投资者权益或者风险外溢的情形，为了在规范行业秩序、保护投资人利益以及促进行业健康创新发展之间找到更好的平衡，本指引采用了指引的方式而非固化的标准合同文本。目的就是在于能在保护投资者利益和规范行业秩序的前提下最大限度地给予私募基金自治的权利。

（二）体现不同组织形式基金的差异化监管原则

本指引针对不同组织形式私募基金的特点与实际情况制定了不同的合同指引。

考虑到契约型基金不具备法律主体地位，缺少相关治理结构以及工商行政管理部门的监督，信息透明度低，道德风险较大，我们着重对契约型基金的基金合同进行了规范性指引，除了遵照目前《基金法》要求的强制性条款外，也参考了行业内的最佳实践范例，目的在于对契约型基金进行指导和规范，保护投资者利益。

对于公司型基金以及合伙型基金，考虑到其有独立的法律主体地位且在一定程度上已经受到工商行政管理部门等其他部门的监管，且其拥有法律规定的治理机构，有高度自治性，我们仅就法律法规要求或者实践中对投资者有重大影响的必备条款进行了指引。

总体而言，契约型基金、合伙型基金、公司型基金的内部治理上由弱到强，在监管力度上从公司型基金到合伙型基金到契约型基金也越来越强。

（三）体现私募证券投资基金和私募股权投资基金的差异化监管原则

不同投资标的的私募基金对组织形式有不同的偏好。本指引在制定契约型基金的基金合同指引过程中，主要参照了私募证券投资基金的特点；在制定合伙型基金的合伙协议以及公司型基金的公司章程指引过程中，主要参照了私募股权投资基金和私募创业投资基金的特点。实践中，也出现私募股权投资基金和私募创业投资基金采用契约型基金组织形式的趋势，考虑到目前法律层面上还有许多待解决的问题，这类基金在适用契约型基金合同指引时需要特别根据私募股权投资基金和私募创业投资基金的特点进行相应补充。

四、关于《契约型私募投资基金合同内容与格式指引》的特别说明

契约型基金目前在设立程序、运作成本、基金份额转让及税收等方面均存在一定制度红利。但是，现阶段契约型私募基金在法律主体、权利确认、退出环节等方面也存在一些问题。我国的信托计划、资产管理计划等虽然属于契约型，但由于发行主体为金融机构，有较为严格的监管、内控和资本金要求，容易控制风险。然而对于准入门槛较低的私募基金，为了能够更好地防范风险和保护投资人权益，有必要在合同方面为契约型基金设置比公司型基金、合伙型基金更为严格的标准。

相较于公司型基金和合伙型基金，契约型基金有其自身特点。为了更好体现契约型基金的独特性，我们特别就《契约型私募投资基金合同内容与格式指引》中的重要内容进行说明。

（一）契约型基金的成立与备案

公募基金及基金专户产品经注册后基金合同方可生效，为了体现公募与私募监管有别的思路，私募基金的备案不影响基金合同的效力。根据《基金法》及《登记备案办法》的规定，未经登记，任何单

位或者个人不得使用“基金”或者“基金管理”字样或者近似名称进行证券投资活动；经备案的私募基金可以申请开立证券相关账户。为了更好地引导私募基金的发展，防范和控制风险，顺应市场要求，平衡私募基金管理人与私募基金托管人之间的关系，中国基金业协会拟通过本指引进一步理顺基金设立、备案、投资运作的关系。《契约型私募投资基金合同内容与格式指引》第十五条要求基金合同中应约定私募基金在中国基金业协会完成备案后方可进行投资运作，基金募集完成设立后应到中国基金业协会进行基金备案，备案不影响基金合同的效力以及基金的设立，但未经备案不能进行投资运作。一方面，中国基金业协会不做事前审查，备案所需时间较短，对私募基金运作的影响不大；另一方面，私募基金在中国基金业协会备案也有助于更好地保护私募基金投资者的利益。

（二）契约型基金财产的独立性

由于契约型基金本身并不是法律主体，因此如何妥善保管投资人的出资显得尤为重要。根据《基金法》第五条的规定，基金财产独立于基金管理人、基金托管人的固有财产。基金管理人、基金托管人不得将基金财产归入其固有财产。基金管理人、基金托管人因基金财产的管理、运用或者其他情形而取得的财产和收益，归入基金财产。基金管理人、基金托管人因依法解散、被依法撤销或者被依法宣告破产等原因进行清算的，基金财产不属于其清算财产。《基金法》第七条进一步规定，非因基金财产本身承担的债务，不得对基金财产强制执行。

《契约型私募投资基金合同内容与格式指引》第十二节也专门就基金财产的保管和处分作出了相关规定，明确《基金法》上述条款所确立的基金财产独立性原则。此外，为了更进一步的保护投资人的利益，《契约型私募投资基金合同内容与格式指引》第十二节还进一步规定了私募基金财产相关账户的开立和管理，明确基金财产账户与基金管理人、基金托管人和基金份额登记机构自有财产账户以及其他基金财产账户相独立。

（三）风险提示

《契约型私募投资基金合同内容与格式指引》第二十一条规定了私募基金管理人制作风险揭示书向投资者充分揭示相关风险的义务，第二十七条规定了投资者认真阅读并签署风险揭示书的义务，并设专节第十八节风险揭示规定私募基金管理人应当重点揭示的风险，规定私募基金管理人应单独编制风险揭示书，投资者签订基金合同前应认真阅读并签署。

除了资金损失风险、基金运营风险、流动性风险、募集失败风险、投资标的风险及税收风险等一般风险外，特别规定应对基金未托管风险、聘请投资顾问所涉风险、外包事项所涉风险以及未在中国基金业协会备案的风险进行特别揭示。

（四）管理人、托管人、投资者三方共同签署基金合同

《契约型私募投资基金合同内容与格式指引》第六条明确规定，私募基金进行托管的，私募基金管理人、基金托管人以及投资者三方应当共同签订基金合同；基金合同明确约定不托管的，应当在基金合同中明确保障私募基金财产安全的制度措施和纠纷解决机制。

考虑到契约型基金不具备法律主体资格，对于资金财产的安全性要求较高，托管人承担的托管责

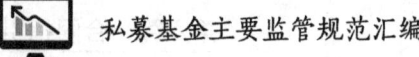

任也较合伙型基金和公司型基金更大。因此,为了让托管人的权责义务更明晰,《契约型私募投资基金合同内容与格式指引》要求基金的托管人也作为合同一方签订基金合同。在此安排下,作为合同一方的托管人,也需要对基金的投资人承担相应责任,这与管理人委托托管人,托管人直接向管理人承担责任有较大的区别。

(五)私募基金份额持有人大会及其日常机构

《契约型私募投资基金合同内容与格式指引》第九节订明了召开基金份额持有人大会的情形、日常机构职权、召集人和召集方式、出席会议方式、决议形成的程序等内容。

一方面,设立基金份额持有人大会及其日常机构是《基金法》的要求;另一方面,基金份额持有人大会及其日常机构的设立有助于加强基金治理,有助于保护投资者利益。

根据指引规定,除指引列明的事项之外,合同各方当事人也可以根据实际情况,约定基金份额持有人大会及其日常机构的其他职权。

第七篇　从业人员管理

基金从业人员执业行为自律准则

关于发布《基金从业人员执业行为自律准则》的通知

（2014-12-15）

各会员单位：

为促进基金行业持续、健康发展，保护基金持有人利益，规范基金从业人员执业行为，树立从业人员良好职业形象，维护行业声誉，中国证券投资基金业协会制定了《基金从业人员执业行为自律准则》，现予以发布，请遵照执行。

附件：基金从业人员执业行为自律准则

中国证券投资基金业协会

2014年12月15日

附件　基金从业人员执业行为自律准则

为促进基金行业持续、健康发展，保护基金持有人利益，规范基金从业人员（以下简称从业人员）执业行为，树立从业人员的良好职业形象和维护行业声誉，提高从业人员专业服务水平，根据《证券投资基金法》及其他行政法规的有关规定，制定本准则：

第一条　从业人员应自觉遵守法律、行政法规，及职业道德，不得损害社会公共利益、基金持有人利益和行业利益。

第二条　从业人员应将基金持有人的利益置于个人及所在机构的利益之上，公平对待基金持有人。不得侵占或者挪用基金持有人的交易资金，不得在不同基金资产之间、基金资产和其他受托资产之间进行利益输送。

第三条　从业人员应具备从事相关活动所必需的专业知识和技能，保持和提高专业胜任能力，审慎开展业务，提高风险管理能力，不得做出任何与职业声誉或专业胜任能力相背离的行为。

第四条　从业人员应当在进行投资分析、提供投资建议、采取投资行动时，具有合理充分的调查研究依据，保持独立性与客观性，坚持原则，不得受各种外界因素的干扰。

第五条　从业人员应当公平、合法、有序地开展业务，不得以排挤竞争对手为目的，压低基金的收费水平，低于基金销售成本销售基金；不得采取抽奖、回扣或者赠送实物、保险、基金份额等方式销售基金。

第六条　从业人员不得泄露任何基金持有人资料和交易信息，不得泄露在执业活动中所获知的各相关方的信息及所属机构的商业秘密，更不得为自己或他人谋取不正当利益。

第七条　从业人员不得从事或协同他人从事内幕交易或利用未公开信息交易活动，不得泄露利用工作便利获取的内幕信息或其他未公开信息，或明示、暗示他人从事内幕交易活动。

第八条　从业人员不得利用资金优势、持股优势和信息优势，单独或者合谋串通，影响证券交易价格或交易量，误导和干扰市场。

第九条　从业人员不得利用工作之便向任何机构和个人输送利益，损害基金持有人利益和损害证券市场秩序。

第十条　从业人员应廉洁自律，不得接受利益相关方的贿赂或对其进行贿赂，如接受或赠送礼物、回扣、补偿或报酬等，或从事可能导致与投资者或所在机构之间产生利益冲突的活动。

第十一条　从业人员应当在宣传、推介和销售基金产品时，坚持销售适用性原则，客观、全面、准确地向投资者推荐或销售适合的基金产品，并及时揭示投资风险。不得进行不适当的宣传，误导欺诈投资者，不得片面夸大过往业绩，不得预测所推介基金的未来业绩，不得违规承诺保本保收益。

第十二条　从业人员应主动倡导理性成熟的投资理念，坚持长期投资、价值投资导向，自觉弘扬行业优秀道德文化，加强自身职业道德修养，规范自身行为，履行社会责任，遵从社会公德，更好地服务社会和投资者。

基金从业资格考试管理办法(试行)

关于发布《基金从业资格考试管理办法(试行)》的通知

(2015-07-24)

为进一步加强基金从业人员资格考试工作的管理工作，完善基金从业资格考试的管理流程，中国基金业协会制定了《基金从业资格考试管理办法(试行)》，经中国基金业协会第一届理事会表决通过，现予发布，自发布之日起施行。

附件：基金从业资格考试管理办法(试行)

中国证券投资基金业协会

2015年7月24日

附件　基金从业资格考试管理办法(试行)

第一章　总　则

第一条　为规范基金从业人员资格考试(以下简称从业资格考试)管理，根据《中华人民共和国证券投资基金法》(以下简称《基金法》)等相关规定，制定本办法。

第二条　中国证券投资基金业协会(以下简称协会)是从业资格考试的组织机构,负责组织从业资格考试工作。

第三条　协会的从业资格考试工作接受中国证券监督管理委员会(以下简称中国证监会)的指导和监督。

第二章　组织机构职责

第四条　协会统一组织从业资格考试工作,履行以下职责:

(一)制定考试规则;

(二)确定考试科目,制定考试大纲;

(三)组织编写、出版、发行考试统编教材;

(四)编制考试预决算;

(五)确定考试方式、考试时间和考试频次,发布考试计划和公告;

(六)组织命题工作;

(七)组织考务工作;

(八)公布考试成绩;

(九)对考试违纪情况进行处理;

(十)建立考试信息系统;

(十一)受理从业资格考试咨询;

(十二)与考试有关的其他职责。

第五条　协会制定的考试大纲、编制的考试预决算经中国证监会批准之后执行。

第三章　从业资格考试

第六条　报名参加从业资格考试的人员(以下简称报考人员),应当符合下列条件:

(一)具有完全民事行为能力;

(二)考试报名截止之日,年满十八周岁;

(三)具有高中以上文化程度;

(四)中国证监会及协会规定的其他条件。

第七条　有下列情形之一的人员,不能报名参加从业资格考试;已经办理报名手续参加考试的,报名及考试成绩无效:

(一)不符合第六条规定的;

(二)以前年度参加从业资格考试时作弊或扰乱考场秩序受到禁考处分,禁考期限未满的。

第八条　基金从业资格考试科目由科目一和科目二组成。科目一:《基金法律法规、职业道德与业务规范》;科目二:《证券投资基金基础知识》。

协会可根据行业与市场发展的需要,酌情增加或者调整相关的考试科目。

第九条　考试实行百分制,六十分为成绩合格分数线。每科考试成绩合格的,报考人员取得该科成绩合格证明。科目一和科目二考试成绩合格后,可以通过所在机构向基金业协会申请注册基金从业资格;超过四年未申请注册基金从业资格的,需要重新参加从业资格考试或在申请注册前补齐最近两年的规定后续培训学时。具体要求见协会相关规定。

第十条　协会应建立从业资格考试信息系统,记录参加考试人员个人基本信息,包括考试科目、考试时间、考试过程、考试成绩、考试现场采集照片、违纪违规信息等。考务信息由协会统一向社会公布,任何单位或个人不得擅自向社会发布或泄露考务信息。

第四章　命题管理

第十一条　考试命题应按照考试大纲的要求,遵循标准化、规范化、专业化的原则,树立从业资格考试的公信力。

第十二条　考试命题工作采用专家命题与社会征题相结合的方式。协会聘任专家组成命题委员会组织专家命题。协会也可采取社会征题的方式向全行业公开征集题目。

第十三条　命题委员会由监管部门、行业公司、中介机构、大专院校、行业协会以及社会研究机构等有关专家组成。命题委员会负责确定试题题库的架构设计,命题工作规范与工作流程。

第十四条　命题委员会专家对入库前收集的考试题目采用集中审题方式,进行三轮审核,组建考试题库。题库管理人员要不断对题库进行动态维护和更新,持续完善题库建设,优化题库试题结构与内容,确保考试试题的安全性和时效性,以适应行业最新发展需求。

第十五条　命题委员会综合考虑考试大纲、难度系数、知识点分布等要素,从题库随机抽取试题,组成考试试卷,同时生成试卷答案和评分标准。在组成试卷后,命题委员会审题专家依据设定的组卷模板对试卷进行整体审核。

考试试卷以电子数据的形式保存,考试试卷的保存和传输应当遵守国家和协会有关保密规定。

第十六条　命题人员应与协会签署保密承诺书,严格遵守国家及协会有关保密规定。命题人员在命题工作期间及辞任命题工作之日起两年内,不得直接或间接参与和从业资格考试有关的培训工作,以及参与编写从业资格考试辅导资料等可能妨碍其履行保密义务的活动。

第十七条　命题人员有违反协会从业资格考试保密相关规定的,协会予以解聘;情节严重的,协会可依照有关规定作出处分或者移交相关部门追究其责任。

第五章　考试实施

第十八条　协会组织实施考务工作。本办法所称考务工作是指基金从业资格考试的考试报名、考区考点设置、考场安排、考场监督、试卷评阅、考试成绩和考务信息管理等。

第十九条　协会根据需要可委托社会专业考试服务机构和地方行业协会协助承担部分或全部考

务工作，并与其签署协议，规定所承担考务工作的标准和要求，明确双方的权利和义务。协会应加强对委托的考试服务机构的管理，制定考试实施方案，明确考试组织任务、要求和责任，保障考试组织工作的顺利开展。考试服务机构应当严格按照实施方案组织考试。

第二十条　协会按照国家有关规定制定考场规则。考试考场的设置应符合计算机考试方式的标准与要求。

第二十一条　主考、监考、巡考等人员要认真履行职责，监督报考者遵守考场规则。

第二十二条　报考人员应当符合本办法第六条规定的条件，按要求填写报名表，交纳报名费。报考人员应当保证其提供的信息真实、准确和完整。

第二十三条　报考人员在规定的考试时间，携带有效身份证件、准考证等有效证件到指定考场参加考试。

有效身份证件包括居民身份证、护照、港澳居民来往内地通行证、台湾居民来往大陆通行证和其他有效旅行证件等合法有效身份证明文件。

第二十四条　遇有严重影响考试秩序的事件，考试服务机构应立即采取有效措施控制局面，并迅速报告协会。

因系统有误或自然灾害等原因致使考试时间拖延或者需要重新考试的，考试服务机构报协会批准后，可进行顺延或者组织重新考试。

第二十五条　考试成绩由协会在考试结束之日起七个工作日内公布，参加考试人员可以通过协会网站或协会指定的其他方式查询考试成绩。

第二十六条　参加考试人员对考试成绩有异议的，应当在成绩公布之日起十个工作日内向协会提出书面异议。协会自受理之日起十个工作日内予以处理。

第六章　考试纪律

第二十七条　参加考试人员不符合报名条件，弄虚作假参加考试的，协会一年内不受理其从业资格考试报名申请；已经参加考试的，取消其考试成绩。

第二十八条　参加考试人员有以下情形之一，经监考人员提醒后不改正的，该科考试成绩按无效处理，并在一年内不得报名参加考试：

（一）携带规定以外的物品进入考场或者未放在指定位置的；

（二）在考场或者其他禁止的范围内，喧哗、吸烟或者实施其他影响考场秩序行为的；

（三）在考试期间旁窥、交头接耳或者互打手势的；

（四）未经考场工作人员同意在考试过程中擅自离开考场的；

（五）将草稿纸等考试用纸带离考场的；

（六）其他一般违纪违规行为。

第二十九条　参加考试人员有以下情形之一的，该科考试成绩按无效处理，并在两年内不得报名参加考试：

（一）使用或提供伪造、涂改身份证件的；

（二）帮助他人作答，纵容他人抄袭的；

（三）抄袭或协助他人抄袭与考试内容相关材料的；

（四）使用或试图使用通信、存储、摄录等电子设备的；

（五）恶意操作导致考试无法正常运行的；

（六）其他严重违纪违规行为。

第三十条　参加考试人员有下列情形之一的，该科考试成绩按无效处理，协会酌情给予其三至五年不得报名参加考试的处罚：

（一）教唆或组织团伙作弊的；

（二）由他人冒名代替参加考试或者冒名代替他人参加考试的；

（三）蓄意报复考试工作人员；

（四）其他情节特别严重、影响特别恶劣的违纪违规行为。其行为如果违反《中华人民共和国治安管理处罚法》的，由公安机关进行处理；构成犯罪的，由司法机关依法处理追究刑事责任。

第三十一条　协会对参加考试人员作出处分决定的，应告知其所受的处分结果、所依据的事实和相关规定。参加考试人员对其所受的处分有异议的，可以自受到处分之日起15个工作日内向协会提出异议，协会在受理之日起15个工作日内予以处理。

第三十二条　基金从业人员存在第三十条情形的，协会可依据《基金法》等相关的规定，暂停或取消其从业资格。

第三十三条　协会工作人员及其他考务人员在考试工作中玩忽职守、徇私舞弊的，视情节轻重按照有关规定进行处理。

第三十四条　试题、答案及评分标准在启用前均属于国家秘密，任何人不得以任何方式泄露或者盗取。考试工作中发生泄密事件的，由协会组织查处，对涉嫌违反国家保密规定的，由协会会同国家保密工作部门组织查处。

第七章　附　则

第三十五条　从业资格考试依据国家有关部门批准的标准收取考试报名费，并按规定的用途使用，从业资格考试财务接受国家有关部门的审计监督。

第三十六条　中国证监会或协会对从业资格考试有特别规定的，从其规定。

第三十七条　港、澳、台地区居民以及外国籍公民符合条件参加从业资格考试的，具体参照本办法执行。

第三十八条　本办法由协会负责解释，自颁布之日起实施。

关于中国证券投资基金业协会远程培训系统升级完成正式启用的通知

（2016-09-02）

各机构及学员：

中国证券投资基金业协会远程培训系统已完成升级，将于2016年9月6日正式启用。系统升级后增加了机构与个人注册、选课及在线支付等功能，基本满足了行业机构和个人远程培训的学习需求。为方便机构和个人使用，现将有关事项通知如下。

一、关于机构注册

对于尚未在协会远程培训系统注册的机构，包括但不限于公募/私募基金管理人、基金托管、销售及其他服务机构等，需要在远程培训系统注册申请账户，并指定一名机构管理员负责所在机构的远程培训相关事务，机构管理员应真实完整的在系统中填报所在机构的基本信息及管理员个人信息。系统登录地址为http://peixun.amac.org.cn，机构管理员可在系统首页下载《机构管理员使用手册》进行操作，实现学员管理、为学员选课及缴费、查看学习进度和学时汇总等功能。

对于已在协会远程培训系统注册的机构，用户账号及密码保持不变，协会按机构管理员预留的联系方式将用户名和密码发送到各个机构管理员。机构或管理员信息如有更新，应及时在远程培训系统中进行更新完善。

二、关于个人注册

系统接受个人注册申请，个人可在系统（http://peixun.amac.org.cn）中下载《学员个人使用手册》进行操作。注册申请个人账户时，应真实有效填写个人基本信息，内地居民应使用身份证号，香港、澳门居民应使用港澳居民来往内地通行证号码，台湾居民应使用台湾居民来往大陆通行证号码，其他地区居民应使用本国护照号码注册申请账号，以确保个人远程培训学时被有效记录。

三、关于机构与个人缴费

机构统一为学员缴费时，可以使用在线支付或线下支付两种方式；个人缴费只能使用在线支付方式，具体缴费操作流程参见《机构管理员使用手册》及《学员个人使用手册》。

各机构管理员及个人学员在远程培训系统使用过程中出现的问题可拨打电话4000666099，或邮件至ycxsmx@amac.org.cn进行咨询。

中国证券投资基金业协会

2016年9月2日

第八篇　会员管理

中国证券投资基金业协会会员管理办法

（2012年6月6日第一次会员大会通过，2015年6月26日第一次会员大会临时会议第一次修订；2016年12月3日第二届第一次会员代表大会第二次修订，2017年1月1日实施）

第一章　总　则

第一条　为了规范投资基金业务活动，维护投资人及会员的合法权益，教育和组织会员遵守相关法律、行政法规、部门规章（以下简称法律法规），加强会员自律管理，促进基金行业健康发展，根据《中华人民共和国证券投资基金法》（以下简称《基金法》）及《中国证券投资基金业协会章程》（以下简称《章程》），制定本办法。

第二条　本办法适用于会员及其从业人员。基金管理人、基金托管人应当按照法律法规的规定，加入中国证券投资基金业协会（以下简称协会）成为会员。基金服务机构等其他机构可以加入协会成为会员；按照规定在协会登记的基金服务机构，应当按照法律法规的规定加入协会成为会员。

第三条　会员及从业人员从事基金业务，应当具备从事基金业务的专业能力和资格，遵守法律法规，履行诚实信用、谨慎勤勉的义务，遵循自愿、公平、诚实信用的原则，坚持投资人利益至上，不得损害国家利益和社会公共利益。

第四条　协会按照《基金法》、协会《章程》和本办法的有关规定，对会员及其从业人员实施自律管理，制定和实施行业自律规则、行业执业标准和业务规范，监督、检查会员及其从业人员的执业行为，对违反法律法规、《章程》、本办法和相关自律规则的，按照规定给予纪律处分。

第五条　协会的会员管理活动按照《基金法》和《社会团体登记管理条例》的规定，接受国务院证券监督管理机构和社会团体登记管理机关的业务指导和监督管理。

第六条　协会和会员按照法律法规和中国共产党章程的规定，在会员管理活动中坚持党的领导，为党的组织活动提供充分保障，发挥党组织的领导核心作用。

第二章　会员类型与权利

第七条　协会会员包括普通会员、联席会员、观察会员和特别会员。

第八条　普通会员包括下列机构：

（一）从事公开募集基金业务的基金管理人（以下简称公募基金管理人），包括基金管理公司及经国务院证券监督管理机构核准从事公募基金管理业务的其他机构；

（二）基金托管人，包括依法设立并取得基金托管资格的商业银行或者其他金融机构；

（三）符合本办法第十一条规定的从事非公开募集基金业务的基金管理人（以下简称私募基金管

理人）；

（四）受国务院证券监督管理机构监管的各类金融机构及其子公司（以下简称金融机构）在协会备案的私募资产管理业务规模在二十亿元以上的。

第九条　联席会员包括经按照国务院证券监督管理机构或协会规定注册、备案或登记的从事基金销售、份额登记、估值、评价、信息技术系统服务等基金服务业务的机构，以及为基金业务提供法律和会计等专业服务的律师事务所和会计师事务所。

第十条　私募基金管理人和从事私募资产管理业务的金融机构加入协会，应当先申请成为观察会员。

第十一条　符合以下全部条件的私募基金管理人，可以申请成为普通会员：

（一）自成为观察会员之日起满一年；

（二）最近一年在协会备案的基金规模在二十亿元以上，或者备案的创业投资基金规模在三亿元以上；

（三）不存在违反法律法规及协会自律规则的行为。

第十二条　私募基金管理人管理的基金财产主要投资股权，且与其他私募基金管理人之间存在合法合规的附属关系的，可以由居于控制地位的私募基金管理人代表附属机构加入协会成为会员。代表附属机构成为会员的管理人应当书面承诺其附属机构遵守协会的自律管理，对附属机构违反自律规则的行为承担责任。

第十三条　特别会员包括下列机构：

（一）证券期货交易所等全国性交易场所，登记结算机构等为基金行业提供重要基础设施的服务机构，与基金行业相关的全国性社会团体；

（二）对基金行业有重要影响的地方股权交易中心等地方性交易场所以及地方性社会团体；

（三）对基金行业有重要影响的境外机构；

（四）基金行业的重要机构投资者；

（五）其他对基金行业具有重要影响的机构。

第十四条　同一机构从事多种与基金相关业务的，应当以普通会员、联席会员、观察会员、特别会员为次序，依次选择对应会员类别申请入会。

第十五条　各类会员按照《章程》和本办法的规定参与协会治理，按照法律法规和协会自律规则开展相应的基金业务：

（一）普通会员和联席会员按照《章程》的规定，享有理事和监事的被选举权，观察会员、特别会员不享有理事和监事的被选举权；

（二）普通会员向国务院证券监督管理机构申请开展公募基金管理业务和基金托管业务，以及普通会员和联席会员向国务院证券监督管理机构申请基金销售业务的，协会予以积极支持；

（三）普通会员、联席会员和观察会员向国务院金融监督管理机构申请开展其他业务或申请加入相关自律组织的，协会可以根据其经营情况为其出具推荐材料；

(四)特别会员中的自律组织可以与协会建立自律合作机制。

第三章　会员会籍申请

第十六条　申请成为会员,应当具备下列条件:

(一)自愿加入协会,拥护《章程》及协会自律规则;

(二)遵守法律法规的规定,私募基金管理人及其股东或者执行事务合伙人最近三年不存在严重违法违规情形;

(三)具备法律法规和协会要求的资本金、基金从业人员、营业场所和经营设施、风险控制和内部管理制度和诚信记录;

(四)协会规定的其他条件。

第十七条　会员设会员代表人一名,代表其在协会履行职责。

会员仅从事基金业务的,会员代表人应当为会员单位的主要负责人,包括公司董事长、总经理或履行类似职责的高级管理人员;

会员除基金业务之外还从事其他业务的,会员代表人应当为基金业务的主要负责人;

同一会员机构同时从事多种基金业务的,可以为每种业务指定一名负责人,参加协会活动,履行有关职责。

第十八条　会员代表人应当具备下列条件:

(一)承诺遵守《章程》及协会自律规则;

(二)近三年内不存在严重违反法律法规及协会自律规则的情形以及其他不良诚信记录;

(三)普通会员、观察会员和联席会员的会员代表人应当具有基金从业资格。

第十九条　申请加入协会,应当以书面形式提交以下申请材料:

(一)加盖申请人公章并经申请人法定代表人签署的《申请书》;

(二)根据拟申请会员分类填写的《会员登记表》;

(三)申请人的基本资料,包括但不限于经营业务许可证复印件、法人营业执照(或法人登记证)或其他法定资格文件复印件;

(四)持续经营和合规经营的证明资料,包括但不限于未来一年的持续经营计划、历史经营情况说明、公司治理和内部管理制度、高级管理人员和从业人员的资质证明和诚信记录、营业场所的产权证或者租赁合同、资本金验资文件以及财务报表等;私募基金管理人申请成为普通会员的,应当提交未来三年的持续经营计划;

(五)申请人拟指定的会员代表人的基本资料,包括但不限于会员代表人的身份证明文件、个人履历等;

(六)申请人拟指定的会员代表人签署的承诺书;

(七)协会要求的其他材料。

第二十条　申请人应当按照规定向协会提交申请材料,确保申请材料的真实、准确和完整。申请人隐瞒情况或者提交虚假材料的,不予入会,一年以内不得再次提出入会申请。已经成为会员的,视情节予以纪律处分,暂停会员资格或者取消会员资格。

第二十一条　申请入会机构应当在提交入会申请时,根据《中国证券投资基金业协会会费收缴办法》的规定缴纳入会费。

第二十二条　私募基金管理人以及在协会办理登记的基金服务机构在办理登记时,应当按照法律法规的要求提交入会申请材料,缴纳入会费。入会费用于入会申请审核和行业自律管理。

第二十三条　协会在收到申请人提交的入会申请材料及缴纳的入会费后,可以通过以下方式进行审核:

(一)书面审核申请资料;

(二)与申请人主要负责人和相关负责人面谈;

(三)到申请人的营业场所进行现场检查或者委托律师事务所及会计师事务所对申请人进行核查;

(四)要求申请人就申请材料提交法律意见书或者审计报告;

(五)其他方式。

第二十四条　协会自收到申请人提交的入会申请材料及缴纳的入会费之日起二十个工作日内,启动入会申请的初步审核。

协会认为申请材料需要说明、补充或者修改的,可以要求申请人在限期内补正。协会认为申请人不符合本办法规定的会员条件的,可以书面要求申请人在指定期限内进行整改。

入会申请通过初步审核后,提交会长办公会审核。

第二十五条　入会结果由会长办公会决定,并定期向理事会报告。协会在官方网站公示全体会员名单并向普通会员颁发会员证书。对于未批准入会的,协会公示结果和原因。

第二十六条　未批准入会的申请人可以在六个月后再次提交入会申请,按照本办法的规定重新办理入会申请手续,提交入会申请材料。

第二十七条　金融机构提交入会申请,或者不同申请人之间或申请人与会员之间存在关联关系的,可以向协会提交相关证明文件,申请简化入会申请程序。

第四章　会员会籍管理

第二十八条　会员有下列情形之一的,其会员资格相应变更:

(一)两个或两个以上会员合并的,原会员资格由存续方或新设方继承;

(二)会员分立成两个或两个以上具备会员条件的机构的,原会员资格由其中一个机构继承,其余机构另行申请加入协会。

会员资格变更后,应当按照新入会会员条件办理注册手续并提交相关文件。

第二十九条　已经成为普通会员的私募基金管理人持续两年以上不能满足本办法第十一条规定的备案管理规模要求的,应当变更为观察会员。

第三十条　会员更换会员代表人应当书面报告协会,提出变更申请和继任人选。经会长办公会批准后,继任会员代表可以履行在协会的相关职责。

第三十一条　会员应当根据《中国证券投资基金业协会会费收缴办法》的规定及时、足额缴纳会费。

第三十二条　会员发生下列情形时,应当按照规定及时向协会报告:

(一)变更注册地、主要营业场所及与协会的联系方式;

(二)变更法定代表人、主要负责人、会员代表人;

(三)变更营业范围、注册资本及公司组织形式;

(四)公司合并、分立、破产、解散及撤销;

(五)所从事基金相关业务发生重大变更,或是存在对投资人利益产生重大影响的情形;

(六)协会要求或会员认为需要报告的其他情形。

第三十三条　会员有下列情形之一的,其会员资格相应终止:

(一)申请退会的,但根据法律法规的规定应当加入协会的除外;

(二)不再符合《章程》或本办法规定的会员条件的;

(三)主体资格发生终止情形的;

(四)连续两年不缴纳会费或不参加协会组织的任何活动的;

(五)受到协会取消会员资格处分的;

(六)应当终止会员资格的其他情形。

会员根据上述第一项至第三项规定申请退会的,应当向协会提交申请书、有关批准文件或者决定书、会员证书以及协会要求提交的其他文件。

会员资格的终止,由会长办公会审议通过后报理事会批准。

会员资格终止后,协会在官方网站上予以公示。

第三十四条　会员应当按照协会规定,定期或不定期向协会报送有关信息,接受协会根据自律管理需要组织的检查、考评。对于不能按时报送信息,提交虚假信息或者出现其他异常经营情形的会员,协会可以将其列入异常会员名录,暂停会员资格并对其进行公示。连续两年列入异常名录的,协会可以将其加入黑名单并取消会员资格。

第五章　从业准则与执业规范

第三十五条　协会根据《证券投资基金法》《章程》和本办法的规定,制定和实施投资基金行业自律规则和业务规范。会员及其从业人员开展投资基金相关业务活动,应当遵守协会自律规则和业务规范。

第三十六条　会员及从业人员从事基金相关业务,应当遵守以下行为准则:

(一)遵守法律法规和自律规则的规定开展业务,恪尽职守,履行诚实信用、谨慎勤勉的义务;

(二)根据相关法律法规和自律规则的规定,具备相应资质条件;

(三)从业人员应当具备相应从业资格,恪守职业道德和行为规范;

(四)根据法律法规和自律规则的规定,办理相应登记、注册和备案手续;

(五)坚持投资人利益优先原则,维护投资人合法权益;

(六)坚持审慎经营原则,制定科学合理的风险管理制度,建立完善的内控制度,有效防范和控制风险;

(七)建立完善的投资人财产与固有财产的分离机制和业务隔离制度,保障投资人财产的独立、完整及安全,防范利益冲突、不正当关联交易或者利益输送等行为;

(八)法律法规和自律规则规定的其他从业准则。

第三十七条　会员及从业人员从事投资基金管理业务,不得存在下列行为:

(一)未尽诚实信用、谨慎勤勉等资产管理行业的基本职责,违反法律法规、自律规则和合同约定开展基金行业相关业务;

(二)未坚持投资者利益优先原则,将自身利益置于投资者利益之上;

(三)不具备相应资质开展基金行业相关业务,未按规定取得相关资质认证,未按规定办理相应的登记、注册和备案手续;

(四)未按照审慎经营和专业经营的原则,建立科学、合理、有效的风险控制制度和业务隔离制度,无法有效防范利益冲突、利益输送等违法违规行为或者其他经营风险,对投资者利益存在重大风险隐患;

(五)未按规定履行基金业务有关的信息披露职责,隐瞒或者提供虚假信息;

(六)违背投资者适当性原则,公开募集产品结构公众不易理解的开放式基金;

(七)违反法律法规或者自律规则的规定,以基金为名从事其他业务;

(八)私募基金管理人向非合格投资者募集资金,通过公开宣传的方式向不特定对象宣传推介,或者违反规定向投资者承诺保本保收益;

(九)基金托管人未履行资产保管、复核审查和投资监督等义务,未履行受托人的应尽职责,未按规定建立有效的业务隔离机制,风险控制机制不健全,存在利益冲突、利益输送等违法违规情形;

(十)基金销售机构违反资金募集的相关法律法规销售基金产品,未按规定签订销售协议,与基金管理人之间未明确权利、义务和相关责任;

(十一)基金服务机构未按规定取得相关资质、履行相关手续开展基金服务业务;未按规定签订基金服务协议,各方权利义务不明确;为有关基金业务活动出具法律意见书、审计报告等文件未尽勤勉尽责义务,未对所依据文件资料内容的真实性、准确性和完整性进行核查和验证;

(十二)法律法规和自律规则禁止的其他行为。

第六章　会员参与治理

第三十八条　会员按照协会《章程》和本办法的规定,通过会员大会、会员代表大会、理事会、监事会和专业委员会等机构,参与协会治理,推动行业发展。

会员大会、会员代表大会、理事会以及监事会的设置和工作规则，按照协会《章程》的有关规定执行。

第三十九条　会员根据《章程》和选举办法的规定，推选产生会员代表大会代表（以下简称大会代表），参加会员代表大会，行使大会代表的相关权利。

大会代表应当具有行业代表性和履行职责的能力，积极行使大会代表职责，反映会员的意见和建议。大会代表名单向行业公示，接受会员的监督。

第四十条　协会根据行业发展及自律管理需要设置专业委员会，行使下列职责：

（一）监督、指导、协调本专业或行业涉及会员自律管理的重大事务；

（二）对涉及专业领域、协会发展、会员自律管理等方面的重大问题向协会提供咨询意见；

（三）制定专业领域公约和业务标准；

（四）积极促进本专业或行业会员遵守自律规则，推动各相关行业合规健康发展；

（五）专业委员会应当履行的其他职责。

第四十一条　专业委员会委员应当为相关领域专家或相关领域会员的高级管理人员。委员应当积极参加专业委员会的活动，反映会员的意见和建议，为专业委员会和协会的自律管理工作积极建言献策，充分发挥专业委员会在相关专业领域的枢纽作用。

专业委员会主席和联席主席由会长提名，报理事会批准后任职。委员由会长提名后报会长办公会批准后任职。

第四十二条　协会设置自律监察专业委员会，负责协会纪律处分工作。其他专业委员会的设立或者撤销由会长办公会审议通过后报理事会批准。

第四十三条　专业委员会的工作职责和议事规则，由专业委员会制定，经会长办公会审议通过后报理事会批准。

第四十四条　担任理事、监事的人员应当是所在会员单位的会员代表人。理事、监事出现不符合协会规定的任职条件情形的，由会长办公会提请理事会或者监事会撤销其理事、监事职务。会员单位更换会员代表人后，由会长办公会提请理事会或者监事会批准其继任理事或者监事职务。

理事或者监事所在的会员单位发生不符合协会规定的任职条件情形的，由理事会或者监事会提请会员代表大会批准撤销其职务，其职务不得由该会员单位派人继任。

大会代表不能履行职责的，由会长办公会提请理事会和监事会免除其大会代表资格。

专业委员会的委员不能履行职责的，由会长提请会长办公会免除其职务。专业委员会的主席和联席主席不能履行职责的，由会长提请理事会免除其职务。

第七章　会员奖励与处分

第四十五条　对于为基金行业发展、为履行社会责任或者为协会工作做出突出贡献的会员以及从业人员，协会可以给予以下形式的奖励：

（一）表扬；

（二）表彰；

（三）授予荣誉称号；

（四）协会认为合适的其他形式的奖励。

前款所列的奖励形式可以单独适用，也可以合并适用。会员奖励的种类、标准和程序由理事会制定。

第四十六条　协会按照《章程》和本办法的规定制定会员奖励实施办法。对会员或从业人员的奖励，由协会常设办事机构提出奖励意见，理事会或者会长办公会决定。

第四十七条　协会按照《基金法》《章程》和本办法的规定制定纪律处分实施办法，对违反法律法规或者协会自律规则的会员或从业人员给予纪律处分。

第四十八条　协会对会员及从业人员可以采取下列形式的纪律处分：

（一）通报批评、警示、公开谴责、加入黑名单等诚信类措施；

（二）要求限期改正、参加培训、清理违规业务等矫正类措施；

（三）暂停受理业务、暂停部分会员权利、暂停基金从业资格等业务惩戒措施；

（四）认定为不适当人选、取消会员资格、取消基金从业资格、撤销管理人登记等资格惩戒措施。

前款所列的纪律处分可以单独适用，也可以合并适用。

第四十九条　会员及其从业人员在一年之内被采取两次以上纪律处分的，协会可以对其加重作出纪律处分。会员及其从业人员积极承担法律法规规定和合同约定的有关责任，主动采取补偿投资者损失、与投资者达成和解等措施，减轻或消除不良影响的，协会可以减轻或者免除对其作出的纪律处分。

第八章　附　则

第五十条　本办法自2017年1月1日起施行。

第五十一条　本办法由会员代表大会授权理事会负责解释。

中国证券投资基金业协会会员会费收缴办法

（2012年6月6日第一次会员大会通过，2015年6月26日第一次会员大会临时会议第一次修订；2016年12月3日第二届第一次会员代表大会第二次修订，2017年1月1日实施）

第一章　总　则

第一条　为保障中国证券投资基金业协会（以下简称协会）履行自律和服务职责，规范协会会费收缴行为，根据《中华人民共和国社会团体登记管理条例》和《中国证券投资基金业协会章程》（以下简称《章程》）以及国家关于社会团体会费的相关规定，制定本办法。

第二条　协会根据法律法规、《章程》和本办法的规定开展会费收缴工作，会费依法用于履行法律法规授权以及章程规定的职责，进行行业自律，协调行业关系，提供行业服务，促进行业发展。会费不得在会员中进行分配，任何单位和个人不得侵占、私分和挪用。

第三条　协会会员应当按规定及时、足额缴纳会费。缴纳会费是会员应尽的义务，是行使会员权利的前提。

第四条　会费分为入会费和年会费。入会费在申请成为协会会员时缴纳。成为协会会员后每年缴纳年会费，缴纳入会费的当年不用缴纳年会费。

第五条　会费收支管理执行国家规定的财务管理制度，预算和决算由会长办公会编制，由理事会批准，定期向会员代表大会报告，接受国家有关部门的审计监督。

第二章　会费标准

第六条　普通会员、联席会员和特别会员入会费为2万元，观察会员入会费为1万元。

第七条　普通会员年会费不低于2万元，不高于60万元，按下列缴纳标准分别计算，合并缴纳：

（一）基金管理公司及其从事特定客户资产管理业务的子公司、证券公司资产管理子公司、期货公司资产管理子公司按照上年度营业收入的2‰缴纳；

（二）国务院证券监督管理机构核准的担任公募基金管理人的机构，或者经核准从事资产管理业务的证券公司和期货公司，按照上年度基金管理业务收入的2‰缴纳；

（三）基金托管人按照上年度基金托管业务收入的2‰缴纳；

（四）私募基金管理人管理的基金财产主要投资为买卖股票、债券、期货和期权的，按照上年度基金管理业务收入的2‰缴纳；

（五）私募基金管理人管理的基金财产主要投资为股权等低流动性资产的，按照上年度备案的实缴基金规模缴纳：3亿元（含）至20亿元的，年会费为2万元；20亿元（含）至100亿元的，年会费为10万元；100亿元（含）至300亿元的，年会费为30万元；300亿元（含）以上的，年会费为60万元；

（六）普通会员从事基金服务业务的，其基金服务业务按照联席会员会费标准计算会费，合并缴纳。代表附属机构入会的普通会员在计算应缴纳的年会费时应当合并计算附属机构的基金管理收入和基金规模。

第八条　联席会员的年会费不低于2万元，不高于20万元，按其所从事基金销售业务和相关基金服务业务分别计算，合并缴纳。联席会员的基金销售业务年会费按其上年度销售业务收入的2‰缴纳。

联席会员其他的基金服务业务年会费按照2万元缴纳。

第九条　会员管理、托管和销售的在协会备案的私募资产管理业务，参照基金业务计算会费缴纳标准。

第十条　观察会员年会费为2万元。

第十一条　特别会员年会费为2万元。当协会会费收支出现收不抵支时，境内的特别会员可以缴纳特别会费。

第十二条　当协会上年度收支结余超过本年度预算支出一倍以上时，协会可以对经营亏损的会员的年会费进行减免，或者对所有会员的年会费进行减免。具体减免方案由会长办公会制定，报理事会批准后执行。

第十三条　符合以下情形的个别会员，协会可以对其缴纳的会费进行减免：

（一）对行业发展、履行社会责任和协会工作做出突出贡献的；

（二）根据国家扶贫政策有关规定，会员注册地和主要经营地均在贫困地区的；

（三）因遭遇自然灾害、社会异常事件等不可抗力而导致缴费困难，向协会提出减免申请的；

（四）法律法规、国家政策和自律规则规定减免的其他情形。

对本条规定的会员会费减免的具体方案，由会长办公会制定，报理事会批准后执行。

第十四条　协会决算出现收不抵支情形时，协会可提请理事和监事所在的会员单位以及其他会员单位自愿认缴特别会费弥补会费收支差额。具体方案由会长办公会制定，报理事会批准后执行。

第十五条　协会决算出现收不抵支，而且特别会费不足以弥补协会决算收支差额时，会长办公会应当制定提高会费标准的方案，经理事会审议通过后，提交会员代表大会批准。

第三章　会费缴纳

第十六条　会员入会费应当在提交入会申请时缴纳。缴纳入会费后，协会对申请人的入会申请进行审核。

年会费应当在收到协会通知后的三十个工作日内缴纳。同一年度内出现会员类型调整的，会员会费按孰低原则缴纳。

第十七条　会员应当按照协会的要求向协会会费收缴专用账户缴纳会费。协会向会员开具国家财政部门统一监制的全国性社会团体会费收据。

第十八条　未按规定及时缴纳年会费的，协会可以采取下列措施：

（一）逾期三个月以上的，协会再次发送缴费通知，并对会员代表人予以警示；

（二）逾期六个月以上的，协会在协会网站对欠费会员机构予以公示并将有关情况记入诚信档案；

（三）逾期一年以上的，协会按照纪律处分程序，暂停其会员资格，禁止其他会员与其开展业务；

（四）逾期两年以上的，会员资格自动终止。法律法规规定应当加入协会的会员资格终止的，不得再从事法律法规规定的相关业务。

第四章　附　则

第十九条　本办法自2017年1月1日起施行。

第二十条　本办法由会员代表大会授权理事会负责解释。

中国证券投资基金业协会章程

(2015年6月26日经会员大会表决通过,2015年8月21日经民政部核准生效。)

第一章　总　则

第一条　本团体的名称为中国证券投资基金业协会,英文名称为AssetManagementAssociationofChina,缩写为AMAC。

第二条　本团体是依据《证券投资基金法》和《社会团体登记管理条例》的有关规定设立的,由基金行业相关机构自愿结成的全国性、行业性、非营利性社会组织,从事非营利性活动。

第三条　本团体遵守宪法、法律、法规和国家政策,遵守社会道德风尚,主要宗旨是:提供行业服务,促进行业交流和创新,提升行业执业素质,提高行业竞争力;发挥行业与政府间桥梁与纽带作用,维护行业合法权益,促进公众对行业的理解,提升行业声誉;履行行业自律管理,促进会员合规经营,维持行业的正当经营秩序;促进会员忠实履行受托义务和社会责任,推动行业持续稳定健康发展。

第四条　本团体接受业务主管单位中国证券监督管理委员会(以下简称中国证监会)和社团登记管理机关中华人民共和国民政部(以下简称民政部)的业务指导和监督管理。

第五条　本团体的住所设在中国北京市。

第二章　职责范围

第六条　本团体的职责范围包括:

(一)教育和组织会员遵守有关法律和行政法规、维护投资人合法权益;

(二)依法维护会员的合法权益,反映会员的建议和要求;

(三)制定和实施行业自律规则,监督、检查会员及其从业人员的执业行为,对违反自律规则和协会章程的,按照规定给予纪律处分;

(四)制定行业执业标准和业务规范,组织基金从业人员的从业考试、资质管理和业务培训;

(五)为会员提供服务,组织投资者教育,收集、整理、发布行业数据信息,开展行业研究、行业宣传、会员交流、国际交流与合作,推动行业创新发展;

(六)对会员之间、会员与客户之间发生的基金业务纠纷进行调解;

(七)依法办理私募基金管理人登记、私募基金产品备案;

(八)根据法律法规和中国证监会授权开展相关工作。

第三章　会　员

第七条　本团体会员种类:单位会员。

第八条　本团体会员分为普通会员、联席会员、观察会员、特别会员。

公募基金管理人、基金托管人、符合协会规定条件的私募基金管理人，加入本团体，成为普通会员。

基金服务机构加入本团体，成为联席会员。

不符合普通会员条件的其他私募基金管理人，加入本团体，成为观察会员。

证券期货交易所、登记结算机构、指数公司、经副省级及以上人民政府民政部门登记的各类基金行业协会、境内外其他特定机构投资者等，加入本团体，成为特别会员。

第九条　申请加入本团体，必须具备下列条件：

（一）拥护本章程；

（二）符合法律、法规规定从事基金相关业务；

（三）本团体要求的其他条件。

第十条　申请加入本团体，应提交下列文件：

（一）申请书，应载明申请机构的名称、法定住所等，并承诺拥护本章程；

（二）按本团体要求填写的《会员登记表》；

（三）经营业务许可证复印件、法人营业执照（或法人登记证）复印件或其他法定资格文件；

（四）本团体要求的其他文件。

第十一条　本团体常设办事机构对申请机构所提交的申请文件进行审核，经会长办公会审议同意后，发给会员证。

第十二条　会员享有下列权利：

（一）选举权、被选举权和表决权，其中观察会员、特别会员不享有理事和监事的被选举权；

（二）参加本团体的活动和获得本团体提供的服务；

（三）对本团体工作提出批评、建议并进行监督；

（四）通过本团体向有关部门反映意见和建议；

（五）要求本团体维护其合法权益不受损害；

（六）对本团体给予的纪律处分提出听证、陈述和申辩；

（七）会员代表大会决议规定的其他权利。

第十三条　会员履行下列义务：

（一）遵守本团体的章程、自律规则、行业标准和业务规范，执行本团体的决议；

（二）维护本团体的合法权益和声誉；

（三）积极参加本团体组织的活动，承担本团体委派的任务，并提供本团体履行职责所需的有关资料；

（四）按规定缴纳会费；

（五）服从本团体的自律管理；

（六）会员代表大会决议规定的其他义务。

第十四条　会员设会员代表人一名,代表其在本团体履行职责。会员代表人应当是会员的主要负责人。

第十五条　会员如无正当理由在两年内不缴纳会费或不参加协会组织的任何活动的,视为自动退会;法律法规规定应当加入本团体的会员有前述情形的,经理事会表决通过,给予纪律处分。

第十六条　会员如有严重违反本章程的行为,经理事会表决通过,予以除名或纪律处分。

第十七条　会员发生合并、分立、终止等情形的,其会员资格相应变更或终止。

会员更换会员代表人,须向本团体书面报告。

第四章　组织机构和负责人产生、罢免

第十八条　本团体的最高权力机构为全体会员组成的会员大会,负责制定和修改章程。

第十九条　理事会认为必要时,可召开会员大会。

第二十条　会员大会须有三分之二会员代表人出席方能召开,其决议须经到会会员代表人半数以上表决通过方能生效。

制定和修改章程须经到会会员代表人三分之二以上表决通过方能生效。

第二十一条　本团体设立会员代表大会,行使下列职权:

(一)选举和罢免理事、监事;

(二)审议理事会工作报告和财务报告,审议监事会工作报告;

(三)制定和修改会费标准;

(四)决定本团体的合并、分立、终止事项;

(五)决定其他应由会员代表大会审议的重大事宜。

第二十二条　会员代表大会代表(以下简称大会代表)采取选举、推荐和特邀的办法产生,其名额分配应综合考虑会员类别、机构类别、规模、地域、行业代表性等因素,在广泛听取行业意见的基础上,由理事会制定大会代表的具体产生办法并组织实施。

大会代表的任期至下一届会员代表大会召开前终止。

第二十三条　会员代表大会每届四年。因特殊情况需提前或延期换届的,应事先以书面形式报中国证监会审查并经民政部批准,延期换届最长不超过一年。

理事会认为必要或由五分之一以上大会代表联名提议时,可召开临时会员代表大会。

如会长不能主持临时会员代表大会,由提议召集人推举本团体一名负责人召集会议。

第二十四条　会员代表大会须有三分之二以上大会代表出席方能召开,其决议须经到会大会代表半数以上表决通过方能生效。

决定本团体的合并、分立、终止,须经到会代表三分之二以上表决通过方能生效。

第二十五条　本团体设理事会。理事会是会员代表大会闭会期间的执行机构,在会员代表大会闭会期间领导本团体开展日常工作,对会员代表大会负责。

理事会任期与会员代表大会相同,由会员代表大会决定换届事宜。

第二十六条　理事会的职权是：

（一）筹备召开会员代表大会，向会员代表大会报告工作；

（二）贯彻、执行会员代表大会的决议；

（三）审议通过自律规则、行业标准和业务规范；

（四）选举和罢免本团体会长、副会长、秘书长；

（五）决定副秘书长、各专业委员会主要负责人；

（六）提议召开临时会员代表大会；

（七）决定办事机构和专业委员会的设立、变更和注销；

（八）审议年度工作报告、工作计划和财务报告；

（九）审议年度财务预算、决算；

（十）审议会长办公会提请审议的各项议案；

（十一）决定其他应由理事会审议的重大事项。

第二十七条　理事会由会员理事和非会员理事组成。理事可连选连任。

会员理事由会员代表大会选举产生。非会员理事由中国证监会委派。非会员理事不超过理事总数的百分之二十。会员理事调整会员代表人须经会长办公会确认。

第二十八条　会员理事应当具备下列条件：

（一）在会员中具有代表性；

（二）能正常行使会员权利、履行会员义务；

（三）支持本团体工作；

（四）会员代表大会要求的其他条件。

第二十九条　理事会须有三分之二以上理事出席方能召开，其决议须经到会理事三分之二以上表决通过方能生效。

第三十条　理事会每年至少召开一次会议。情况特殊的，可采用通讯方式召开。

有三分之一以上理事联名或会长办公会提议时，可召开临时理事会会议。

如会长不能主持临时理事会，由提议召集人推举本团体一名副会长主持会议。

第三十一条　理事无正当理由连续两次缺席理事会会议，其理事资格自动取消。

第三十二条　本团体设监事会，由全体监事组成，监事会是本团体工作的监督机构。

第三十三条　监事会的职权是：

（一）监督本团体章程、会员代表大会各项决议的实施情况并向会员代表大会报告；

（二）列席理事会会议，监督理事会的工作；

（三）选举和罢免监事长、副监事长；

（四）审查本团体财务报告并向会员代表大会报告审查结果；

（五）向会员代表大会、中国证监会和民政部以及税务、会计主管部门反映本团体工作中存在的问题，并提出监督意见；

（六）决定其他应由监事会审议的事项。

第三十四条　监事由会员代表大会选举产生，监事的任职条件参照本章程规定的会员理事的任职条件。

第三十五条　本团体的监事、理事不得互相兼任。

第三十六条　本团体根据工作需要，可设立专业委员会。专业委员会由相应专业领域的行业专家组成。

第三十七条　本团体设专职会长一名，专职副会长若干名，兼职副会长若干名，监事长一名，副监事长一名；设秘书长一名，副秘书长若干名。秘书长为专职。

会长、专职副会长由中国证监会提名，理事会选举产生；兼职副会长由会长从会员理事中提名，理事会选举产生；监事长、副监事长由监事担任，监事会选举产生；秘书长由中国证监会推荐，会长提名，理事会选举产生；副秘书长由中国证监会推荐，会长提名，理事会决定。

第三十八条　本团体的会长、副会长、监事长、副监事长、秘书长必须具备下列条件：

（一）坚持党的路线、方针、政策，政治素质好；

（二）在基金行业有良好的影响和较高的声望；

（三）身体健康，具有完全民事行为能力；

（四）热爱本团体工作；

（五）年龄不超过七十周岁；

（六）会员代表大会要求的其他条件。

第三十九条　会长、监事长、副会长、副监事长、秘书长每届任期四年，连任不超过两届。因特殊情况需延长任期的，须经会员代表大会三分之二以上有表决权的大会代表表决通过，报中国证监会审查并经民政部批准后方可任职。

第四十条　本团体设会长会议，由会长、副会长组成。会长会议研究讨论行业发展重大问题，审议专业委员会工作情况。

监事长、副监事长列席会长会议。

第四十一条　本团体设会长办公会，由会长、专职副会长、秘书长、副秘书长组成。会长办公会行使以下职权：

（一）贯彻执行会员代表大会、理事会的决议；

（二）决定召开理事会临时会议；

（三）决定本团体日常工作重大事项；

（四）组织实施本团体各项规章制度以及年度工作计划和年度财务预算的实施；

（五）提出理事会会议议题的建议；

（六）制定本团体内部管理制度；

（七）决定专职工作人员的聘任；

（八）决定会员的入会、退会；

（九）会员代表大会、理事会授予的其他职权。

第四十二条　本团体实行会长负责制，会长为本团体法定代表人。本团体法定代表人不兼任其他团体的法定代表人。

第四十三条　会长行使下列职权：

（一）召集和主持理事会、会长会议、会长办公会；

（二）检查会员代表大会、理事会决议的落实情况；

（三）代表本团体签署有关重要文件；

（四）提名兼职副会长、秘书长、副秘书长、各专业委员会主要负责人；

（五）聘请业内外专家担任本团体的顾问；

（六）理事会授予的其他职权。

副会长协助会长工作，会长因故不能履行职责时，由会长指定的副会长代其履行职责。

第四十四条　秘书长行使下列职权：

（一）在会长领导下主持办事机构开展日常工作，组织实施年度工作计划；

（二）协调指导内部机构开展工作；

（三）处理其他日常事务。

第五章　资产管理、使用原则

第四十五条　本团体的经费来源是：

（一）会费；

（二）政府资助、社会捐赠；

（三）在核准的职责范围内开展活动、提供服务的收入；

（四）利息；

（五）其他合法收入。

第四十六条　本团体经费必须用于本章程规定的职责范围和事业发展，财产及孳息不得在会员中分配。

第四十七条　本团体执行《民间非营利组织会计制度》，建立严格的财务管理制度，保证会计资料合法、真实、准确、完整。

第四十八条　本团体配备具有专业资格的会计人员。会计不兼任出纳。会计人员必须进行会计核算，实行会计监督。会计人员调动工作或离职时，必须与接管人员办清交接手续。

第四十九条　本团体的资产管理应执行国家规定的财务管理制度，接受会员代表大会和财政部门的监督。资产来源属于国家拨款或者社会捐赠、资助的，应接受审计机关的监督，并将有关情况以适当方式向社会公布。

第五十条　本团体换届或更换法定代表人之前必须接受中国证监会和民政部组织的财务审计。

第五十一条　本团体的资产，任何单位、个人不得侵占、私分和挪用。

第五十二条　本团体专职工作人员的工资和保险、福利待遇，参照国家有关规定执行。

第六章　章程的修改程序

第五十三条　对本团体章程的修改，须经理事会表决通过后报会员大会审议。

第五十四条　本团体修改的章程，须在会员大会通过后十五日内，报中国证监会备案，报民政部核准后生效。

第七章　终止程序及终止后的财产处理

第五十五条　本团体完成宗旨或自行解散或由于分立、合并等原因需要注销的，由理事会提出终止动议。

第五十六条　本团体的终止须经会员代表大会表决通过，并报中国证监会审查同意。

第五十七条　本团体终止前，须在中国证监会指导下成立清算组织，清理债权债务，处理善后事宜。清算期间，不开展清算以外的活动。

第五十八条　本团体经民政部办理注销登记手续后即为终止。

第五十九条　本团体终止后的剩余财产，在中国证监会和民政部的监督下，按照国家有关规定，用于发展与本团体宗旨相关的非营利性事业，或转赠给与本团体性质、宗旨相同的组织，并向社会公告。

第八章　附　则

第六十条　本章程由2015年6月26日第一届第四次会员大会表决通过，报中国证监会备案，经民政部核准后生效。

第六十一条　本章程的解释权属本团体理事会。

中国证券投资基金业协会会员登记注册程序

关于发布《中国证券投资基金业协会会员登记注册程序》的通知

各会员单位：

为做好会员登记注册管理工作，我会制定了《中国证券投资基金业协会会员登记注册程序》，现予发布。

中国证券投资基金业协会

2012年9月13日

附件　中国证券投资基金业协会会员登记注册程序

（续表）

第一条　为规范会员登记注册工作，根据《中国证券投资基金业协会章程》（以下简称《章程》）《中国证券投资基金业协会会员管理办法》制定本程序。

第二条　中国证券投资基金业协会（以下简称协会）会员登记注册包括入会登记、变更登记和注销登记。协会会员管理部门负责办理会员登记注册事宜。

第三条　符合《章程》第三章第八条、第九条规定的机构可申请加入协会。申请入会的机构应向协会提交以下材料：

（一）申请书，应载明申请机构的名称、法定住所等（式样见附件1），并承诺拥护协会《章程》；

（二）按协会要求填写的《会员登记表》（格式文本见附件3、附件4和附件6）；

（三）经营业务许可证复印件、法人营业执照（或法人登记证）复印件或其他法定资格文件；

（四）协会要求的其他文件。

第四条　协会会员管理部门收到入会申请材料后，对有关事项进行初核，初核符合入会条件的，经会长办公会审议通过，向其发送《关于领取中国证券投资基金业协会会员证的通知》；初核发现申请材料不齐备的，通知申请机构补充材料；初核不符合入会条件的，向申请机构说明不予登记的原因。

第五条　申请机构收到《关于领取中国证券投资基金业协会会员证书的通知》，在20个工作日内缴纳入会费后可到协会领取会员证书。领取会员证书时，需携带《关于领取中国证券投资基金业协会会员证书的通知》、单位介绍信、入会费付款凭证。

第六条　会员单位发生下列变更事项，应自发生该情形之日起30个工作日登录协会会员信息管理系统变更相关信息：

（一）会员单位发生分立、合并、破产、解散及撤销的；

（二）会员单位名称变更的；

（三）会员单位营业范围变更的；

（四）会员单位注册地址变更的；

（五）会员单位注册资本变更的；

（六）会员单位法定代表人变更的；

（七）会员单位会员代表变更的；

（八）会员单位办公地址变更的；

（九）会员单位联络员变更的；

（十）会员单位通信方式变更的。

第七条　会员单位发生第六条第（一）、（三）、（五）、（六）项变更事项的，在变更会员信息管理系统相关信息的同时应函告协会并提交以下变更文件：

（一）公函形式的变更说明，明确需要变更的事项；

（二）法人营业执照或法人登记证（副本复印件加盖单位公章）；

（三）中国证监会颁发的相关业务许可证（副本复印件加盖单位公章）。

(续表)

第八条　会员单位发生第六条第(二)、(四)项变更事项的,在变更会员信息管理系统相关信息的同时应函告协会并提交以下变更文件:

(一)公函形式的变更说明,明确需要变更的事项;

(二)法人营业执照或法人登记证(副本复印件加盖单位公章);

(三)中国证监会颁发的相关业务许可证(副本复印件加盖单位公章);

(四)中国证券投资基金业协会会员证书(原件)。

第九条　会员单位发生第六条第(七)项变更事项的,在函告的同时应向协会提交中国证券投资基金业协会会员证书(原件)与变更后的会员代表简历。会员单位变更会员代表须经会长办公会审议通过,如该会员为兼职副会长、监事长、副监事长单位,继任会员代表须经理事会或监事会选举通过,方能继任协会的兼职副会长、监事长、副监事长职务。上述变更由会员管理部门通知会员单位在会员信息管理系统中变更会员代表信息。

第十条　会员单位发生第六条第(八)、(九)、(十)项变更事项时,在变更会员信息管理系统相关信息的同时应函告协会予以备案。

第十一条　协会收到会员单位有关事项变更的文件,应为其及时办理相关事宜。

对发生第六条第(二)、(四)、(七)项变更事项的会员单位,协会应为其更换会员证书。

第十二条　会员单位领取变更后的会员证书时,应携带单位介绍信。如需邮寄,需作出书面说明,并注明详细地址及收件人。

第十三条　若会员单位会员证书丢失,应及时函告协会并申请补办。协会在备案后为其补办会员证书。

第十四条　除法律、法规规定应当加入协会的会员外,其他会员单位有下列情形之一的,其会员资格经会长办公会确认后终止:

(一)申请退会的;

(二)不再符合《章程》或本办法规定的会员条件的;

(三)主体资格发生终止情形的;

(四)不能按规定及时缴纳会费的;

(五)两年内不缴纳会费或不参加协会组织的任何活动的;

(六)受到协会取消会员资格处分的。

第十五条　会员资格终止时,协会在网站或公开媒体上公告。

第十六条　本程序由协会负责解释。

第十七条　本程序自发布之日起实行。

附件:1. 中国证券投资基金业协会入会申请书(格式文本)

2. 中国证券投资基金业协会入会申请书(格式文本,适合于其他资产管理类机构)

3. 中国证券投资基金业协会会员登记表(适合于基金公司、托管银行、基金销售机构及其他基金服务机构)

(续表)

4. 中国证券投资基金业协会会员登记表(适合于其他资产管理类机构)

5. ssetManagementAssociationofChinaMembershipApplicationForm (AssetManagementInstitutionsOutsideChinaJurisdiction)

6. 中国证券投资基金业协会会员登记表(适用于交易所、地方协会类机构)

附件1　中国证券投资基金业协会入会申请书(格式文本)

中国证券投资基金业协会:

我公司××××(申请机构名称)申请加入中国证券投资基金业协会,推荐×××(姓名)为会员代表。我们承诺,遵守中国证券投资基金业协会章程,履行章程规定的会员义务,接受中国证券投资基金业协会自律管理,维护行业秩序和行业利益。现将入会相关申请材料一并报送协会,请办理入会注册登记手续。

申请机构名称(公章)

20　　年　　月　　日

附件2　中国证券投资基金业协会入会申请书(格式文本,适合于其他资产管理类机构)

中国证券投资基金业协会:

我公司××××(申请机构名称)申请加入中国证券投资基金业协会,推荐×××(姓名)为会员代表。我们承诺,遵守中国证券投资基金业协会章程,履行章程规定的会员义务,接受中国证券投资基金业协会自律管理,维护行业秩序和行业利益。我公司具有良好的市场声誉,无不良诚信记录,最近一年未受到监管或行政管理机构处罚;主要负责人员无不良诚信记录。现将入会相关申请材料一并报送协会,请办理入会注册登记手续。

申请机构名称(公章)

20　　年　　月　　日

附件3

中国证券投资基金业协会会员登记表

(适合于基金公司、托管银行、基金销售机构及其他基金服务机构)

(公章)填表日期:

机构基本信息	
申请机构名称	
机构英文名称	
机构网址	
注册地址及邮编	

办公地址及邮编			
机构成立时间		注册资本金	
基金业务资格证号或批复文号		获取基金业务资格时间	
机构员工人数**		具有基金从业资格者人数**	
法人代表/或执行事务合伙人			
董事长**		总经理**	
会员代表		在机构职务	
机构联络员信息			
联络员姓名		职　　务	
办公电话		手　　机	
传　　真		电子邮件	

*注：商业银行从事基金销售、托管业务，可以填写业务部门负责人信息、本业务条线人员情况信息

机构主要股东/合伙人信息

（持股比例或认缴出资比例前5名）

股东名称/姓名	持股比例/认缴出资比例	主要业务*

注：如为个人股东或合伙人，请填写在机构的职务。

主要负责人员信息

（基金公司需填写正副董事长、监事长、正副总经理、督察长）

姓 名	职务	性别	出生年月	最高学历	业内从业年限

（续表）

会员代表登记信息						
姓　　名		性别		出生地		（贴照片处）
出生年月		民族		学历或学位		
政治面貌		职务				
身份证号码						
办公电话			传　　真			
手　　机			E-mail			
通信地址及邮编：						
会员代表履历：						

附件4

中国证券投资基金业协会会员登记表

（适合于其他资产管理类机构）

（公章）填表日期：

机构基本信息			
申请机构名称			
机构英文名称			
机构网址			
注册地址及邮编			
办公地址及邮编			
企业性质	中资□　外资□　合资□		
企业组织形式	□股份有限公司　□有限责任公司 □普通合伙企业　□有限合伙企业　□其他		
机构成立时间		注册资本金	
组织机构代码		营业执照号码	
税务登记号			
管理资产规模 （单位：亿元人民币）	截至最近一个月月底 截至上年度末		
机构员工人数		具有基金从业资格者人数	
法人代表/执行事务合伙人		在机构职务	
会员代表			
机构联络员信息			
联络员姓名		职　　务	

（续表）

办公电话		手　　机	
传　　真		电子邮件	

机构主要股东/合伙人信息 （持股比例或认缴出资比例前5名）		
股东名称/姓名	持股比例/认缴出资比例	主要业务*

*注：如为个人股东或合伙人，请填写在机构的职务。

主要负责人员信息					
姓　　名	职　　务	性　　别	出生年月	最高学历	业内从业年限

会员代表登记信息						
姓　　名		性别		出生地		（贴照片处）
出生年月		民族		学历及学位		
政治面貌		职务				
身份证号码						
办公电话		传　　真				
手　　机		Email				
通信地址及邮编：						

（续表）

会员代表履历：

附件5

MEMBERSHIPAPPLICATIONFORM

(AssetManagementInstitutionsOutsideChinaJurisdiction)

The basic Information of Institution						
Chinese Name (If any)						
English Name						
Website Address						
Registration Address & Postal Code						
	Street Address		Building and Floor			
	City	*State /Province*	*Zip /Postal Code*	*Country*		
Office Address & Postal Code						
	Street Address		*Building and Floor*			
	City	*State /Province*	*Zip /Postal Code*	*Country*		
Date of Establishment	__/ __	(*Mon th / Year*)	Paid- in Capital in the Latest Accounting Year		Staff Number	

If the applicant has acquired the certificate of QFII, please fill out the following blanks (A), (B) and (C)	
(A) QFII Certificate /Approval No.	
(B) Issuing Date	
(C) Investment Quota	
If the applicant has acquired the certificate of QFII, please fill out the following blank (D)	
(D) Assets Under Management in the Latest Accounting Year	

Any penalties from home regulator in recent 3 years?	YES NO ☐ ☐	If yes, please specify	
Legal Representative		Position	

（续表）

Member Representative		Position	

The Information of Institution Contact Person			
Name		Position	
Tel. No.		Moblie No.	
Fax. No.		Email Address	

The Information of Major Shareholders (Top 5)		
Name	Holding Ratio	Main Businesses

The Information of Major Managers					
Name	Position	Gender	Date of Birth	Education	Working Years in the Industry

The Information of Member Representative						
Name		Gender		Birthplace		(*Photo*)
Date of Birth		Nationality		Education		
Position						
Passport No.						
Tel. No.			Fax No.			
	(*Country Code Included*)			(*Country Code Included*)		
Mobile No.			Email Address			

（续表）

	(Country Code Included)				
Address & Postal Code					
	Street Address		Building and Floor		
	City	State/ Province	Zip/ Postal Code	Country	
Resume					
1) *I am an authorized representative of the above - mentioned company and I declare the above to be a truthful representation of our company and myself.* 2) *We agree to abide by AMAC Bylaws and other related policies, and fulfill membership duties.*				Signature & Stamp	

附件6

中国证券投资基金业协会会员登记表

（适用于交易所、地方协会类机构）

（公章）填表日期：

机构基本信息			
申请机构名称			
机构英文名称			
机构网址			
注册地址及邮编			
办公地址及邮编			
企业性质	中资□　外资□　合资□		
企业组织形式	□股份有限公司　□有限责任公司　□普通合伙企业 □有限合伙企业　□社会团体　□其他		
机构成立时间		注册资本金	
组织机构代码		营业执照号码	
税务登记号			
主要业务或职责范围			
机构具有会员单位数		机构员工人数	

（续表）

法人代表/执行事务合伙人		在机构职务	
会员代表			
机构联络员信息			
联络员姓名		职　　务	
办公电话		手　　机	
传　　真		电子邮件	

机构主要股东/合伙人信息 （持股比例或认缴出资比例前5名）		
股东名称/姓名	持股比例/认缴出资比例	主要业务*

*注：如为个人股东或合伙人，请填写在机构的职务。

机构高级管理人员信息					
姓　　名	职　　务	性别	出生年月	最高学历	业内从业年限

会员代表登记信息						
姓　　名		性别		出生地		（贴照片处）
出生年月		民族		学历及学位		
政治面貌		职务				
身份证号码						

（续表）

会员代表登记信息			
办公电话		传　　真	
手　　机		Email	
通信地址及邮编：			
会员代表履历：			

第九篇　其他

中国证券投资基金业协会在京成立

（2012-06-07）

2012年6月7日，中国证券投资基金业协会在北京召开成立大会暨第一届年会，中国证监会主席郭树清为基金业协会揭牌，并发表题为“我们需要一个强大的财富管理行业”的讲话。

郭树清说，自1998年我国第一只证券投资基金诞生以来，短短14年里，中国的财富管理服务蓬勃发展起来。从封闭式基金到开放式基金，从信托计划到银行理财，从投资连接保险到天使基金和阳光私募，从各种各样的资产管理公司到林林总总的另类投资项目，都显示出勃勃生机，中国的金融业也因之而五彩缤纷、熠熠生辉。然而，我们的财富管理行业总体上还处于幼年时期，不仅远远未能满足市场的需要，而且自身也存在种种缺点与不足，各个领域都遇到严峻的挑战，同时也蕴藏着巨大的潜力。

郭树清指出，发展财富管理对经济转型具有根本意义。第一是提高我国经济效率的需要。第二是改善国民收入分配的需要。第三是改善金融体系结构的需要。第四是推进资本市场健康发展的需要。总之，财富管理行业在中国大有前途，正处于重要的发展机遇期。要从我国实际出发，借鉴国际经验，培育各种投资理财机构，让更多的居民和企事业单位等把富裕资金交给机构来实施专业化管理，真正实现居民储蓄、资本市场、企业和社会事业的良性互动。

郭树清表示，基金管理公司应当加快向现代财富管理机构转型。当前，海外成熟市场的财富管理行业已经进入多元投资管理时代，而中国的基金行业则刚刚转型，差距还比较明显。基金管理公司要加快创新发展步伐，切实把握好以下几点：一是坚持从实体经济需要出发，通过设立专项资产管理计划，投资实体资产，扩大专户产品的投资范围，服务实体经济。二是认真学习、消化、吸收国外资产管理公司的业务模式和成功做法，深入分析自身的优势和劣势，明确自身的创新战略。三是重视分析研究工作，下大力气提高研究能力，不能完全依赖外部的研究报告，更不能靠小道消息、盲目跟风。四是坚持价值投资、长期投资理念，建立科学清晰的决策流程和管理制度，形成成熟稳定的投资风格，争取能够发挥对市场的引领作用。

郭树清认为，推进财富管理行业发展，根本在于牢固树立以市场为导向、以客户为中心的经营理念。千千万万的城乡居民、各种各样的社会经济组织，实际上有多种多样的财富管理需求，客观上呼唤多元化的理财服务和产品。关键是根据客户偏好，既能够为大众投资者设计出一些可以跑赢通胀、风险又不太大的产品，也能给少数高端客户提供一些较高风险、较高收益的投资组合。与海外机构相比，中国的财富管理行业除了知识、经验和人才不足之外，还缺乏品牌，缺乏值得市场和公众信赖的投资理财机构，缺乏人们可以将自有财产托付的，或大或小、或进取一点或审慎一些，但确实能够信守承诺，永远把客户放在第一位的金融企业。我们历史上有过的钱庄和票号，就是因为坚持“信取天下”“以义制利”，构建出道德为本、人格为用、伦理约束为保障的信用与品牌体系，曾经创造出令人难以置信的辉煌。

财富管理行业各家机构的基础条件和客观环境各不相同，但有一些必须共同遵守的行为准则。一要讲求诚信，时刻把客户利益放在优先位置。二要强化信息披露，保证投资者能够按照约定及时、准确、完整地获取信息。三要注重创新，切实满足多样化的理财需求。四要合规运作，注意风险控制。从业人员特别是高管人员要坚守职业道德，忠诚于投资者的利益，敬畏于法律的威严，绝不能触碰法律底线和道德底线。

郭树清强调，证监会将继续加强基础制度建设，不断优化有利于行业发展的外部环境。配合立法机关加快《证券投资基金法》的修订，争取在拓宽基金公司业务范围，扩大基金投资标的，松绑投资运作限制，优化公司治理，规范行业服务行为等方面取得突破性进展。同时，要按照行为监管和分业监管的原则，重点解决好监管标准的协调适用，避免监管套利和监管真空。

对于基金业协会的成立，郭树清说，我国亟待建设一个强大的财富管理行业，基金业协会的成立正当其时，相信协会一定能够大有作为！希望协会从成立开始，就能跳出基金业的圈子，牢牢把握财富管理行业的发展大趋势，引领行业发展方向，凝聚行业发展共识，共谋行业发展大局。要真正发挥行业协会作用，打破目前财富管理行业存在的条块分割、规模偏小、服务能力不足的局面，大胆创新，引领行业闯出一条符合国情的财富管理业务发展之路。协会要转变观念，回归行业协会的本性，突出服务宗旨；要包容开放，鼓励公平竞争，促进行业创新；加强行业管理，积极探索符合实际的自律方式和手段；勇于担当，切实负起行业和社会责任。协会要发挥作用，引导全行业从业人员牢固树立关心国家、热爱人民、回馈社会、共创和谐的理念，使财富管理行业成为履行社会责任的模范。

大会期间，中国证券投资基金业协会选举产生了第一届理事会、监事会，通过了协会章程、自律公约等相关文件，产生了协会领导班子。

中国证监会副主席刘新华，主席助理吴利军出席会议。民政部、财政部、人社部、住建部、人民银行、税务总局、银监会、保监会、全国社保理事会、外汇局以及北京市金融局、西城区和丰台区政府等单位代表，证监会机关各部门、各派出机构、系统各单位负责人及基金业协会会员代表400余人出席大会。

关于私募投资基金开户和结算有关问题的通知

（2014-03-25）

各市场参与主体：

为了支持私募投资基金（以下简称私募基金）参与证券市场投资活动，根据《证券法》《证券投资基金法》、中国证券监督管理委员会有关规定，以及中国证券登记结算有限责任公司（以下简称本公司）《证券账户管理规则》等有关业务规则，现将私募基金开户和结算有关事项通知如下。

一、私募基金由基金管理人申请开户，有资产托管人的私募基金，也可以由资产托管人申请开户。

私募基金管理人或资产托管人为私募基金开立证券账户，应直接到本公司上海、深圳分公司（以下统称本公司)办理。

二、私募基金管理人每设立一只私募基金,可以按不同的证券交易场所各申请开立一个证券账户。

三、私募基金证券账户名称为“基金管理人全称-私募基金名称”,身份证明文件号码为基金管理人营业执照中的注册号,组织机构代码为基金管理人组织机构代码证中的代码。

私募基金证券账户名称应恰当反映产品属性。

四、申请开立私募基金证券账户须提供以下材料:

(1)机构证券账户注册申请表;

(2)中国证券投资基金业协会(以下简称基金业协会)同意私募基金管理人登记相关证明文件的原件及复印件;

(3)基金业协会出具的私募基金备案相关证明文件的原件及复印件;

(4)基金管理人营业执照及组织机构代码证等有效身份证明文件复印件(加盖公章);

(5)经办人所在单位法定代表人(或负责人)对经办人的授权委托书、法定代表人(或负责人)证明书及法定代表人(或负责人)的有效身份证明文件复印件(加盖单位公章和法定代表人或负责人签章);

(6)经办人有效身份证明文件及复印件。

有资产托管人的私募基金申请开户时,还须提供中国证监会等相关主管机构关于核准该基金托管人资格的批复复印件(加盖基金托管人公章)、基金管理人与资产托管人签订的托管协议原件及复印件、资产托管人营业执照等有效身份证明文件复印件(加盖公章)。

私募基金管理人或资产托管人再次申请开立此类账户,第(2)、(4)项材料以及基金托管人资格批复文件、资产托管人营业执照等有效身份证明文件未发生变更的,无须再次提供。

五、申请开立私募基金证券账户,须登记私募基金存续期。私募基金延期的,私募基金管理人或资产托管人应提交延期证明文件(加盖公章),及时办理变更登记。

六、私募基金名称发生变更的,应提供重新申领的基金业协会私募基金备案证明等相关材料。

七、当发生证券账户开立后6个月内没有进行交易、私募基金终止等情形时,私募基金管理人或资产托管人应于上述情形发生后15个工作日内办理证券账户注销手续;未按要求注销证券账户的,本公司有权注销或限制该账户的使用。

八、私募基金管理人应加强自律,不得为专门申购新股、炒作风险警示股票(ST股)的私募基金申请开立证券账户。

本公司按照监管部门的要求对私募基金证券账户开立及使用情况进行统计监测。

九、私募基金参与本公司负责结算的证券市场投资活动,可采用证券公司结算模式或托管人结算模式。

证券公司结算模式是由证券公司通过其在本公司开立的客户结算备付金账户,完成包括私募基金在内的全部客户证券交易的资金结算。

托管人结算模式是由托管人通过其以自身名义在本公司开立的托管结算备付金账户，完成其所托管的私募基金等产品证券交易的资金结算。私募基金交易采用托管人结算模式的，须使用专用交易单元并事先获得交易所的书面同意。同时，托管人必须事先与本公司签订相关证券资金结算协议，对多边净额结算业务承担最终交收责任。对于同一托管人负责结算的、同一家管理人的多个产品，托管人可以共用同一专用交易单元进行交易清算，并自行办理各产品证券交易的明细结算。

十、本通知未作规定的，按照本公司《证券账户管理规则》等相关业务规定办理。

十一、本通知自发布之日起实施。

中国证券登记结算有限责任公司

2014年3月25日

私募投资基金开户和结算常见问题解答

（2014-04-10）

一、私募投资基金开户申请材料中的“中国证券投资基金业协会同意私募基金管理人登记相关证明文件的原件及复印件”“基金业协会出具的私募基金备案相关证明文件的原件及复印件”具体指什么？如何办理这两项材料？

答：上述两项证明文件是指中国证券投资基金业协会根据《私募投资基金管理人登记和基金备案办法（试行）》出具的私募投资基金管理人登记证书、私募投资基金备案证明。办理上述材料的具体事宜请联系基金业协会。

二、私募投资基金有资产托管人的，能否由基金管理人申请开户？

答：对于有资产托管人的私募投资基金，原则上由资产托管人直接到本公司上海、深圳分公司办理开户手续。

三、申请人可以在哪里办理私募基金开户业务？

答：申请私募基金开户业务，需直接到本公司上海、深圳分公司办理。

四、私募投资基金参与本公司负责结算的证券市场投资活动，采用何种结算模式？

答：私募投资基金参与本公司负责结算的证券市场投资活动，可采用证券公司结算模式或托管人结算模式。

采用证券公司结算模式的，私募投资基金作为券商的普通经纪客户，通过券商的经纪交易单元进行交易，通过其客户结算账户与本公司进行结算。

采用托管人结算模式的，私募投资基金须使用专用交易单元并事先获得交易所的书面同意，通过专用交易单元进行交易，通过托管人的托管结算账户与本公司进行结算；同时，托管人必须事先与本公司签订相关证券资金结算协议，对多边净额结算业务承担最终交收责任。

五、对于同一托管人负责结算的、同一家管理人的多个私募投资基金产品，托管人可否共用同一专用交易单元进行交易清算?

答:可以，但托管人需自行办理各私募投资基金产品的证券交易结算明细。

中国证券登记结算有限责任公司

2014年4月10日

关于拓宽证券投资咨询公司业务范围的通知

中证协发〔2015〕17号

各证券投资咨询公司:

为贯彻落实《国务院关于进一步促进资本市场健康发展的若干意见》(国发〔2014〕17号)、《关于进一步推进证券经营机构创新发展的意见》(证监发〔2014〕37号)，推进证券投资咨询公司与证券公司、基金管理公司、期货公司等交叉持牌，促进证券投资咨询公司创新发展，依据《证券法》《基金法》《私募投资基金监督管理暂行办法》等法律法规，现就证券投资咨询公司参与全国中小企业股份转让系统(以下简称全国股转系统)相关业务，以及开展有关私募业务通知如下。

一、证券投资咨询公司在向中国证监会备案后可在全国股转系统开展公司挂牌推荐、做市业务。证券投资咨询公司在全国股转系统开展推荐、做市业务应遵守有关业务规定，建立相应内部管理制度，强化合规管理。

证券投资咨询公司可申请在全国股转系统挂牌，通过全国股转系统进行股权转让，并利用全国股转系统补充资本，提升抗风险能力。

二、证券投资咨询公司开展私募业务应当遵守私募业务有关规定。证券投资咨询公司开展私募业务包括开展私募投资基金(以下简称私募基金)管理业务和在机构间私募产品报价与服务系统(以下简称报价系统)开展私募证券业务。

1. 证券投资咨询公司开展私募基金管理业务，应当按照规定向中国证券投资基金业协会(以下简称基金业协会)办理登记备案手续，在办理完登记手续并取得私募基金管理人登记证明文件后方可从事私募基金管理业务。

2. 证券投资咨询公司在报价系统开展私募证券业务应向中证资本市场监测中心有限公司(以下简称中证资本市场监测中心)申请注册为报价系统参与人，在申请注册为报价系统参与人后可在报价系统申请开展私募产品投资、创设、推荐、代理交易等业务中一项或多项业务。在报价系统发行、转让的私募产品应当依法合规，资金投向应当符合法律法规和国家有关政策规定。

三、证券投资咨询公司开展上述业务，应当遵循自愿、公平、诚实信用的原则，遵守法律、法规和有关自律规定，恪守职业道德和行为规范，勤勉尽责为客户提供相关服务。

四、证券投资咨询公司开展上述业务，应当按照合格投资者标准和投资者适当性原则，做好产品销售和风险提示等工作，切实保护投资者合法权益。

五、证券投资咨询公司应加强合规管理和风险控制，严格按照相应的业务规定，规范开展上述业务和证券投资咨询等业务，并建立、健全存在利益冲突的业务之间信息隔离墙制度，防范内幕交易和利益冲突。证券投资咨询公司应当：

1. 将私募基金管理、证券投资咨询、做市业务从部门设置、人员职责等方面分开管理；

2. 防范私募基金投资计划、投资产品等信息的不当流动和使用；

3. 公平对待不同客户，不得进行利益输送或为特定客户利益损害其他客户利益；

4. 不得利用开展私募基金管理、证券投资咨询、做市业务进行市场操纵或者内幕交易。

六、证券投资咨询公司开展私募基金管理业务应接受基金业协会自律管理，在报价系统开展私募证券业务应接受中证资本市场监测中心运营管理，在全国股转系统开展推荐、做市业务应接受全国中小企业股份转让系统有限公司运营管理。

中国证券业协会

2015年1月19日

关于与发行监管工作相关的私募投资基金备案问题的解答

（2015-01-23）

问：发行监管工作中，对中介机构核查私募投资基金备案情况有何具体要求？

答：《证券投资基金法》《私募投资基金监督管理暂行办法》及《私募投资基金管理人登记和基金备案办法（试行）》等相关法律法规和自律规则对私募投资基金的备案有明确规定，私募投资基金投资运作应遵守相应规定。

从发行监管工作看，私募投资基金一般通过4种方式参与证券投资：一是企业首次公开发行前私募投资基金投资入股或受让股权；二是首发企业发行新股时，私募投资基金作为网下投资者参与新股询价申购；三是上市公司非公开发行股权类证券（包括普通股、优先股、可转债等）时，私募投资基金由发行人董事会事先确定为投资者；四是上市公司非公开发行证券时，私募投资基金作为网下认购对象参与证券发行。

保荐机构和发行人律师（以下简称中介机构）在开展证券发行业务的过程中，应对上述投资者是否属于《证券投资基金法》《私募投资基金监督管理暂行办法》和《私募投资基金管理人登记和基金备案办法（试行）》规范的私募投资基金以及是否按规定履行备案程序进行核查并发表意见。

具体来说，对第一种和第三种方式，中介机构应对发行人股东中或事先确定的投资者中是否有私募投资基金、是否按规定履行备案程序进行核查，并分别在《发行保荐书》《发行保荐工作报告》《法律意见书》《律师工作报告》中对核查对象、核查方式、核查结果进行说明。对第二种方式，保荐机构或主承销商应在询价公告中披露网下投资者的相关备案要求，在初步询价结束后、网下申购日前进行核查，网下申购前在发行公告中披露具体核查结果，在承销总结报告中说明；见证律师应在专项法律意见书中对投资者备案情况发表核查意见。对第四种方式，保荐机构或主承销商应在收到投资者报价后、向投资者发送缴款通知书前进行核查，在合规性报告书中详细记载有关情况；发行人律师应在合规性报告书中发表核查意见；发行情况报告书应披露中介机构核查意见。

本监管问答自公布之日起执行。此前已受理尚未安排上发审会的企业，应按上述要求尽早补充提交专项核查文件；已安排上发审会以及已通过发审会尚未启动发行的企业，按会后事项程序补充提交核查文件。

关于与并购重组行政许可审核相关的私募投资基金备案的问题与解答

（2015-03-06）

问：上市公司并购重组行政许可审核中，对私募投资基金备案情况有何要求？

答：《证券投资基金法》《私募投资基金监督管理暂行办法》《私募投资基金管理人登记和基金备案办法（试行）》等相关法律法规和自律规则对私募投资基金的备案有明确规定，私募投资基金投资运作应遵守相应规定。

在并购重组行政许可申请中，私募投资基金一般通过5种方式参与：一是上市公司发行股份购买资产申请中，作为发行对象；二是上市公司合并、分立申请中，作为非上市公司（吸并方或非吸并方）的股东；三是配套融资申请中，作为锁价发行对象；四是配套融资申请中，作为询价发行对象；五是要约豁免义务申请中，作为申请人。

中介机构应对上述投资者是否属于《证券投资基金法》《私募投资基金监督管理暂行办法》《私募投资基金管理人登记和基金备案办法（试行）》规范的私募投资基金以及是否按规定履行备案程序进行核查并发表明确意见。

具体来说，对于第一、第二、第三种情况，独立财务顾问和律师事务所应分别在《独立财务顾问报告》《法律意见书》中披露核查意见;按规定应当办理备案手续的，应在提交重组委审议前办理。对于第四种情况，独立财务顾问和律师事务所应在收到投资者报价后、向投资者发送缴款通知书前进行核查，在合规性报告书中发表核查意见；发行情况报告书中应披露中介机构的核查意见。对于第五种情况，财务顾问（如有）、律师事务所应在《财务顾问报告》《法律意见书》中披露核查意见；按规定应当办理备案手续的，应在我会受理前办理。

本问答自公布之日起执行。公布之日起受理的并购重组行政许可申请适用本问答意见。

关于加强参与全国股转系统业务的私募投资基金备案管理的监管问答函

（2015-3-20）

一、在企业申请挂牌环节，对中介机构核查私募投资基金备案情况有何具体要求？

答：自本监管问答函发布之日起申报的企业，中介机构须核查是否存在私募投资基金管理人或私募投资基金，及其是否遵守相应的规定：

1. 若申请挂牌公司或申请挂牌公司股东属于私募投资基金管理人或私募投资基金的，请主办券商及律师核查其是否按照《证券投资基金法》《私募投资基金监督管理暂行办法》及《私募投资基金管理人登记和基金备案办法（试行）》等相关规定履行了登记备案程序，并请分别在《推荐报告》《法律意见书》中说明核查对象、核查方式、核查结果并发表意见。

2. 申请挂牌同时发行股票的，请主办券商和律师核查公司股票认购对象中是否存在私募投资基金管理人或私募投资基金，其是否按照《证券投资基金法》《私募投资基金监督管理暂行办法》及《私募投资基金管理人登记和基金备案办法（试行）》等相关规定履行了登记备案程序，并请分别在《推荐报告》《法律意见书》或其他关于股票发行的专项意见中说明核查对象、核查方式、核查结果并发表意见。

二、在挂牌公司发行融资、重大资产重组等环节，对中介机构核查私募投资基金备案情况有何具体要求？

答：自本监管问答函发布之日起，挂牌公司报送的股票发行融资备案材料中，主办券商和律师应当分别核查挂牌公司股票认购对象和挂牌公司现有股东中是否存在私募投资基金管理人或私募投资基金，其是否按照《证券投资基金法》《私募投资基金监督管理暂行办法》及《私募投资基金管理人登记和基金备案办法（试行）》等相关规定履行了登记备案程序，并请分别在《主办券商关于股票发行合法合规性意见》和《股票发行法律意见书》中对核查对象、核查方式、核查结果进行专门说明。

自本监管问答函发布之日起，挂牌公司披露的挂牌公司重大资产重组《独立财务顾问报告》和《法律意见书》中，独立财务顾问和律师应当分别核查交易对手方和挂牌公司现有股东中是否存在私募投资基金管理人或私募投资基金，其是否按照《证券投资基金法》《私募投资基金监督管理暂行办法》及《私募投资基金管理人登记和基金备案办法（试行）》等相关规定履行了登记备案程序，并对核查对象、核查方式、核查结果进行专门说明。

关于引导私募投资基金进入交易所债券市场答记者问

（2015-06-05）

5月29日，深交所公开发布了公司债券上市规则及相关配套规则，进一步明确了在基金业协会登记备案的私募投资基金管理人及私募投资基金产品（以下简称私募投资基金），可作为合格投资者，进入交易所市场，参与深交所所有上市及挂牌固定收益产品的交易。深交所相关负责人对相关情况接受记者采访，以下为采访的主要内容。

一、私募投资基金是否可以进入深圳证券交易所参与固定收益产品交易?

中国证券投资基金业协会备案的私募投资基金可以在深交所进行固定收益产品交易，固定收益产品包括债券和资产支持证券。

二、私募投资基金可以参与深圳证券交易所哪些债券品种交易?

私募投资基金可以参与深交所全部的公开发行和非公开发行债券交易。公开发行债券的具体品种包括国债、地方政府债券、公司债券、企业债券、可交换公司债券、可转换公司债券、分离交易的可转换公司债券等；非公开发行债券的具体品种包括私募债券、可交换私募债券、并购重组私募债券、证券公司次级债券和证券公司短期公司债券等。

三、深圳证券交易所债券市场的交易类型与方式有哪些?

深交所债券市场交易包括现券交易和债券回购交易两种。

1. 现券交易。所有公开发行债券和非公开发行债券以及资产支持证券均可进行现券交易。其中，国债、地方政府债券、公司债券、企业债券及分离交易的可转换公司债券现券交易采用净价方式，可交换公司债券、可转换公司债券、非公开发行债券及资产支持证券现券交易采用全价方式。

交易方式上，公开发行债券的交易可以采用集中竞价交易、大宗交易和盘后定价等交易方式，但非公开发行债券以及资产支持证券仅能采用协议交易方式。申报时间与申报方式等见表1。

表1 申报时间与申报方式

	最小申报价量要求	申报方式	价格限制	回转交易	申报时间	成交确认时间
集中竞价交易	10张及其整数倍	限价申报	无涨跌幅限制。开盘集中竞价的有效竞价范围为前收盘价的上下10%，连续竞价、收盘集中竞价的有效竞价范围为最近成交价的上下10%	通过竞价交易方式买入的债券，当日可以通过竞价交易或者大宗交易方式卖出	9:15~9:25 9:30~11:30 13:00~15:00	实时确认成交
大宗交易	5000张或50万元	意向申报、定价申报和成交申报	前收盘价的上下30%之间	通过大宗交易方式买入的债券，当日仅可以通过大宗交易方式卖出	9:15~9:25 9:30~11:30 13:00~15:30	公司债券实时确认，其他债券15: 00~15: 30确认成交
盘后定价交易	5000张或50万元	盘后定价交易申报	当日竞价交易收盘价或成交量加权平均价	通过盘后定价方式买入的债券，当日可以通过盘后定价或大宗交易方式卖出	15:05~15:30	实时确认
协议交易方式	债券：5000张或50万元；资产支持证券：不低于10000份	意向申报、定价申报和成交申报	无	可以进行当日回转交易	9:15~9:25 9:30~11:30 13:00~15:30	实时确认

2. 债券回购交易。国债、地方政府债券以及符合中国结算相关规定条件的公司债券、企业债券、可交换公司债券、可转换公司债券、分离交易的可转换公司债券，可用于质押为标准券进行债券回购交易。债券回购品种按回购期限可分为1日、2日、3日、4日、7日、14日、28日、91日和182日9个品种。

债券回购仅可以采用集中竞价交易和大宗交易方式，不能进行盘后定价交易。

关于深交所债券交易相关内容，参见《深圳证券交易所交易规则》及《深圳证券交易所债券交易实施细则》。

四、私募投资基金如何开户进入深圳证券交易所参与债券交易？

根据2015年1月6日中国证券登记结算有限责任公司（以下简称中国结算）《中国证券登记结算有限责任公司特殊机构及产品证券账户业务指南》的规定，经中国证券投资基金业协会备案的私募基金，可由基金管理人或资产托管人直接到中国结算上海或深圳分公司申请开立证券账户。同一特殊机构及产品可以申请开立多个证券账户，法律、行政法规、中国证监会及中国结算对开户数量另有规定的除外。私募基金证券账户名称为“基金管理人全称-私募基金名称”，私募基金证券账户名称应恰当反映产品属性。

五、私募投资基金参与深圳证券交易所债券交易可采用哪些结算模式？

根据2014年3月25日中国结算《关于私募投资基金开户和结算有关问题的通知》的规定，私募基金参与中国结算负责结算的证券市场投资活动，可采用证券公司结算模式或托管人结算模式。

证券公司结算模式是由证券公司通过其在中国结算开立的客户结算备付金账户，完成包括私募基金在内的全部客户证券交易的资金结算。托管人结算模式是由托管人通过其以自身名义在中国结算开立的托管结算备付金账户，完成其所托管的私募基金等产品证券交易的资金结算。私募基金交易采用托管人结算模式的，须使用专用交易单元并事先获得交易所的书面同意。同时，托管人必须事先与中国结算签订相关证券资金结算协议，对多边净额结算业务承担最终交收责任。对于同一托管人负责结算的、同一家管理人的多个产品，托管人可以共用同一专用交易单元进行交易清算，并自行办理各产品证券交易的明细结算。

中国人民银行金融市场司关于私募投资基金进入银行间债券市场有关事项的通知

银市场〔2015〕17号

中国人民银行上海总部金融市场管理部，各分行、营业管理部，各省会（首府）城市中心支行、副省级城市中心支行货币信贷管理处；中国银行间市场交易商协会；全国银行间同业拆借中心，中央国债登记结算有限责任公司，银行间市场清算所股份有限公司：

为进一步丰富银行间债券市场投资者群体，完善多层次债券市场体系，更好地服务实体经济线，就私募投资基金进入银行间债券市场有关事项通知如下。

一、本通知所称私募投资基金，是指在中华人民共和国境内，以非公开方式向投资者募集资金设立的投资基金。

银行间债券市场对证券公司、基金管理公司、期货公司及其子公司从事私募投资基金业务另有规定的，适用其规定。

二、符合以下条件的私募投资基金，按规定提交相关备案材料后，可进入银行间债券市场：

1. 私募投资基金管理人（以下简称基金管理人）已经依法在有关管理部门或其授权的行业自律组织完成登记；

2. 基金管理人的净资产不低于1000万元，资产管理实缴规模处于行业前列，并获得有关管理部门或其授权的行业自律组织的认可；

3. 基金管理人具有健全的公司治理结构、完善的债券投资内部控制和风险管理机制以及相关专业人员；

4. 基金管理人应委托第三方托管人独立托管基金资产；

5. 基金管理人最近三年未发生违法和重大违规行为；没有因违法或违规行为正在被监管机构或司法机构调查，或正处于整改期间；

6. 私募投资基金的设立符合法律法规和行业监管规定，并已经依法在有关管理部门或其授权的行业自律组织完成备案；

7. 私募投资基金的投资范围包含债券等固定收益类产品；

8. 中国人民银行要求的其他条件。

三、私募投资基金的备案、开户及联网手续原则上比照银行间债券市场其他非法人产品执行，并遵守各中介机构相关业务规则。

四、私募投资基金应直接进行债券交易和结算，并实行与做市商或尝试做市机构以双边报价和请求报价的方式达成现券交易。

中国人民银行金融市场司

2015年6月15日

上海证券交易所：上市公司与私募基金合作投资事项信息披露业务指引

关于发布《上市公司与私募基金合作投资事项信息披露业务指引》的通知

上证发〔2015〕76号

各市场参与人：

为规范上市公司与私募基金合作投资事项的信息披露行为，提高信息披露的针对性和有效性，根据《上海证券交易所股票上市规则》等规定，上海证券交易所制定了《上市公司与私募基金合作投资事项信息披露业务指引》，现予发布，并自发布之日起施行。

特此通知。

附件：上市公司与私募基金合作投资事项信息披露业务指引

上海证券交易所
2015年9月11日

附件　上市公司与私募基金合作投资事项信息披露业务指引

第一章　一般规定

第一条　为了规范上市公司与私募基金合作投资事项的信息披露行为，维护证券市场秩序，保护中小投资者的合法权益，根据《上海证券交易所股票上市规则》（以下简称《股票上市规则》）等有关规定，制定本指引。

第二条　本指引所称私募基金，是指以非公开方式向投资者募集资金设立的投资基金，包括资产由基金管理人或者普通合伙人管理的以投资活动为目的设立的公司或者合伙企业。

第三条　上市公司与私募基金发生下述合作投资事项之一的，除按照《股票上市规则》等相关规定履行信息披露义务外，还应当遵守本指引的规定：

（一）上市公司与私募基金共同设立并购基金或产业基金等投资基金（以下简称投资基金）；

（二）上市公司认购私募基金发起设立的投资基金份额；

（三）上市公司与私募基金签订业务咨询、财务顾问或市值管理服务等合作协议（以下简称合作协议）；

（四）私募基金投资上市公司，直接或间接持有上市公司股份比例达到5%以上；

（五）本所规定的其他合作投资事项。

第四条　上市公司与私募基金发生合作投资事项，应当真实、准确、完整地披露投资协议或合作协议的主要条款，充分披露私募基金等相关主体与上市公司是否存在关联关系及其他利益关系，并按照规定披露相关权益变动事项。

第五条　上市公司应当充分披露与私募基金合作投资事项中的不确定性因素及可能面临的风险，及时披露合作进展情况。

上市公司与私募基金合作投资事项筹划和实施过程中，不得以操纵上市公司股价为目的选择性披露信息。

第六条　上市公司与私募基金合作投资事项中的参与方及其他知情人员，应当严格遵守有关上市公司股票买卖的规定，不得从事内幕交易、操纵市场或其他违法行为。

第二章　合作投资事项的信息披露

第七条　上市公司与私募基金发生合作投资事项，应当按照本指引的要求披露合作投资事项的具体模式、主要内容、相关关联关系和利益安排，充分揭示相关风险，并按分阶段披露原则及时披露相关事项的重大进展。

第八条　上市公司与私募基金共同设立投资基金，或认购私募基金发起设立的投资基金份额的，应当披露以下内容：

（一）私募基金的基本情况，包括成立时间、管理模式、主要管理人员、主要投资领域、近一年经营状况、是否在基金业协会完成备案登记等；

（二）关联关系或其他利益关系说明，包括私募基金是否与上市公司存在关联关系、是否直接或间接持有上市公司股份、是否拟增持上市公司股份、是否与上市公司存在相关利益安排、是否与第三方存在其他影响上市公司利益的安排等；

（三）投资基金的基本情况，包括成立背景、基金规模、投资人及投资比例、资金来源和出资进度等；

（四）投资基金的管理模式，包括管理及决策机制、各投资人的合作地位和主要权利义务、管理费或业绩报酬及利润分配安排方式等；

（五）投资基金的投资模式，包括投资基金的投资领域、投资项目和计划、盈利模式及投资后的退出机制等；

（六）风险揭示，包括上市公司承担的投资风险敞口规模、实施投资项目存在的不确定性因素、投资领域与上市公司主营业务是否存在协同关系、投资规模对上市公司业绩的影响等；

（七）其他有助于投资者了解投资基金情况的重要事项。

第九条　上市公司与私募基金共同设立投资基金，或认购私募基金发起设立的投资基金份额，同时下列主体持有私募基金股份或认购投资基金份额，或在私募基金、投资基金以及基金管理人中任职的，应当披露相关人员任职情况、持股数量与持股比例或认购金额与份额比例、投资人地位和主要权利义务安排等事项：

（一）上市公司董事、监事或高级管理人员；

（二）持有上市公司5%以上股份的股东；

（三）上市公司控股股东、实际控制人及其董事、监事或高级管理人员；

（四）本所规定的其他主体。

第十条　上市公司应当按照分阶段披露的原则，及时披露投资基金的以下进展情况：

（一）拟设立的每一期投资基金募集完毕并完成备案登记或募集失败；

（二）投资基金发生重大变更事项；

（三）投资基金进行对上市公司具有重大影响的投资或资产收购事项；

（四）其他对上市公司具有重要影响的进展情况。

第十一条　上市公司与私募基金签订合作协议的，除应当根据本指引第八条的规定披露私募基金的基本情况及其与上市公司存在的关联关系或其他利益关系外，还应当披露以下内容：

（一）合作协议的基本情况，包括合作背景、主要目的、签订时间及合作期限等；

（二）私募基金提供的服务内容，包括业务咨询、财务顾问或市值管理服务的具体领域、主要措施和计划安排、费用或报酬以及其他特别约定事项等；

（三）风险揭示事项，包括合作协议对上市公司经营和未来发展战略的影响程度、履约过程中存在的风险及不确定性因素等；

（四）其他有助于投资者了解合作协议情况的重要事项。

第十二条　上市公司应当按照分阶段披露的原则，及时披露合作协议的以下进展情况：

（一）完成合作协议约定的各项主要措施和计划安排；

（二）依据合作协议筹划对公司有重大影响的事项；

（三）合作协议发生重大变更；

（四）合作事项提前终止；

（五）其他对上市公司具有重要影响的进展情况。

第十三条　私募基金持有或通过协议、其他安排与他人共同持有上市公司股份达到5%以上的，相关信息披露义务人除应当根据《证券法》《上市公司收购管理办法》等法律法规以及本所《股票上市规则》等业务规则的规定履行信息披露义务外，还应当同时披露是否与上市公司存在本指引第三条规定的合作投资事项。

第十四条　私募基金作为上市公司股东在股东大会召开前提出临时议案，或提议召开临时股东大会的，应当符合《公司法》和中国证监会《上市公司股东大会规则》规定的程序要求，并依法履行相应的信息披露义务，不得先于指定媒体发布重大信息，不得以新闻发布或者答记者问等其他形式代替信息披露或泄露未公开重大信息。

第十五条　上市公司与私募基金同时存在本指引第三条规定的两个及以上合作投资事项的，应当就各合作投资事项分别按照前述规定履行信息披露义务。

第十六条　上市公司与私募基金存在本指引第三条规定的合作投资事项，又购买其直接、间接持有或推介的标的资产的，上市公司及私募基金除应当按照法律、法规、部门规章以及本所《股票上市规则》等相关规定进行信息披露外，还应当披露以下内容：

（一）私募基金所管理的全部基金产品在标的资产中的持股情况，包括基金产品名称、持股数量和比例、受让标的资产股份的价格和时间等；

（二）私募基金所管理的全部基金产品持有以及在最近6个月内买卖上市公司股票的情况，包括基金产品名称、持有上市公司股份的数量和比例、买卖上市公司股份的数量和时间等；

（三）上市公司、私募基金与标的资产之间存在的关联关系或其他利益关系等情况。

第十七条　上市公司与私募基金合作投资事项的相关公告披露前后，上市公司股票及衍生品种交易出现异常波动或存在内幕交易嫌疑的，上市公司应当根据本所要求提交内幕信息知情人名单。

本所在交易核查中发现涉嫌违法违规行为的，将提请中国证监会依法查处。

第三章　附　则

第十八条　上市公司与私募基金管理人发生本指引规定的合作投资事项的，视同为上市公司与私募基金的合作投资事项，适用本指引的规定履行信息披露义务。

第十九条　上市公司与证券公司、基金管理公司、期货公司以及证券投资咨询机构等专业投资机构共同设立投资基金或签订合作协议的，应当参照适用本指引的相关规定履行信息披露义务，法律、法规、部门规章或者本所业务规则另有规定的除外。

第二十条　以资金管理、投资理财、经纪业务等投融资活动为日常经营业务的商业银行、证券公司等金融类上市公司，可免于按本指引履行信息披露义务。其涉及本指引规定的合作投资事项的，按《股票上市规则》的相关标准披露，上市公司自愿按本指引披露的除外。

第二十一条　本指引由本所负责解释。

第二十二条　本指引自发布之日起施行。

全国中小企业股份转让系统机构业务问答（一）——关于资产管理计划、契约型私募基金投资拟挂牌公司股权有关问题

（2015-10-16）

一、基金子公司资产管理计划、证券公司资产管理计划、契约型私募基金能否投资拟在全国股转系统挂牌的公司的股权？在挂牌审查时是否需要还原至实际股东？

根据《基金管理公司特定客户资产管理业务试点办法》第九条，基金子公司资产管理计划资产应当用于下列投资：“……（二）未通过证券交易所转让的股权、债权及其他财产权利；（三）中国证监会认可的其他资产。投资于前款第（二）项和第（三）项规定资产的特定资产管理计划称为专项资产管理计划。”故基金子公司可通过设立专项资产管理计划投资拟挂牌全国股转系统的公司股权。

根据《证券公司定向资产管理业务实施细则》第二十五条，“定向资产管理业务的投资范围由证券公司与客户通过合同约定，不得违反法律、行政法规和中国证监会的禁止规定，并且应当与客户的风险认知与承受能力，以及证券公司的投资经验、管理能力和风险控制水平相匹配……”；根据《证券公司客户资产管理业务管理办法》第十四条，“证券公司为客户办理特定目的的专项资产管理业务，应

当签订专项资产管理合同，针对客户的特殊要求和基础资产的具体情况，设定特定投资目标，通过专门账户为客户提供资产管理服务……证券公司可以通过设立综合性的集合资产管理计划办理专项资产管理业务。”因此，证券公司定向、专项资产管理计划可由券商与客户约定投资拟挂牌全国股转系统的公司股权。

根据《私募投资基金监督管理暂行办法》第二条，私募基金财产的投资包括买卖股票、股权、债券、期货、期权、基金份额及投资合同约定的其他投资标的。故私募基金（包括契约型私募基金）的投资范围包括拟挂牌全国股转系统的公司股权。

根据《非上市公众公司监管指引第4号——股东人数超过200人的未上市股份有限公司申请行政许可有关问题的审核指引》（证监会公告〔2013〕54号），“以私募股权基金、资产管理计划以及其他金融计划进行持股的，如果该金融计划是依据相关法律法规设立并规范运作，且已经接受证券监督管理机构监管的，可不进行股份还原或转为直接持股。”因此，依法设立、规范运作且已经在中国基金业协会登记备案并接受证券监督管理机构监管的基金子公司资产管理计划、证券公司资产管理计划、契约型私募基金，其所投资的拟挂牌公司股权在挂牌审查时可不进行股份还原，但须做好相关信息披露工作。

二、上述基金子公司及证券公司资产管理计划（以下简称资产管理计划）、契约型私募基金所投资公司申请在全国股转系统挂牌时，股份能否直接登记为产品名称？

可以。具体操作要点如下：

1. 资产管理计划或契约型私募基金所投资的公司申请挂牌时，主办券商在《公开转让说明书》中将资产管理计划或契约型私募基金列示为股东，并在《公开转让说明书》充分披露资产管理计划或契约型私募基金与其管理人和管理人名下其他产品的关系。同时，主办券商就以下事项进行核查并发表明确意见：一是该资产管理计划或契约型私募基金是否依法设立、规范运作并已履行相关备案或者批准手续；二是该资产管理计划或契约型私募基金的资金来源及其合法合规性；三是投资范围是否符合合同约定以及投资的合规性；四是资产管理计划或契约型私募基金权益人是否为拟挂牌公司控股股东、实际控制人或董监高。

2. 资产管理计划或契约型私募基金所投资的公司通过挂牌备案审查，办理股份初始登记时，挂牌业务部负责核对《股票初始登记申请表》涉及股东信息与《公开转让说明书》中披露信息的一致性。

3. 中国结算发行人业务部核对股份登记信息与披露信息的一致性后，将股份直接登记在资产管理计划或契约型私募基金名下。

政府投资基金暂行管理办法

（2015-11-12）

党中央有关部门，国务院各部委、各直属机构，各省（自治区、直辖市、计划单列市）财政厅（局、委）：

为了进一步提高财政资金使用效益，发挥好财政资金的杠杆作用，规范政府投资基金的设立、运作和风险控制、预算管理等工作，促进政府投资基金持续健康运行，根据预算法、合同法、公司法、合伙企业法等相关法律法规，我们制定了《政府投资基金暂行管理办法》，现印发给你们，请遵照执行。

附件：政府投资基金暂行管理办法

财政部

2015年11月12日

附件　政府投资基金暂行管理办法

第一章　总　则

第一条　为了进一步提高财政资金使用效益，发挥好财政资金的杠杆作用，规范政府投资基金管理，促进政府投资基金持续健康运行，根据预算法、合同法、公司法、合伙企业法等相关法律法规，制定本办法。

第二条　本办法所称政府投资基金，是指由各级政府通过预算安排，以单独出资或与社会资本共同出资设立，采用股权投资等市场化方式，引导社会各类资本投资经济社会发展的重点领域和薄弱环节，支持相关产业和领域发展的资金。

第三条　本办法所称政府出资，是指财政部门通过一般公共预算、政府性基金预算、国有资本经营预算等安排的资金。

第四条　财政部门根据本级政府授权或合同章程规定代行政府出资人职责。

第二章　政府投资基金的设立

第五条　政府出资设立投资基金，应当由财政部门或财政部门会同有关行业主管部门报本级政府批准。

第六条　各级财政部门应当控制政府投资基金的设立数量，不得在同一行业或领域重复设立基金。

第七条　各级财政部门一般应在以下领域设立投资基金：

（一）支持创新创业。为了加快有利于创新发展的市场环境，增加创业投资资本的供给，鼓励创业投资企业投资处于种子期、起步期等创业早期的企业；

（二）支持中小企业发展。为了体现国家宏观政策、产业政策和区域发展规划意图，扶持中型、小型、微型企业发展，改善企业服务环境和融资环境，激发企业创业创新活力，增强经济持续发展内生动力；

（三）支持产业转型升级和发展。为了落实国家产业政策，扶持重大关键技术产业化，引导社会资本增加投入，有效解决产业发展投入大、风险大的问题，有效实现产业转型升级和重大发展，推动经济结构调整和资源优化配置；

（四）支持基础设施和公共服务领域。为改革公共服务供给机制，创新公共设施投融资模式，鼓励和引导社会资本进入基础设施和公共服务领域，加快推进重大基础设施建设，提高公共服务质量和水平。

第八条　设立政府投资基金，可采用公司制、有限合伙制和契约制等不同组织形式。

第九条　政府投资基金出资方应当按照现行法律法规，根据不同的组织形式，制定投资基金公司章程、有限合伙协议、合同等（以下简称章程），明确投资基金设立的政策目标、基金规模、存续期限、出资方案、投资领域、决策机制、基金管理机构、风险防范、投资退出、管理费用和收益分配等。

第三章　政府投资基金的运作和风险控制

第十条　政府投资基金应按照“政府引导、市场运作，科学决策、防范风险”的原则进行运作。

第十一条　政府投资基金募资、投资、投后管理、清算、退出等通过市场化运作。财政部门应指导投资基金建立科学的决策机制，确保投资基金政策性目标实现，一般不参与基金日常管理事务。

第十二条　政府投资基金在运作过程中不得从事以下业务：

（一）从事融资担保以外的担保、抵押、委托贷款等业务；

（二）投资二级市场股票、期货、房地产、证券投资基金、评级AAA以下的企业债、信托产品、非保本型理财产品、保险计划及其他金融衍生品；

（三）向任何第三方提供赞助、捐赠（经批准的公益性捐赠除外）；

（四）吸收或变相吸收存款，或向第三方提供贷款和资金拆借；

（五）进行承担无限连带责任的对外投资；

（六）发行信托或集合理财产品募集资金；

（七）其他国家法律法规禁止从事的业务。

第十三条　投资基金各出资方应当按照“利益共享、风险共担”的原则，明确约定收益处理和亏损负担方式。对于归属政府的投资收益和利息等，除明确约定继续用于投资基金滚动使用外，应按照财政国库管理制度有关规定及时足额上缴国库。投资基金的亏损应由出资方共同承担，政府应以出资额为限承担有限责任。

为更好地发挥政府出资的引导作用，政府可适当让利，但不得向其他出资人承诺投资本金不受损失，不得承诺最低收益。国务院另有规定的除外。

第十四条　政府投资基金应当遵照国家有关财政预算和财务管理制度等规定，建立健全内部控制和外部监管制度，建立投资决策和风险约束机制，切实防范基金运作过程中可能出现的风险。

第十五条　政府投资基金应选择在中国境内设立的商业银行进行托管。托管银行依据托管协议负责账户管理、资金清算、资产保管等事务，对投资活动实施动态监管。

第十六条　加强政府投资基金信用体系建设，建立政府投资基金及其高级管理人员信用记录，并将其纳入全国统一的社会信用信息共享交换平台。

第四章 政府投资基金的终止和退出

第十七条 政府投资基金一般应当在存续期满后终止。确需延长存续期限的，应当报经同级政府批准后，与其他出资方按章程约定的程序办理。

第十八条 政府投资基金终止后，应当在出资人监督下组织清算，将政府出资额和归属政府的收益，按照财政国库管理制度有关规定及时足额上缴国库。

第十九条 政府投资基金中的政府出资部分一般应在投资基金存续期满后退出，存续期未满如达到预期目标，可通过股权回购机制等方式适时退出。

第二十条 财政部门应与其他出资人在投资基金章程中约定，有下述情况之一的，政府出资可无需其他出资人同意，选择提前退出：

（一）投资基金方案确认后超过一年，未按规定程序和时间要求完成设立手续的；

（二）政府出资拨付投资基金账户一年以上，基金未开展投资业务的；

（三）基金投资领域和方向不符合政策目标的；

（四）基金未按章程约定投资的；

（五）其他不符合章程约定情形的。

第二十一条 政府出资从投资基金退出时，应当按照章程约定的条件退出；章程中没有约定的，应聘请具备资质的资产评估机构对出资权益进行评估，作为确定投资基金退出价格的依据。

第五章 政府投资基金的预算管理

第二十二条 各级政府出资设立投资基金，应由同级财政部门根据章程约定的出资方案将当年政府出资额纳入年度政府预算。

第二十三条 上级政府可通过转移支付支持下级政府设立投资基金，也可与下级政府共同出资设立投资基金。

第二十四条 各级政府单独出资设立的投资基金，由财政部门根据年度预算、项目投资进度或实际用款需要将资金拨付到投资基金。

政府部门与社会资本共同出资设立的投资基金，由财政部门根据投资基金章程中约定的出资方案、项目投资进度或实际用款需求以及年度预算安排情况，将资金拨付到投资基金。

第二十五条 各级财政部门向政府投资基金拨付资金时，增列当期预算支出，按支出方向通过相应的支出分类科目反映；收到投资收益时，作增加当期预算收入处理，通过相关预算收入科目反映；基金清算或退出收回投资时，作冲减当期财政支出处理。

第六章 政府投资基金的资产管理

第二十六条 各级财政部门应按照《财政总预算会计制度》规定，完整准确反映政府投资基金中政府出资部分形成的资产和权益，在保证政府投资安全的前提下实现保值增值。

各级财政部门向投资基金拨付资金，在增列财政支出的同时，要相应增加政府资产——“股权投资”和净资产——“资产基金”，并要根据本级政府投资基金的种类进行明细核算。基金清算或退出收回投资本金时，应按照政府累计出资额相应冲减政府资产——“股权投资”和净资产——“资产基金”。

第二十七条 政府应分享的投资损益按权益法进行核算。政府投资基金应当在年度终了后及时将全年投资收益或亏损情况向本级财政部门报告。财政部门按当期损益情况作增加或减少政府资产——“股权投资”和净资产——“资产基金”处理；财政部门收取政府投资基金上缴投资收益时，相应增加财政收入。

第二十八条 政府投资基金应当定期向财政部门报告基金运行情况、资产负债情况、投资损益情况及其他可能影响投资者权益的其他重大情况。按季编制并向财政部门报送资产负债表、损益表及现金流量表等报表。

第二十九条 本办法实施前已经设立的政府投资基金，要按本办法规定将政府累计投资形成的资产、权益和应分享的投资收益及时向财政部门报告。财政部门要按照本办法和《财政总预算会计制度》要求，相应增加政府资产和权益。

第七章 监督管理

第三十条 各级财政部门应建立政府投资基金绩效评价制度，按年度对基金政策目标实现程度、投资运营情况等开展评价，有效应用绩效评价结果。

第三十一条 政府投资基金应当接受财政、审计部门对基金运行情况的审计、监督。

第三十二条 各级财政部门应会同有关部门对政府投资基金运作情况进行年度检查。对于检查中发现的问题按照预算法和《财政违法行为处罚处分条例》等有关规定予以处理。涉嫌犯罪的，移送司法机关追究刑事责任。

第八章 附 则

第三十三条 本办法由国务院财政部门负责解释。

第三十四条 省级财政部门可结合本办法及实际情况，制定本地区实施细则。

第三十五条 本办法自印发之日起实施。

证监会：非上市公众公司监管问答——定向发行

（2015-11-24）

问：非上市公众公司是否可以向持股平台、员工持股计划定向发行股份，有何具体要求？

答：根据《非上市公众公司监督管理办法》相关规定，为保障股权清晰、防范融资风险，单纯以认购股份为目的而设立的公司法人、合伙企业等持股平台,不具有实际经营业务的,不符合投资者适当性管理要求,不得参与非上市公众公司的股份发行。

全国中小企业股份转让系统挂牌公司设立的员工持股计划,认购私募股权基金、资产管理计划等接受证监会监管的金融产品,已经完成核准、备案程序并充分披露信息的,可以参与非上市公众公司定向发行。其中金融企业还应当符合《关于规范金融企业内部职工持股的通知》(财金〔2010〕97号)有关员工持股监管的规定。

关于财政资金注资政府投资基金支持产业发展的指导意见

财建〔2015〕1062号

各省、自治区、直辖市、计划单列市财政厅(局):

近年来,各级财政探索政府投资基金等市场化方式支持产业,有效引导了社会资本投向,促进了企业和产业发展,但也存在投向分散、运作不规范、指导监督机制不完善等问题。为贯彻落实十八届五中全会通过的《国民经济和社会发展第十三个五年规划的建议》关于"发挥财政资金撬动功能,创新融资方式,带动社会资本参与投资"等精神,规范有序推进相关工作,根据《政府投资基金管理办法》(财预〔2015〕210号),现就财政资金注资设立政府投资基金支持产业发展,提出以下指导意见。

一、指导思想、总体要求及基本原则

(一)指导思想

规范有序运用政府投资基金方式推动重点产业发展,发挥财政资金带动社会投资、培育市场需求、促进企业创业成长等作用,提高资源配置效率和财政资金使用效益,加快经济结构调整和发展方式转变。

(二)总体要求

使市场在资源配置中起决定性作用,更好发挥政府引导作用。协调好财政资金杠杆放大作用和多种所有制资本相互促进作用,加强顶层设计,坚持市场化运作,规范有序推进,推动解决产业重点领域和薄弱环节的资金、市场、技术等瓶颈制约。

(三)基本原则

——聚焦重点产业。区分产业重点领域和薄弱环节,明确特定政策目标,在准确定位的基础上确定财政资金投入方式和支持产业发展的政府投资基金设立方案,解决好产业发展的瓶颈制约。

——坚持市场化运作。按照法律法规和市场通行做法明确工作机制,遵循市场规则,实行专业化管理,同时注重充分发挥社会资本作用。在确保有效监督指导的同时,基金机构设置尽可能精简,提高效率。

——切实履行出资人职责。财政部门根据同级政府授权，切实履行对财政资金注资的政府投资基金的出资人职责。通过合理设计基金设立方案及财政出资让利措施、选好基金管理公司或团队等，充分发挥政府投资基金支持产业的作用。

二、合理运用政府投资基金聚焦支持重点产业

财政资金注资政府投资基金支持产业发展，应当针对宏观经济及产业发展的特定问题，加强政策顶层设计、明确基金定位、合理控制规模，规范有序推进。

(一)精准定位、聚焦重点

公共财政运用政府投资基金方式支持产业，限定于具有一定竞争性、存在市场失灵、外溢性明显的关键领域和薄弱环节。具体按照《政府投资基金暂行管理办法》有关规定，限定支持领域。推动产业发展方面，主要支持外部性强、基础性、带动性、战略性特征明显的产业领域及中小企业创业成长。各地应当结合上述定位以及国家、地方产业布局和发展规划聚焦作用的特定领域。

(二)问题导向、分类施策

针对产业重点领域和薄弱环节，相机采取创业投资引导基金、产业投资基金等形式予以支持。其中:对战略性新兴产业及中小企业，可通过创业投资引导基金，加强资金、技术和市场相融合。对集成电路等战略主导产业及行业龙头企业，可通过产业投资基金直接投资，实现产业重点突破和跨越发展。

(三)加强引导、有序推进

通过一般公共预算、政府性基金预算、国有资本经营预算等安排对政府投资基金注资，发挥财政资金引导作用，引导社会资金投资经济社会发展的重点领域和薄弱环节。同时，要合理控制政府投资基金规模，不得在同一行业或领域重复设立基金。结合产业发展阶段性特点和要求，适时调整政府投资基金作用的领域;对市场能够充分发挥作用的领域，要及时退出。

三、规范设立运作支持产业的政府投资基金

财政资金注资设立政府投资基金支持产业，要坚持市场化运作、专业化管理，以实现基金良性运营。基金的设立和运作，应当遵守契约精神，依法依规推进，促进政策目标实现。

(一)设立市场化的基金实体

结合政府投资基金定位、社会出资人意愿等，设立公司制、合伙制等市场化基金实体，坚持所有权、管理权、托管权分离。原则上不设立事业单位形式的政府投资基金;已设立事业单位形式基金的应当积极向企业转制，不能转制的应当选聘专业管理团队，提高市场化管理水平。

(二)建立多元化的出资结构

结合政府投资基金政策目标，广泛吸引社会出资，形成多元化出资结构，优化基金内部治理结构、形成各方出资合理制衡，促进协同发展。结合财力可能、基金定位、募资难度等确定财政资金注资上

限,并根据有关章程、协议及基金投资进度等分期到位。

(三)坚持专业化投资运营

财政资金注资设立的政府投资基金,原则上委托市场化基金管理公司管理,并通过委托管理协议等约定主要投资领域和投资阶段。为促进产业链协同发展,可适当布局产业上下游环节。

(四)建立适时退出机制

财政资金注资设立政府投资基金形成的股权,应根据有关法律法规并按照章程约定的条件退出。财政出资原则在基金存续期满后退出,存续期内如达到预期目标,也可考虑通过预设股权回购机制等方式适时退出。

四、切实履行财政资金出资人职责

财政部门作为财政资金管理部门,根据本级人民政府授权,并依照法律法规以及基金章程、合伙人协议等,切实履行对财政资金注资政府投资基金的出资人职责,促进支持产业政策目标实现,保障出资人权益。

(一)深入研究基金设立方案

确需设立支持产业的政府投资基金,财政部门应当主动研究设立方案,结合拟支持的产业发展所需,明确基金设立形式、运作机制、财政出资比例、让利措施等问题,同时发挥行业主管部门在行业政策及投向等方面的指导作用,明确引导基金投资结构、中长期目标等,由财政部门或财政部门会同有关行业主管部门报同级人民政府审批。

(二)选定绩优基金管理公司或团队

选择政府投资基金管理公司或团队要综合考虑团队募资能力、投资业绩、研究能力、出资实力等,预设好前置条件,确保专注管理。同时,设定合理的激励约束机制,主要是确定合理的管理费和绩效奖励、要求基金管理公司或团队对引导基金认缴出资、将对其绩效评价与管理费挂钩等,促使基金管理公司或团队不断提高管理水平。

(三)合理确定财政出资让利措施

财政资金注资设立政府投资基金支持产业发展,着眼政策目标,坚持风险共担、收益共享。财政出资原则上与社会出资同股同权。对于"市场失灵"突出的领域,设立基金可以采取向社会出资人让渡部分分红等让利措施,但必须控制财政风险,并确保市场机制充分发挥作用。

(四)依法行使出资人权利

财政部门与其他出资人共同签订政府投资基金章程、合伙人协议等,明晰各方责权利;同时,按照有关协议约定委派董事或理事、监事等,依法依规参与基金内部治理,促进政策目标实现,保障出资权益。

(五)适时进行考核评价

财政资金控股的政府投资基金应当纳入公共财政考核评价体系,定期对基金支持产业的政策目标、政策效果及其资产情况进行评估；对于财政资金注资但不控股的基金，财政部门或财政部门授权有关部门（机构）按照公共性原则对财政出资进行考核评价。

五、积极营造政府投资基金支持产业发展的良好环境

财政资金新注资设立政府投资基金支持产业发展，要按照本意见要求规范推进。已注资的基金如具备条件，应当在出资人自愿协商一致的前提下，按照本意见调整完善运作机制。财政部门应对所注资基金加强统筹，完善机制，营造良好环境，促使更好发挥支持产业发展的政策效应。

（一）加强统筹合作

中央和地方财政资金注资的投向相近的政府投资基金，应加强合作，通过互相参股、联合投资等方式发挥合力。同时，财政资金也可参股一些产业龙头企业发起设立的基金，扶优扶强，推动产业链协同发展，优化产业布局。

（二）加强组织协调

探索建立财政资金注资政府投资基金的统计分析、考核评价、董事及监事委派、风险控制等体系。同时，加强与有关部门和单位的合作，推动建立政府投资基金支持产业发展的工作协调机制，促进政策作用的有效发挥。

（三）强化政策支撑

对符合国有股转持豁免、税收减免等规定的基金，要用足用好政策。同时，积极研究促进政府投资基金支持产业发展的政策措施，引导金融机构加大对有关基金的融资支持力度，引导产业链相关的国有企业对基金出资。

（四）完善支持方式

按照财税改革和构建现代财政制度的要求，结合经济发展规划、产业基础、资源禀赋及科技优势等实际情况，积极探索完善保险补偿、PPP、融资担保等市场化支持方式，形成政策合力共同支持产业发展，推动重点产业发展和产业转型升级。

财政部

2015年12月25日

全国中小企业股份转让系统机构业务问答（二）
——关于私募投资基金登记备案有关问题的解答

（2016-09-02）

一、私募投资基金参与全国股转系统业务的登记备案要求有何变化？

答:2015年3月20日,全国股转公司发布了《关于加强参与全国股转系统业务的私募投资基金备案管理的监管问答函》,在企业申请挂牌、挂牌公司发行融资、重大资产重组等环节,对中介机构核查私募投资基金登记备案情况提出了相关要求。

为提高审查效率,为(拟)挂牌公司提供挂牌、融资和重组便利,自本问答发布之日起,在申请挂牌、发行融资、重大资产重组等环节,私募投资基金管理人自身参与上述业务的,其完成登记不作为相关环节审查的前置条件;已完成登记的私募投资基金管理人管理的私募投资基金参与上述业务的,其完成备案不作为相关环节审查的前置条件。上述私募投资基金管理人及私募投资基金在审查期间未完成登记和备案的,私募投资基金管理人需出具完成登记或备案的承诺函,并明确具体(拟)登记或备案申请的日期。

二、中介机构对私募投资基金承诺有何督导要求?

答:主办券商或独立财务顾问在持续督导过程中,需持续关注私募投资基金管理人的承诺履行情况并将承诺履行结果及时报告全国股转公司,承诺履行结果应说明具体完成登记备案的日期及私募基金管理人登记编号或私募基金编号。

此前公布的问题解答口径与此不一致的,以本问答为准。

全国股转公司

2016年9月2日

附　录

案　例

附录1 基金知识常识问答

一、什么是基金?

证券投资基金(以下简称基金)是指通过发售基金份额,把众多投资人的资金集中起来,形成独立财产,由基金托管人(例如银行)托管,基金管理人管理,以投资组合的方式进行证券投资的一种利益共享、风险共担的集合投资方式。根据募集方式的不同,可以分为公开募集基金和非公开募集基金。一般来说,公开募集基金投资起点金额较低(通常为1000元),一般持有的股票在20只以上,可以满足中小投资者分散配置多只股票的需要,“不把鸡蛋放在一个篮子里”。

另外,专业管理是基金投资的重要特色。基金管理人一般拥有大量的专业投资研究人员和强大的信息网络,能够更好地对证券市场进行全方位的动态跟踪与深入分析。

二、什么是封闭式基金和开放式基金?

依据运作方式的不同,可以将基金分为封闭式基金和开放式基金。封闭式基金是指基金份额总额在基金合同期限内固定不变,基金份额可以在依法设立的证券交易所交易,但基金份额持有人在封闭期内不得申购赎回的一种基金运作方式。开放式基金是指基金份额不固定,基金份额可以在基金合同约定的时间和场所进行申购或者赎回的一种基金运作方式。

三、什么是股票型基金?

股票型基金是指以股票为主要投资对象的基金,根据中国证监会对基金类别的分类标准,基金资产60%以上投资于股票的为股票型基金。由于股票型基金的主要投资对象是股票,因而股票市场的走势对其收益会有直接的影响,但股票型基金对股票投资进行了一定的分散,基金持有一家上市公司的股票,通常市值不得超过基金资产净值的10%,因而风险往往要小于持有单只股票的风险。对于想要投资多只股票而资金量又不足的投资者来说,股票型基金是不错的选择。行业和个股配置的差异,将直接导致不同股票型基金的收益不同。

四、什么是指数型基金?

指数型基金采用被动式投资,选取某个指数作为模仿对象,按照该指数构成的标准,购买该指数包含的全部或大部分的证券,目的在于获得与该指数相同的收益水平。在牛市中,投资股票或主动管理产品常常会出现“赚了指数不赚钱”的情况,投资者没能分享股市上涨带来的投资收益,而配置指数基金可以避免这种尴尬。另外,投资指数型基金另一个好处在于成本较低。由于指数型基金经理用不着积极选股,所以指数型基金的管理费用相对较低。

五、什么是债券型基金？

债券型基金是指主要投资于债券的基金，根据中国证监会对基金类别的分类标准，基金资产80%以上投资于债券的为债券型基金。在国内，债券型基金的投资对象主要是国债、金融债和企业债。通常，债券为投资人提供固定的回报和到期还本，风险低于股票。所以相比较股票型基金，债券型基金具有收益相对稳定、风险较低的特点，是低风险承受能力投资者资产配置的避风港。债券型基金风险相对较低，也比较适用于养老投资。

六、什么是混合型基金？

混合型基金是同时投资于股票和债券，但投资比例又不符合股票型基金或债券型基金定义的基金品种。因此，混合型基金与股票型基金和债券型基金相比，仓位变化更加灵活。一般来说，混合型基金中股票和债券的投资比例会随着市场行情和基金经理对市场看法的变化而发生改变。因此，一些优秀的混合型基金能够在牛市中取得与股票型基金相当的收益，而在熊市中又能够通过大幅降低仓位而表现得比股票型基金更加抗跌。

七、什么是QDII基金？

QDII基金是指在一国境内设立，经该国有关部门批准从事境外证券市场的股票、债券等有价证券投资的基金。由于境外证券市场和国内证券市场常常在走势上存在较大的差异，因而配置一定比例的QDII基金可以分散风险，在一定程度上规避单一市场的系统性风险。

值得提醒投资者的是，QDII基金的申购、赎回时间通常较长（赎回款支付一般需一个星期以上），对投资者的资金流动性提出了一定要求。

八、什么是货币市场基金？

货币市场基金仅投资于货币市场工具，主要包括短期（一年以内）的货币工具如国债、商业票据、银行定期存单、金融债、政府短期债券、企业债券等短期有价证券，具有良好的流动性。货币市场基金单位净值一般始终保持在1元，超过1元的收益会自动转化为基金份额，拥有多少基金份额即拥有多少资产。另外，货币市场基金的交易费用低廉，无须申赎费用。

货币市场基金是厌恶风险、对资产流动性和安全性要求较高的投资者进行短期投资的理想工具，或是暂时存放现金的理想场所，但其长期收益率并不具备明显优势。

九、什么是发起式基金？

发起式基金是指符合证监会规定，由基金管理人、基金管理人股东、基金管理人高级管理人员或基金经理承诺认购一定金额并持有一定期限的证券投资基金。发起式基金降低了募集成立的门槛，同时强化了基金退出机制，根据有关法规，发起式基金中基金管理人、基金管理人股东、基金管理人高管或基金经理认购基金的金额不少于1000万元人民币，且持有期限不少于3年。基金合同生效3年后，若基金资产规模低于2亿元的，基金合同自动终止并不得通过召开持有人大会的方式延续。

将基金投资者的利益与基金公司利益进行一定的捆绑是发起式基金最大的特点，在一定程度上起到督促基金管理人更加积极、努力为投资者创造收益的效果。

十、什么是ETF？

交易所开放式指数基金（ETF）又被称为交易所交易基金，是在交易所上市交易的、基金份额可变的一种开放式基金。ETF一般采用被动式投资策略跟踪某一标的市场指数，因此具有指数基金的特点。ETF结合了封闭式基金与开放式基金的运作特点；投资者既可以像封闭式基金那样在交易所二级市场买卖，又可以像开放式基金那样申购、赎回。不同的是，它的申购是用一篮子股票换取ETF份额，赎回时则是换回一篮子股票而不是现金。这种交易制度使该类基金存在一级市场和二级市场之间的套利机制，可有效防止类似封闭式基金的大幅折价。此外，ETF还具有交易费用低廉、投资组合透明、实时交易的特点。

2013年，ETF成为公募基金的主要创新领域之一，黄金ETF、债券ETF和跨境ETF相继获批。其中，黄金ETF是指将绝大部分基金财产投资于上海黄金交易所挂盘交易的黄金品种，紧密跟踪黄金价格，使用黄金品种组合或基金合同约定的方式进行申购赎回，并在证券交易所上市交易的开放式基金。债券ETF与股票ETF类似，采用被动投资方式，对某个债券指数进行紧密跟踪，并可在交易所上市交易。跨境ETF是指依法募集的，投资特定跨境指数所对应组合证券的开放式基金。

十一、什么是联接基金？

联接基金是指将大部分基金资产（通常在90%以上）投资于跟踪同一标的指数的ETF，密切跟踪标的指数表现，追求跟踪误差最小化的开放式基金。投资者可以通过一级市场申购联接基金，增加了普通投资者投资ETF的渠道。

十二、什么是LOF基金？

LOF基金，也称为“上市型开放式基金”。投资者既可以通过一级市场开放式基金账户申购与赎回基金份额，也可以在二级市场交易所买卖基金。不过，投资者如果是通过一级市场开放式基金账户申购的基金份额，想要在二级市场交易所抛出，则须办理转托管手续；同样，如果是在交易所买进的基金份额，想要在一级市场赎回，也要办理转托管手续。

十三、什么是保本基金？

保本基金是指通过一定的保本投资策略进行运作，同时引入保本保障机制，以保证基金份额持有人在保本周期到期时，可以获得投资本金保证的基金。保本基金在相关法律文件（如招募说明书、基金合同）中明确规定相关本金担保条款，投资者在满足一定的持有期限（通常为3年）后可以获得本金保证（通常是指扣除一定交易费用后的本金）。

值得投资者注意的是，如果未到保本期赎回基金，需要承担不保本的风险和较高的赎回费用。

十四、什么是短期理财债券型基金?

短期理财债券型基金是指定位于短期理财投资需求,期限在一年以内,滚动运作,采用摊余成本法定价的债券型基金。相比其他类型基金,由于短期理财债券型基金多采用持有到期投资组合策略,在风险控制和管理成本上更低。因此,其费率通常也较普通债券型基金、货币市场基金更低。

十五、什么是分级基金?

分级基金又叫结构型基金,是通过事先约定基金的风险收益分配,将基金基础份额分为预期风险收益不同的子份额,并可将其中部分或全部类别份额上市交易的结构化证券投资基金,其中,分级基金的基础份额称为母基金份额,预期风险、收益较低的子份额称为A类份额,此类份额一般约定年收益率与定存利率挂钩,具有低风险的特征;预期风险、收益较高的子份额称为B类份额,此类份额适合投资理念成熟、风险承受力较高的投资者。

需要注意的是,对于分级基金中上市交易的份额,由于受二级市场供需的影响会出现折溢价情况,如股票型分级基金的B份额在市场预期后市上涨时会受到追捧,其溢价率会上升;对于有份额折算机制的分级基金,在折算日前后折溢价水平也可能发生较大变化。

十六、什么是定期折算?

定期折算是指根据基金合同中约定的频率,对某一类或某几类份额净值进行重新调整的行为。分级基金可以约定份额折算,一般来说,是将预期风险、收益较低的子份额期末的约定应得收益(即该子份额参考份额净值超出1元部分),折算为母基金份额分配给该子份额持有人。由于每份母基金由两类子份额按固定比例构成,因此,当预期风险、收益较低的子份额进行定期折算时,母基金也相应进行定期折算。

十七、什么是不定期折算?

不定期折算也称到点折算,是指分级基金可以设置上阈值或下阈值折算机制,当某类份额参考净值达到一定阈值时,进行份额折算。一般来说,当预期风险、收益较高的子份额参考净值或母基金份额净值达到规定阈值时,基金管理人于基金份额折算基准日将各类份额净值调整为1元,各自份额数按相应比例增减。

十八、分级基金的配对转换是什么?

配对转换是指分级基金的母基金份额与两类子份额之间按基金合同约定的转换规则进行转换的行为,包括份额分拆和份额合并。投资者可以通过办理配对转换而获取符合自身偏好的一类份额。对于具有配对转换机制的分级基金,份额分拆是指每(M+N)份母基金份额的场内份额按照配比规则,申请配对转换成M份预期风险、收益较低的子份额与N份预期风险、收益较高的子份额的行为;相反,份额合并是指每M份预期风险、收益较低的子份额与N份预期风险、收益较高的子份额申请配对转换成(M+N)份母基金份额的场内份额的行为。

十九、什么是QFII？

合格境外机构投资者（QFII）是指符合《合格境外机构投资者境内证券投资管理办法》的规定，经中国证监会批准投资于中国证券市场，并取得国家外汇管理局额度批准的中国境外基金管理机构、保险公司、证券公司以及其他资产管理机构。在投资过程中，QFII需要获得国家外汇管理局批准的投资额度，方可投资中国内地上市的股票及债券，所有境外资金的汇入汇出都会受到严密的监察。

二十、什么是RQFII？

人民币合格境外机构投资者（RQFII）是指符合《人民币合格境外机构投资者境内证券投资试点办法》的规定，经中国证监会批准，并取得国家外汇管理局额度批准，运用来自境外的人民币资金进行境内证券投资的境外法人。RQFII主要包括境内基金管理公司、证券公司、商业银行、保险公司等香港子公司，或者注册地及主要经营地在香港地区的金融机构，并且在香港证券监管部门取得资产管理业务资格，已经开展资产管理业务。人民币合格投资者可以参与新股发行、可转换债券发行、股票增发和配股的申购。

二十一、什么是基金的认购？

基金认购是指在基金募集期购买基金份额的行为。认购费率通常比申购费率低，购买的基金份额需要等封闭期结束后才能赎回。认购的申请提交成功后，除非基金合同另有规定，否则无法撤销。认购款项在募集期内会产生利息，除非基金合同另有规定，一般情况下折算为基金份额归持有人所有。

二十二、什么是基金的申购？

投资者在开放式基金合同生效后，申请购买基金份额的行为通常被称为基金的申购。基金的申购采取“金额申购”“未知价”原则。投资者申购基金份额时，申购金额须达到基金合同约定的最小申购金额，申购价格以申购日交易时间结束后基金管理人公布的基金份额净值为基准进行计算。申购时需要缴纳一定的申购费用，不同类型的基金申购费用不同，通常股票型基金最高，货币市场基金无申购费用。

二十三、什么是基金的赎回？

基金的赎回是指在基金存续期间，基金份额持有人按基金合同规定的条件要求基金管理人购回基金份额的行为。多数基金赎回时需要缴纳一定的赎回费用，赎回费用和基金类型以及投资者持有期的长短有关。

二十四、什么是基金的开放日和定期开放日？

开放日是指根据基金合同约定，并在招募说明书中载明的办理基金的开户、申购、赎回、销户、挂失、过户等一系列业务的日期。基金的开放日通常为证券交易所的开市日，不包含法定节假日与周末。境内投资的基金的开放日一般为沪、深两市交易所的开市日，QDII基金的开放日一般为所投资国家的证券交易所与沪、深两市交易所的共同开市日。定期开放是目前基金的一种运作模式，在该运作模式下，基金开放期可以办理申购和赎回等业务。定期开放日是指自每个封闭期或运作周期结束之后第一个工作日起（含该日）至该开放期结束的日期。

二十五、什么是比例配售？

比例配售是指对投资者认购的金额按照一定比例进行部分成交的行为。在基金募集期（或集中申购期），如果规定了基金规模上限，而发售总规模超过规定上限时，管理人可以按照投资者提交的申请金额按比例确认基金份额，即发生比例配售。比例配售遵循公平原则，按投资者提交的申请金额按比例确认基金份额，未确认的款项将依法退还给投资者。

二十六、基金销售机构包括哪些？

基金销售机构是指依法办理基金份额的认购、申购和赎回的基金管理人以及取得基金销售业务资格的其他机构，通常包括商业银行、证券公司、证券投资咨询机构、独立基金销售机构、期货公司、保险机构等。

二十七、基金直销有什么特点？

基金直销是指投资者通过基金公司或基金公司网站进行基金买卖交易的一种方式，申购和赎回直接在基金公司或基金公司网站进行，而不通过银行或证券公司等销售机构。

基金直销的优势是交易速度更快，到账效率也更高，支持基金转换，节省费用。劣势在于投资者只能在一家基金公司购买该公司旗下的产品，而不能自由选择其他公司的产品。

二十八、什么是独立基金销售机构？

独立基金销售机构是指独立于基金公司、银行、证券公司等之外的取得合法的开放式基金销售资格的机构，投资者可以通过独立基金销售机构搭建的平台申购、赎回基金。相对基金公司、银行、券商等来说，独立基金销售机构对各种基金产品的销售态度更加中立，通常有费率优惠。这些机构致力于为投资者提供更有价值的投资咨询和丰富的产品选择，在一定程度上类似于国外的“基金超市”。

二十九、什么是开放式基金份额的转换，有哪些要注意的事项？

开放式基金份额的转换是指基金持有人可将其持有的某一只基金份额转换成另一只基金份额的行为，值得投资者注意的是，转换的两只基金必须都是同一基金管理人管理的、在同一注册登记机构处注册登记的基金。基金份额的转换常会收取一定的转换费用，但与赎回基金份额后再进行基金申购相比，基金转换业务的时间成本和交易费用都较低。

三十、基金定投是什么，跟普通的基金申购相比有什么优势？

基金定投是定期定额投资基金的简称，是一种分散的投资方式，投资金额一般从数百元起步，比普通基金申购的起点金额低。最初基金定投是指在固定的时间（如每月10日）以固定的金额（如200元）投资到指定的开放式基金中，以实现平均成本、分散风险的一种长期投资。后来逐渐演变出智能定投、定期不定额投资、定额不定期投资等方式。不论定投形式如何变化，基金定投从本质上来说就是一种分散的长期投资方式。

三十一、基金有哪些费用？

基金运作过程中涉及的费用可以分为两大类：一类是基金销售过程中发生的由基金投资者自己承担的费用，主要包括认购费、申购费、赎回费及基金转换费，这些费用直接从投资者认购、申购、赎回或者转换的金额中收取。另一类是基金管理过程中发生的费用，主要包括基金管理费、基金托管费、信息披露费等，这些费用由基金资产承担。对于不收取申购费（认购费）、赎回费的货币市场基金等，基金管理人可以依照相关规定从基金财产中计提一定的销售服务费，专门用于该基金的销售和对基金持有人的服务。

三十二、前端收费是什么，适合哪类投资者？

基金的前端收费是指在申购（认购）基金份额时就支付申购（认购）费用的付费模式，投资人根据其申购（认购）金额的数额适用不同的前端收费标准。

对于持有期限较短的投资者来说，在进行基金申购时宜选择前端收费，因为后端收费会对短期持有行为进行一定的费率惩罚。

三十三、后端收费是什么，适合哪类投资者？

基金的后端收费是指在申购（认购）基金份额时不收费，在赎回基金份额时才支付申购（认购）费用的收费模式。后端收费收取的申购费用与基金投资者持有基金的时间长短有关，持有期越长则后端申购费用越少，通常基金持有人持有基金超过5年后，后端收费不再收取申购费，而持有时间越短，选择后端收费的持有人在赎回基金时需要缴纳的费用则越高。

三十四、赎回费为什么有高有低？

基金的赎回费是开放式基金投资者在赎回基金时缴纳的费用，赎回费的高低往往与基金的类型以及持有期限的长短有关：一般来说，股票型基金的赎回费用最高（通常在0.5%左右），货币市场基金无须赎回费；基金持有时间越长，赎回费一般越低。

三十五、什么是基金管理费？

基金管理费是指基金管理人管理基金资产而向基金收取的费用。基金管理费通常按照一定的比例，按日计提、按月支付。大多数基金的基金管理费率为固定费率，费率水平主要与基金的类型有关，通常股票型基金的管理费最高，货币市场基金或短期理财债券型基金最低，主动管理型基金的管理费高于被动管理型基金的管理费。2013年开始，我国市场上也出现了与基金业绩挂钩的浮动管理费基金。

三十六、什么是基金托管费？

基金托管费是指基金托管人为基金提供托管服务而向基金收取的费用。与基金管理费类似，基金托管费通常按照一定的比例，按日计提、按月支付，其费率高低也主要与基金的类型有关，通常股票型基金的托管费最高，货币市场基金或短期理财债券型基金最低，主动管理型基金的托管费高于被动管理型基金的托管费。

三十七、什么是销售服务费？

基金的销售服务费是指从基金资产中计提的用于基金销售和服务持有人的费用。目前，我国货币市场基金和一些债券型基金收取销售服务费。收取销售服务费的基金通常不收申购费。一般来说，货币市场基金、债券型基金的C份额就是不收取申购费但收取销售服务费。

三十八、基金的税收有哪些，税率是多少？

基金的税收主要包括营业税、印花税和所得税。目前，对基金管理人运用基金买卖股票、债券的差价收入，免征营业税。基金卖出股票是按照1‰的税率征收证券（股票）交易印花税，而对买入交易不再征收印花税。对基金从证券市场中取得的收入，包括买卖股票、债券的差价收入，股权的股息、红利收入，债券的利息收入及其他收入，暂不征收企业所得税；对基金取得的股利收入、债券的利息收入、储蓄存款利息收入，由上市公司、发行债券的企业和银行在向基金支付上述收入时代扣代缴20%的个人所得税。此外，对基金从上市公司分配取得的股息红利所得，扣缴义务人在代扣代缴个人所得税时按50%计算应纳税所得额。

三十九、基金年度报告有哪些内容？

基金年度报告是指，在会计年度结束后90天内公告的反映基金全年的运作及业绩情况的报告。除中期报告应披露的内容外，年度报告还必须披露基金过去3年的利润分配情况、托管人报告、审计报告等内容。

基金投资者可以通过基金年度报告，对基金进行最全面的检视，从行业持仓和个股配置，以及基金管理人和基金托管人的基本状况与管理人对未来市场的看法，到分红制度等，可以作为基金投资者是否进行交易操作的重要参考。

四十、什么是基金的建仓期，一般要多久？

基金的建仓期是指基金合同生效后，基金管理人使基金的投资组合比例符合基金合同的有关约定所需要的时间段。基金的建仓期通常不超过6个月，具体建仓的时机和时长由基金管理人综合考虑后确定。弱市中处于建仓期的基金由于尚未完成全部的建仓，通常表现得更抗跌，投资者不可以此作为投资新基金的理由。

四十一、基金为什么要暂停申购?

基金暂停申购是指基金管理公司根据相关规定,在基金开放日期间,暂时停止办理投资者的申购申请的一种限制措施。基金管理人在某些特定情况下可能发布基金暂停申购的提示,例如,节假日前货币市场基金常常会提前暂停大额申购,为了防止短期资金进入套利而摊薄原持有人利益;又如,一些基金规模过于庞大,管理人考虑到因此造成的管理难度加大会影响业绩,从而选择暂停申购。

四十二、基金的利润分配政策有哪些?

基金的利润分配政策包括不分红、到点分红和定期分红三种。不分红是指基金不进行收益分配,将可分配利润列入本金进行再投资,体现为基金份额净值的增加,这种情况下,基金份额持有人可通过赎回基金份额的方式实现基金投资收益。到点分红是指当基金满足基金合同约定的收益分配条件时则进行收益分配的基金收益分配政策,例如每份基金份额的可供分配利润大于一定金额,基金份额净值增长率超过某一指标或一定比率,基金份额净值超过一定金额等。定期分红是指基金在基金合同约定时点进行收益分配的基金收益分配政策,如果满足收益分配条件,则进行收益分配,例如每半年末、每季度末或每月末等。

四十三、封闭式基金的利润分配原则是什么?

封闭式基金的利润分配每年不得少于一次,封闭式基金的利润分配比例不得低于基金年度可供分配利润的90%。封闭式基金当年利润应先弥补上一年度亏损,然后才可进行当年分配。封闭式基金一般采用现金方式分红。

四十四、开放式基金的利润分配原则是什么?

我国开放式基金按规定需在基金合同中约定每年利润分配的最多次数和基金利润分配的最低比例。利润分配比例一般以期末可供分配利润为基准计算。开放式基金的分红方式包括现金分红和分红再投资转换为基金份额两种方式。

四十五、货币基金利润分配原则是什么?

对于每日按照面值进行报价的货币市场基金,可以在基金合同中将收益分配的方式约定为红利再投资,并应当每日进行收益分配。当日申购的基金份额自下一个工作日起享有基金的分配权益;当日赎回的基金份额自下一个工作日起不享有基金的分配权益。因此,周五申购的货币市场基金并不参与周末的分红,周五赎回的货币市场基金仍可享受到周末的分红。货币市场基金采取"每日计算收益、按月结转份额"的方式对投资者分配收益,通常用"万份收益""七日年化收益率"来衡量货币基金利润分配的多少。

四十六、基金跨系统转托管是什么?

基金跨系统转托管是指基金份额持有人将持有的基金份额在基金注册登记系统和证券登记结算系统之间进行转登记的行为。投资者可以通过办理跨系统转托管从而实现在一、二级市场跨系统交易,进而达到套现的目的。

值得提醒投资者的是,由于跨系统转托管的办理并不能实时完成,市场往往又千变万化,因而这种套利模式的风险很高。

四十七、基金的信息披露主要包括哪些内容,有什么作用?

基金的信息披露是指基金市场上的有关当事人在基金募集、上市交易、投资运作等一系列环节中,依照法律法规规定向社会公众进行的信息披露。透明度较高是基金的一个突出特点,这主要得益于基金的强制信息披露制度。强制信息披露制度可以有效防止利益冲突与利益输送,有利于投资者利益的保护。

四十八、披露基金募集信息主要有哪些文件?

披露基金募集信息的文件主要有基金合同、托管协议、招募说明书、基金份额发售公告和基金合同生效公告等。

四十九、披露基金运作信息主要有哪些文件?

披露基金运作信息主要有净值公告、定期报告(包括季度报告、半年度报告和年度报告)以及上市交易公告书等文件。其中,上市交易公告书是指获准在证券交易所上市交易的基金,在其上市交易的3个工作日前由基金管理人编制并披露基金相关信息的公告。披露基金上市交易公告书的基金品种主要有封闭式基金、上市开放式基金(LOF)和交易型开放式指数基金(ETF)等。

五十、基金临时信息披露主要有哪些文件?

披露基金临时信息主要为临时报告和澄清公告。基金临时报告的事件包括基金份额持有人大会的召开,提前终止基金合同,延长基金合同期限,转换基金运作方式,更换基金管理人或托管人,基金管理人的董事长、总经理及其他高级管理人员、基金经理和基金托管人的基金托管部门负责人发生变动、涉及基金管理人、基金财产、基金托管业务的诉讼,基金份额计价错误金额达基金份额净值的0.5%,开放式基金发生巨额赎回并延期支付,基金改按估值技术等方法对长期停牌股票进行估值等。在基金合同期限内,在任何公共媒体中出现或者是在市场上流传的信息可能对基金份额价格或者基金投资者的申购、赎回行为产生误导性影响的,相关信息披露义务人知悉后,应当立即对该消息进行公开澄清。

五十一、基金的绩效如何衡量,有哪些常用的衡量收益的指标?

有效衡量基金的绩效,需要综合考虑基金的投资目标、风险水平、比较基准、时期选择以及基金组合的稳定性等因素。常用的衡量收益的指标，主要有净值增长率、年化收益率、七日年化收益率、日万份净收益、风险调整后收益等指标，其中，七日年化收益率和日万份净收益等指标用来衡量货币基金的收益。衡量风险调整收益的指标常用夏普指数、Stutzer指数。夏普指数是指在某个期间内投资组合的收益率超过无风险利率部分与该投资组合收益率的标准差之比，夏普指数以标准差作为基金风险的度量，给出了基金份额标准差的超额收益率。夏普指数越大，绩效越好。Stutzer指数是对夏普指数的修正指标。

五十二、基金评价主要包括哪些内容，主要有哪些评价机构？

基金评价就是通过一些定量指标或定性指标，对基金的风险、收益、风格、成本、业绩来源以及基金管理人的投资能力进行分析与评判，其目的在于帮助投资者更好地了解投资对象的风险收益特征、业绩表现，方便投资者比较与选择基金。投资者可以在报纸、网络中获取不同基金评价机构发布的基金评价结果。目前，基金的评价机构主要有晨星、天相、银河证券、上海证券、海通证券、招商证券、济安金信7家基金评级机构，以及《中国证券报》《上海证券报》《证券时报》3家基金评奖机构。

五十三、基金监管机构和自律组织有哪些？

中国证监会是我国基金市场的监管主体，依法对基金市场参与者的行为进行监督管理；中国证券投资基金业协会作为自律性组织，对基金业实施行业自律管理；证券交易所负责组织和监督基金的上市交易，并对上市交易基金的信息披露进行监督。

五十四、基金份额持有人享有哪些权利？

《基金法》规定基金份额持有人享有的权利包括分享基金财产收益，参与分配清算后的剩余基金财产，依法转让或者申请赎回其持有的基金份额，按照规定要求召开基金份额持有人大会或者召集基金份额持有人大会，基金份额持有人大会审议事项行使表决权，对基金管理人、基金托管人、基金服务机构损害其合法权益的行为依法提起诉讼以及基金合同约定的其他权利。公开募集基金的基金份额持有人有权查阅或者复制公开披露的基金信息资料；非公开募集基金的基金份额持有人对涉及自身利益的情况，有权查阅基金的财务会计账簿等财务资料。

五十五、基金份额持有人大会有什么职权？

依据《基金法》，基金份额持有人大会由全体基金份额持有人组成，行使的职权包括决定基金扩募或者延长基金合同期限，决定修改基金合同的重要内容或者提前终止基金合同，决定更换基金管理人、基金托管人，决定调整基金管理人、基金托管人的报酬标准以及基金合同约定的其他职权。

附录2　私募投资基金管理人内控与风控制度模板

根据基金业协会2016年2月5日发布的《关于进一步规范私募基金管理人若干事项的公告》及

2016年9月6日正式上线运行的“资产管理业务综合报送平台”中的材料提交要求，私募基金管理人在申请登记时，应该根据要求将相关制度作为必备文件提交协会进行备案审查。具体而言，这些制度包括运营风险控制制度、信息披露制度、机构内部交易记录制度、防范内幕交易、利益冲突的投资交易制度、合格投资者风险揭示制度、合格投资者内部审核流程及相关制度、私募基金宣传推介、募集相关规范制度以及(适用于私募证券投资基金业务)的公平交易制度、从业人员买卖证券申报制度等配套管理制度。

本律师在受托办理私募基金管理人登记法律意见书业务过程中，整理了一些制度模板，私募基金管理人可以借鉴。

××投资管理公司内部控制制度

目　录

第一章　总　则

第一条　为强化公司内部管理，促进合法合规、诚信经营，提高风险防范能力，保障公司经营管理的安全性和财务信息的可靠性，提高信息披露质量，实现公司治理目标，根据《证券投资基金法》《私募投资基金监督管理暂行办法》《私募投资基金管理人登记和基金备案办法》《私募投资基金管理人内部控制指引》等法律、法规和规范性文件，制定本制度。

第二条　公司内部控制制度是为防范经营风险，保护资产的安全与完整，促进各项经营活动的有效实施而制定的风险识别、评价和管理等制度安排、管理方法与控制措施的总称。

第三条　内部控制的职责。公司内部控制有董事会全面负责，各部门职责如下。

董事会：全面负责公司内部控制制度的制定、实施和完善，定期对公司内部控制情况进行全面检查和效果评估；

总经理：全面落实和推进内部控制制度相关规定的执行，检查公司职能部门制定、实施和完善各自专业系统的风险管理和控制制度的情况；

公司职能部门：具体负责制定、完善和实施本专业系统的风险管理和控制制度，配合完成对公司各专业系统风险管理和控制情况的检查。

第二章　内部控制的原则和目标

第四条　公司内部控制制度的原则如下：

(一)全面性原则。内部控制涵盖公司内部的各项业务、各个部门和各个岗位，涵盖资金募集、投资研究、投资运作和信息披露等“募投管退”的各环节；

(二)执行有效原则。内部控制符合国家有关的法律法规和本公司的实际情况，要求全体员工必须遵照执行，任何部门和个人都不得拥有超越内部控制的权力；

(三)相互制约原则。内部控制保证公司机构、岗位及其职责权限的合理设置和分工，坚持不兼容职务相互分离，确保不同机构和岗位之间权责分明、相互制约、相互监督；

(四)成本效益原则。内部控制的制定兼顾考虑成本与效益的关系，尽量以合理的控制成本达到最佳的控制效果；

(五)独立性原则。公司各部门和岗位职责应当保持相对独立，基金财产、公司固有财产、其他财产的运作应当分离；

(六)适时性原则。公司应当定期评价内部控制的有效性，并随着有关法律法规的调整和经营战略、方针、理念等内外部环境的变化同步适时修改或完善。

第五条　公司内部控制要达到如下目标：

(一)遵守国家法律、法规、规章、自律规则及公司内部规章制度；

(二)防范经营风险，确保经营业务的稳健运行，提高公司经营的效益及效率；

(三)保障私募基金财产的安全、完整；

(四)确保公司信息披露的真实、准确、完整和及时。

第三章　内部控制的主要内容

第六条　根据基金业协会《私募基金管理人内部控制指引》规定，公司内部控制主要指专业系统的内部风险管理和内部控制，包括内部环境、风险评估、业务控制、信息与沟通、内部监督等。

第一节　内部环境

第七条　经营理念与内控文化。公司应牢固树立合法合规的经营理念和风险控制优先的意识，积极培养从业人员的合规与风控意识，营造合规经营的制度文化环境，保证公司及所有人员诚实信用、勤勉尽责、恪尽职守。

公司的经营理念是：

（一）合法经营、诚信经营；

（二）投资人利益优先；

（三）风险控制优先。

第八条　公司根据法律规定，制定《公司章程》《股东会议事规则》《董事会议事规则》《监事会议事规则》，健全法人治理结构，防范不正当关联交易、利益输送和内部人控制风险，保护投资人的利益。公司治理结构从上到下依次为股东会、董事会、监事（会）、经理层。股东会由公司全体股东组成，是公司的权力机构，享有最高决策权。董事会对股东会负责，在股东会赋予的职权范围内对公司进行管理和决策，经理由董事会聘任，对董事会负责，在董事会的领导下，负责公司日常经营管理活动，落实董事会的决议。监事（会）是公司的监督机构。

第九条　公司组织机构。公司组织机构应体现职责明确、相互制约的原则。董事会下设总经理，总经理下设行政人事部，财务资金部，投资业务部，合规风控部，募集销售部。行政人事部负责公司人力资源管理，财务资金部负责公司财务管理、投资业务部负责公司投资业务管理，合规风控部负责公司业务的合规和风险控制。各部门相互独立、业务隔离，投资业务部与其他部门建立防火墙制度，合规风控部门负责人不得从事投资业务。

公司设投资决策委员会及风险控制委员会，负责投资决策和风险控制的整体把握。

公司组织结构如下图所示。

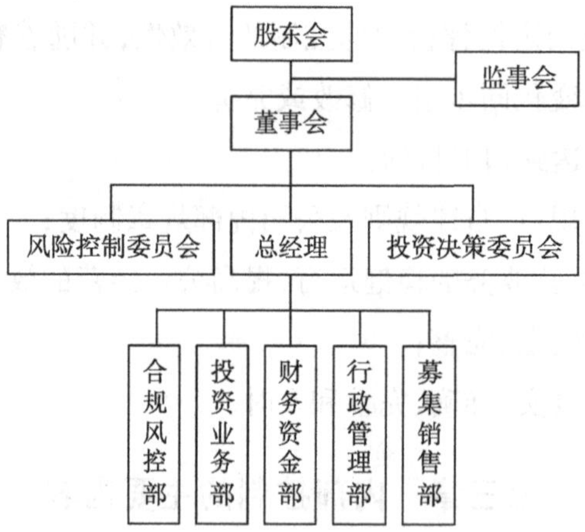

第十条　公司人员管理。公司建立科学的聘用、培训、薪酬、晋升、休假、辞退等人力资源管理制度，建立定期培训学习制度，鼓励员工持续学习，努力提高自身的素质和职业技能，积极营造科学、健康、公平、公正的人事环境，确保公司员工具备和保持正直、诚实、公正、廉洁的品质、稳定的工作心态，并具备应有的职业操守和专业胜任能力。

第二节　风险评估

第十一条　风险识别。风险识别是用判断、分类的方式对公司的经营和业务活动中潜在的风险进行鉴别的过程。各业务部门和职能部门均有责任识别自己业务或职能领域中的风险,在合规风控部的指导下,对各项业务经营和管理活动中已知的和可预计的风险进行梳理,识别常见的风险环节和风险点,并制定初步的风险控制措施。

第十二条　风险评估与分析。风险评估是根据内外部环境的变化,对所面临的风险进行风险量化、分析评价的一种方法。公司业务部门制定的业务制度和流程,须经合规风控部门进行合规审查。对可度量的风险,如市场风险、流动性风险,运用敏感性分析、压力测试和情景分析等多种方法和量化工具与模型,建立指标体系进行量化评估;对不可度量的风险指标体系,如操作风险、法律风险等,主要通过标准化业务流程等进行分析评估。

第十三条　风险防范与化解。风险发生后,风险发生部门须清晰记录风险事件的发生及处置全过程,对不同类别风险的发生原因、情形和后果进行初步分析,根据风险影响及损失大小决定处置程序。各部门在董事会授权范围内,决定需要采取的具体措施,并将执行情况报备合规风控部门。超过授权范围的,报上一级部门或领导审批。对新出现、缺乏风险应急预案的重大风险,相关部门组织然人员研究制定风险应对方案。

第三节　内部控制

第十四条　公司建立、健全授权标准和程序。授权控制应贯穿于公司管理的主要环节。应确保贯穿于资金募集、投资研究、投资运作和信息披露等环节的始终,确保授权制度的贯彻执行。

第十五条　公司建立合格投资者适当性制度。公司自行募集资金的,应设置有效的机制,切实保障募集结算资金的安全。募集期间,募集资金应存入公司开设的募集专门账户,任何人不得动用,切实保障募集结算资金安全。

第十六条　委托募集资金的,公司应根据募集机构遴选制度的规定委托具有基金销售资格的机构募集,并签订书面合同,约定双方的权利和义务。确保向合格投资者募集,切实保障结算资金的安全。

第十七条　明确财产分离。公司财产与私募基金财产、不同的私募基金之间的财产以及公司其他财产实行独立运作,专户管理,分别核算。确保财产之间的相互独立和隔离。

第十八条　建立防范利益输送和利益冲突机制。公司建立、健全投资交易制度、内部交易记录制度、公平交易制度,防范管理的各基金之间的利益输送和利益冲突,公平对待管理的各基金,保护投资者的利益。

第十九条　投资控制。公司建立投资业务控制流程。投资决策委员会作出投资决策,投资业务部门负责人发出投资指令,投资执行人员负责执行,并上报复核。保证投资决策严格按照法律法规规定,符合基金合同所规定的投资目标、投资范围、投资策略、投资组合和投资限制等要求。

第二十条　托管控制。公司决定基金由基金托管人托管的,应根据公司制定的私募基金托管人遴选制度的规定,严格委托具有托管资格的基金托管人托管,并签订书面合同,明确双方权利义务关系,切实保障资金安全。如公司与投资人商定不进行托管的,应建立保障资金安全的措施、防火墙设置和明确纠纷解决机制。

第二十一条　外包控制。公司基金业务外包的，应建立健全外包服务机构遴选、评估制度，建立选择外包服务机构的控制和监督外包机构的控制。根据审慎经营原则制定业务外包实施规划，确定外包业务范围。

公司业务外包的，每年开展一次全面的外包业务风险评估，在开展业务外包的各个阶段，密切关注外包机构是否存在与外包服务相冲突的业务以及是否采取有效措施。

第四节　会计系统控制

第二十二条　公司会计系统控制可分为会计核算控制和财务管理控制，主要内容包括如下：

(一)根据《会计法》《会计准则》《企业会计制度》《财务通则》《会计基础工作规范》等法律法规，制定公司会计制度、财务管理制度、会计工作操作流程和会计岗位工作制度，作为公司财务管理和会计核算工作的依据；

(二)公司设财务主管一职，由董事会任免，分管公司财务工作。公司本部独立核算单位均单独设置财务部，该部门至少配备两名具有会计专业知识、具有会计从业资格证的会计人员，其岗位设置遵循“不相容职务”分离原则；

(三)各级会计人员行政隶属于所在级次的核算单位，受上级财务部门的业务领导。一般会计人员的调动，需取得本单位会计主管的同意；

(四)公司制定完善的会计档案保管和财务交接制度。会计档案管理由专人负责。会计人员调动工作或者离职，必须与接管人员办理交接手续。一般会计人员办理交接手续，由相应单位会计机构负责人(或会计主管人员)监交；须由单位负责人监交；

(五)公司在强化会计核算的同时，建立计划和预算管理体系，强化会计的事前和事中控制。公司各级单位的年度经营计划和固定资产投资计划需在上一年度末制定，经董事会批准后下发执行，在执行过程中要定期对计划的完成情况进行分析并根据变化的情况滚动调整相应的计划；

(六)公司建立完善的财务收支审批制度和费用报销管理办法，对各项经济业务的开支权限进行明确的规定和划分；

(七)公司建立健全各项资产管理制度，包括货币资金、票据、存货、固定资产等管理制度。对各项资产的购置、保管、处置等通过制度进行约束，对各项资产状况进行实时跟踪，定期、不定期地进行盘点，不断完善各项管理制度，确保资产的安全完整。

第五节　信息系统管理

第二十三条　公司信息系统管理制度包括网络管理、信息系统固定资产管理、信息系统管理和机房管理等，公司信息系统管理由行政部负责。

第二十四条　网络管理制度的主要内容包括：

(一)公司确保网络设备处于适宜的运行状态；同时监督用户的操作情况，对造成网络破坏的部门或个人提出处罚意见；

(二)原则上不允许在网络上进行与工作无关的行为，通过公司网络向互联网站点提供或发布的信息，必须经过有关部门审查批准；

（三）工作场所变动、建筑物改造等涉及对网络物理连接产生变更的工作，应事先通知行政部确定变更方案后作出决定。

第二十五条　固定资产管理制度的主要内容包括：

（一）信息系统方面的固定资产包括办公电脑、网络设备、打印机、液晶显示器、笔记本电脑、平板电脑、扫描仪、刻录机、投影仪、数码照相机、打印服务器等电脑周边设备；

（二）固定资产放置地点应远离火源、有害气体、强磁场、多灰尘场所等位置；

（三）公司对固定资产进行统一申购、统一调配、统一报废并定期盘点；

第二十六条　信息系统管理制度的主要内容包括：

（一）公司统一对信息系统软件进行安装调试。任何个人原则上不得安装与工作无关的软件；

（二）信息系统的使用权限按照相关流程进行申请，公司实时对权限进行跟踪；

（三）公司定期对信息系统的数据进行备份，定期对备份磁盘、存储设备进行检查，确保备份数据的完整性、可靠性。

第二十七条　机房管理制度的主要内容包括：

（一）未经批准，任何人员不得擅自进入机房；严禁在机房内进行与正常工作无关的行为；未经许可，任何人不得随意移动、拆装或使用机房内的服务器、网络设备等设施；

（二）机房管理的资料原则上不外借。特殊情况需外借时，借阅人对借阅的书籍、文档以及光盘、软盘等必须登记并及时归还；

（三）定期检查机房内服务器和网络的状态；定期检查机房内电力、空调、消防、防雷设施；定期对机房进行清洁和清理。

第六节　信息沟通与披露机制

第二十八条　公司应建立、健全信息披露制度，维护信息沟通渠道的畅通，保证向投资者、监管机构及中国证券投资基金业协会所披露的信息真实、准确、完整、及时，不存在虚假记载、误导性陈述或重大遗漏。

第二十九条　公司应建立内部信息传递体系，制定部门沟通的方式、内容、时限等相应的控制程序。

（一）信息传递控制部门分工如下：公司行政部门为公司内部信息收集和处理部门，指定专人负责业务信息的收集、整理、存档工作。公司职能部门负责本部门工作范围内的信息收集、处理、传递和控制。各业务单位第一负责人为本部门信息传递控制的责任人。各业务部门员工，负责本工作岗位职责范围内的信息控制和沟通；

（二）公司提供信息共享的技术平台。各部门应将所收集和处理的信息在不违反保密制度的前提下，及时与其他相关部门共享。对需要保密的信息，可以设定共享权限，进行必要的控制；

（三）公司禁止下列行为：

具备信息收集职责的单位和个人未能及时对信息进行收集和沟通，造成严重后果的；

具有信息处理职责，但未能及时处理并反馈的；

故意或严重不负责任的传递虚假或错误信息，给公司造成损失的；

违反公司信息保密规定的；

擅自将公司内部信息向其他单位和个人透露的；

未经授权，以公司名义披露公司内部信息的；

其他违反公司内部信息管理制度的行为。

（四）信息提供人应当遵循公司保密制度，对所提供的保密信息进行必要的控制，非因业务需要，不得将保密信息提供给无关人员和部门。

第三十条　根据公司信息披露制度的要求，在基金募集、运作阶段及时、准确、完整、真实地向投资者进行信息披露，并根据基金业协会的规定通过基金业协会制定的信息披露备份平台及时报送信息。

第三十一条　公司建立信息披露责任制度，将信息披露的责任明确到人，确保董事长/执行董事/总经理能及时知悉公司各类信息并及时、准确、完整地对外披露。

（一）公司信息披露遵循《公司法》《私募投资基金信息披露管理办法》等法律法规、规范性文件、自律规则和《公司章程》《公司信息披露制度》的相关规定；

（二）公司董事长/执行董事是信息披露管理工作的第一责任人；

（三）公司董事会必须保证信息披露内容真实、准确、完整，没有虚假、严重误导性陈述或重大遗漏，并就信息披露内容的真实性、准确性、完整性承担个别及连带责任；

（四）经董事会授权，下列人员可以公司的名义披露信息：董事长/执行董事/总经理或以上人员书面授权的人员；

（五）公司的信息披露事项由总经理负责。负责协调和组织公司信息披露事宜，保证公司信息披露的及时性、合法性、真实性、完整性；

（六）为掌握公司日常经营情况，保证信息披露的及时、准确，公司相关部门应当及总经理时与沟通反馈日常经营情况，由总经理根据相关法律、法规决定需要具体披露事宜；

（七）公司董事、总经理、其他高级管理人员以及其他因工作关系接触到应披露信息的工作人员，在信息未正式公开披露前负有保密义务；

（八）当有关尚未披露的信息难以保密，或者已经泄露，公司应当立即将该信息予以披露。

第三十二条　对于涉及内部控制活动等方面的信息及相关资料，应确保信息的完整、连续、准确和可追溯，应建立资料归档保存制度，保存期限自基金清算终止之日起不得少于10年。

第四章　内部监督

第三十三条　公司建立内部控制效果的自我评估制度，定期对内部控制进行自我评估。

第三十四条　合规风控部门对内部控制的执行情况进行定期和不定期的检查、监督和评价，排查内部控制制度是否存在缺陷及实施中是否存在问题，并编制工作底稿、收集相关资料，出具内部控制评估报告。

第三十五条　内部控制评估报告应包括公司内部控制的评价及对公司内部控制总体效果的结论性意见。内部控制效果的结论性意见，分为有效的内部控制或有重大缺陷的内部控制。

第三十六条　对内部控制评估报告提出的关于完善内部控制的整改意见，整改责任单位必须认真对待，落实整改措施，并按要求适时向内审机构汇报整改进度，确保公司内部控制制度有效执行。

第三十七条　董事会应就上述内部控制报告召开专门的董事会会议并形成决议。

第三十八条　合规风控负责人应当独立履行对内部控制制度监督、检查、评价、报告和建议的职能，并与公司主要负责人共同对内部控制失效造成的重大损失承担相关责任。

第五章　附　则

第三十九条　本制度由公司董事会制定、解释、修改。

第四十条　本制度自董事会审议通过之日起实施。

××投资管理有限公司
风险控制制度
（股权）

第一章　总　则

第一条　为了建立××投资管理有限公司（以下简称"公司"）风险控制体系，指导、规范风险控制活动，确保各项业务稳健发展、持续经营，实现公司的经营目标和经营战略，制定本制度。

第二条　本制度依据《中华人民共和国证券法》《中华人民共和国证券投资基金法》《私募投资基金监督管理暂行办法》《私募投资基金管理人公司登记和基金备案办法（试行）》及相关法律法规，结合行业通行的风险控制和风险管理理念，以及公司实际业务需要制定。

第三条　风险控制是指公司围绕经营目标和经营战略，确定风险控制制度、措施和执行流程，建立健全风险控制体系，培育良好的风险管理文化，从而实现公司风险控制总体目标的一系列行为。

第四条　风险控制的总体目标：

（一）保证公司及所管理基金的运作，严格遵守国家有关法律法规和合同规定；

（二）确保公司及所管理基金的稳健运行和管理财产的安全完整；

（三）有效防范、控制、化解公司面临的各种风险，将风险程度和风险损失降低到公司可以承受的范围之内，为公司持续经营提供安全保障；

（四）逐步采用科学统一的风险量化方法，建立完整的风险控制体系和流程，实现对风险的科学管理；

（五）提高公司经营效率和效果，维护公司声誉和品牌。

第五条　公司风险控制应遵循以下原则：

（一）全面性原则。风险控制应做到事前、事中、事后控制相统一，覆盖公司的所有业务、部门和人员，渗透到决策、执行、监督、反馈等各个流程和环节；公司所有部门、所有员工都是风险控制的责任主体，根据部门、岗位职责的要求承担相应的风险控制责任与义务；

（二）持续性原则。风险控制不是静态的制度，而是一个由目标设定、风险识评、风险应对和监督反馈等流程组成的动态的、循环的管理过程；

（三）独立性原则。公司设立独立于其他职能部门的风险控制部，专职对各种风险履行日常检查、监控、评估和报告等风险控制工作，并具有相对独立的汇报路线；

（四）有效性原则。公司风险控制应与公司战略发展目标、经营规模、业务范围、风险状况及公司所处的环境相适应，追求效率与效果统一，利用最经济的成本实现公司风险控制总体目标；

（五）制衡性原则。公司合理设置内部组织结构，科学规划业务流程，实现决策部门、执行部门与监督检查部门以及各岗位的权责分明和相互牵制；

（六）适时性原则。公司根据经营战略方针等内部环境和国家法律法规、市场环境等外部环境的变化及时对风险进行评估，并对其管理政策和措施进行相应的调整。

第二章　主要风险类别及定义

第六条　根据业务特点，公司面临的主要风险有投资风险、管理风险、市场风险、政策风险、道德风险、信誉风险六大类风险。

第七条　投资风险，是指公司实施股权投资的过程中，可能导致投资损失或无法达到预期回报率的各种风险。该风险存在于项目筛选、尽职调查、投资决策、组织实施、后续管理和退出安排等各个投资流程与环节中，具体包括目标公司风险、投资分析风险、投资决策风险、项目管理风险、项目退出风险等。

（一）目标公司风险：指公司中小企业成长和发展过程中本身具有的不确定性，包括技术风险、经营风险、财务风险等；

（二）投资分析风险：指项目筛选及尽职调查过程中，由于尽职调查不彻底、评估方法不合理等原因，不能全面识别、正确评估项目潜在问题的风险；

（三）投资决策风险：指项目投资决策过程中，由于决策流程不完善、投资决策者个人偏好、知识结构不全面等原因，造成决策失误的风险；

（四）项目管理风险：指项目投资后，在组织实施及后续管理的过程中，由于跟踪管理不善，无法及时发现项目不良迹象并进行控制的风险；

（五）项目退出风险：指由于各种原因造成的项目无法退出或者亏损退出的风险。

第八条　管理风险，是指公司由于经营战略、治理结构、管理制度、组织架构设置等不完善、不科学，从而给公司经营管理、业务运作带来的风险。

第九条　市场风险，是指由于投资行业竞争加剧，或者宏观经济状况发生变化（如利率变化、经济周期变化等）导致公司发生损失或者投资回报率下降的风险。

第十条 政策风险,是指由于相关法律法规及监管政策发生变化,给公司经营带来的风险。

第十一条 道德风险,是指公司员工出于自身利益,或是自律性差、责任感不强等原因,利用信息不对称等优势,损害公司及客户利益的风险。

第十二条 信誉风险,是指具有重大不利影响的突发事件对公司声誉造成损害,从而使公司面临客户流失、人才流失、业务开拓困难等不利状况的风险。

第三章 风险控制组织体系及职责

第十三条 公司风险控制的组织体系由董事会、投资决策委员会、风险控制部组成。

第十四条 董事会是风险控制的最高决策机构,担负公司风险控制的最终责任。其在风险控制方面的主要职责包括:

(一)确定公司风险控制的总体目标、风险偏好、风险承受度;

(二)决定公司风险控制其他重大事项。

第十五条 投资决策委员会是公司的常设投资决策机构,负责在投决会授权范围内,监督、决定对投资风险的控制活动。

第十六条 风险控制部是公司负责风险控制和管理的组织机构,对投资决策委员会负责,专职组织实施风险控制的具体工作,其主要职责包括:

(一)拟定公司的风险控制制度和各项风险控制措施、办法;

(二)建立、健全公司风险识别、风险评估和衡量、风险应对、风险监测、风险报告的循环处理及反馈流程,并将其整合、落实到公司各岗位以及业务流程之中;

(三)组织业务部门定期识别、分析各个岗位和流程中的风险,进行评估并提出控制措施的建议;

(四)检查、评估公司业务流程及其他职能部门对于风险控制制度和风险控制措施、办法的执行情况;

(五)组织业务部门和其他职能部门对风险控制的实施情况进行总结和反馈,提出完善建议并督促执行;

(六)对投资项目的投资风险进行独立核查,具体职责包括:

1. 对尽职调查工作进行检查,可以实地走访拟投资公司标的、查阅工作底稿,掌握尽职调查工作开展情况;

2. 参与项目立项会、投资决策会等重要会议,对拟投资项目进行风险协查审查,为相关决策提供风险评估意见;

3. 对基金和项目投资中《股权投资协议》等重要法律文件进行风险评估;

4. 对项目后续管理进行风险监控;

5. 对项目退出方案进行风险评估。

(七)传播公司风险控制理念,培育风险管理文化;

(八)研究公司危机处理机制的建立,在出现危机事件时拟定处理建议、方案,报风控委员会审议。

第十七条　投资部门是项目投资的具体负责部门，也是公司针对投资风险实施控制的第一道防线，其在投资风险控制方面的主要职责包括：

（一）在投资决策前负责行业研究、项目筛选、尽职调查，全面识别和评估投资项目的各种潜在风险，出具投资建议报告；

（二）在项目谈判、组织实施、后续管理以及退出阶段，勤勉尽责、密切跟踪、积极管理，及时发现投资风险并如实报告；

（三）协助、配合风险控制部对项目的投资风险履行核查、监控职责。

第十八条　业务部门和其他职能部门是公司风险控制工作的最终落实部门，在风险控制方面的主要职责包括：

（一）执行公司风险控制制度和各项风险控制措施、办法；

（二）协助、配合风险控制部，定期进行本部门各岗位以及业务流程风险点的识别、分析以及评估；

（三）定期总结本部门风险控制措施的实施情况，向风险控制部提供反馈意见；

（四）协助风险控制部，在部门内倡导风险管理文化；

（五）办理风险控制其他有关工作。

第四章　风险控制流程

第十九条　公司的风险控制流程如下：

（一）目标设定及制度。风险控制部负责设定公司风险控制的总体目标、风险偏好、风险承受度，并督促投资决策委员会和风险控制部制定、落实各项风险控制措施；

（二）风险识别、分析和评估。其他职能部门应当在风险控制部的组织下，定期对部门内各个岗位以及业务流程中的风险点进行识别、分析和评估；

（三）制定并执行风险控制措施。在风险识别、分析和评估的基础上，风险控制部应制定相应的风险控制措施以及具体的实施办法，各个部门、岗位应当严格执行；

（四）监督与检查风险控制的执行情况。风险控制部定期或不定期检查评估公司业务流程以及其他职能部门对于风险控制制度和风险控制措施、办法的执行情况，及时向投决会汇报检查评估结果；

（五）反馈与完善风险控制体系。业务部门及其他职能部门及时总结风险控制措施的实施情况，向风险控制部提供反馈意见，风险控制部结合监督检查结果，提出完善建议并督促执行。每年年初，风险控制部在业务部门及其他职能部门的配合下，对上一年度风险控制工作的执行情况进行总结，并提出本年度风险控制的计划方案，向投资决策委员会提交年度风险控制工作报告。

第五章　风险控制措施

第二十条　公司应针对本制度第二章所列各类风险，结合业务实际情况，采用第四章所列风险控制流程，持续不懈地研究经济、有效的风险控制措施。

第二十一条　为控制投资风险，公司应采取如下具体措施：

(一)确定科学的投资策略，明确开展投资业务的方向、标准；

(二)建立、健全公司治理结构，实现投资决策、项目执行、项目监督各岗位权责分明、相互制约；

(三)制定合理的投资流程和投资业务管理办法；

(四)完善投资协议的交易设计，利用法律手段保护权益；

(五)对已投资项目密切跟踪、积极管理；

(六)加强研究支持，团队经验共享，提升公司整体投资水平。

第二十二条　为控制管理风险，公司应树立持续发展的经营战略，建立健全治理结构、激励机制、监督和约束机制，不断提升公司管理能力。

第二十三条　为控制市场风险，公司应通过建立优良的品牌应对行业竞争；公司应加强对宏观经济的跟踪研究，及时发现外部环境的变化趋势，为经营决策提供依据。

第二十四条　为控制政策风险，公司应随时跟踪、深入研究相关法律法规及监管政策，及时调整经营战略以适应政策变化。

第二十五条　为控制道德风险，公司应强化道德教育和员工自律管理，并提高道德违约成本。

第二十六条　为控制信誉风险，公司应通过专业的服务、良好的客户关系管理来取得客户信任，当发生风险事件时应及时作出积极和恰当的反应，以维持客户信任，降低信誉风险的损失。

第六章　危机处理

第二十七条　危机事件是指由于外部环境变化、内部风险控制工作疏漏、无效导致的，超出预期、并可能给公司造成严重危害的事件。

第二十八条　公司应逐步建立有效的危机处理机制，在危机事件发生时及时启动，以防止事态进一步扩大，使损失降到最低限度。

第七章　附　则

第二十九条　本制度由公司董事会负责制定、解释和修改。

第三十条　本制度自董事会审议通过并发布之日起实施。

××投资管理有限公司
风险控制制度
（证券）

第一章　总　则

第一条　为保障公司私募投资业务的安全运作和管理，加强公司内部风险管理，强化风险意识、增强防范风险能力，建立全面的风险管理体系，促进公司和行业持续、健康、稳定发展，保护投资者利益，根据《证券投资基金法》《私募投资基金监督管理暂行办法》《基金管理公司风险管理指引》等法律法规和公司制度的相关规定，特制定本制度。

第二条　私募投资业务包括私募证券投资业务、私募股权投资业务和其他私募投资业务，公司从事私募投资业务适用本制度。

第三条　公司的风险控制应严格遵循以下原则：

（一）全面性原则。风险控制制度应覆盖股权投资业务的各项工作和各级人员，并渗透到决策、执行、监督、反馈等各个环节；

（二）独立性原则。风险控制工作应保持高度的独立性和权威性，并贯彻到业务的各具体环节；

（三）权责匹配原则。公司的董事会、管理层和各个部门应当明确各自在风险管理体系中享有的职权和承担的责任，做到权责分明，权责对等；

（四）一致性原则。公司在建立全面风险管理体系时，应确保风险管理目标与战略发展目标的一致性；

（五）适时性原则。应随着国家法律法规、政策制度的变化，公司经营战略、经营方针、风险管理理念等内部环境的改变以及公司业务的发展，及时对风险控制制度进行相应修改和完善；

（六）防火墙原则。公司与关联公司之间在业务、人员、机构、办公场所、资金、账户、经营管理等方面严格分离、相互独立，严格防范因风险传递及利益冲突给公司带来的风险。

第二章　风险控制组织体系

第四条　公司的风险控制体系共分为5个层次：董事会、董事会下设的风险控制委员会、投资决策委员会、风险控制部、业务部。

第五条　公司董事会对有效的风险管理承担最终责任，履行以下风险管理职责：

（一）确定公司风险管理总体目标，制定公司风险管理战略和风险应对策略；

（二）决定公司内部风险管理机构的设置；

（三）审议决定风险控制委员会的人员组成，听取风险控制委员会的风险管理报告；

（四）审议单笔投资额超过公司资产总额30%，或者单一投资股权超过被投资公司总股本40%的股权投资项目；

（五）审议重大事件、重大决策的风险评估意见，审议重大风险解决方案，批准公司基本风险管理制度；

（六）法律法规或公司章程规定的其他职权；

（七）董事会可以授权风险管理委员会或投资决策委员会履行相应的职责。

第六条　董事会下设风险控制委员会，其职责包括：

（一）指导、协调和监督各职能部门和各业务单元开展风险管理工作，组织拟订公司的风险管理基本制度；

(二)制定相关风险控制政策,审批风险管理重要流程和风险敞口管理体系,并与公司整体业务发展战略和风险承受能力相一致;

(三)识别公司各项业务所涉及的各类重大风险,对重大事件、重大决策和重要业务流程的风险进行评估,制定重大风险解决方案;

(四)识别和评估新产品、新业务的新增风险,并制定控制措施;

(五)重点关注内控机制薄弱环节和可能给公司带来重大损失的事件,提出控制措施和解决方案;

(六)对单笔投资额超过公司资产总额30%,或者单一投资股权超过被投资公司总股本40%的,及其他应当提交董事会审批的股权投资事项进行合规性审核;

(七)监督和评估风险管理制度执行情况,根据公司风险管理总体策略和各职能部门与业务单元职责分工,组织实施风险应对方案等。

风险控制委员会对董事会负责,向董事会报告。

第七条 投资决策委员会职责:对单笔投资额超过公司资产总额的30%,或者单一投资股权超过被投资公司总股本的40%的股权投资项目的投资和退出作出决策。

第八条 风险合规部是公司内专职的风险管理部门,独立于业务体系汇报路径,可直接向董事长/执行董事汇报工作。风险合规部对公司的风险管理承担独立评估、监控、检查和报告职责。其职责包括:

(一)独立于业务部开展风险控制、合规检查、监督评价等工作;

(二)执行公司的风险管理战略和决策,拟定公司风险管理制度,并协同各业务部门制定风险管理流程、评估指标;

(三)对风险进行定性和定量评估,改进风险管理方法,技术和模型,组织推动建立、持续优化风险管理信息系统;

(四)对新产品、新业务进行独立监测和评估,提出风险防范和控制建议;

(五)负责督促相关部门落实公司管理层或下设风险管理职能委员会的各项决策和风险管理制度,并对风险管理决策和风险管理制度执行情况进行检查、评估和报告;

(六)在项目决策过程中发表和出具合规意见;

(七)对投资协议等公司各类合同、协议进行审核、起草、修改;

(八)在出现重大问题时及时向公司管理层或风险控制委员会报送相关专项报告;

(九)组织推动风险管理文化建设。

第九条 业务部门应当执行风险管理的基本制度流程,定期对本部门的风险进行评估,对其风险管理的有效性负责。业务部具体负责项目开发、执行、退出过程中的风险控制,其职责包括:

(一)遵循公司风险管理政策,研究制定本部门或业务单元和运作的各项制度流程并组织实施,具体制定本部门业务相关的风险管理制度和相关应对措施、控制流程、监控指标等,与风险合规管理部门协作制定相关条款,将风险管理的原则与要求贯穿业务开展的全过程;

(二)随着业务的发展,对本部门或业务单元的主要风险进行及时的识别、评估、检讨、回顾,提出应对措施或改进方案，并具体实施；

（三）严格遵守风险管理制度的流程，及时、准确、全面、客观地将本部门的风险信息和监测情况向管理层和风险管理职能部门或岗位报告；

（四）配合和支持风险管理职能部门或岗位的工作。

业务部负责人作为投资项目风险管理的第一责任人，基金经理（投资经理）是相应投资组合风险管理的第一负责人。公司所有员工是本岗位风险管理的直接责任人，负责具体风险管理职责的实施，并负有及时报告、反馈项目投资过程中发现的风险隐患和风险问题的职责。

一般情况下，项目组配备一名具有项目公司所属行业相关背景的人员。

第十条　为建立、健全内控机制，公司设立独立于项目组的后台管理和监督部门。

行政人事部/综合管理部负责投资项目的文档管理、印章管理、人力资源管理、董事会和投资决策委员会的会议筹备，以及相关会议资料的管理等。

财务部负责投资业务的财务核算和资金划拨，为投资项目分别设置账户、独立核算、分账管理。

第十一条　公司全员应当牢固树立内控优先和全员风险管理理念，加强法律法规和公司规章制度培训学习，增强风险防范意识，严格执行法律法规、公司制度、流程和各项管理规定。

公司将风险管理纳入各部门和所有员工年度绩效考核范围。

第三章　风险控制流程

第十二条　风险管理的业务流程由风险识别、风险评估、风险报告和监控，风险管理体系评价五个步骤组成，是制定风险管理战略及防范措施的重要基础。

第十三条　风险识别指对经营活动中存在的内部及外部风险的来源进行辨别。风险识别应当覆盖公司各个业务环节，涵盖所有风险类型。公司风控合规部门应当对已识别的风险进行定期回顾，并针对新法规、新业务、新产品、新的金融工具等及时进行了解和研究。在风险识别过程中，应对业务流程进行梳理和评估，并对业务流程中的主要风险点，建立相应的控制措施，明确相应的控制人员，不断完善业务流程。

第十四条　风险评估方法采取定量和定性相结合的方法进行。评估方法应保持一致，协调好整体风险和单个风险、长期风险和中短期风险的关系。

第十五条　公司风控部门建立清晰的风险事件登记制度和风险应对考评管理制度，明确风险事件的等级、责任追究机制和跟踪整改要求并提出避险建议和措施。

第十六条　公司风控部门应建立清晰的报告监测体系，对风险指标进行系统和有效的监控，根据风险事件发生频率和事件的影响来确定风险报告的频率和路径。风险报告应明确风险等级、关键风险点、风险后果及相关责任、责任部门、责任人、风险处理建议和责任部门反馈意见等，确保公司董事长/执行董事及管理层能够及时获得真实、准确、完整的风险动态监控信息，明确并落实各相关部门的监控职责。

第十七条　风险控制部/风控委员会应当对风险管理体系进行定期评价，对风险管理系统的安全性、合理性、适用性和成本与效益进行分析、检查、评估和修正，以提高风险管理的有效性，并根据检验结果、外部环境的变化和公司新业务的开展情况进行调整、补充、完善或重建。

第四章 风险识别与评估

第十八条 私募投资业务面临市场风险、信用风险、流动性风险、操作风险、制度和流程风险、信息技术风险、业务持续风险、人力资源风险、新业务风险、道德风险、合规风险、声誉风险、子公司管控风险等各类风险。公司应当重点关注市场风险、信用风险、流动性风险、操作风险、合规风险、声誉风险和子公司管控风险等各类主要风险。

第十九条 市场风险。市场风险是指因受各种因素影响而引起的证券及其衍生品市场价格不利波动，使投资组合资产、公司资产面临损失的风险。市场风险管理的控制目标是严格遵循谨慎、分散风险的原则，充分考虑客户财产的安全性和流动性，实行专业化管理和控制，防范，化解市场风险。

第二十条 信用风险的识别。是指包括债券发行人出现拒绝支付利息或到期时拒绝支付本息的违约风险，或由于债券发行人信用质量降低导致债券价格下跌的风险，及因交易对手违约而产生的交割风险。

第二十一条 流动性风险的识别。流动性风险是指包括因市场交易量不足，导致不能以合理价格及时进行证券交易的风险，或投资组合无法应付客户赎回要求所引起的违约风险。

第二十二条 操作风险的识别。操作风险是指由于内部程序、人员和系统的不完备或失效，或外部事件而导致的直接或间接损失的风险，主要包括制度和流程风险、信息技术风险、业务持续风险、人力资源风险、新业务风险和道德风险。

第二十三条 制度和流程风险的识别。制度和流程风险是指由于日常运作，尤其是关键业务操作缺乏制度、操作流程和授权，或制度流程设计不合理带来的风险，或由于上述制度、操作流程和授权没有得到有效执行带来的风险，及业务操作的差错率超过可承受范围带来的风险。

第二十四条 信息技术风险的识别。信息技术风险是指信息技术系统不能提供正常服务，影响公司正常运行的风险；信息技术系统和关键数据的保护、备份措施不足，影响公司业务持续性的风险；重要信息技术不使用监管机构或市场通行的数据交互接口影响公司业务正常运行的风险；重要信息技术系统提供商不能提供技术系统生命周期内持续支持和服务的风险。

第二十五条 业务持续风险的识别。业务持续风险是指由于公司危机处理机制、备份机制准备不足，导致危机发生时公司不能持续运作的风险。

第二十六条 人力资源风险的识别。人力资源风险是指缺少符合岗位专业素质要求的员工、过高的关键人员流失率、关键岗位缺乏适用的储备人员和激励机制不当带来的风险。

第二十七条 新业务风险的识别。新业务风险是指对新产品、新系统、新项目和新机构等论证不充分或资源配置不足导致的风险。

第二十八条 道德风险的识别。道德风险是指员工违背法律法规、公司制度和职业道德，通过不法手段谋取利益所带来的风险。

第二十九条　合规风险的识别。合规风险是指因公司及员工违反法律法规，基金合同和公司内部规章等而导致公司可能遭受法律制裁、监管处罚、重大财务损失和声誉损失的风险。合规性风险报告投资合规性风险、销售合规性风险、信息披露合规性风险和反洗钱合规性风险。

第三十条　声誉风险的识别。声誉风险是指由公司经营和管理、员工个人违法违规行为或外部事件导致利益相关方对公司负面评价的风险。

第三十一条　子公司管控风险的识别。子公司管控风险是指由于子公司违法违规或重大经营风险，造成母公司财产、声誉等受到损失和影响的风险。

第五章　风险的分类与控制

第一节　市场风险的控制

第三十二条　市场风险管理的控制目标是严格遵循谨慎、分散风险的原则，充分考虑客户财产的安全性和流动性，实行专业化管理和控制，防范、化解市场风险。

第三十三条　识别市场风险后，采取以下措施进行市场风险管控：

（一）投资业务部门及风险控制部门应密切关注宏观经济指标和趋势，重大经济政策动向，重大市场行动，评估宏观因素变化可能给投资带来的系统性风险，定期监测投资组合的风险控制指标，提出投资调整应当策略；

（二）密切关注行业的周期行、市场竞争、价格、政策环境和个股的基本面变化，构造股票投资组合，分散非系统性风险；

（三）投资决策委员会可制定禁止投资证券名单，风险控制委员会加强禁止投资证券的管理，对于市场风险较大的股票建立内部监督、快速评估机制和定期跟踪机制；

（四）投资业务部要密切关注投资组合的收益质量风险，采用夏普比率、特雷诺比率和詹森比率等指标进行衡量；

（五）风险管理部要对场外交易（包括价格、对手、品种、交易量及其他交易条件）进行监控，确保所有交易在公司的管理范围之内；

（六）对于重大投资，基金重仓股、单日个股交易量占该股票持仓30%、个股交易量占该股流通值5%的进行跟踪分析；

（七）运用定量风险模型和优化技术，分析各投资组合市场风险的来源和暴露。利用敏感性分析，找出影响投资者组合收益的关键因素。运用情景分析和压力测试技术，评估投资组合对于大幅和极端市场波动的承受能力。

第二节　信用风险的控制

第三十四条　信用风险的控制的目标是对交易对手、投资品种的信用风险进行有效的评估和防范，将信用风险控制于可接受范围内的前提下，获得最高的风险调整收益。

第三十五条　信用风险的管理措施包括：

(一)风险控制委员会建立针对债券发行人的内部信用评级制度,结合外部信用评级,进行发行人信用风险管理;

(二)建立交易对手信用评级制度,根据交易对手的资质、交易记录、信用记录和交收违约记录等因素对交易对手进行信用评级,并定期更新;

(三)建立严格的信用风险监控体系,对信用风险及时发现、汇报和处理。公司可对其管理的所有投资组合与同一交易对手的交易集中度进行限制和监控。

第三节　流动性风险的控制

第三十六条　流动性风险管理的控制目标是通过建立适时、合理、有效的风险管理机制,将流动性风险控制在可承受的范围之内。

第三十七条　流动性风险管理的主要措施包括:

(一)制定流动性风险管理制度,平衡资产的流动性与盈利性,以适应投资组合日常运作需要;

(二)及时对投资组合资产进行流动性分析和跟踪,包括计算各类证券的历史平均交易量、换手率和相应的变现周期,关注投资组合内的资产流动性结构、投资组合持有人结构和投资组合品种类型等因素的流动性匹配情况;

(三)建立流动性预警机制。当流动性风险指标达到或超出预警阀值时,应启动流动性风险预警机制,按照既定投资策略调整投资组合资产结构或剔除个别流动性差的证券,以使组合的流动性维持在安全水平;

(四)进行流动性压力测试,分析投资者申赎压力时,冲击成本对投资组合资产流动性的影响,并相应调整资产配置和投资组合。

第四节　操作风险的控制

第三十八条　操作风险管理的控制目标是建立有效的内部控制机制,尽量减少因人为错误、系统失灵和内部控制的缺陷所产生的操作风险,保障内部风险控制体系有序规范运行。

公司制定专门的项目管理和投资决策制度,明确项目投资的业务流程和具体要求。

第三十九条　操作风险的管理措施主要是要注意制定完备的制度和流程并严格执行。制度和流程风险管理的措施包括:

(一)风险管理部门负责建立合规、适用、清晰的日常运作制度体系,包括制度、日常操作流程,尤其是关键业务操作的制约机制;

(二)投资决策委员会、投资总监和基金经理的职责分工明确,严格执行投资工作流程、授权机制和制约机制,建立健全绩效考核机制;

(三)行政部门负责公司的印章使用、合同签署及印章和合同保管的管理、投资部门所有交易合同签署与印章使用都要经过行政部门并交由行政部备案;

(四)各部门定期组织员工业务操作的培训,加强程序的控制,以确保日常操作的差错率能在预先设定的、可承受范围内。

第四十条　为维护公司的权益，投资的范围应当符合以下规定：

（一）不得将公司资产用于资金拆借、贷款、抵押融资或者对外担保等用途；

（二）不得将公司资产用于可能承担无限责任的投资；

（三）单笔投资额不得超过公司资产总额的30%，如果突破30%，需提交董事会审议；

（四）单一投资股权不得超过被投资公司总股本的40%，如果突破40%，需提交董事会审议；

（五）不得将公司资产投资于股东或其控制的企业；

（六）法律法规以及公司章程约定禁止从事的其他投资。

第五节　合规风险的控制

第四十一条　合规风险的控制目标是确保遵守法律、法规、监管规则和基金合同或独立账户投资方针的规定，审慎经营。合规风险包括投资合规风险、销售合规风险、信息披露合规风险和反洗钱合规风险。

第四十二条　投资合规风险管理的主要措施包括：

（一）严格执行公司指定的投资流程和投资授权制度；

（二）投资决策委员会对投资或退出的相关材料进行审核，投资决策委员会成员要独立发表审核意见；投资决策委员会可以根据需要委派专人或聘请外部专业机构进驻现场进行独立的尽职调查，提交独立的调查报告；公司重大投资的进入和退出必须经投资决策委员会通过；

（三）投资交易部门在交易系统中设置风险参数，对投资的合规风险进行自动控制，对于无法在交易系统自动控制的投资合规限制，应通过加强手工监控、多人复核等措施予以控制；

（四）风险控制部门应重点监控投资组合中是否存在内幕交易、利益输送和不公平对待不同投资者等行为；

（五）交易价格超过当日价格10%，交易频次超过3次以上的，应认定为交易异常行为。通过事后评估对基金经理、交易员和其他人员的交易行为进行监控，加强对异常交易的跟踪、监测和分析；

（六）投资部门应每日跟踪评估投资比例、投资范围是否符合法律法规和基金合同的规定，报风险控制部门复核；

（七）财务要关注估值政策和估值方法隐含的风险，定期评估第三方估值服务机构的估值质量，对于以摊余成本法估值的资产，应特别关注影子价格及两者的偏差带来的风险，进行情景压力测试并及时制定风险管理情景应对方案。

第四十三条　销售合规性风险的控制的主要措施包括：

（一）风控部门应严格对宣传推介材料进行合规性审核；

（二）风控部门在公司销售协议签署前应进行合规审核，对销售机构签约前进行审慎调查，严格选择合作的基金销售机构；

（三）风控部门应加强对销售行为的规范和监督，防范销售人员违法违规和违反职业操守，防止延时交易、商业贿赂、误导、欺诈和不公平对待投资者等违法违规行为的发生。

第四十四条　信息披露合规性风险管理措施包括：

(一)各职能部门是提供信息披露内容的责任部门,对提供的信息的真实性、准确性、完整性和及时性负全部责任;

(二)各职能部门提供信息后,首先交由风控部门合规审核;

(三)风控部门合规审核后,层报公司董事会/执行董事签发需要披露的信息交由行政部门对外披露;

(四)行政部门安排专门人员负责信息披露工作。

第四十五条 反洗钱合规性管理的主要措施包括:

(一)销售前台部门应根据公司规定在客户开户前对客户身份进行认证和认定,并对客户身份证明材料予以保存;

(二)从严监控客户核心资料信息修改、非交易过户和异户资金划转;

(三)根据国家反洗钱法和相关规定,对现金支付和大额支付进行控制和监控并根据要求上报。

第六节 声誉风险的控制

第四十六条 公司的声誉和公司的投资能力一样,是公司的持续经营的生命线。声誉风险管理的控制目标是通过建立与自身业务性质、规模和复杂程度相适应的声誉风险管理体系,防范、化解声誉风险对公司利益的损害。

第四十七条 公司声誉风险主要管理措施包括:

(一)行政部门负责声誉风险控制和公关工作,建立与主要媒体的沟通机制,发现公司有损公司声誉时应积极进行交涉,将影响最小化;

(二)风险控制委员会建立声誉风险情景分析机制,评估重大声誉风险事件可能产生的影响和后果,并根据情景分析结果制定可行的应急预案,开展演练;

(三)对于已经识别的声誉风险,风险控制委员会应尽可能评估由声誉风险所导致的流动性风险和信用风险等其他风险的影响,并视情况展开应当措施。

第七节 子公司管控风险控制

第四十八条 子公司管控风险管理的控制目标是通过建立覆盖整体的风险管理体系和完善的风险隔离制度,防范可能出现的风险传递和利益冲突。

第四十九条 子公司风险管理主要措施包括:

(一)根据整体发展战略、子公司风险管控能力和子公司经营需求,指导子公司建立健全治理结构。

(二)严格禁止与子公司自检的利益输送行为,建立与子公司之间有效的风险隔离制度,防范可能出现的风险传递和利益冲突;

(三)建立关联交易管理制度,规范与子公司之间的关联交易行为;

(四)定期评估子公司发展方向和经营计划的执行情况;

(五)公司管理的投资组合与子公司管理的投资组合之间,不得违反有关规定进行交易。

第八节 其他风险的控制

第五十条 信息技术风险的控制。信息技术风险管理的措施包括：

（一）信息技术系统尤其是重要信息技术系统具有确保各种情况下业务持续运作的冗余能力，包括电力及通信的持续供应、系统和重要数据的本地备份、异地备份和关键设备的备份等；

（二）信息技术人员具有及时判断、处理各种信息技术事故、恢复系统运行的专业能力，信息技术部门应建立各种紧急情况下的信息技术应急预案，并定期演练；

（三）系统程序变更、新系统上线前应经过严格的业务测试和审批，确保系统的功能性、安全性符合公司风险管理的要求；

（四）对网络、重要系统、核心数据库的安全保护、访问和登录进行严格的控制，关键业务需要双人操作或相互复核，应有多种备份措施来确保数据安全和对备份数据准确性的验证措施；

（五）以权限最小化和集中化为原则，严格公司投研、交易、客户等各类核心数据的管理，防止数据泄露；

（六）选择核心信息技术系统服务商应将服务商在系统声明周期内的长期支持和服务能力、应急响应能力和与公司和与公司运行相关的其他系统兼容性列为重点考核内容。

第五十一条 业务持续风险的控制。业务持续风险管理措施包括：

（一）建立危机预警机制，包括信息监测及反馈机制；

（二）建立危机处理决策、执行及责任机构，制定各种可预期极端情况下的危机处理制度，包括危机认定、授权和责任、业务恢复顺序、事后检讨和完善等内容，并根据严重程度对危机进行分级归类和管理；

（三）危机处理与业务持续制度应重点保证危机情况下公司业务的持续；

（四）业务持续管理机制演习至少每年进行一次；

（五）演习模拟包含公司主要负责人缺失或关键部门、核心岗位人员缺失等造成公司经营危机时的应对措施。

第五十二条 公司应注意关键人员流失、关键岗位缺乏适用储备人才时的人力资源风险。人力资源管理的主要措施包括：

（一）行政人事部门应确保关键岗位的人员具有足够的专业资格和能力，并保持持续业务学习和培训；

（二）建立适当的人力资源正常，避免核心人员流失；

（三）建立关键岗位人员的储备机制；

（四）建立权责匹配、科学长效的考核和激励约束机制。

第五十三条 新业务风险的管理措施包括：

（一）制定严格的新业务论证和决策程序。新业务论证和决策由投资决策委员会负责；

（二）风控部门负责新业务的风险评估工作，新业务的风险评估应包括政策环境、市场环境、客户需求、后台支持能力、供应商和人员储备等方面；

(三)行政部门应及时组织、聘请外部专家等,针对新业务的主要操作部门和对新业务开展的支持部门进行业务培训,及时制定针对新业务的管理制度和业务流程。

第五十四条 道德风险管理的主要措施包括:

(一)制定员工守则,使员工行为规范有所依据;

(二)防范员工利用内幕信息或其他非公开信息牟利,防范商业贿赂,通过制度流程、系统监控、核查检查等控制措施加强员工管理;

(三)倡导良好的职业道德文化,定期开展员工职业道德培训。

第六章 风险控制报告

第五十五条 风险控制报告分为定期报告和临时性报告两类。

第五十六条 风险控制部定期对公司业务运作、日常经营管理方面存在的问题进行风险评估与评价,在每年度4月底、8月底前向公司领导上报年度或半年度风险控制报告,为公司决策提供依据。

第五十七条 公司发生或可能重大事项的,风险控制部接到报告后,根据重大事项报告的相关规定向公司领导报送临时性报告。

第五十八条 风险控制报告中应明确风险事件发生的原因、经过、可能存在的风险以及应对或补救措施等内容。

第七章 附 则

第五十九条 本制度由公司董事会负责制定、解释和修改。

第六十条 本制度自董事审议通过后下发之日起实施。

××投资管理有限公司

信息披露制度

第一章 总 则

第一条 为规范公司的信息披露行为,提高信息披露管理水平和信息披露质量,正确履行信息披露义务,切实保护公司、股东、投资人及其他利益相关者的合法权益,根据《中华人民共和国公司法》《私募投资基金监督管理暂行办法》《私募投资基金管理人登记和基金备案办法(试行)》《私募基金信息披露管理办法》等法律法规的规定,结合公司实际情况,制定本制度。

第二条 本制度所称“信息”是指根据《私募投资基金管理人登记和基金备案办法(试行)》及中国证券投资基金业协会(以下简称基金业协会)私募基金备案系统要求披露的信息;所称“披露”是指在规定的时间内、在基金业协会指定的私募基金备案系统、以规定的披露方式向社会公众公布前述的信息。

第三条　信息披露是公司的持续性责任，公司应当根据基金业协会的相关规定，持续履行信息披露义务。

第二章　信息披露的基本原则

第四条　公司信息披露要体现公开、公平、公正的原则，应真实、准确、完整、及时地披露信息，不得有虚假记载、误导性陈述或者重大遗漏。

第五条　公司除按照强制性规定披露信息外，还应主动、及时地披露所有可能对股东、投资人及其他利益相关者决策产生实质性影响的信息。

第六条　公司应按照基金业协会的规定通过基金业协会指定的私募基金信息披露备份平台报送相关的披露信息。投资人可以登录该平台进行信息查询，获取相关信息。

第七条　在内幕信息依法披露前，任何知情人不得公开或者泄露该信息，不得利用该信息进行内幕交易。任何人对所获取的公司商业秘密、个人隐私等信息负有保密义务。

第三章　信息披露的内容

第一节　一般规定

第八条　根据法律规定，向投资者披露的信息包括：

（一）招募说明书等宣传推介文件；

（二）基金合同；

（三）基金的投资情况；

（四）基金的资产负债情况；

（五）基金的投资收益分配情况；

（六）基金承担的费用和业绩报酬安排；

（七）可能存在的利益冲突；

（八）涉及私募基金业务、基金财产、基金托管业务的重大诉讼；

（九）中国证监会及基金业协会规定的其他信息。

第九条　公司披露基金信息，不得存在以下行为：

（一）公开披露或变相公开披露；

（二）虚假记载、误导性陈述或重大遗漏；

（三）对投资业绩进行预测；

（四）违规承诺收益或承担损失；

（五）诋毁其他基金管理人、基金托管人或者基金销售机构；

（六）登载任何自然人、法人或者其他组织的祝贺性、恭维性或推荐性的文字；

（七）采用不具有可比性、公平性、准确性的数据来源和方法进行业绩比较，任意使用“业绩最佳”

“规模最大”等相关措辞；

（八）法律\法规、中国证监会和基金业协会禁止的其他行为。

第二节　基金募集期间的披露内容

第十条　募集期间，公司应在招募说明书或宣传推介材料中披露如下信息：

（一）基金的基本信息。基金的名称、基金的架构、基金类型、基金注册地、基金募集规模、最低认缴出资额、基金运作方式、基金存续期、基金联系人和联系信息、基金托管人（如有）；

（二）基金管理人基金信息。基金管理人名称、注册地/主要经营地、成立时间、组织形式、基金管理人在基金业协会的登记备案情况；

（三）基金的投资信息。基金的投资策略、投资目标、投资方向、业绩比较基准（如有）、风险收益特征；

（四）基金的募集期限。载明基金首轮交割日以及最后交割日事项；

（五）基金估值政策、程序和定价模式；

（六）基金合同的主要条款。出资方式、收益分配和亏损分担方式、管理费标准及计提方式、基金费用承担方式、基金业务报告和财务报告提交制度；

（七）基金的申购与赎回安排；

（八）基金管理团队的主要成员名单（如关键人士、基金经理）、主要人员基本情况和投资经历介绍；

（九）基金管理人和基金管理团队主要成员最近三年的诚信情况说明；

（十）其他应披露的事项。

第三节　基金运作期间的信息披露

第十一条　基金运行期间，应当根据基金合同的约定，每季度向投资者披露一次基金运行的相关信息。

单只规模5000万元以上的私募证券投资基金，应当每月向投资者披露基金净值情况。

第十二条　公司在每季度结束之日起10个工作日内向投资者披露基金净值、主要财务指标以及投资组合情况等信息。

第十三条　公司在每年结束之日起6个月内向投资者披露以下信息：

（一）报告期末基金净值和基金份额总额；

（二）基金的财务情况；

（三）基金投资运作情况和运用杠杆情况；

（四）投资者账户信息，包括实缴出资额、未缴出资额以及报告期末所持有基金份额总额等；

（五）投资收益分配和损失承担情况；

（六）基金管理人取得的管理费和业绩报酬，包括计提基准、计提方式和支付方式；

（七）合同约定的其他信息；

第十四条　以下事项，根据基金合同的约定，第一时间向投资者披露：

（一）基金名称、注册地址、组织形式发生变更的；

（二）投资范围和投资策略发生重大变化的；

（三）变更基金管理人或托管人的；

（四）管理人的法定代表人、执行事务合伙人（委派代表）、实际控制人发生变更的；

（五）触及基金止损或预警线的；

（六）管理费率、托管费率发生变化的；

（七）基金收益分配事项发生变更的；

（八）基金触发巨额赎回的；

（九）基金存续期变更或展期的；

（十）基金发生清盘或展期的；

（十一）发生重大关联交易事项；

（十二）基金管理人、实际控制人、高管人员涉嫌重大违法违规行为或正在接受监管部门或自律管理部门调查的；

（十三）合同约定的影响投资者利益的其他重大事件。

第四章　信息披露管理

第十五条　信息披露时间如下：

（一）首次信息披露：基金成立之日；

（二）定期信息披露：根据本制度第十条、第十一条、第十二条的规定披露；

（三）临时信息披露：本制度第十三条规定的事项发生之日。

第十六条　信息披露文件应采用中文文本，尽量采用简明、易懂的语言进行表述。

信息披露通过公司官网进行披露，并向基金业协会指定的私募基金信息披露备份平台备份。

投资人留有邮箱的，以邮件的形式发至各投资人。

公司行政部留存纸质文件备案。

第十七条　公司信息披露的专门负责部门是公司行政办公室。公司董事长是信息披露的第一责任人。

第十八条　信息披露前应严格履行下列程序：

（一）提供信息的负责人应认真核对相关信息资料；

（二）行政办公室按照信息披露的有关要求及时组织汇总各部门提供的材料，编写信息披露文稿；

（三）风控及合规部门进行合规性审查；

（四）公司相关管理部门对信息进行核对确认；

（五）董事长或其授权的董事审核同意，并签署书面确认意见。

第十九条　公司行政办公室是信息披露相关文件、资料的保存、归档部门。所有信息披露相关文件应留存书面纸质材料进行归档管理。保存期限自基金清算终止之日起10年。

第二十条　凡可能属于重大信息范围的，公司有关部门及人员应事先及时征求公司董事长的意见，以决定是否需要及时披露或是否可以披露。未征求公司董事长的意见之前，公司有关部门及人员不得擅自传播和泄露公司重大信息。

第二十一条　公司合规风控部门负责信息的保密工作，制定保密措施；当内幕信息泄露时，应及时采取补救措施加以解释和澄清。

第二十二条　公司各部门在作出任何重大决定之前，应当从信息披露角度征询风控合规部门的意见。

第二十三条　在可能涉及重大信息的情况下，公司任何人接受媒体采访均必须先取得或征求风控合规部门的意见，并将采访内容要点提前提交风控合规部门，并层报总经理、董事长。未履行前述手续，不得对媒体发表任何关于公司的实质性信息。

第二十四条　公司相关部门和人员应向风控合规部门提供必要的协助。

第二十五条　未按规定披露、违规披露、不当披露收到客户投诉或举报的，公司追究信息披露责任人的责任，给予警告，并责令限期改正。一年内收到两次投诉或举报的，视为不胜任工作，调离工作岗位、接受培训。情节严重的，受到基金业协会加入黑名单、公开谴责、暂停办理相关业务等措施的，视为严重违反公司纪律，公司可以据此解除与该员工的劳动合同。

第五章　附　则

第二十六条　本制度的内容如与国家有关部门颁布的法律、法规、规章和其他规范性文件有冲突的，按有关法律、法规、规章及其他规范性文件的规定执行。

第二十七条　本制度由公司董事会制定、解释、修改。

第二十八条　本制度自公司董事会审议通过公布之日起生效。

×××投资管理有限公司
内部交易记录及档案管理制度

第一条　为了规范公司内部交易管理、防范公司交易风险，规范客户身份识别，客户身份资料和交易记录保存与管理，根据《证券投资基金法》《中华人民共和国反洗钱法》《私募基金监督管理暂行办法》《私募基金内部控制指引》等法律、行政法规的规定，制定本制度。

第二条　公司内部交易遵循的原则如下：

（一）实行集中交易制度，基金经理不得直接向交易员下达投资指令或者直接进行交易；

（二）投资指令应当进行审核，确认其合法、合规与完整后方可执行，如出现指令违法违规或者其他异常情况，应当及时报告相应部门与人员；

（三）建立交易监测系统、预警系统和交易反馈系统，完善相关的安全设施；

（四）公司应当执行公平的交易分配制度，确保不同投资者的利益能够得到公平对待；

（五）建立完善的交易记录制度，每日投资组合列表等应当及时核对并存档保管；

（六）建立科学的交易绩效评价体系。

第三条　应当保存的交易记录，包括但不限于如下事项：

（一）基金经理或投资决策委员会签署的投资交易指令（包括具体交易时间、交易种类、交易数量、交易方向）；

（二）风险控制部门或董事长/风控委员会的审核确认单；

（三）投资交易人员执行指令产生的每笔交易的数据信息、业务凭证、账簿和有关规定要求的反映交易真实情况的合同、业务凭证、单据和其他资料等。

第四条　交易记录的保存分为书面纸质版与电子版。

交易员应同时制作纸质版交易记录和电子版交易记录保存。纸质版交易记录制作完毕后，应专门防止档案袋归档保存。

电子交易记录应设置专门文件夹予以保存。每一交易指令对应一文件夹。

电子交易记录应按期刻录成光盘或者上传公司专门服务器进行备份，防止系统损害情况发生时，交易记录的灭失。

第五条　公司按照下列期限保存交易记录：

投资交易记录，自交易记账当年计起至少保存五年。

同一介质上有不同保管期限客户身份资料或者交易记录的，应当按最长期限保管。同一客户身份资料或者交易记录采用不同介质保存的，至少应当有一种介质的客户身份资料或者交易记录符合保管期限的要求。

法律、行政法规和其他规章对客户身份资料和交易记录有更长保存期限要求的，适用其规定。

第六条　公司在特定情况下，应根据法律法规和行业协会的规定，将客户身份资料和客户交易记录移交中国银行业监督管理委员会、中国证券监督管理委员会或者中国保险监督管理委员会指定的机构。

第七条　本制度由董事会制定、解释和修改。

第八条　本制度经董事会审议通过后发布之日生效。

××投资管理有限公司

投资交易管理制度

（股权）

第一章　总　则

第一条　为加强公司治理，规范投资行为，提高投资决策的科学性，防范投资风险，防范内幕交易、利益冲突，促进公司及投资业务持续、稳定、健康发展，根据《证券投资基金法》《私募投资基金监督管理暂行办法》及公司相关制度,制定本制度。

第二条 本制度所称投资,是指运用公司所管理的资产对外进行的私募股权投资、私募证券投资及其他类型的投资行为。

第三条 投资交易管理制度体系是指公司为了防范和化解风险,保护资产的安全与完整,保证经营活动合法合规和有效开展,在充分考虑外部环境的基础上,通过制定和实施一系列组织机制、管理办法、操作程序与控制措施而形成的系统。投资交易管理制度体系包括本制度、公司章程、股东决议中有关投资交易管理的内容及公司关于投资管理的规章制度。

第四条 本制度适用于公司参与投资管理业务相关的部门和人员。

第五条 公司投资管理业务采用集中领导、科学决策、分级管理、及时反馈的投资管理模式。

第二章 投资决策管理

第六条 依据“自上而下”和“团队合作”原则,公司投资决策工作由投资决策委员会、基金经理、合规风控部门组成;并按照各自的分工和授权,作出相应的投资决策和审核。投资决策应当严格遵守法律法规的有关规定,符合产品合同所规定的投资目标、投资范围、投资策略、投资组合和投资限制等要求。

第七条 投资决策委员会负责审议公司基金产品发行、授权各基金经理进行投资决策、负责监督基金决策委员会相关投资决策,并确定投资决策的流程、风险控制的原则和办法。该委员会由5人组成,成员股东决定。

第八条 基金经理应在投资决策委员会授权下,负责各自管理基金投资管理制度的制定、投资决策和投资计划的实施。

第九条 合规风控部门负责稽核基金经理的交易的合规性,进行内部交易和利益冲突审查。

第十条 投资决策委员会以会议表决方式进行决策,因故未能参加现场会议的委员,可以通过电话会议、视频会议等方式参加。投资决策委员会议在全体委员出席(有书面全权委托人代为出席亦为出席)的情况下方为有效。投资决策委员会的决议应取得半数以上成员通过;当投资决策委员会中对所提交讨论的投资项目赞成与反对票各占二分之一时,由投资决策委员会主席作出投资决议。

第十一条 基金经理负责基金的日常管理。

在预期的风险和收益约束条件下,依据基金投资决策委员会审议通过的基金投资管理办法,负责基金日常投资管理。并负责与外包、托管、投资顾问等机构进行日常工作协调,负责产品信息披露工作。

第三章 投资授权管理

第十二条 建立、健全投资授权制度,禁止越权投资。

第十三条 投资决策委员会的职权。

(一)根据投资决策流程和授权权限规定,确定对各基金投资决策委员会和基金经理的投资授权范围，并进行授权；

（二）重大投资项目的决策；

（三）检查投资决策委员会决议执行情况；

（四）其他临时紧急事项，由委员提议，并经主任委员同意开会讨论的事项；

（五）其他投资决策委员会认为需投资决策委决议的事项。

第十四条　基金经理的职权。

（一）制定投资交易策略方案；

（二）制定投资项目的退出方案；

（三）作为投资决策委员会成员在公司授权范围内参与各产品投资决策；

（四）组织协调公司的投资研究、调研活动；

（五）在投资权限范围内，按照产品合同约定的投资策略进行投资决策；

（六）拟订投资计划，报基金投资决策委员会审议后实施；

（七）负责执行执委会决议，进行产品的日常管理，下达交易指令，超过授权的应逐级上报审批。

第四章　投资交易管理

第十五条　投资交易禁止利用内幕信息进行投资决策、投资计划、投资交易。

第十六条　投资决策委员会在作出投资决策时，合规风控部门应进行利益冲突检索，并在投资决策委员会上作出相应解释和说明。

第十七条　投资决策委员会作出投资决策后，基金经理在执行交易指令时，应注意是否存在与自己管理的其他基金或投资项目存在利益冲突的情况，必要时，向合规风控部门询问核实，征询合规风控部门意见。

第十八条　基金运作过程中，基金经理发现可能有利益冲突、会产生不公平交易时，应及时上报部门负责人、合规风控部门，合规风控部门审核后认为存在利益冲突的，层报公司总经理。

第五章　投资业务档案管理

第十九条　投资业务档案包括公司在投资活动中形成的、作为历史记录保存起来以备考察的文字及以其他方式和载体记录的材料。

第二十条　业务档案包括项目投资考查及决策阶段档案、项目跟踪管理阶段档案、项目投资退出阶段档案三部分。

第二十一条　项目投资决策阶段档案包括投资计划书、项目概况表、尽职调查提纲、尽职调查报告、阶段性工作报告、立项审批表、投资建议书、投资决策委员会决策意见表、投资协议以及企业所提供的相关资料等。

第二十二条　项目跟踪管理阶段档案包括企业月度、年度财务报表、季度访谈/项目进展报告、基金净值情况、重要会议记录等。

第二十三条　项目投资退出阶段档案包括投资退出方案书、基金/项目总结报告等。

第二十四条　业务档案按项目立卷，文件之间建立相应索引。项目概况表除按项目立卷外，还应作为独立资料统一立卷。

第二十五条　业务部门应做好业务档案的日常整理工作，于不同业务阶段结束后的五日内将业务档案移交归档。

第六章　附　则

第二十六条　本制度由公司董事会制定、解释和修改。

第二十七条　本制度自公司董事会审议通过公布之日生效实施。

××投资管理有限公司
投资交易管理制度
（证券）

第一章　总　则

第一条　为保证基金投资管理工作科学、高效、有序和安全地运行，明确基金投资管理的工作程序及相关单位的职责，制定本制度。

第二条　本制度规范基金投资工作的基本原则，包括涉及基金投资各环节之间的业务关系、各个环节的权责等。

第三条　本制度适用于运用基金资产进行证券投资的全过程。

第二章　投资管理原则

第四条　基金投资管理应遵循以下原则：

（一）基金投资应遵守国家有关法律、法规，符合《公司章程》《基金合同》的规定；

（二）基金投资的管理原则是分级管理、明确授权、规范操作、严格监管，充分体现民主集中制原则；

（三）基金的投资管理方式采取风险控制委员会领导下的基金经理负责制；

（四）投资决策和决策的执行严格分开，实行集中交易制度；

（五）投资管理过程中严格执行投资禁止和授权制度；

（六）严格按照防火墙原则执行空间分离制度；

（七）公司资产和基金资产严格分开管理的原则；

（八）不同的基金要独立运作，分别管理；

（九）基金投资风险评估和业绩考核的独立性原则。

第三章 投资禁止制度

第五条 基金投资管理中禁止以下行为：

（一）投资基金合同中投资目标与投资范围规定以外的品种；

（二）违反基金合同和《证券投资基金法》关于投资组合比例的限制；

（三）基金投资违反《证券投资基金法》关于禁止行为的规定；

（四）同一基金对同一投资品种在相同或相近时间内进行相同或相近数量相反方向的交易；

（五）公司管理的不同基金对同一投资品种在相同时间，在相同或相近价格上进行相同或相近数量的反向交易；

（六）利用内幕信息进行投资；

（七）通过单独或合谋，集中资金优势、持股优势或者利用信息优势联合或者连续买卖，操纵证券交易价格；

（八）与他人串通，以事先约定的时间、价格和方式相互进行交易；

（九）以任何方式操纵证券交易价格；

（十）应该互相监督的岗位由一人独立操作全过程，严禁应由两人或多人担任的工作由一人担任；

（十一）任何人员同时掌握前台和后台的系统口令；

（十二）任何人员未经授权或批准穿越部室之间的防火墙。

第四章 投资管理流程

第一节 投资基准

第六条 公司战略规划及发展计划的投资基准将成为基金经理决策的参考标准。

第二节 投资基础

第七条 尽职调查报告是基金投资决策的基础，尽职调查报告内容应包括交易对手情况、项目情况及投资风险。

第八条 产品部、法律合规部、财务部应定期或不定期召开投资研究会议，研究、交流投资信息，探讨、解决投资业务的有关问题。

第九条 定期会议分为周例会制度。周例会主要讨论投资品种、各个投资项目情况、投资安排、市场热点和近期工作反馈情况等。

第三节 投资决策

第十条 投资决策原则上以符合规范的书面形式为依据。

第十一条 风险控制委员会是基金资产运作的最高决策机构。风险控制委员会根据《基金合同》《证券投资基金法》《私募证券投资基金监督管理暂行办法》和公司的有关规章制度，确定公司投资战略和投资方向,制定重大投资决策。

第十二条 风险控制委员会根据《基金合同》和公司有关规定,审定以下各项业务:

(一)审定基金经理提出的资产配置提案,包括基金资产在债券、股票、现金等金融产品之间的配置比例,资产在重点市场、行业、产业、板块之间的分配比例及融资规模;

(二)审定超出基金经理投资权限的投资方案,并作出决策;

(三)负责基金投资的其他有关重大事项的决策。

第十三条 风险控制委员会议事规则:

(一)风险控制委员会以定期会议和不定期会议的形式审定基金的投资决策。定期会议每周一次,不定期会议根据需要召集。

(二)风控委员会由五位风控委员组成,参会风控委员总人数至少达到3人;专家委员须4人以上参加方可召开;

(三)每位风控委员享有一票投票权,风险控制委员会作出投资决议时,经3位以上(含3位)参会风控委员表决同意(含有条件通过)视为通过;

(四)专家委员会成员可于产品经理阐述项目后,针对项目情况进行专项提问;

(五)所有档案文件由风控委员会协调员负责保管。所有相关材料文件必须严格保密,相关材料保存期限至少15年。

第四节 投资执行

第十四条 投资部在基金投资管理过程中实行集中交易管理制度,主要职责是根据基金经理的交易指令,进行基金资产的日常交易活动,对交易情况及时反馈,并对基金投资行为进行监督。

第十五条 基金运营部必须坚持公平、公正的方针,执行不同基金经理通过书面、电脑或电话录音的方式下达到交易室的标准化指令。所有交易指令必须根据基金经理的交易指令,由投资部下达。

第十六条 投资部必须将交易指令执行情况向基金经理报告,由基金经理签字确认并存档备案。

第十七条 投资部应根据市场情况随时向基金经理通报交易指令的执行情况及对该项交易的判断和建议,以便基金经理及时调整交易策略。

第十八条 对于基金经理下达的交易指令,交易人员必须无条件地执行,但遇到如下情况时,交易人员可以回绝:

(一)指令明确违反《证券投资基金法》、基金合同、风险控制委员会决议和公司投资管理制度;

(二)出现突发情况,在客观上不可能实现指令的操作时,可延后执行指令(如未知的股票停牌、设备突然出现故障、不可抗因素产生的阻碍等);

(三)基金经理指令不明确、不规范,交易员不得执行该指令。对于上述情况,交易员应及时通报该基金经理;当出现本条第(一)款的情况时,交易员应向风险控制委员会主任委员汇报,并通报督察员及监察稽核部。

第十九条 在执行过程中,交易人员应在指令范围内努力控制成本,争取最好的交易价格。

第二十条　各基金经理对同一品种发出方向相反的交易指令时，投资部应当暂停执行指令，即时知会相关基金经理，经协调后执行。

第二十一条　如基金经理指令不明确、不规范，投资部不得执行该指令，并即时知会基金经理，以便基金经理及时修正。

第二十二条　投资部配合基金运营部和法律合规部负责对操作进程进行日常监控，控制交易风险。

第二十三条　投资部应按月总结基金交易管理工作，将本月度基金交易管理基本情况，通报基金经理，并报基金运营部和法律合规部备案。

第二十四条　投资部负责公司所管理基金的清算工作，主要职责有：

（一）每日交易数据的核对；

（二）柜台资金的存取；

（三）清算报表的生成和打印；

（四）清算交割和会计处理；

（五）新股申购缴款、配股缴款；

（六）净值公告和分红事项。

第二十五条　投资部通过交易数据的核对，对当日交易操作进行复核，如发现有违反《证券投资基金法》《基金合同》、公司相关管理制度的交易操作，须立刻向风险控制委员会主任委员、执行委员和监察稽核部汇报，并同时通报投资部。

第二十六条　投资部必须确保系统清算数据的保密安全，不得外泄公司的投资机密。

第五节　投资风险管理

第二十七条　对合规性风险的控制包括：对基金投资的合规性进行动态、静态的监督、评估。

第二十八条　基金运营部和法律合规部在基金投资管理过程中的主要职责为：

（一）调查、评价基金投资管理工作以及各相关部门、人员遵守国家有关法律法规和公司相关制度的情况；

（二）检查基金内部风险控制制度的建立和执行情况；

（三）对基金资产管理风险进行评估、预测和控制；

（四）定期或不定期对基金决策程序进行审查，对交易情况进行实时监督，对异常情况进行调查，并有权要求基金经理作出解释和及时修正；

（五）在特定情况下，有权对基金经理的交易指令进行事前审查。

第二十九条　投资组合风险的控制：

（一）公司建立有效的投资风险评估与管理制度，金融工程小组负责建立投资组合风险度量模型、出具投资组合风险度量报告并提交风险控制委员会；

（二）风险控制委员会根据投资组合风险度量报告对投资组合的风险进行评价和控制。

第三十条　投资风险管理的具体措施包括：

（一）建立防范员工道德风险的有关制度，基金会计、交易员等业务保障岗位分别实行定期轮岗制度；基金经理、基金经理助理实行强制休假制度；部门内部同质岗位之间实行交叉检查；部门经理对各岗位的工作底稿随机抽查；严禁一个人同时掌握投资交易系统的维护口令和操作口令；

（二）集中交易室应建立严格的门禁制度、信息处理禁止制度、交易员行为禁止制度；

（三）建立技术限制制度。在技术可行的前提下，在执行交易的电脑程序中作相应的口令限制、权限限制设置，对异常的交易行为设置示警功能，对限制表的预警设置等；

（四）建立双重复核制度。对重要委托指令，要求得到基金经理的再确认并通知风险控制委员会；

（五）建立基金投资业务保密制度。从投资策划到具体操作至结束全过程实行严格的保密和隔离制度；

（六）公司严禁一个人同时掌握投资交易系统的维护口令和操作口令；严禁由一人完成，应由至少两个人分别完成的工作，实现岗位之间的相互监督；

（七）建立规范的文档管理制度。妥善保管各类投资交易资料，包括调研报告，书面投资指令、执行结果等，稽核部门应定期对其进行检查；

（八）建立投资绩效评价、投资风险即时发现制度。公司设立专门的风险评估小组和业绩评估小组，定期对每个阶段的风险和业绩作出评价；

（九）建立和托管银行的对账制度；

（十）在系统中应该对强制定期修改口令进行设置；

（十一）对离职、离岗等人员要及时修改或收回授权及其口令；

（十二）公司实行基金投资限制表制度。风险控制委员会根据市场情况制定基金投资限制表，对已经暴露高风险的投资品种作出投资限制，公司管理的基金严禁对限制表所列的证券进行投资；

（十三）定期检讨与适时调整；

（十四）投资部通过交易数据的核对，对当日交易操作进行复核，如发现有违反《证券投资基金法》《基金合同》、公司相关管理制度的交易操作，须立刻向风险控制委员会主任委员、投资管理部经理、督察员和监察稽核部汇报，并同时通报投资部。

第五章　附　则

第三十一条　本制度由风险控制委员会负责解释、修改。

第三十二条　本制度自董事会批准通过之日起执行。

××投资管理有限公司

合格投资者风险揭示制度

第一条　为规范公司基金募集行为，保护投资者及相关当事人的合法权益，根据《证券投资基金法》《私募投资基金监督管理暂行办法》《私募投资基金募集行为管理暂行办法》等相关法律法规和行业自律规则，制定本制度。

第二条　公司及公司全体员工、外包机构受委托向合格投资者募集私募基金，适用本制度。

第三条　合格投资者为投资于单只直投基金的金额不低于100万元且符合下列相关标准的单位和个人：

（一）净资产不低于1000万元的单位；

（二）金融资产不低于300万元或者最近三年个人年均收入不低于50万元的个人；

（三）符合相关规定的其他机构投资者和个人。

前款所称金融资产包括银行存款、股票、债券、基金份额、资产管理计划、银行理财产品、信托计划、保险产品、期货权益等。

第四条　下列投资者视为合格投资者：

（一）社会保障基金、企业年金等养老基金，慈善基金等社会公益基金；

（二）依法设立并在基金业协会备案的投资计划；

（三）投资于所管理私募基金的私募基金管理人及其从业人员；

（四）中国证监会规定的其他投资者。

以合伙企业、契约等非法人形式，通过汇集多数投资者的资金直接或者间接投资公司管理的直投基金或私募基金的，应当符合相关规定并穿透对待。

第五条　公司应当在向合格投资者推介私募基金之前采取问卷调查等方式履行特定对象调查程序，对投资者风险识别能力和风险承担能力进行评估，投资者签字承诺其符合合格投资者标准。

对投资者的评估结果有效期最长不超过3年，逾期需重新进行投资者风险评估。投资者风险承担能力发生重大变化时，可主动向公司申请对自身风险承担能力进行重新评估。

第六条　调查问卷包括但不限于以下方面：

（一）投资者基本信息；

（二）投资者财务状况；

（三）投资知识；

（四）投资经验；

（五）风险偏好。

对投资者上述信息的获取应以投资者自愿为前提。

第七条　公司开通网站等互联网媒介进行线上募集的，也应当设置在线特定对象调查程序，投资者承诺其符合合格投资者标准。认定程序的内容包括但不限于：

（一）投资者如实填报真实身份信息及联系方式；

（二）设置验证码等有效方式核实用户注册信息；

（三）投资者阅读并同意公司的网络服务协议；

（四）投资者确认符合合格投资者的认定；

（五）在线填写风险设别能力和风险承担能力调查问卷；

（六）根据调查问卷及其评估方法在线确认投资者的风险设别能力和风险承担能力。

第八条　公司合规风控部根据制定《风险揭示书》《风险调查问卷》，并根据法律法规、基金业协会的相关规则和本公司规定进行更新和修改。

第九条　风险揭示书应当包括但不限于以下方面：

（一）基金产品的特殊风险；

（二）投资运作中的一般风险；

（三）投资者对基金合同中投资者权益等重要条款的逐项确认，包括当事人权利义务、费用和税收、纠纷解决方式等。

第十条　投资签署风险揭示书后，业务人员应当向投资者要求提供金融资产的证明文件，并向公司合规风控部提供，以审查确定合格投资者身份。

第十一条　《风险揭示书》《风险调查问卷》格式附后（略）。

第十二条　本制度由公司董事会制定、解释和修改。

第十三条　本制度及《风险揭示书》《风险调查问卷》自董事会审议通过公布之日起施行。

附　合格投资者内部审核流程：

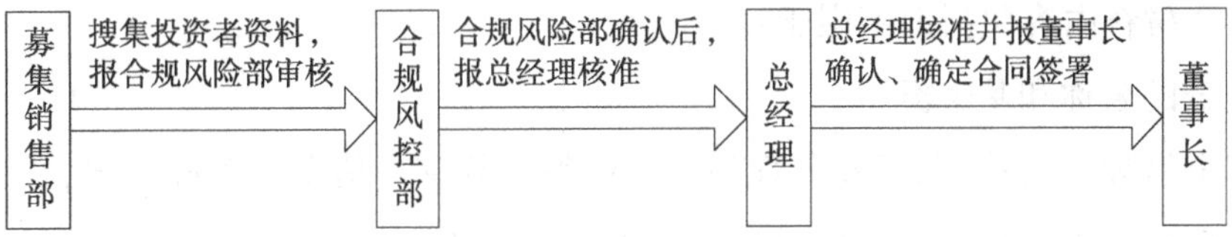

备注：

1. 募集销售人员收集的投资者材料包括身份证明复印件、财产证明复印件、风险揭示书、调查问卷及承诺函等材料。

2. 合规风控部门除确认合格投资者身份是否合格以外，还需对风险承受能力进行评估及评价，根据投资者适当性制度匹配适当风险等级的产品。

3. 完成投资者确认之日，不能与合同签署日是同一天，应给投资者一天的投资冷静期。

××投资管理有限公司

私募基金宣传推介规范、募集规范制度

第一条　为规范公司私募基金宣传推介和募集行为，保护公司、股东、投者及相关当事人的合法权益，根据《证券投资基金法》《私募投资基金监督管理暂行办法》等法律法规规定，制定本制度。

第二条　本制度所称募集行为包含推介私募基金，发售基金份额（权益）、办理基金份额（权益）认/申购（认缴）、赎回（退出）等活动。

第三条　委托第三方募集的，外包机构应以本制度为参照，结合内部制度适用本制度。

第四条　公司及负责募集销售的人员应当恪尽职守，履行诚实信用、谨慎勤勉义务，履行说明义

务，履行合理的注意义务，承担审查投资者适当性的责任。

第五条　公司及公司所有人员对于接触到的投资者的商业秘密、个人财产状况信息及其他个人信息应严格保密。除法律法规和自律规则另有规定的外，不得对外披露。

第六条　公司应妥善保管投资者适当性管理及其他私募基金业务相关资料，保存期限自基金清算之日起不得少于10年。

第七条　公司严禁未经合格投资者确认程序向非合格投资者募集资金，严禁对公司私募基金公开宣传、虚假宣传、作出任何保本保收益的承诺或暗示。

第七条　公司募集销售部门在对合格投资者进行推介募集时，严禁使用“保证本金不受损失”“预期收益”“预计收益”等类似字样及其他可能使投资者误认为自己所购私募基金为保证本金的固定收益产品的词语。

第八条　公司募集销售部门在向特定对象推介产品之前应采取问卷调查等方式履行特定对象调查程序，对投资者风险识别能力和风险承担能力进行评估，投资者签字承诺其符合合格投资者标准。未经特定对象调查程序，不得向任何人推介私募基金。

第九条　基金推介材料应真实、准确、完整，不得有虚假记载、误导性陈述、重大遗漏。

第十条　推介材料内容包括但不限于：

（一）私募基金的名称和基金类型；

（二）私募基金管理人名称、私募基金管理人登记编码等基本信息及概况描述；

（三）私募基金托管人名称（如无，应以显著字体特别标识）；

（四）私募基金的投资范围、投资策略和投资限制概况；

（五）私募基金收益与风险的匹配情况；

（六）私募基金的特殊风险揭示；

（七）私募基金募集结算资金专用账户信息；

（八）投资者承担的主要费用及费率；

（九）私募基金承担的主要费用及费率；

（十）私募基金信息披露的内容、方式及频率；

（十一）明确指出该文件不得转载或给第三方传阅；

（十二）中国基金业协会规定的其他内容。

应当采取合理方式向投资者揭示风险，确保推介材料中的相关内容清晰、醒目。

第十一条　募集销售人员推介私募基金时，禁止下列行为：

（一）公开推介或者变相公开推介；

（二）推介材料虚假记载、误导性陈述或者重大遗漏；

（三）以任何方式承诺投资者资金不受损失，或者以任何方式承诺投资者最低收益，包括宣传预期收益、预计收益、预测投资业绩等；

（四）夸大或者片面推介基金，违规使用安全、保证、承诺、保险、避险、有保障、高收益、无风险等可能使投资人认为没有风险的表述；

（五）登载任何自然人、法人或者其他组织的祝贺性、恭维性或推荐性的文字；

（六）恶意贬低同行；

（七）允许非本机构雇用的人员进行推介；

（八）推介非本机构募集的私募基金；

（九）法律、行政法规、中国证监会的有关规定和中国基金业协会自律规则禁止的其他行为。

第十二条　公司及全体员工禁止在以下媒介渠道推介私募基金：

（一）公开出版资料；

（二）面向社会公众的宣传单、布告、手册、信函、传真；

（三）未经邀约面向公众的讲座、报告会、分析会；

（四）海报、户外广告；

（五）电视、电影、电台及其他音像等公共传播媒体；

（六）公共网站链接广告、博客等；

（七）未设置特定对象调查程序的募集机构官方网站、微信朋友圈等互联网媒介；

（八）未经特定对象调查程序的电话、短信和电子邮件等通信媒介；

（九）法律、行政法规、中国证监会的有关规定和中国基金业协会自律规则禁止的其他行为。

第十三条　在与投资者签署合同之前，应当向投资者说明有关法律法规，须重点揭示私募基金风险，并与投资者一同签署风险揭示书。风险揭示书的内容包括但不限于：

（一）本产品的特殊风险，包括基金合同与中国基金业协会合同指引不一致的风险、基金未托管风险、基金委托募集的风险、未在中国基金业协会备案的风险、聘请投资顾问的风险等；

（二）私募基金投资运作中面临的一般风险，包括资金损失风险、流动性风险、募集失败风险等；

（三）投资者对基金合同中投资者权益相关重要条款的逐项确认，包括当事人权利义务、费用及税收、纠纷解决方式等。

第十四条　在完成私募基金风险揭示后，投资者应当向募集机构提供金融资产证明文件，募集机构应当审查其是否符合合格投资者条件。

第十五条　在完成合格投资者确认程序后，募集机构应给予投资者不少于一天的投资冷静期，投资者在冷静期满后方可签署私募基金合同。

第十六条　在投资者签署基金合同后，合格风控部安排专门人员以录音电话、电邮等适当方式进行回访，回访过程不得出现诱导性陈述，须客观确认合格投资者的身份及投资决定。

回访电话用语规范如下：

1. 您好，请问您是×××先生/小姐吗，我是【身份介绍】，想向您回访确认您签署基金合同的一些情况。

2. 请问基金合同是您本人亲自签署的吗？

3. 您的投资决定（投资×××万元）是您了解公司产品后，自愿作出的吗？

未经回访确认,不得签署基金合同。回访确认后,合规风控部将回访名单报总经理审批并报董事长确认,履行合同盖章手续。

第十七条　违反本制度被投诉或举报、给公司造成损失的,公司可以给予通报批评、扣除当月奖金、年度奖金、解除合同等处理措施。涉嫌违反法律、法规及中国证监会有关规定的,移送中国证监会或司法机关处理。

第十八条　本制度自董事会审议通过后公布生效。

第十九条　本制度由董事会制定、解释和修改。

××投资管理有限公司

公平交易制度

(适用于私募证券投资基金管理人)

第一章　总　则

第一条　为进一步完善公司的公平交易,保证公司管理的不同投资组合得到公平对待,保护投资者合法权益,根据《中华人民共和国证券投资基金法》《证券投资基金管理公司管理办法》《私募投资基金监督管理暂行办法》等法律法规的规定,制定本制度。

第二条　公司从事投资管理活动应严格遵守法律法规关于公平交易的相关规定,在投资管理活动中公平对待不同投资组合,严禁直接或者通过与第三方的交易安排在不同的投资组合之间进行利益输送。

第三条　本制度规范的范围包括但不限于股票、债券的一级市场申购、二级市场交易等投资管理活动以及授权、研究分析、投资决策、交易执行、业绩评估等投资管理活动相关的各个环节。

第四条　公司合理设置各类资产管理业务之间以及各类资产管理业务内部的组织结构,在保证各投资组合投资决策相对独立性的同时,确保其在获得投资信息、投资建议和实施投资决策方面享有公平的机会。

公司各基金经理申报投资组合,向投资决策委员会提交投资审批申请,投资决策委员会在收到申请后两个工作日内反馈意见,给予投资建议及审批意见。

第五条　公司严格执行公司制定的投资决策流程,加强交易执行环节的内部控制,并通过工作制度、流程和技术手段保证公平交易原则的实现。同时,通过对投资交易行为的监控、分析评估和信息披露来加强对公平交易过程和结果的监督。

第二章　投资决策的内部控制与风险隔离

第六条　公司不断完善研究方法和投资决策流程,提高投资决策的科学性和客观性,确保各投资组合享有公平的投资机会,建立公平交易的制度环境。

第七条　公司投资研究业务部门应建立客观的研究方法，严禁利用内幕信息作为投资依据，任何投资分析和建议均应有充分的事实和数据支持，避免主观臆断。

第八条　投资交易部门及人员应根据上述方法建立全公司适用的投资对象备选库和交易对手备选库，制定明确的备选库建立、维护程序。

第九条　投资交易部门应在备选库的基础上，根据不同投资组合的投资目标、投资风格、投资范围和关联交易限制等，建立不同投资组合的投资对象备选库和交易对手备选库，投资组合经理在此基础上根据投资授权构建具体的投资组合。

第十条　公司董事会健全投资授权制度，明确投资决策委员会、投资总监、投资组合经理（基金经理）等各类投资决策主体的职责和权限划分，合理确定各投资组合经理的投资权限。投资决策委员会和投资总监等管理机构和人员不得对投资组合经理在授权范围内的投资活动进行干预。投资组合经理在授权范围内自主决策，超过投资权限的操作需要经过严格的审批程序。

第十一条　公司严格执行投资组合投资信息的管理及保密制度，不同投资组合经理之间的重大非公开投资信息应相互隔离。

第十二条　公司建立系统的交易方法，即投资组合经理应根据投资组合的投资风格和投资策略，制定客观、完整的交易决策规则，并按照这些规则进行交易决策，以保证各投资组合交易决策的客观性和独立性。

第三章　交易执行的内部控制与公平交易

第十三条　公司严格将投资管理职能和交易执行职能相隔离，实行集中交易制度，建立和完善公平的交易分配制度，确保各投资组合享有公平的交易执行机会。

第十四条　对于交易所公开竞价交易，公司应执行交易系统中的公平交易程序。对于由于特殊原因不能参与公平交易程序的交易指令，公司应建立相应的控制制度和流程。

第十五条　公司应完善银行间市场交易、交易所大宗交易等非集中竞价交易的交易分配制度，保证各投资组合获得公平的交易机会。对于部分债券一级市场申购、非公开发行股票申购等以公司名义进行的交易，各投资组合经理应在交易前独立地确定各投资组合的交易价格和数量，公司应按照价格优先、比例分配的原则对交易结果进行分配。

第四章　行为监控和分析评估

第十六条　合规风控部及稽核人员应加强对投资交易行为的监察稽核，建立有效的异常交易行为日常监控和分析评估制度，并建立相关记录制度，确保公平交易可稽核。

第十七条　合规风控部及稽核人员应对非公开发行股票申购、以公司名义进行的债券一级市场申购的申购方案和分配过程进行审核和监控，保证分配结果符合公平交易的原则。

第十八条　合规风控部及稽核人员应根据市场公认的第三方信息，对投资组合与交易对手之间议价交易的交易价格公允性进行审查。相关投资组合经理应对交易价格异常情况进行合理性解释，并向董事会报告。

第十九条　合规风控部及稽核人员应对不同投资组合，尤其是同一位投资组合经理管理的不同投资组合同向交易和反向交易的交易时机和交易差价进行监控，同时对不同投资组合临近交易日的同向交易和反向交易的交易时机和交易价差进行分析。相关投资组合经理应对异常交易情况进行合理性解释。

第二十条　在同一个交易日，公司管理的所有投资组合买卖相同证券（同向交易）的整体价差应趋于零。

第二十一条　投资审核部门应严格控制不同投资组合之间的同日反向交易，严格禁止可能导致不公平交易和利益输送的同日反向交易。确因投资组合的投资策略或流动性等需要而发生的同日反向交易，投资审核部门应要求相关投资组合经理提供决策依据，并留存记录备查（完全按照有关指数的构成比例进行投资的组合等除外）。

第二十二条　合规风控部门应对其他可能导致不公平交易和利益输送的异常交易行为进行监控，对于异常交易发生前后不同投资组合买卖该异常交易证券的情况进行分析。相关投资组合经理应对异常交易情况进行合理性解释。

第二十三条　合规风控部门应将公平交易作为投资组合业绩归因分析和交易绩效评价的重要关注内容，对于发现的异常情况应进行分析。

第五章　报告、信息披露和外部监督

第二十四条　合规风控部门及稽核人员如果发现涉嫌违背公平交易原则的行为，应及时向公司总经理汇报并采取相关控制和改进措施。

第二十五条　投资分析部门应分别于每季度和每年度对公司管理的不同投资组合的整体收益率差异、分投资类别（股票、债券）的收益率差异以及不同时间窗内（如5日内、10日内）同向交易的交易价差进行分析，由投资组合经理、合规风控经理、总经理签署后，妥善保存分析报告备查。

第二十六条　公司信息披露部门及相关人员应当在各投资组合的定期报告中，严格披露以下事项：整体公平交易制度执行情况；异常交易行为专项说明，其中，如果报告期内所有投资组合参与的交易所公开竞价同日反向交易成交较少的单边交易量超过组合证券当日成交量的5%，说明该类交易的次数及原因。

在投资组合的年度报告中，还应披露公平交易制度和控制方法，并在整体公平交易制度执行情况中，对当年度同向交易价差做专项分析。

第二十七条　公司同意公司委托的会计师事务所在公司年度内部控制评价报告中，对公司公平交易制度的完善程度和执行情况进行评价。

公司同意公司委托的基金评价机构在开展基金评价业务时，应将公平交易制度的完善程度、执行情况及信息披露作为评价内容之一。

第六章 附 则

第二十八条 公司管理的投资组合参与衍生品投资、境外投资等，应参照本制度制定相应的公平交易管理制度。

第二十九条 本制度由公司董事会制定、解释和修改。

第三十条 本制度自董事会审议通过并发布之日起施行。

××投资管理有限公司
员工交易及申报制度
（适用于私募证券投资基金管理人）

第一章 总 则

第一条 为规范本公司从业人员交易行为，防止出现利益冲突，防止员工个人投资交易中的不正当行为影响公司声誉和业务活动开展或者对公司构成重大合规风险，规范公司从业人员本人、配偶、利害关系人的证券投资行为，维护投资者/基金份额持有人的合法权益，特制定本制度。

第二条 本制度根据《证券投资基金法》《私募基金监督管理暂行办法》《基金从业人员证券投资管理指引（试行）》《关于基金从业人员投资证券投资基金有关事项的规定》等法律法规和规范性文件，以及公司相关管理制度制定。

第三条 本制度适用范围为全体与公司建立正式劳动关系的员工，包括与公司签订正式劳动合同的员工及派遣制员工（以下统称员工）。

第四条 本制度所规范的证券和股权投资行为包括：

（一）股票投资，包括上市公司股票及其衍生品（如权证、股指期货等）投资；

（二）证券投资基金投资；

（三）股权投资，指投资于未公开上市的公司的行为，包括但不限于公司设立时的初始投资以及通过股权转让、赠与、继承或增资等方式对公司进行投资。

第五条 本制度中所指直系亲属，指员工的配偶、父母、子女。

第二章 交易行为准则

第六条 公司员工应自觉遵守法律法规、相关监管规定和公司规章制度的要求，只能从事法律法规和相关监管规定允许的交易行为。不得利用内幕信息及其他未公开信息违规进行交易，不得直接或间接为其他任何机构和个人进行交易活动或做出投资决策，不得为他人提供交易信息或建议，不得利用职务便利为自己或他人谋取不当利益，不得进行任何形式的利益输送。

第七条 公司鼓励高级管理人员、投研部门负责人、基金经理等购买本公司管理的或者本人管理的基金份额，从而实现基金从业人员与基金份额持有人的利益一致。

公司鼓励员工通过定期定额或者其他方式购买公司管理的基金，进行长期投资。基金从业人员持有基金份额的期限不得少于6个月，高级管理人员、基金投资和研究部门负责人持有本公司管理的基金份额及基金经理持有本人管理的基金份额的期限不得少于一年，投资货币市场基金以及其他现金管理工具基金不受上述期限限制。

第八条　公司员工应坚持勤勉、谨慎、尽责原则，诚实、公正地对待基金份额持有人，遵守基金份额持有人利益优先的原则，信守对基金份额持有人、监管机构和公司做出的承诺，不得从事损害基金财产和基金份额持有人利益的行为，不得从事任何与履行工作职责有利益冲突的活动。

第九条　员工进行证券投资或股权投资应该严格遵守有关法律法规和公司制度，并认真履行有关信息披露、申报、处置义务。

第三章　交易限制

第十条　公司员工投资证券投资基金应当遵循公平、公开和公正的原则，防范利益冲突和利益输送，应当树立长期投资的理念，强化与基金份额持有人共享利益、共担风险的意识，公平对待公司管理的基金，不得为牟取短期利益从事损害其他基金份额持有人利益的行为。

第十一条　公司员工持有一只基金份额的期限不得少于6个月，持有期不足6个月的，不得卖出、赎回或转换为其他基金；公司高级管理人员持有公司管理的基金份额以及基金经理持有本人管理的基金份额的期限不得少于1年。投资货币市场基金以及其他现金管理工具基金不受上述期限限制。员工多次投资同一基金的，应根据先进先出原则，分别计算单次投资基金份额的持有期限。

第十二条　公司员工投资本公司所管理基金的，其投资行为所适用的认(申)购、转换或赎回费率等应按照基金合同、基金招募说明书、基金公告等规定执行。

第十三条　员工进行直接或间接的向公司投资的公司进行股权投资，应事先报公司备案，并应遵循基金份额持有人利益优先和公司利益优先的原则，避免利益冲突的情况。

第十四条　员工进行股权投资的限制：

(一)不得投资于与公司有或者可能有重大业务关系、竞争关系或利益冲突的公司；

(二)不得投资于从事证券投资、证券投资咨询等与证券投资和交易有关业务的公司；

(三)不得在其投资的公司中兼职并领取薪酬；

(四)不得进行其他可能损害基金份额持有人利益和公司利益的股权投资；

(五)不得进行无论在规模上还是性质上会影响员工正常履行工作职责的股权投资。

第十五条　员工直接或间接持有的原未上市的股权投资转为上市的，应按下述流程进行处置。

(一)公司管理的基金或投资组合参加该股权投资的询价和投资的，持有该股权的员工应本着避免利益冲突的原则，不得参加有关投资决策，并主动向公司提出回避；

(二)该股权投资可以公开交易的，员工应在3个月内卖出。

第四章　交易申报、备案管理和信息披露

第十六条　员工应如实填写《员工首次申报股票/基金/个人股权投资情况备案表》，向公司申报其在加入本公司前所持有的股票、基金和个人股权投资情况，并应自加入公司后3个月内对所持的禁止投资的股票进行处置。

第十七条　员工应在入职后3个工作日内，如实填写《员工及亲属基本信息申报表》，申报本人及直系亲属的详细信息（包括姓名、与员工关系、身份证号、工作单位及职务等），并提交相应的身份证原件扫描件。其中，公司高管、基金经理、投资经理等人员的亲属信息范围比照任职资格登记表要求确定（即包括但不限于本人父母、配偶、子女、兄弟姐妹和配偶父母、兄弟姐妹以及与本人关系密切或有重大利益关系的人士。）任职期间，上述信息如有变化，员工应在3个工作日内重新填写该表，并上报公司。

第十八条　公司根据员工提交的《员工直接 / 间接股权投资备案表》对员工的股权投资进行备案审查和登记。

第十九条　公司对股权投资的备案审查应以避免与基金、公司或公司所开展的各类业务发生实际或可能的利益冲突为主要原则。如果公司在审查中发现员工的股权投资符合第十四条所述内容的，应要求其停止该股权投资，并说明理由。员工应当服从公司的决定。如员工拒不接受的，公司有权解除与其的劳动合同。如果超过10个工作日公司未对员工进行书面回复，视为公司对员工该项股权投资行为不持异议。

第二十条　员工应当保证其向公司申报的投资信息真实、准确、完整、及时。

第二十一条　公司应当在基金合同生效公告、上市交易公告书以及相关基金半年度报告和年度报告中披露下列信息：

（一）本公司基金从业人员持有基金份额的总量及占该只基金总份额的比例；

（二）本公司高级管理人员、基金投资和研究部门负责人持有该只基金份额总量的数量区间；

（三）该只基金的基金经理持有该只基金份额总量的数量区间。

第（二）、（三）项所指基金份额总量的数量区间为0至10万份（含）、10万份至50万份（含）、50万份至100万份（含）、100万份以上。

公告中的相关数据由公司相关部门统计编制，并由合规风控部门进行复核。人力资源部应协助提供所有员工姓名、身份证号以及职务等信息。

第五章　日常管理

第二十二条　登记和监察工作，包括：

（一）在收到员工关于证券投资和股权投资的备案申请后进行登记；

（二）对员工上报的个人及亲属信息与其提交的身份证（含扫描件）进行核对，如员工有特殊困难无法提供身份证原件扫描件的，应要求其提交身份证复印件，并采用合理方式对其姓名及身份证号

码信息进行核对；

（三）妥善保管公司员工证券投资和股权投资的申报或备案材料；

（四）定期或不定期对员工投资行为等进行检查，包括每季度从基金事务部获得公司员工投资基金的统计数据，并对其合规性进行检查，以期发现是否存在违反法律法规和公司制度规定的行为；

（五）妥善保存公司员工投资基金的相关记录。

合规风控部应做好检查留痕，并对工作所获知的相关信息负严格保密义务。

第二十三条　公司行政管理部们负责定期（季度、半年度和年度）统计公司员工投资基金的明细和余额情况，并编制法规规定的相关信息披露文件。风控合规部应对其进行复核。

第二十四条　公司在检查员工的证券投资和股权投资行为以及员工直系亲属的股票投资行为时，若发现存在利益冲突可能的，有权要求员工限期对该投资行为作出处置。员工应当服从公司的决定。如员工拒不接受的，公司有权解除与其的劳动合同。

第二十五条　新员工入职时，未及时申报或虚假申报的，即为该新员工试用期不符合录用条件，公司将不予转正。人力资源部在员工试用期转正之前应征询法务部意见，以确定该员工是否已经完成个人入职申报。

第二十六条　员工未按规定定期申报个人及亲属投资信息的，风控合规部将给予邮件提醒一次，如经提醒仍未申报的，风控合规部将给予书面提示函。如虽经出具书面提示函仍不申报的，风控合规部将作为违规行为，填写《日常合规监察异常情况报告表》上报公司。

第二十七条　员工未准确更新个人及亲属信息、及时准确申报基金投资和股权投资信息的，风控合规部发现后将作为违规行为，填写《日常合规监察异常情况报告表》上报公司。

第二十八条　如员工违反法律法规规定和本管理制度，公司将视情节严重情况给予罚款或/（和）纪律处分。罚款金额为每次人民币3000元加不当获利金额的两倍。纪律处分包括口头警告、书面警告和解雇。对于员工违规情节轻微，且未对公司财产或声誉造成影响的，公司将给予口头警告、书面警告等处罚；对于情节严重，或者对公司财产或声誉造成不良影响的，公司有权解除劳动合同，并按规定向中员工个人证券和股权投资管理制度国证监会及相关派出机构报告；情节严重构成犯罪的将依法移送司法机关追究相应责任。员工行为给公司造成损失的，公司有权依法向员工追偿。

第二十九条　公司对员工备案信息予以严格保密，任何部门和个人均不得随意查阅或探听，但下列情况中，经履行适当审批程序，风控合规部可以向被授权人提供相关信息：

（一）风控合规部履行工作职责；

（二）司法机关或监管机关依法对员工个人投资进行调阅、查询或检查；

（三）因工作需要，经总经理批准后，对员工个人投资进行调阅和查询。

第六章　附　则

第三十条　在法律法规和相关监管规定未许可之前，公司员工不得投资于特定客户资产管理计划。如法律法规和相关监管规定对于基金公司员工的投资行为有新的规定的，公司将相应对本制度进行修订。

第三十一条　本制度首次颁布执行后，所有员工应在10个工作日内如实填写《员工首次申报股票/基金/个人股权投资情况备案表》和《员工和亲属基本信息申报表》，向公司申报其所持有的股票、基金和个人股权投资情况，以及直系亲属的详细信息。

第三十二条　公司将适时根据有关法律法规的要求及公司业务的发展情况和公司内部执行的情况对本制度作进一步调整和完善。

第三十三条　本制度公司董事会负责制定、解释、修改。

第三十四条　本制度自董事会审核批准之日起实施。

××投资管理有限公司投资决策委员会规则

第一章　总　则

第一条　为建立××投资有限公司及受托资金和资产投资决策程序的高效性、合理性和科学性，完善所管理资产投资决策程序，提高资产投资决策的效益和决策的质量，公司设立投资决策委员会，并根据《证券投资基金法》《私募基金管理暂行办法》《公司法》《合伙企业法》《公司章程》及相关制度等有关规定，制定本议事规则。

第二条　投资决策委员会是公司按照《公司法》《合伙企业法》《公司章程》及公司有关制度、有关规定共同产生投资决策委员会委员，设立的专门工作机构。主要负责企业管理的资产的对外投资项目和重大投资决策做出投资决策，并向董事会负责。

第三条　投资决策委员会所作投资决议必须遵守《公司章程》《基金合同》《合伙协议》等有关协议规定细则及其他有关法律、法规和规范性文件的规定。

第二章　人员组成

第四条　公司投资决策委员会由3至13名成员组成，其中合伙人代表2人至3人，普通合伙人(如有)1人，公司管理层董事、总经理、投资总监、风控总监个1人，外部专家委员1人。外部专家委员包括投行专家、财务专家、法律专家、行业专家等。

第五条　投资决策委员会委员应符合以下基本条件：

(一)熟悉国家有关法律、法规、熟悉公司经营管理和股权投资运营；

(二)遵守诚信原则，公正廉洁、忠于职守，能够为维护所管理资产的权益积极开展工作；

(三)有较强的金融行业专业技术能力和判断能力及其他行业的综合研究能力，能处理复杂的涉及重大投资、风险管理等方面的问题，具备独立工作的能力；

(四)具有履行职责所必需的时间和精力。

第六条　投资决策委员会设主任委员1名，负责召集和主持决策委员会会议。当决策委员会主任委员不能或无法履行职责时，由其指定一名其他委员代行其职责。投资决策委员会主任委员不参与拟投项目的投资表决,但对拟投资项目具有一票否决权。投资决策委员会主任委员由普通合伙人推荐,经合伙人会议1/2以上表决通过,每届任期一年。

第七条　投资决策委员会因委员辞职、免职或其他原因而导致人数低于规定人数的2/3时,应补选新的委员。在投资决策委员会委员人数达到规定人数的2/3以前,投资决策委员会暂停行使本议事规则规定的职权。

第三章　职责权限

第八条　投资决策委员会主要行使下列职权:

(一)分析判断宏观经济形势和资本市场走势,审议基金战略资产配置计划和年度资产配置计划报全国社会保障基金理事会理事大会批准;审定基金季度资产配置计划;

(二)审定基金投资基准;审定基金重大投资评判标准;

(三)审定基金投资风险管理报告;

(四)审定基金年度绩效评估报告;

(五)审定投资管理人和托管人的选聘和解聘方案,审定对投资管理人和托管人年度考评和经理事长或分管副理事长提议审议的专项检查报告;

(六)审定基金重大投资方案;审定股权基金投资和直接股权投资项目立项、尽职调查和信托贷款项目尽职调查以及部分项目的合同谈判等投资报告;

(七)批准新产品投资和组合策略调整等方案;

(八)审定其他重大投资决策。

第九条　投资决策委员会主任履行以下职责:

(一)召集、主持委员会会议;

(二)代表投资决策委员会报告工作;

(三)应当由投资决策委员会主任履行的其他职责。

第十条　投资决策委员会履行职责时,相关职能部门应给予配合,投资委员会可以聘请外部专业的咨询顾问机构和中介机构,提供专业的建议进行投资决策,有关费用由所管理资产承担。

第四章　会议的召开与通知

第十一条　投资决策委员会会议分定期会议和临时会议,由主任委员召集并主持。投资决策委员会会议应由委员会委员本人出席,也可委托其他委员代为出席会议并行使表决权。

第十二条　投资决策委员会定期会议每月至少召开两次,审议事项包括但不限于以下内容:

(一)审议资产投资方案和项目执行情况,并根据实际需要进行调整和修订;

(二)制定年度资产投资项目发展计划和经营目标;

(三)资产投资管理的年度投资预算方案、决算方案的执行情况;

(四)审议下一年度的投资预算方案、决算方案;

（五）资产投资管理及其他影响投资收益的重大事项的实施情况报告；

（六）投资决策委员会年度履职情况汇总报告。

第十三条　投资决策委员会主任委员认为必要时，或1/2以上委员联名提议时，应召集临时会议，对于临时重大投资项目决策，投资决策委员会应召开会议，审议投资项目可行性报告，并于会议召开前3天通知全体委员。会议由主任委员主持，主任委员不能出席时可委托其他一名委员主持。

第十四条　投资决策委员会会议通知应至少包括以下内容：

（一）会议召开时间、地点；

（二）会议期限；

（三）会议需要讨论的议题；

（四）会议联系人及联系方式；

（五）会议通知的日期。

第五章　议事与表决程序

第十五条　投资决策委员会会议应由2/3以上委员（含2/3）出席方可举行。每名委员享有一票的表决权，会议作出的决议须经全体委员半数通过。

第十六条　投资决策委员会会议应由委员会委员本人出席，也可以委托其他委员代为出席会议并行使表决权。

第十七条　投资决策委员会委员委托其他委员代为出席会议并行使表决权的，应向会议主持人提交授权委托书。授权委托书应不迟于会议表决前提交给会议主持人。

第十八条　授权委托书应由委托人和被委托人签名至少包括以下内容：

（一）委托人姓名；

（二）被委托人姓名；

（三）代理委托事项；

（四）对会议议题行使投票权的指示赞成、反对、弃权以及未作具体指示时，被委托人是否可按自己意思表决的说明；

（五）授权委托的期限；

（六）授权委托书签署日期。

第十九条　投资决策委员会委员既不亲自出席会议，亦未委托其他委员代为出席会议的，视为未出席相关会议。决策委员会委员连续3次不出席会议的，视为不能适当履行其职权，合伙人决议可以撤销其委员职务。

第二十条　投资决策委员会会议对所议事项采取集中审议、依次表决的规则，即全部议案经所有与会委员审议完毕后，依照议案审议顺序对议案进行逐项表决。

第二十一条　投资决策委员会如认为必要，可以召集合伙理事、其他高级管理人员列席会议，其他人员列席会议介绍情况或发表意见，但非决策委员会委员对议案没有表决权。

第二十二条　投资决策委员会会议的表决方式均为举手表决。委员会临时会议在保障委员充分表达意见的前提下,可以用传真或网络方式(包括电子邮件、本公司信息化办公系统)进行并作出决议,表决方式为签字方式。会议主持人应对每项议案的表决结果进行统计并当场公布,由会议记录人将表决结果记录在案。

第二十三条　委员会委员必须按照法律、法规及公司章程的规定对投资行为承担忠实义务和勤勉义务。委员会会议通过的报告、决议和建议必须符合法律、法规及公司章程等的要求。

第六章　会议决议和会议记录

第二十四条　投资决策委员会每项议案获得规定的有效表决票数后经会议主持人宣布即形成投资决策委员会决议。

第二十五条　投资决策委员会对于投资项目的相关决议未得到风险控制委员会的决议认可后,投资决策委员会应组织对投资项目的重新研究分析和投资方案设计并重新进行投资决策委员会审议。

第二十六条　投资决策委员会委员应不迟于会议决议生效之次日,将会议决议有关情况备案,并督促和推进投资管理部门实施执行相关决议。

第二十七条　投资决策委员会会议应当有书面记录,出席会议的委员和会议记录人应当在会议记录上签名。出席会议的委员有权要求在记录上对其在会议上的发言作出说明性记载。投资决策委员会会议记录、委员会决议的书面文件作为公司档案由公司保存,保存期至少5年。

第二十八条　投资决策委员会会议记录应至少包括以下内容:

(一)会议召开的日期、地点和召集人姓名;

(二)出席会议人员的姓名受他人委托出席会议的应特别注明;

(三)会议议程;

(四)委员发言要点;

(五)每一决议事项或议案的表决方式和载明赞成、反对或弃权的票数的表决结果;

(六)其他应当在会议记录中说明和记载的事项。

第二十九条　委员会决议违反法律、法规致使资产遭受严重损失时,参与决议的委员负相关责任。但经证明在表决时曾表明异议并记载于会议记录的,该委员可以免除责任。

第三十条　投资决策委员会决议实施的过程中,投资决策委员会主任委员或其指定的其他委员应就决议的实施情况进行跟踪检查,在检查中发现有违反决议的事项时,可以要求和督促有关人员予以纠正。有关人员若不采纳意见,投资决策委员会主任或其指定的委员应将有关情况向合伙人大会作出汇报,由合伙人大会决议处理。

第七章　附　则

第三十一条　本规则未尽事宜,按国家有关法律法规、规范性文件、《合伙协议》和《公司法》的规定执行，本规则如与国家日后颁布的法律法规、规范性文件或经合法程序相抵触时，按修改后的国家有关法律法规、规范性文件的规定执行，并及时修订。

第三十二条 本议事规则由董事会负责修订和解释。

第三十三条 本议事规则董事会审议通过之日起执行。

××投资管理有限公司风险控制委员会议事规则

第一章 总 则

第一条 为完善公司治理结构，提高公司对各种风险的控制能力和水平，根据《公司章程》及其他有关规定，公司董事会设立风险控制委员会，并制定本规则。

第二条 风险控制委员会主要负责公司经营管理和直接投资业务中各种风险的控制和管理，其成员（委员）由董事会聘任。

第二章 风险控制委员会的组成和职责

第三条 风险控制委员会由3至7人组成，设主任委员1名。董事可以担任风险控制委员会的主任委员，但不得担任一般委员。

第四条 风险控制委员会委员和主任委员由公司董事长提名，报董事会批准后任免。

第五条 风险控制委员会委员任期与董事会任期一致，委员任期届满，可以连选连任。

第六条 风险控制委员会的主要职责：

（一）制定公司直接投资业务的风险控制政策，建立风险指标体系，对直接投资业务进行全面监督、控制和审查。

（二）提出公司业务经营管理过程中防范风险的指导意见，审定公司业务风险控制的制度和流程，组织对业务经营管理过程中的风险监控，对已出现的风险制定化解措施。

（三）对项目有关资料和评审委员会的评审意见进行风险评估，提出书面项目评估意见书。

（四）建立动态风险监控机制，出具项目动态风险分析报告。

（五）对公司风险及管理状况和风险管理能力和水平进行评估，提出完善公司风险管理和内部控制的建议。

（六）负责公司经营过程中其他风险的控制和管理。

（七）董事会授权的其他事宜。

第七条 风险控制委员会对董事会负责，委员会的建议和报告提交董事会审议决定。

第三章 议事规则及程序

第八条 在风险控制委员会决定召开会议前，公司有关部门必须及时向风险控制委员会提供以下材料：

（一）监管部门和公司风险管理的相关规定；

（二）公司风险管理和内部控制报告；

（三）公司风险状态报告；

（四）公司资产质量动态分析报告；

（五）直接投资项目尽职调查报告、项目投资实施方案、可行性研究和项目评估报告等；

（六）其他相关材料。

第九条　风险控制委员会根据工作需要召开会议，并于会议召开前通知全体委员。

第十条　风险控制委员会应由3名委员全体出席方可举行；否则，会议顺延或另行通知。会议由主任委员主持，每一名委员有一票的表决权；会议作出的决议，必须经全体委员的2/3以上通过。

第十一条　风险控制委员会会议表决方式为投票表决；也可以采取通信表决的方式。

第十二条　投资项目小组成员可列席风险控制委员会会议，必要时风险控制委员会亦可邀请公司董事、监事及其他高级管理人员列席会议。

第十三条　根据投资业务需要，风险控制委员会可以聘请行业专家、律师、会计师等中介机构协助工作，为其决策提供专业意见，费用由公司承担。

第十四条　风险控制委员会会议的召开程序、表决方式和会议通过的议案必须遵循有关法律、法规、公司章程及本规则的规定。

第十五条　遇有突发风险，公司相关部门及个人应及时报告风险控制委员会全体成员，并报告全体董事、监事及其他相关人员。

第十六条　风险控制委员会会议应有会议记录，出席会议的委员应当在会议记录上签名；会议记录作为公司档案保存，保存期限为20年。

第十七条　风险控制委员会会议通过的议案及表决结果，应以书面形式报送董事会。

第十八条　出席会议的人员均对会议所议事项有保密义务，不得擅自披露有关信息。

第四章　附　则

第十九条　本规则自董事会决议通过之日起生效。

第二十条　本规则未尽事宜，按国家有关法律、法规和公司章程的规定执行；本规则如与国家日后颁布的法律、法规或经合法程序修改后的公司章程相抵触时，按国家有关法律、法规和公司章程的规定执行，并立即修订，报董事会审议通过。

第二十一条　本规则由公司董事会负责制定、解释和修改。

附录3　私募基金管理人处罚处分典型案例

证监会行政处罚案例&基金业协会纪律处分案例

一、证监会行政处罚案例

（一）案例1

【处罚对象】上海喆×股权投资基金管理有限公司

【处罚时间】2016年4月1日

【处罚原因】违反合格投资者规定

【处罚措施】警告，并处以罚款3万元；对实际控制人给予警告，并分别处以顶格罚款3万元。

【具体事实】

陕西金×投资管理有限公司（以下简称金×）向投资者王某销售上海喆×股权投资基金管理有限公司（以下简称喆×基金）担任普通合伙人的有限合伙型基金份额。王某实缴出资额30万元，投资于单只私募基金的金额低于100万元。喆×基金向非合格投资者募集资金的行为，违反了《私募投资基金监督管理暂行办法》第十一条“私募基金应当向合格投资者募集”的规定（私募基金的合格投资者是指具备相应风险承受能力和风险承担能力，投资于单只私募基金的金额不低于100万元且符合相关标准的单位和个人）。喆×基金、金×为关联企业，上述企业的实际控制人是陈某、黄某，二人也是对喆×基金违规行为直接负责的主管人员。依据《私募投资基金监督管理暂行办法》第三十八条规定，上海证监局决定责令喆×基金改正，给予警告，并处以顶格罚款3万元；对黄某、陈某给予警告，并分别处以顶格罚款3万元。

（二）案例2

【处罚对象】广州××投资管理有限公司

【处罚时间】2016年5月20日

【处罚原因】违背承诺非法减持股票

【处罚措施】责令改正，警告，并处以3万元罚款；对董事长、投资总监、合规风控负责人给予警告，并处以2万元、1万元罚款。

【具体事实】

2015年2月5日，山东××新材料股份有限公司（以下简称××股份）发布《关于持股5%以上股东增持股份的提示性公告》，披露收到广州××投资管理有限公司（以下简称广州××）告知函，广州××实际控制有关证券账户增持“××股份”股票达到2818984股，占总股本6.35%。按照中国证监会〔2015〕18号公告规定，从2015年7月8日起6个月内，上市公司控股股东和持股5%以上股东不得通过二级市场减持本公司股票。2015年7月10日，广州××以持股5%以上股东身份书面承诺6个月内不减持“××股份”股票，同日，××股份在公告中对有关承诺进行了披露。2015年9月7日起，广州××实际控制并决策通过相关证券账户在二级市场多次卖出“××股份”股票，截至9月25日，累计卖出741777股，金额3617.6万元，占××股份总股本的1.67%。广州××的上述行为违反了中国证监会〔2015〕18号公告第一条的规定，构成《私募投资基金监督管理暂行办法》第二十三条第（九）项“法律、行政法规和中国证监会规定禁止的其他行为”。依据《私募投资基金监督管理暂行办法》第三十八条规定，广东证监局决定责令广州××改正，给予警告，并处以3万元罚款；对易某（时任广州××董事长兼投资总监）给予警告，并处以2万元罚款；对欧某（时任广州××合规风控负责人）给予警告，并处以1万元罚款。

（三）案例3

【处罚对象】××金城投资担保有限公司

【处罚时间】2016年5月27日

【处罚原因】向不特定对象公开宣传推介产品、违规承诺收益

【处罚措施】给予警告，并处以2万元罚款；对总经理、副总经理给予警告，并处以2万元、1万元罚款。

【具体事实】

××金城投资担保有限公司（以下简称××金城）通过制作和散发宣传材料、张贴海报等方式，向不特定社会公众宣传和推介智能时代一期契约型私募投资基金（以下简称智能时代基金）。在智能时代基金产品的宣传材料、海报中，向投资者承诺基金年化收益12.6%；宣传册中宣称该基金募集规模为5000万元人民币，每份基金的份额面值为人民币50万元，最低认购额为1份，即50万元人民币。××金城在对相关投资者发售基金份额时，未对投资者风险识别能力和风险承担能力进行评估，未取得个人投资者符合合格投资者条件的书面承诺以及签字确认的风险揭示书。对××金城的上述行为，时任××金城总经理的牛某是直接负责的主管人员，时任××金城副总经理的田某是其他直接责任人。××金城、牛某、田某基金募集违法行为，违反了《证券投资基金法》第八十八条、第九十二条，以及《私募投资基金监督管理暂行办法》第十二条、第十四条、第十五条、第十六条规定，依据《证券投资基金法》第一百二十八条、第一百三十六条以及《私募投资基金监督管理暂行办法》第三十八条规定，山西证监局决定，对××金城给予警告，并处以2万元罚款；对牛某给予警告，并处以2万元罚款；对田某给予警告，并处以1万元罚款。

（四）案例4

【处罚对象】广东××信息科技投资管理有限公司

【处罚时间】2016年11月11日

【处罚原因】通过网站向不特定公众宣传推介产品；违反投资者适当性制度；挪用基金财产

【处罚措施】警告，并处以3万元罚款；对直接主管人员给予警告，并处以2万元罚款。

【具体事实】

广东××信息科技投资管理有限公司（以下简称××投资）通过本公司网站向不特定社会公众宣传和推介××一号证券投资基金和深圳前海××资产管理中心（有限合伙）基金（以下简称××基金）；向6名

非合格投资者销售募集浩源泰兴××基金；以借款名义挪用××基金5万元用于公司资金周转。××投资的上述行为违反了《私募投资基金监督管理暂行办法》第十一条、第十二条、第十四条、第二十三条规定。依据《私募投资基金监督管理暂行办法》第38条规定，广东证监局决定对××投资给予警告，并处以3万元罚款；对直接主管人员时任××投资法定代表人兼总经理郝某给予警告，并处以2万元罚款。

（五）案例5

【处罚对象】广州××股权投资有限公司

【处罚时间】2016年11月11日

【处罚原因】通过网站向不特定公众宣传推介产品；执行投资者风险评估不到位；未办理所募集资金的托管手续

【处罚措施】警告，并处以3万元罚款；对直接负责的主管人员给予警告，并分别处以2万元罚款。

【具体事实】

广州××股权投资有限公司（以下简称××投资）通过本公司网站向不特定社会公众宣传和推介广州××投资管理中心基金（以下简称××基金）和广州××投资管理中心基金（以下简称××基金）；在自行销售××基金和××中心基金过程中，未对所有投资者以调查问卷等形式开展有效风险评估；对已开展风险评估的投资者，采取的风险评估调查问卷形式简单、且无后续跟踪；××基金募集说明书和入伙协议均明确约定募集资金必须委托经中国银监会认可的商业银行进行托管或监管，但××基金自成立以来，××投资一直未办理托管手续。××投资的上述行为违反了《私募投资基金监督管理暂行办法》第十四条、第十六条、第二十一条第一款规定。依据《私募投资基金监督管理暂行办法》第三十八条规定，广东证监局决定对××投资给予警告，并处以3万元罚款；对直接负责的主管人员时任××投资法定代表人兼执行董事黄某、总经理刘某和副总经理刘某3人给予警告，并分别处以2万元罚款。

（六）案例6

【处罚对象】深圳××投资管理有限公司

【处罚时间】2016年12月16日

【处罚原因】公司实际控制人与其为交易决策人的私募产品之间进行股票交易

【处罚措施】给予实际控制人警告，并处以3万元罚款。

【具体事实】

深圳××投资管理有限公司（以下简称××）控股股东及实际控制人陈某是××担任管理人或投资顾问的6只产品的交易决策人之一。陈某知悉上述6只产品于2015年5月11日买入“世荣兆业”的信息，并于当日控制“吴某卿”证券账户卖出“世荣兆业”1897826股，其中，与上述6只产品互为对手方交易的“世荣兆业”合计1078436股，涉及交易金额15628223.78元。陈某的上述行为违反了《私募投资基金监督管理暂行办法》（证监会令第105号）第二十三条规定，依据《私募投资基金监督管理暂行办法》第三十八条规定，深圳证监局决定对陈某给予警告，并处以3万元罚款。

二、基金业协会纪律处分案例

（一）案例1

【处分对象】厦门××资产管理有限公司

【处分时间】2017年1月19日

【处分原因】为违法证券活动提供便利（劣后级投资人直接下达投资指令、设子账户）

【处分措施】暂停受理××资产管理计划备案，暂停期限为6个月。

【具体事实】

××资产管理有限公司（以下简称××管理）管理的"辉煌腾达1号资产管理计划"（以下简称辉煌腾达1号）设立于2015年7月16日，募集规模500万元。A级份额委托人为×××，认购金额375万元；B级份额委托人为苏某，认购金额125万元。资产管理合同约定，A级份额按照8%的年化预期收益率获取优先收益，剩余收益归B级份额。苏某是厦门市××在线网络科技有限公司（以下简称××在线）的主要股东和实际控制人。中国证监会厦门监管局（以下简称厦门证监局）检查发现，××在线未经许可为买卖股票和期货提供融资（以下简称场外配资），违法开展证券业务。同时，××管理允许苏某通过国贸期货使用的上海××资产管理系统（以下简称××系统）直接下达辉煌腾达1号的投资指令，并且知道苏某在金牛系统辉煌腾达1号账户下设立了多个子账户。2016年7月5日，厦门证监局根据现场检查情况对××管理采取了责令改正的行政监管措施。根据厦门证监局的要求，××管理对上述行为进行了整改。在××系统的整改升级过程中，××国贸期货删除了全部子账户和相关交易记录，导致协会未能核实苏某是否将相关子账户出借给××在线的场外配资客户使用。

（二）案例2

【处分对象】××资产管理有限公司

【处分时间】2016年8月15日

【处分原因】违规开展资金池业务

【处分措施】暂停受理××资产管理计划备案，暂停期限为6个月。

【具体事实】

××资产管理有限公司（以下简称××管理）的X系列专项资产管理计划（以下简称X专项计划）、Y系列专项资产管理计划（以下简称Y专项计划）和Z-1号专项资产管理计划（以下简称Z专项计划）涉及违规开展资金池业务，3类专项计划具有以下资金池业务特征：

脱离对应资产的实际收益率分离定价。上述3类专项计划在认购申请书中以预期收益率或者业绩比较基准的名义约定收益率。根据上述3类专项计划资产管理合同，资产委托人的收益按照类似存款利息的方法进行计算，与专项计划估值和对应资产的实际情况无关。例如，Y专项计划资产管理合同在收益分配方面约定："每份份额期间收益=1元×该类份额锁定的业绩比较基准×该类份额锁定期的期间天数÷365""各期份额的业绩比较基准以管理人网站及当期认购（参与）申请书载明的内容为准"。专项计划终止时，资产委托人的收益足额分配后，民生加银"可以剩余现金形式计划财产为限收取业绩报酬”。

不同资产管理计划进行混同运作，资金与资产无法明确对应。X专项计划的投资标的中，股权资产占比18%，债权资产占比44.58%，标准化资产占比3.51%，其他金融资产占比33.91%，平均投资剩余期限为1.5年以上。X专项计划定期开放，资产委托人认购资产管理计划份额期限平均约为6个月。Y专项计划的投资标的中，股权资产占比14.44%，债权资产占比39.84%，标准化资产占比8.94%，其他金融资产占比36.79%，平均投资剩余期限为1.5年以上。Y专项计划定期开放，资产委托人认购资产管理计划份额期限平均约为3个月。Z专项计划的投资标的中，债权资产占比65.73%，标准化资产占比34.27%，平均投资剩余期限约为6个月，但是Z专项计划每周开放。上述3类专项计划的投资周期与开放周期不匹配，依靠滚动发行来进行流动性管理，造成同一系列后续发行的资产管理计划与前期发行的资产管理计划混同运作，资金与资产无法明确对应。

未能充分履行信息披露义务。根据有关法律、法规和资产管理合同约定，民生加银应当向资产委托人披露包括投资组合状况、投资表现、财务数据、风险情况等信息在内的年度报告和季度报告，发生可能影响资产委托人利益的重大事项时，应当及时通知资产委托人。Y专项计划约定每月至少向资产委托人公布一次经资产托管人复核的计划份额净值。××管理未能有效履行上述信息披露职责，导致资产委托人未能充分掌握上述3类专项计划的真实运作情况。例如，Y专项计划7号出资3.6亿元、Y专项计划20号出资4.4亿元共同认购深圳市BNCY投资企业（有限合伙）份额，用于向JSH股份有限公司增资，约定收益率9%，期限3年。以上信息，资产委托人不知情。此外，根据××管理的报告，X和Y专项计划“如资产管理计划项下出现风险资产，则由A银行安排资金承接”。这一安排对X和Y专项计划的业务性质与风险情况有重大影响，但是未向资产委托人进行信息披露，也未向中国证监会和协会报告。

（三）案例3

【处分对象】××资产管理有限公司

【处分时间】2016年5月5日

【处分原因】违规开展资金池业务

【处分措施】暂停受理××资产管理计划备案，暂停期限为6个月。

【具体事实】

××资产管理有限公司（以下简称××管理）的资产管理计划的运作模式存在资金池业务特征。具体如下：

××管理的几十只资产管理计划，大概可以分为3类：一是每日开放的现金管理类资产管理计划（现金管理计划），总规模约300亿元，按照货币基金的估值方法计算并发布年化收益率，投资者可以按此进行申购赎回；二是每月或每季度开放的短期理财类资产管理计划（短期理财计划），总规模约150亿元。短期理财计划的开放期交错安排，投资者在开放期内按照既定的预期收益率申购赎回；三是用于投资非标资产的专项理财计划（非标专项计划），如稳健收益3号，投资股权收益权，存续期都在一年以上。现金管理计划和短期理财计划合计总规模的最多约50%投向非标专项计划。当某只短期理财计划进入开放期时，其持有的非标专项计划会转让给其他不在开放期的短期理财计划和每日开放的现金管理计划，待开放期结束后再认购其他进入开放期的短期理财计划转让的非标专项计划，或认购其他非标专项计划。

截至2015年6月，××管理几十只资产管理计划采用上述相互关联的方式进行运作。以稳健收益3号第2期为例，稳健收益3号第2期的资产委托人为××管理的11只金融投资专项资产管理计划。上述金融投资专项资产管理计划为每天开放、每月或者每季度定期开放的现金管理类资产管理计划。每天开放的金融投资专项资产管理计划使用摊余成本法按照10.5%的利率对稳健收益3号第2期进行估值；每月或者每季度定期开放的金融投资专项资产管理计划，在开放期前将其持有的稳健收益3号第2期份额转让给中信信诚管理的其他不处于开放期或者每天开放的现金管理金融投资专项资产管理计划，转让价格按照10.5%的利率和对应持有期限采用摊余成本法计算。××管理每月或者每季度定期开放的金融投资专项资产管理计划一直按照预期年化收益率向投资者支付投资收益。

基金业协会认为，××管理上述三类资产管理计划的运作模式具有以下特征：

一是资金来源与资产运用的流动性无法匹配。现金管理计划每日开放，短期理财计划每月开放或者每季度开放，但是投资标的非标专项计划存续期都在一年以上。为了应对开放需要，现金管理计划和短期理财计划对非标专项计划进行内部交易，短期理财计划滚动发行，从而互相拆借流动性。

二是未能进行合理估值。现金管理计划在投资范围不符合货币基金有关规定的情况下，不得使用货币基金的估值方法。短期理财计划不得对非标专项计划简单采用摊余成本法进行估值，脱离对应资产的实际收益率进行分离定价，应当参照中国证监会《关于进一步规范证券投资基金估值业务的指导意见》（证监会公告〔2008〕38号）的规定，合理确定投资品种的公允价值。

三是未能进行充分信息披露。××管理未向投资者披露内部交易模式，未向投资者披露非标专项计划的有关情况。投资者投资决策的主要依据是××管理提供的现金管理计划和短期理财计划的收益率水平以及××管理的信用状况。在此情况下，投资者极易形成“刚性兑付”预期。

四是存在不同资产管理计划混同运作。2014年8月13日至9月23日，应当分别备案的两个不同的资产管理计划以1期和2期的名义在稳健收益3号同时存在。XX管理的其他非标专项计划也存在上述混同问题。

协会认为，上述三类资产管理计划的运作模式已经构成26号文和《八条底线细则》所禁止的资金池业务。

（四）案例4

【处分对象】××基金管理有限公司

【处分时间】2015年2月13日

【处分原因】备案完成前进行投资运作

【处分措施】暂停受理××基金资产管理计划备案，暂停期限为两个月。

【具体事实】

2014年12月8日，中国××证券有限责任公司（以下简称××证券）收到××基金管理有限公司（以下简称××基金）管理的"××基金光大银行华东科技定向增发3号资产管理计划""××基金光大银行华东科技定向增发4号资产管理计划""××基金光大银行华东科技定向增发分级资产管理计划"参与南京华东电子信息科技股份有限公司（以下简称华东科技）非公开发行股票申购报价单。2014年12月9日，以上3只资产管理计划和"××基金-光大银行-华东科技定向增发资产管理计划""××-久赢-光大银行-定向增发1号资产管理计划"和"××-通赢-光大银行-定向增发1号资产管理计划"募集资金到账。2014年12月10日，以上6只资产管理计划备案后正式成立。同日，××基金收到华东科技和××证券的《缴款通知书》和《认购协议》。2014年12月11日，××基金完成缴款。由于××基金在询价时提供的3只资产管理计划名单与实际缴款的6只资产管理计划账户不符，××证券取消××基金认购资格。

协会认定：

1. ××基金代表相关资产管理计划参与华东科技定向增发询价的行为，其实质是资产管理人下达资产管理计划的投资指令，已构成投资运作。

2.有关监管法规和资产管理计划合同都明确规定，在资产管理计划初始销售行为结束前，任何机构和个人不得动用资金。同时，资产管理计划合同明确约定，完成备案后资产管理计划合同才能成立生效。××基金作为资产管理人，在资产管理计划合同未成立生效的情况下，下达资产管理计划的投资指令，已经违反了有关规定。

3."行业惯例"不是基金业协会的执纪依据，不能据此减轻对××基金的纪律处分。基金业协会如果发现其他公司出现违反相关规定的类似情况，也会予以处理。

4.基金业协会在前期作出纪律处分决定时，曾收到××证券的书面报告，表示"接到了投资者的举报，××基金凭借已经获配的资格，以向投资者收取高额管理费用为条件在市场上募集产品，造成了恶劣的影响"。但是，××证券目前无法提供证据证明以上举报的真实性。由于举报事项未予查实，可以减轻对××基金的纪律处分。

（五）案例5

【处分对象】××基金管理有限公司

【处分时间】2015年2月13日

【处分原因】杠杆倍数超限

【处分措施】暂停受理××基金资产管理计划备案，暂停期限为3个月。

【具体事实】

2014年11月26日，××基金管理有限公司（以下简称××基金）设立"××基金-创金成长1号资产管理计划"（以下简称创金1号），按照"29∶1"分成A类份额和B类份额。资产管理计划合同中对收益分配的规定为："在本合同结束并清算时，将根据计划资产份额收益率（　）的不同收益情况，按以下方式对A类份额和B类份额进行分配。

1.R < 0当本计划的资产份额收益率　小于0时，本计划所受亏损按照初始份额配比（即初始获配比例）由A类份额和B类份额共同承担。

2.0≤　≤10%当本计划的资产份额收益率　大于等于0小于等于10%时，A类份额获取本计划的全部收益。

3. ＞10%当本计划的资产份额收益率R大于10%时，本计划对于小于等于10%的收益部分按照本节2分配，超过10%的收益部分A类份额获取10%，B类份额获取90%。

协会审理复核后认为：

1.创金1号的资产管理计划合同明确约定该资产管理计划是“混合型结构分级”资产管理计划。

2.分析 在不同区间时A、B两类份额的风险、收益分配，在0≤ ≤10%时以及 ＞10%时，该资产管理计划A、B类份额具有提供风险补偿或收益分配保障的特征，特别是 ＞10%时“以小撬大”的杠杆特征明显。××××基金在《复核申请书》中也承认了这一点。

3.在中国证监会提出杠杆倍数不得超过10倍的监管要求之后，其他公司已不再设立类似结构、类似倍数的资产管理计划，说明有关监管要求是清晰的。

故对根据法律和相关自律规则，对××基金作出暂停备案3个月的纪律处分。

附录4　涉私募基金管理人民事诉讼十案及裁判规则

涉私募基金管理人民事诉讼案件及裁判规则（一）

【案件】俞某与上海××投资有限公司保证合同纠纷

【案由】保证合同纠纷

【法院】浦东新区人民法院

【审级】一审

【案号】（2015）浦民一（民）初字第43690号

【裁判规则】第三人对投资人购买的基金产品出具收益承诺的，浦东法院认定有效。

【案件简要事实】

原告俞某认购上海×资产管理有限公司（以下简称×公司）发行、国信证券托管的×高傅量化一号基金1000万元人民币。2015年3月，俞某与被告上海××投资有限公司（××公司）签订《承诺函》，约定××公司承诺俞某年化收益率不低于10%，如低于10%的，××公司补足。如高于10%的部分，原告应当支付超过10%收益部分的80%给被告。

2015年10月20日，×公司发出×高傅量化一号基金清算公告，确认×高傅量化一号基金于2015年10月22日终止并进行清算。2015年10月26日，×公司发出基金清算报告。经清算，×公司在2015年10月27日向原告共分配了8558332.90元。原告认为××公司《承诺函》合法有效，被告应向原告补足基金产品年化收益率10%的差额部分，即2441667.10元。及从起诉之日起至实际付清日止的利息。

被告辩称，《承诺函》无效，违反《私募投资基金监督管理暂行办法》第十五条不得向投资者承诺投资本金不受损失或承诺最低收益，无效。

【法院判决】

《私募投资基金监督管理暂行办法》系部门规章，并非法律、行政法规。且该条未管理性规定而非效力性强制性规定，该条也仅规定私募基金管理人、私募基金销售机构不得承诺保本保收益，并未限定第三人提供担保。故该条不能作为认定《承诺函》无效的依据。《承诺函》有效，被告应该按约定补足原告年化收益率10%的差额及按同期存款利率计算的利息。

涉私募基金管理人民事诉讼案件及裁判规则(二)

【案件】安某诉北京××投资基金管理有限公司等合同纠纷

【案由】合同纠纷

【法院】北京海淀区人民法院

【审级】一审

【案号】(2015)海民(商)初字第29182号

【裁判规则】私募基金管理人对投资者承诺保本收益的，海淀法院认定合同有效，管理人应依约支付本金及利息。

【案件简要事实】

2014年7月23日，安某与北京××投资基金管理有限公司(以下简称××公司)、深圳××通创业投资中心(以下简称××投资中心)签订了《盛世添利(103号)保本型产品合伙协议》，通过××公司购买了××投资中心的固定收益基金产品，产品期限为6个月，至2015年1月24日止。合同生效后，安某收到受益权凭证，明确了第一次收益日期及金额。期满之后，双方再次签订补充协议，同意将合伙协议延期3个月，至2015年4月24日止。期满之后，两公司再也联系不上。原告诉至法院要求××公司返还本息213250元(本金200000元，利息13250元)，系××投资中心承担连带责任。赔偿违约金10000元，××投资中心承担连带责任。

两公司跑路，未到庭参加诉讼。

【法院判决】

案涉《盛世添利(103号)保本型产品合伙协议》《受益权凭证》《补充协议》等协议文本，在未有更多证据证明××公司存在违反我国效力性《强制性法律》法规规定的情况下，亦出于保护投资人权益的目的，本院对上述协议文本的民事合同效力不予否定。××公司、××投资中心均应严格依据协议约定，履行对安×的相应承诺，二者到期未返还安某本息，构成违约，应共同承担相应违约责任。故判决两公司支付投资本金20万元及投资收益13250元，违约金10000元。

涉私募基金管理人民事诉讼案件及裁判规则(三)

【案件】赵某与洛阳连××木业有限公司、××基金管理(深圳)有限公司合同纠纷

【案由】合同纠纷

【法院】洛阳市西工区人民法院

【审级】一审

【案号】(2016)豫0303民初第1806号

【裁判规则】未经备案的私募基金不属于合法合规的私募基金,洛阳法院认定因此签订的合同无效,应返还本金及利息。

【案件简要事实】

2016年1月20日,原告赵某与被告洛阳××木业有限公司(以下简称XX公司)、××基金管理(深圳)有限公司(以下简称××基金)签订了《大秦连豫林权产业基金认购意向书》及《补充协议》,《认购意向书》中原告认购100万元,并约定原告不参与该基金日常事务管理,但享受盈利分配。《补充协议》约定被告××公司自意向书签订之日起至2016年7月20日,若原告未补足基金认购意向金额的,其认购保证金和相应收益及对应期限由被告××公司进行回购,年化收益率不低于16%。2016年1月21日,原告向被告××公司支付认购保证金20万元。《认购意向书》约定待签订《大秦连豫林权产业基金合伙协议》后,原告再缴纳所有出资。时至今日,被告既没有让原告签订合伙协议,也未退还原告的认购保证金。

原告认为,被告××公司经营范围为保付代理(非银行金融类)、从事担保业务(不含融资性担保业务及其他限制项目)、供应商链条。该公司没有取得发行基金或者发行私募基金的资格,原、被告签订的《认购意向书》违反法律、行政法规的强制性规定,应属无效合同。故诉至法院要求确认合同无效,返还保证金及同期银行贷款利息。

【法院判决】

××公司未依据法律、法规登记备案,不属于合法合规的私募基金,被告××公司、××基金不具有私募基金管理人的资格。根据《中华人民共和国证券投资基金法》法律规定,未经登记,任何单位或者个人不得使用"基金"或者"基金管理"字样或者近似名称进行证券投资活动。两被告的经营范围均不包括基金募集,故原告与两被告签订的《大秦连豫林权产业基金认购意向书》无效。

合同无效,因该合同取得的财产,应当予以返还,故两被告应当将原告的认购保证金20万元予以返还及一并支付原告相应的利息损失。

涉私募基金管理人民事诉讼案件及裁判规则(四)

【案件】原告严某与被告江苏××股份有限公司基金管理有限公司财产损害赔偿纠纷

【案由】财产损害赔偿纠纷

【法院】南京市玄武区人民法院

【审级】一审

【案号】(2016)苏0102民初第3076号

【裁判规则】私募基金管理人及销售机构未进行风险识别能力和风险承担能力评估、未制作风险揭示书、未对产品进行风险评级和进行投资者适当性管理的,对投资者的损失应认定有过错,不当推介造成的损失应赔偿。

【案件简要事实】

2015年7月，被告江苏××股份有限公司基金管理有限公司（以下简称××公司）向原告推销上海雅×金融信息服务有限公司（以下简称雅×公司）的一款金融产品。原告在被告的强势宣传之下，于2015年7月10日认购了21份合伙份额，于7月17日认购了100份合伙份额，总价值121万元。原告与雅×公司签订了《投资合同书》。认购之后，原告从2015年8月开始每月收到18150元的回报。但自2016年2月起，原告就未再收到任何回报。

原告调查得知原告认购的合伙份额121万元没有进入雅×公司的账户，而是进入了扬州一个名叫开发区百特建材总汇的账户。原告认为，被告××公司超出经营范围违法经营金融产品代销业务，编造虚假信息，骗取原告的巨额资金，严重损害了原告的合法财产权，被告××美芝凌公司应当承担相应的赔偿责任。

被告刘某作为被告××公司的股东，在2015年7月3日股东会上，提出增加注册资本200万元，并获股东会通过，但被告刘某的200万元出资款尚未按实缴纳。原告认为，被告刘某作为股东应当在出资额范围内对公司承担有限责任，现被告刘某出资金额尚未到位，因此，如被告××公司的资产不足以赔偿原告，被告刘某应当在200万元范围内承担补充责任。

【法院判决】

法院认为，本案的争议焦点为：1.被告××公司在销售案涉金融产品时是否有过错；2.如有过错，则其承担损失赔偿数额如何确定；3.被告刘某是否应在其同意增加的200万元注册资本的范围内承担补充责任。

原告认购的案涉基金的管理人系雅×公司，××公司系代理销售机构，其向投资者提供的应更多是侧重于对基金产品投资收益和风险的宣传、进行客户风险等级评估等服务，引导投资者充分认识基金产品的风险特征，使投资者作出合理的选择，故××公司与原告之间构成的是金融服务法律关系，××公司应履行该种法律关系下的相应义务。本案中，作为案涉基金的销售机构，被告××公司没有按照上述规定，对原告进行风险识别能力和风险承担能力进行评估，由原告书面承诺符合合格投资者条件；没有制作风险揭示书，由原告签字确认。没有自行或者委托第三方机构对私募基金进行风险评级。且在向原告推介时，只告知原告可能得到多少收益，却没有提示风险。故应认定原告购买案涉私募基金系基于被告美芝凌公司不当推介行为所致，故应认定其过错行为与原告的损失间具有因果关系。

被告××公司在推介时未能根据案涉私募基金的风险和原告的实际状况履行适当的告知说明义务，未能确保原告在充分了解投资标的及其风险的基础上自主决定，具有重大过错。

为强化专业金融产品销售机构履行保护金融消费者权益的责任，提升金融消费者信心，维护国家的金融安全和稳定，本案不应适用过失相抵的规定，被告××公司对原告的损失应承担全部的赔偿责任，并应按同期中国人民银行贷款利率支付利息。

法院同时认为，在公司负有巨额到期债务的情况下，公司股东采取认缴制的期限利益就失去了基础。在审理中，直接判令股东缴纳出资以清偿债务，更加能够保护债权人的合法权益，维护市场正常经济秩序。故被告刘某对被告××公司不能清偿的赔偿款，在未出资的范围内履行出资义务，承担补充赔偿责任。

法院全部支持了原告的诉讼请求。

涉私募基金管理人民事诉讼案件及裁判规则（五）

【案件】原告朱某与被告云南××股权投资基金管理有限公司借款合同纠纷

【案由】借款合同纠纷

【法院】昆明市官渡区人民法院

【审级】一审

【案号】（2016）云0111民初第1654号

【裁判规则】对基金投资保本保收益，符合借款合同特征的，成立借款合同关系。收益未超过民间借贷年利率24%的，人民法院予以支持。

【案件简要事实】

原告朱某与被告云南××股权投资基金管理有限公司于2014年10月29日签订《孝信橡胶产业投资基金Ⅲ期募资说明书》及《孝信橡胶产业投资基金Ⅲ期基金认购书》，约定原告投资购买“孝信橡胶产业投资基金Ⅲ期”，由被告委托管理，收益后向原告返还本金并支付收益，合同约定预期收益为每年13%，存续期间为一年。但一年期限届满，被告未兑付本金及收益，只出具《未兑付确认函》。原告多次催收，被告仍未支付上述本金及收益。故诉至法院要求被告支付本金、收益以及至还清之日止的银行同期贷款利率计算的利息。

【法院判决】

孝信橡胶产业投资基金Ⅲ期，基金类型为有限合伙制私募投资基金，合伙企业名称为云南孝信橡胶投资合伙企业，预期收益率为每年13%，半年分配一次收益，存续期限为一年。投资起始规模为机构投资者20万元起，个人投资者20万元起，基金管理人为云南××股权投资基金管理有限公司，基金托管人为平安银行总行。

原告按约定被告缴纳基金认购款20万元，被告未向原告进行回访确认、投资风险揭示、出具认购确认手续，也未向原告报告合伙企业是否成立的情况，未办理投资人作为合伙企业合伙人的登记注册事宜，被告依约向原告支付了半年的投资收益1.3万元，但一年期满后被告未兑付投资收益，也未返还原告投资本金20万元。

原告与被告签订的《基金认购书》名为基金认购，但违反了《私募投资基金监督管理暂行办法》的规定，未向原告进行回访确认、投资风险揭示、出具认购确认手续，也未向原告报告合伙企业是否成立的情况，未办理投资人作为合伙企业合伙人的登记注册事宜，故原告、被告之间并不成立合法的基金合同关系。

被告收取原告投资款20万元，承诺投资存续期限为一年，每年收益率为13%，到期兑付投资款本金及收益，符合借款合同的特征，对收益率（即借款利率）的约定也未超出法律法规的限制性规定，原告、被告之间名为基金认购，实为借款合同关系。《最高人民法院关于审理民间借贷案件适用法律若干问题的规定》第二十六条规定，借贷双方约定的利率未超过年利率24%，出借人请求借款人按照约定的利率支付利息的，人民法院应予支持。原告要求被告支付投资款本金20万元、收益13000元及上述款项的利息，有事实及法律依据。法院支持了原告的诉讼请求。

涉私募基金管理人民事诉讼案件及裁判规则（六）

【案件】原告何某与被告徐某委托合同纠纷

【案由】委托合同纠纷

【法院】杭州市拱墅区人民法院

【审级】一审

【案号】（2013）杭拱商初字第1710号

【裁判规则】未备案私募基金，属于非法的私募基金，不受法律保护，合同无效。合同无效，因合同取得的财产，应予以返还。

【案件简要事实】

原告何某诉称，自2011年3月起，被告徐某自称为美国摩根公司杭州分公司工作人员，向原告推销该公司的理财产品，后原告何某按照被告徐某的要求，向被告个人账户多次转账以及以现金方式支付给被告徐某，款项共计人民币54万元。2011年年底，被告徐某所称的理财产品到期，但被告一直拒绝返还相关款项。故起诉法院要求被告返还。

【法院判决】

所谓的摩根私募基金并未在我国证监会申报、备案、核准，如若被告徐某所述其已代为购买了摩根私募基金的事实成立，亦属于非法的私募基金行为，不受法律的保护，应确认无效。根据我国《合同法》第五十八条的规定，合同无效或者被撤销后，因该合同取得的财产，应当予以返还；不能返还或者没有必要返还的，应当折价补偿。有过错的一方应当赔偿对方因此所受到的损失，双方都有过错的，应当各自承担相应的责任。原告何某实际交付给被告徐×用于购买基金的金额应为人民币54万元。故被告徐某应返还给原告何某人民币54万元。

涉私募基金管理人民事诉讼案件及裁判规则（七）

【案件】××时代投资控股有限公司诉上海××投资管理中心（普通合伙）服务合同纠纷

【案由】服务合同纠纷

【法院】上海市第一中级人民法院

【审级】二审

【案号】（2015）沪一中民四（商）终字第2215号

【裁判规则】对于投资人聘请投资顾问，并约定提取超额业绩报酬的，即使报酬数额较大，与提供的服务不相匹配，上海一中院也未认定显失公平，予以支持。

【案件简要事实】

2012年10月,××时代投资控股有限公司(以下简称××时代公司)与××基金管理有限公司(以下简称××公司)、农业银行签署《××—农业银行—灵活配置分级1号资产管理计划资产管理合同》和《××—农业银行—灵活配置分级2号资产管理计划资产管理合同》,约定××时代公司作为普通级客户购买××—农业银行—灵活配置分级1号、2号资产管理计划的普通级份额。普通级份额属于较高风险级别,享有在优先级份额的应收益与相关管理费用后的全部剩余收益,并以普通级份额持有人所持有的份额资产净值为限承担亏损。

2012年10月15日,××时代公司向××公司申请认购上述1号、2号资产管理计划份额,同年11月12日,最终确认购得1号资产管理计划普通级份额人民币21639500元(以下币种同)、2号资产管理计划普通级份额8027000元,合计29666500元。××时代公司系1号、2号资产管理计划唯一的普通级客户。

此后,上海××投资管理中心(普通合伙)(以下简称××中心)与××时代公司签订《外聘投资顾问协议》,约定:××时代公司接受并出资29666500元分别作为××—农业银行—灵活配置分级1号和2号专户的次级投资人,并全权委托××中心在产品运作期间担任投资顾问,××中心授权上海××投资管理有限公司与××公司在法律许可范围内签署相关协议;××中心接受××时代公司委托并将遵循勤勉尽职的原则行使投资顾问职责;产品运作结束后,××中心将根据××公司的实际收益,对年收益率超过15%以上部分按照超额部分的40%提取业绩报酬;××中心将每季向委托人报告相关产品净值及投资情况。双方当事人在该协议上加盖公章。该协议上签署时间最初写为"2012年11月14日",后××中心改写为"2012年12月14日"。

截至2014年11月14日,××资产管理计划到期清算,其中1号资产管理计划中××公司收益54717173.17元,2号资产管理计划中××公司收益11967582.38元。

资管产品运行过程中,××时代公司法定代表人发生变更,由马某变更为赵某,并登报公章作废。公司治理出现一定问题,由此引发本案。

2014年11月底,××时代公司致函××公司,告知其马某已非公司管理人员,并要求××公司返还××时代公司于2012年10月15日所汇的钱款。2014年12月9日,××时代公司向××公司主张基金收益,××公司据此将1号、2号资产管理计划的90045758.31元划给××时代公司。

2014年12月11日,××中心委托律师向××时代公司发函催要业绩报酬,要求××时代公司于同月15日前支付。××时代公司未给,由此××中心起诉至法院。

一审判决XX时代公司败诉,××时代公司不服向上海一中院提起上诉。

【法院认为】

一审法院认为,本案的争议焦点在于:一、双方当事人之间的《外聘投资顾问协议》是否真实有效;二、××中心是否履行了《外聘投资顾问协议》中的服务义务。对于第一个争议焦点,法院认为,尽管××中心的设立晚于××时代公司的认购,但其在设立中实施的行为,可视为××中心成立后实施的行为。法院还认为,××时代公司的法定代表人于2013年发生变更,而《外聘投资顾问协议》系双方当事人于前任法定代表人马某在任期间签订,现××时代公司虽否认协议真实性,但其意见无法取代当时××时代公司的真实意思表示。所以,一审法院认为双方当事人签订的《外聘投资顾问协议》真实有效。

对于第二个争议焦点，一审法院认为，从《外聘投资顾问协议》内容来看，双方当事人未就××中心担任投资顾问所承担的具体工作作出约定，也未约定××中心必须完成何种工作后方能领取报酬，双方仅对××时代公司获益超过一定比例后的业绩报酬进行约定。从1号、2号资产管理计划的性质来看，×时代公司作为普通级客户具有高风险、高收益的特征，××公司要获取高收益依赖于投资管理人的经验和专业水平，故协议约定按照收益比例提取业绩报酬本身并无不妥。其次，对于××中心所具体提供的服务，从××中心提交的证据显示，其曾参与1号、2号资产管理计划的前期洽谈，而××时代公司作为前述两项计划的唯一普通级客户存在一定的特殊性，不排除××中心为××时代公司专门设计的可能。此外，××中心授权上海××投资管理有限公司与××公司签订相关协议，因此，上海××投资管理有限公司履行的关于1号、2号资产管理计划的投资建议服务，可以视为××中心提供了相应服务。所以，××中心已经按约完成了相关服务，且××时代公司已经获取收益，××中心申请获取业绩报酬的条件已经成就。××中心可就××时代公司超过年化收益率15%部分按照40%提取报酬，故××中心实际应获得的报酬应为[（54717173.17 + 11967582.38）-（29666500×0.15×2）]×0.4=23113922.22元。

二审法院认为，二审期间当事人之间主要存在三个争议焦点：一是涉案的1号、2号资产管理计划的基本性质；二是××中心与××时代公司签订的《外聘投资顾问协议》的法律效力；三是如果《外聘投资顾问协议》是真实有效的，××中心是否已经按照协议约定履行服务义务。

对于争议焦点一，法院认为涉案1号、2号产品系公募基金管理的私募类产品，可以委托投资顾问进行管理。

对于争议焦点二，法院认为××中心具有签订合同的合法资格，即使签订合同在先，××中心设立在后，××中心设立后确认的，仍可以视为××中心成立后实施的行为。对于××时代公司主张的，合同显示公平，××中心在几乎没有任何义务的情况下，就可以收取年化收益率超过15%以上部分的40%的业绩报酬，存在重大不公平。法院认为，所谓显失公平的合同，是一方当事人在紧迫或者缺乏经验的情况下订立的使当事时人之间享有的权利和承担的义务严重不对等的合同。案涉《外聘投资顾问协议》不存在上述情况。

对于争议焦点三，法院根据××公司出具的《补充情况说明》及《交易所及场外基金交易投资建议书》等证据认定，两个资管计划的投资运作均依据了××公司的投资建议。故××中心履行了义务。

综上，法院维持了原判。

涉私募基金管理人民事诉讼案件及裁判规则（八）

【案件】安徽××房地产开发集团有限公司与魏某等保证合同纠纷

【案由】服务合同纠纷

【法院】北京市第一中级人民法院

【审级】二审

【案号】(2016)京01民终第4146号

【裁判规则】第三人对投资人的本金和收益出具担保承诺函，符合条件的，法院认定担保关系成立。

【案件简要事实】

2013年8月23日，原告魏某与北京××投资基金管理有限公司(以下简称××基金)签署××中心A1类入伙协议书。魏某认缴出资100万元，成为××中心有限合伙人。双方约定：合伙企业设立的目的是从事投资活动，投资方向是进行债权性投资，直接投资于安徽××房地产开发集团有限公司(简称××公司)用于北辰天都项目，资金主要用于二期开发建设，预期年化收益率为12.5%。

2014年9月10日，××中心及××公司向魏某出具融信中心项目延期承诺函。约定魏某的本金及利息再延期3个月偿还，且在延期的3个月，利息按原利率标准上浮50%计算。

2014年10月17日，因××中心及××公司仍未按照约定返还本金，支付利息。××公司及胡某向魏某出具承诺担保函，对还款做了安排和计划，胡某本人对还款计划进行担保并承担无限连带责任。

后，魏某仍未收到本金及利息，遂引发纠纷起诉至法院，由此引发本案。

××公司抗辩理由：魏某只是××中心的有限合伙人，其个人与××公司、胡某并不存在投资合同法律关系；魏某更非××公司、胡某法律意义上的债权人。故承诺担保函因缺乏主债权合同法律关系，应属于无效。

魏某以个人名义提起诉讼，主体不适格，即使存在纠纷，也应该是××中心作为民事诉讼主体，有限合伙人不得对外代表合伙企业。

××司主张，该承诺担保函属于独立担保，独立担保不适用于国内市场交易，依法应认定为无效。

【法院判决】

一审法院认为，独立担保是指担保人以担保负有债务的第三人的给付为目的，根据受益人的简单要求即向其支付一定款项，同时放弃对担保受益人与主债务人之间债务关系存在性、有效性和可强制性的抗辩权的担保。本案中，承诺担保函并非独立担保，其依附于××中心延期承诺函，其担保的债务为魏某在入伙协议书的出资及收益。魏某与××公司、胡某之间建立保证合同关系，该保证合同未违反法律、行政法规等强制性规定，依法有效。依据承诺担保函，××公司及胡某为连带责任保证人，现其未能按照承诺的期间向魏某返还本金及利息，魏某要求××公司、胡某连带偿还100万元的诉讼请求，合法有据，一审法院予以支持。

××公司上诉后，二审法院认为，根据延期承诺函以及承诺担保函约定，魏某的100万元资金系由××公司使用并投入北辰天都二期项目建设，××公司明确表示由其履行返还本金并支付利息的义务，在此情况下，法院认为，××公司应依据其用款事实及其承诺按期、足额向魏某支付相关款项。

法院认为，入伙协议亦约定了收益率及收益分配时间，并约定合伙企业经营满一年，有限合伙人可自由退伙。与此约定相对应，基金认购确认函载明了具体的收益率和收益分配时间，并约定投资期满后10个工作日内，××中心需兑付魏某投资本金及收益，表明投资入伙期满后，××中心负有支付投资本金及收益的义务。××中心和××公司于魏某投资入伙期满后，共同向魏某出具的延期承诺函，也明确写明应向魏某兑付投资本金和利息。根据延期承诺函所载内容,××中心对向魏某支付投资本金及利息、逾期利息等事宜是知晓的,且和××公司共同向魏某出具了延期承诺函,表明其认可将魏某所投本金及相应利息予以偿还,××公司在承诺担保函中承诺偿还的本金、利息与入伙协议以及延期承诺函中的数额并不相冲突,系对××中心对魏某所负债务提供的担保,其并非独立的无根据的担保承诺。至于魏某与××中心之间与入伙、退伙有关的问题,不影响××公司依其承诺履行付款义务。入伙协议是否有效也不影响××公司就本案承担担保责任。二审法院因此维持了原判。

涉私募基金管理人民事诉讼案件及裁判规则(九)

【案件】郭某与××投资基金管理(北京)有限公司、北京××投资管理中心(有限合伙)合同纠纷

【案由】合同纠纷

【法院】新疆克拉玛依市中级人民法院

【审级】一审

【案号】(2015)克民二初字第730号

【裁判规则】私募基金管理人在投资者投资后,签订《股权回购协议》的,法院认定有效,管理人应按约履行。第三人对于基金收益出具的保证,应当有明确的承担保证责任的意思表示,否则不承担保证责任。

【案件简要事实】

2014年5月14日,原告郭某与第三人北京××投资管理中心(有限合伙)(以下简称××投资中心)签订了《国信盛天一号定向资产管理计划安徽××政府安置房建设投资基金项目合伙协议》及补充协议各一份,双方约定原告入伙该××投资中心,出资金额为50万元,年化收益率为10%,该××投资中心执行合伙人为被告××投资基金管理(北京)有限公司(以下简称××公司)。

同日,郭某向第三人中××投资中心银行账户转账500000元。

同日,郭某与××公司签订了《国信盛天一号定向资产管理计划安徽××政府安置房建设投资基金项目股权回购协议书》一份,双方约定××公司发起成立国信盛天一号定向资产管理计划安徽××政府安置房建设投资基金项目,进行对外股权投资,原告郭某自愿入资加入,入资金额为500000元;如果郭某的初始入资未能按期产生收购方发起设立该基金时所预期的收益,则被告××公司同意收购原告的全部股权,收购价为55万元。

同日,被告丁某向原告出具《推介书》一份,其中载明:“今有丁某身份证号:××××××××××××××××××,电话135××××××××,郑重推介国信盛天一号定向资产管理计划安徽×政府安置房建设投资基金项目。该计划抵押物充足,担保方实力强,政府承诺回购,并对资金使用和监管上极为严格,如果该项目有不能兑付或其他导致的本金损失,特此推介!本人愿意为此承担相应法律后果。”

因到期后,郭某未收到本金及收益,故将××公司及丁×诉至法院,引发本案。

【法院认为】

原告要求被告××公司向其支付股权收购款55万元的诉讼请求,合法有据,本院依法予以支持。

但对于丁某的保证责任,法院认为,保证是指保证人和债权人以书面形式订立约定,当债务人不履行债务时,保证人按照约定履行债务或者承担责任的行为,保证人在提供担保时应当有明确的承担保证责任的意思表示。被告丁某虽在《推介书》载明:"如果该项目有不能兑付或其他导致的本金损失,特此推介!本人愿意为此承担相应法律后果。"但丁某并未说明其承担的法律后果系保证责任,在其与原告的谈话、聊天记录中未有承担保证责任的内容,被告丁某亦不认可同意提供保证责任,故原告要求被告丁某应当承担连带保证责任的诉讼请求,无事实和法律依据,本院依法不予支持。

法院最终判决××有限公司向郭某支付股权收购款550000元,驳回了原告的其他诉讼请求。

涉私募基金管理人民事诉讼案件及裁判规则(十)

【案件】周某与内蒙古××外语职业学院、深圳××创投基金管理有限公司等合同纠纷

【案由】合同纠纷

【法院】广州市中级人民法院

【审级】二审裁定

【案号】(2016)粤01民终第14219号

【裁判规则】法院在并无充分证据证明案件确实存在刑事犯罪可能的情况下,径直裁定驳回起诉,移交司法机关,对当事人以民事诉讼途径实现权利救济的行为并不公平,客观上加大了当事人举证的难度和诉讼风险,应继续审理。

【案件简要事实】

2014年6月30日,原告周某与深圳××创投基金管理有限公司(以下简称××公司)签订《深圳大元新鑫捌号投资合伙企业(有限合伙)入伙协议》约定,周某出资70万元,认购××公司发行的内蒙古××外语职业学院教育产业基金。投资期限6个月,按月分配收益,年化收益率为10%~11%。同日,周某向户名为"内蒙古××外语职业学院教育产业基金托管子账户"转账汇款70万元。

同日,深圳XX捌号投资合伙企业(有限合伙)(以下简称××合伙)向周某出具了《出资确认书》及《认购人月收益分配具体安排表》,载明:2014年7月31日,支付第一个月收益6025.11元;2014年8月31日,支付第二个月收益5833.33元;2014年9月30日,支付第三个月收益5833.33元;2014年10月31日,支付第四个月收益5833.33元;2014年11月30日,支付第五个月收益5833.33元;2014年12月31日,支付本次认购资金和最后一个月收益705833.33元。

2015年5月11日,因届满未收到本金,周某(甲方、投资人)、内蒙古××外语职业学院(乙方、项目方)、××公司(丙方、资金管理人)、蔡某、崔某和杨某(均系丁方、连带保证人)签订了《股权投资还款协议书》,约定:乙方、丙方确认直至2015年5月11日,乙方、丙方尚未归还的甲方投资款金额为70万元,甲方向丙方购买基金的基金期限为6个月(2014年6月30日起息至2014年12月31日),投资年化收益利率为10%;乙方、丙方同意在2015年8月31日前无条件归还甲方全部投资款,并按本协议第一

款约定的投资款收益利率10%(年化)按月支付收益;丁方自愿对乙方、丙方在本协议下约定的支付投资款收益及返还全部投资款的合同义务承担连带保证责任。

该协议届满仍未收到本金及收益,周某诉至法院,引发本案。

【法院判决】

一审法院认为,本案的基础法律关系是周某向××合伙认购基金份额的法律关系,该法律关系涉嫌非法集资犯罪,已达刑事追诉的标准,裁定驳回起诉,并将涉嫌非法集资犯罪的线索、材料移送公安机关或者检察机关。

二审法院认为,本案二审审理的焦点问题在于:原审法院能否以本案纠纷涉嫌非法集资刑事犯罪为由,驳回周某的起诉?法院认为,从现有的证据来看,涉案基金的认购行为是否构成非法集资犯罪,仅是原审法院的推论,但建立在该推论基础上的证据,并不充分。原审法院径直驳回周某的起诉,对其以民事诉讼途径实现权利救济的行为并不公平,客观上加大了周某举证的难度和诉讼风险。在并无充分证据证明本案的审理确实存在刑事犯罪可能的情况下,理应依照现有证据对周某的诉讼请求予以审查。

二审法院裁定撤销原判,指令原法院进行审理。